Christoph Butterwegge
Hartz IV und die Folgen

Christoph Butterwegge

Hartz IV und die Folgen

Auf dem Weg in eine andere Republik?

BELTZ JUVENTA

Der Autor

Prof. Dr. Christoph Butterwegge lehrt Politikwissenschaft an der Universität zu Köln.

Bibliografische Information der Deutschen Nationalbibliothek
Die Deutsche Nationalbibliothek verzeichnet diese Publikation in der Deutschen Nationalbibliografie; detaillierte bibliografische Daten sind im Internet über http://dnb.d-nb.de abrufbar.

2. Auflage 2015

www.beltz.de · www.juventa.de
Herstellung und Satz: Ulrike Poppel
Druck und Bindung: Beltz Bad Langensalza GmbH, Bad Langensalza
Printed in Germany

ISBN 978-3-7799-3234-5

Inhalt

Kapitel 7
Individuelle und gesellschaftliche Auswirkungen der Hartz-Gesetze **204**

Kapitel 8
Hartz IV und seine „Nutznießer“ im Zerrspiegel der Massenmedien **251**

Einleitung

Am 1. Januar 2015 ist das im Volksmund als „Hartz IV" abgekürzte *Vierte Gesetz für moderne Dienstleistungen am Arbeitsmarkt* zehn Jahre in Kraft. Noch immer hat die nach Dr. Peter Alwin Hartz (seinerzeit Vorsitzender einer Regierungskommission zu diesem Thema) benannte Arbeitsmarkt- und Sozialreform nichts von ihrer politischen Brisanz verloren. Anlässlich des besagten „Jubiläums" bietet es sich an, eine umfassende Bilanz der Reformmaßnahmen zu ziehen. Je intensiver sich der Verfasser mit dieser komplizierten Materie befasst hat, umso mehr wurde ihm bewusst, dass es sich bei Hartz IV um ein zutiefst inhumanes System voll innerer Widersprüche handelt, das Menschen entrechtet, erniedrigt und entmündigt. Sowohl die von dem Gesetzespaket unmittelbar Betroffenen wie auch ihre Angehörigen und die mit ihnen in einer „Bedarfsgemeinschaft" zusammenlebenden Personen werden stigmatisiert, sozial ausgegrenzt und isoliert. Es geht hier jedoch weniger um ein moralisches Werturteil, das unter Würdigung aller Gesichtspunkte vernichtend ausfallen muss, als um die Analyse der arbeitsmarkt-, beschäftigungs-, wirtschafts-, sozial- und gesellschaftspolitischen Implikationen von Hartz I-IV.

Hartz IV polarisiert, und an der nach einem früheren VW-Manager benannten Arbeitsmarktreform scheiden sich bis heute die Geister: Waren die rot-grünen Arbeitsmarktreformen ein großer Erfolg, wie Politiker/innen der etablierten Parteien und fast alle Massenmedien beteuern? Und wenn ja, für wen? Gibt es nicht viel mehr Verlierer/innen als Gewinner/innen der Reformpolitik, die von ihren Kritiker(inne)n als neoliberal gebrandmarkt wird? Die meisten Kommentator(inn)en bescheinigen dem Artikelgesetz, für enorme Fortschritte im Kampf gegen die Massenerwerbslosigkeit gesorgt, das Wirtschaftswachstum beflügelt und Deutschlands Wohlstand gemehrt zu haben. Sogar unter den zahlreichen Skeptiker(inne)n sind nur wenige, die erkennen, dass Hartz IV zu Verschlechterungen in fast allen Bereichen des gesellschaftlichen Lebens geführt hat. Durch die Hartz-Gesetze wurde nicht bloß der Arbeitsmarkt dereguliert, die Leiharbeit liberalisiert und der einzelne Transferleistungsempfänger stärker als bisher drangsaliert, die Bundesrepublik Deutschland vielmehr auch in einer bis dahin unbekannten Weise sozial polarisiert, fragmentiert und formiert.

Das am 1. Januar 2005 in Kraft getretene *Vierte Gesetz für moderne Dienstleistungen am Arbeitsmarkt* war Kernbestandteil eines Projekts zur

Restrukturierung der Gesellschaft, welches die ganze Architektur und die Konstruktionslogik des bisherigen Sozialstaates in Frage stellte. Längst ist das als „Hartz IV“ bekannte Gesetzespaket die markanteste Chiffre für den „Um-“ bzw. Abbau des Sozialstaates, welcher unter dem damaligen Bundeskanzler Helmut Schmidt gegen Mitte der 1970er-Jahre begann und etwa seit der Jahrtausendwende von allen Bundesregierungen beschleunigt fortgesetzt wurde. Es ging dabei nicht bloß um Leistungskürzungen in einem Kernbereich des sozialen Sicherungssystems, vielmehr um einen Paradigmenwechsel der Regierungspolitik, anders formuliert: um eine gesellschaftliche Richtungsentscheidung, die das vereinte Deutschland seither prägt.

„Hartz IV“ ist europaweit das bekannteste Symbol für den Sozialabbau und gilt hierzulande als tiefste Zäsur in der Wohlfahrtsstaatsentwicklung nach 1945: Zum ersten Mal wurde damit eine für Millionen Menschen in Deutschland existenziell wichtige Lohnersatzleistung, die Arbeitslosenhilfe (Alh), abgeschafft und durch eine bloße Fürsorgeleistung, das Arbeitslosengeld (Alg) II, ersetzt. Aber weit mehr als das: Durch die Agenda 2010 des damaligen Bundeskanzlers Gerhard Schröder und die nach seinem Bekannten Peter Hartz benannten Reformen, vornehmlich das *Vierte Gesetz für moderne Dienstleistungen am Arbeitsmarkt*, ist Deutschland zu einer anderen Republik geworden. Dieses berühmt-berüchtigte Gesetzespaket hat das Armutsrisiko von (Langzeit-)Erwerbslosen und ihren Familien, aber auch von prekär Beschäftigten spürbar erhöht und einschüchternd auf weitere Bevölkerungskreise gewirkt. Ein ausufernder Niedriglohnsektor, der bald fast ein Viertel aller Beschäftigten umfasste, gehörte ebenso zu den Folgen wie Entsolidarisierung und die Verbreitung sozialer Eiseskälte.

Wenn nicht alles täuscht, wird die Hartz-Reform das Gesicht der Bundesrepublik auch künftig bestimmen, während soziale Alternativen eher ein politisches Schattendasein fristen dürften. Gleichwohl besteht noch immer die Hoffnung, dass der selbst von Helmut Schmidt mehrfach als „Europas größte kulturelle Errungenschaft im 20. Jahrhundert“ bezeichnete Sozialstaat, wie ihn die Zeitgenoss(inn)en des Altbundeskanzlers kannten und schätzten, weder ein historisches Auslaufmodell ist noch demnächst zum Weltkulturerbe erklärt werden muss. Damit er nicht ins Museum der Altertümer neben das Spinnrad und die bronzene Axt wandert, will das vorliegende Buch seine Leser/innen ermutigen, sich genauer über die Problematik der jüngsten Wohlfahrtsstaatsentwicklung zu informieren und dagegen mit Betroffenen wie mit anderen, um die Zukunft unseres Landes besorgten und sozial engagierten Menschen zu opponieren.

Köln, im Spätherbst 2014 *Prof. Dr. Christoph Butterwegge*

Kapitel 1
Wohlfahrtsstaatsentwicklung, Arbeitsmarktpolitik und Sozialreformen in der Weimarer Republik

Da die Hartz-Reformen eine lange (Vor-)Geschichte haben, muss jede ihrem Verständnis dienende Analyse historisch weit ausholen. Man braucht dabei nicht unbedingt bis zu den mittelalterlichen Bettel- und Armenordnungen zurückgehen, wie dies der Münsteraner Politikwissenschaftler H.-Dieter Kantel in seiner Darstellung einer genaueren Einordnung aktueller Entwicklungen wegen getan hat.[1] Sinnvollerweise wird man die Arbeitsmarkt- und Sozialpolitik aber etwa 100 Jahre, d.h. bis zum Ersten Weltkrieg, zur Novemberrevolution 1918/19 und zur Weimarer Reichsverfassung zurückverfolgen. Vergleicht man die Geschichte des Fürsorge- bzw. Sozialhilfe- und Erwerbslosenrechts in der Weimarer und in der Bundesrepublik Deutschland miteinander, lassen sich nämlich „Kontinuitäten des Begründungszusammenhanges, der gesetzlichen Legitimierung und der praktischen Ausgestaltung von erzwungenen Arbeitseinsätzen" kaum übersehen.[2] In den folgenden Ausführungen geht es daher um Erfahrungen, die seinerzeit mit vergleichbaren Konzepten gemacht wurden, wie sie Peter Hartz später präsentierte, und um andere interessante Parallelen zur Gegenwart. Eine davon ist besonders frappierend, hieß ein Hauptprotagonist staatlicher Reformen in der Weimarer Republik doch – man höre und staune – Gustav Hartz. Da dieser schon ganz ähnliche Pläne zur Umstrukturierung des Sozialstaates wie Peter Hartz entwickelte, werden hier dessen Namensvetter, die Zeit, in der er lebte, und seine politischen Reformideen in Grundzügen vorgestellt.

1 Vgl. H.-Dieter Kantel, Grundsicherungsarbeit. Armuts- und Arbeitsmarktpolitik nach Hartz IV, Wiesbaden 2008, S. 15 ff.

2 Siehe Harald Rein, Zwangsdienste in Deutschland, in: Agenturschluss (Hg.), Schwarzbuch Hartz IV. Sozialer Angriff und Widerstand – eine Zwischenbilanz, Berlin/Hamburg 2006, S. 110 f.

1.1 Die wichtigsten Sozialreformen im und nach dem Ersten Weltkrieg

Neben einer Anerkennung der Gewerkschaften als Verhandlungspartnerinnen und ersten Ansätzen zu einer Mitbestimmung auf der Betriebsebene brachte die Kriegssituation von 1914 bis 1918 auch Verbesserungen im Hinblick auf die Erwerbslosenfürsorge und die Armenunterstützung mit sich: Solche bisher von einer strengen Bedürftigkeitsprüfung abhängigen und traditionell mit dem Verlust der Bürgerrechte verbundenen Unterstützungsleistungen wurden nunmehr in Not geratenen Soldatenfamilien zuteil, ohne dass man sie den gleichen entwürdigenden Prozeduren aussetzte. Hier zeichnete sich Eckart Pankoke zufolge „ein neuer Geist des öffentlichen Umgangs mit der sozialen Not" ab, und zwar vor allem auf der kommunalen Ebene, die dafür zuständig war.[3] Allerdings ging die Ergänzung der Armen- durch die Kriegswohlfahrtspflege mit einer Spaltung der Fürsorgeempfänger/innen in zwei Statusgruppen einher: „Neben die herkömmlichen Armen, die ‚kraft ihres Daseins' zu unterstützen waren, traten die ‚Sonderopfer' des Krieges, die man nicht mit dem Odium der Armenunterstützung belasten wollte. Das betraf primär die Familienunterstützung für Ehefrauen und Kinder von einberufenen Soldaten, die Fürsorge für Kriegsbeschädigte und ihre Familien sowie die Versorgung der Kriegshinterbliebenen, der Witwen und Waisen, daneben aber auch die Sonderfürsorge für solche Kreise, die durch Krieg und Inflation wirtschaftlich so stark geschädigt waren, dass sie Fürsorgeempfänger werden mussten."[4]

Ein historisches Paradoxon bestand darin, dass ausgerechnet der Erste Weltkrieg die Weichen für den Durchbruch des Sozialstaatsgedankens in Deutschland stellte. Nach der sich lange vorher abzeichnenden Niederlage des Kaiserreiches konnte diese Entwicklung auch nicht mehr rückgängig gemacht werden, weil deren entschiedenste Kritiker durch das von ihnen verschuldete Kriegsabenteuer an gesellschaftlicher Macht und politischem Einfluss verloren. Gabriele Metzler vertritt daher die These, „daß der im Krieg konsequent eingeschlagene Kurs in Richtung eines interventionistischen

3 Siehe Eckart Pankoke, Die Arbeitsfrage. Arbeitsmoral, Beschäftigungskrisen und Wohlfahrtspolitik im Industriezeitalter, Frankfurt am Main 1990, S. 136

4 Michael Stolleis, Historische Grundlagen. Sozialpolitik in Deutschland bis 1945, in: Bundesministerium für Arbeit und Sozialordnung/Bundesarchiv Koblenz (Hg.), Geschichte der Sozialpolitik in Deutschland seit 1945, Bd. 1: Grundlagen der Sozialpolitik, Baden-Baden 2001, S. 277

Wohlfahrtsstaates nach 1918 unumkehrbar war. Sozialstaatlichkeit gehörte zur Raison d'être der Republik."[5]

Noch unter der letzten kaiserlichen Regierung des Prinzen Max von Baden, welcher erstmals auch zwei Sozialdemokraten (Philipp Scheidemann und Gustav Bauer als Staatssekretär des Reichsarbeitsamtes) angehörten, ging aus der Kriegswohlfahrtspflege im Oktober 1918 die Kriegserwerbslosenfürsorge hervor, die im Falle der Arbeitslosigkeit und der Bedürftigkeit zunächst 26, später 52 Wochen lang gezahlt werden sollte. Mit seinem ersten offiziellen Erlass, der Verordnung über Erwerbslosenfürsorge vom 13. November 1918, traf der in den Revolutionstagen von MSPD und USPD gebildete Rat der Volksbeauftragten eine zunächst auf ein Jahr befristete Nachfolgeregelung, die bis 1927 in Kraft blieb. „Während sie sich einerseits in vielem an die Kriegserwerbslosenfürsorge anlehnte und wie diese viele Mängel und Konstruktionsfehler aufwies, stellte sie andererseits eine relativ großzügige sozialpolitische Lösung dar, die in erster Linie der Furcht vor dem Verlust der politischen Stabilität zu verdanken war. Letztlich bot sich in der Erwerbslosenfürsorge vom November 1918 der noch unentwickelte Kern einer systematischen und auf Dauer angelegten Arbeitsmarktpolitik dar, die einen entscheidenden Bruch zur Arbeitslosenpolitik der Wilhelminischen Ära vollzog. Der Grundstein für den Aufbau eines umfassenden Systems der sozialen Sicherung der Arbeitslosen in Deutschland war damit gelegt."[6]

Dass es unmittelbar nach Kriegsende zu einer verhältnismäßig generösen Regelung der Erwerbslosenfürsorge und zu Sonderzahlungen der Unternehmen an Kurzarbeiter/innen kam, verdankte sich, wie Peter Lewek in seiner Untersuchung zur Erwerbslosenpolitik der Weimarer Republik bemerkt, der Angst etablierter Politiker und einflussreicher Wirtschaftskreise vor dem Bolschewismus.[7] Millionen Kriegsheimkehrer (noch im Besitz von Schusswaffen) einerseits und Rüstungsarbeiter/innen, die bisher gut verdient und nun keine berufliche Perspektive mehr hatten, bedeuteten zweifellos erheblichen sozialen Zündstoff.

Die Gemeinden wurden verpflichtet, eine über die Armenpflege hinausgehende Fürsorge für über 14 Jahre alte Personen zu schaffen, die infolge des Krieges durch Erwerbslosigkeit bedürftig, arbeitsfähig und arbeitswillig waren. Zwar kannte die Erwerbslosenfürsorge keinen Berufs- und Statusschutz,

---

5 Gabriele Metzler, Der deutsche Sozialstaat. Vom bismarckschen Erfolgsmodell zum Pflegefall, 2. Aufl. Stuttgart/München 2003, S. 85

6 Peter Lewek, Arbeitslosigkeit und Arbeitslosenversicherung in der Weimarer Republik 1918-1927, Stuttgart 1992, S. 58

7 Vgl. ebd., S. 65

zumutbar war nachgewiesene Arbeit aber nur, wenn ein „angemessener ortsüblicher Lohn" gezahlt wurde. Wie rigide die Zumutbarkeit geregelt war, kann man an dem Umstand erkennen, dass es keinerlei Sperrzeitbestimmungen gab, der Unterstützungsanspruch bei Ablehnung zumutbarer Arbeit vielmehr sofort vollständig entfiel.[8]

Ähnlich scharf wie das Zumutbarkeitsregime der Erwerbslosenfürsorge war ihre Bedürftigkeitsprüfung, von welcher nicht bloß direkt Betroffene, sondern auch mit dem Antragsteller in einer Wohnung zusammenlebende Verwandte erfasst wurden, die nach geltendem Recht gar nicht zum Unterhalt verpflichtet waren.[9] Hierdurch wurden jedoch keineswegs die Familienbande gestärkt, wie man amtlicherseits hoffte, sondern umgekehrt eher zerstört: Besonders jüngere Erwerbslose, denen man die Unterstützung kürzte oder versagte, zogen bei ihren Eltern aus und gründeten selbst einen Hausstand.

Hinsichtlich der Unterstützungssätze hatten die Gemeinden, deren Kosten das Reich zur Hälfte und die Länder zu einem Drittel übernahmen, einen großen Ermessensspielraum. Zwischen 1919 und 1923 begann jedoch, was die Weimarer Republik am Ende untergrub und es den Nazis leicht machte, sie sturmreif zu schießen: die schrittweise Kürzung der Leistungen für Erwerbslose in wirtschaftlichen Krisenzeiten. Kaum hatten sich die gesellschaftlichen Verhältnisse im Sinne einer Wiederherstellung der bürgerlichen Ordnung „normalisiert", begrenzte die Verordnung über die Erwerbslosenfürsorge vom 15. Januar 1919 deren Unterstützungssätze reichseinheitlich nach oben. Je mehr sich die revolutionäre Aufbruchstimmung verflüchtigte, umso stärker drangen Unternehmer und Regierungsparteien auf eine Rücknahme sozialpolitischer Errungenschaften der Umbruchzeit. Während sich das Reich und die Länder aus der Finanzierung der Erwerbslosenfürsorge, die vorerst nicht erhöht wurde und durch den inflationären Preisauftrieb enorm an Kaufkraft verlor, immer stärker zurückzogen, mussten Arbeitgeber und Arbeitnehmer/innen die Kosten ab 1. November 1923 über paritätische Beiträge selbst tragen.

In demselben Maße, wie die „unterstützende Erwerbslosenfürsorge" abgebaut wurde, wurde die „produktive Erwerbslosenfürsorge" (später: „wertschaffende Erwerbslosenfürsorge") auf- und ausgebaut. Diese basierte auf

8 Vgl. Johannes Steffen, Notstandsarbeit – Fürsorgearbeit – Pflichtarbeit – Freiwilliger Arbeitsdienst. Die öffentlich geförderte bzw. erzwungene Beschäftigung in der Weimarer Republik 1918/19 bis 1932/33, Bremen, Juni 1994, S. 17

9 Vgl. dazu und zum Folgenden: Karl Christian Führer, Arbeitslosigkeit und die Entstehung der Arbeitslosenversicherung in Deutschland 1902-1927, Mit einem Vorwort von Peter-Christian Witt, Berlin 1990, S. 377 und S. 388

dem Grundgedanken, dass Leistungsbezieher/innen auch Gegenleistungen zu erbringen hätten. Mit der Verordnung zur Erwerbslosenfürsorge vom 15. Oktober 1923 wurde die unentgeltliche Pflichtarbeit eingeführt, was mit der Weimarer Reichsverfassung kaum vereinbar war. Seither sollten die Gemeinden ihre Unterstützung möglichst von einer Arbeitsleistung der Betroffenen abhängig machen, die bis zu 24 Stunden (bei schwerer körperlicher Belastung: bis zu 16 Stunden) wöchentlich dauern durfte. Es ging den Behörden hauptsächlich darum, mit solchen Pflichtarbeiten die Arbeitswilligkeit der Erwerbslosen zu testen und diese im Weigerungsfall von staatlichen Transferleistungen auszuschließen. Viele der Erwerbslosen, die größtenteils in Berlin lebten, wurden von den Neuregelungen hart getroffen: „Durch den Fortbestand der Bedürftigkeitsprüfung verloren sie den durch ihren Beitrag an und für sich erworbenen Unterstützungsanspruch. Durch die Verschärfung der Arbeitspflicht, die nunmehr fast einem Arbeitszwang gleichkam, wurden sie zu Objekten gesamtstaatlicher und kommunaler Arbeitsmarktpolitik."[10]

In der Arbeitsverwaltung wie im Finanzministerium herrschte die überaus optimistische, um nicht zu sagen: unrealistische Einschätzung vor, mit der produktiven Erwerbslosenfürsorge würden die Ausgaben sinken. Schon recht bald kehrte allerdings Ernüchterung bei den Verantwortlichen ein, denn schnell stellte sich heraus, dass die Beschäftigung der Erwerbslosen nicht nur sehr viel mehr kostete als die bloße Unterstützung, sondern auch erheblich mehr, als veranschlagt worden war.[11] Ein Resultat der Kluft zwischen übertriebenen Erwartungen und harter Wirklichkeit bestand darin, dass weniger Notstandsarbeiten finanziert oder dass normale Aufgaben der öffentlichen Hand zu solchen umdefiniert, also reguläre Stellen vernichtet und Arbeitnehmer/innen, die sie sonst besetzt hätten, verdrängt wurden.[12]

Träger der Arbeitsbeschaffungsmaßnahmen waren gemäß den Bestimmungen des Reichsarbeitsministeriums fast ausschließlich Körperschaften des öffentlichen Rechts, vor allem Gemeinden und Gemeindeverbände. Obwohl die Notstandsarbeiten dem „Neubau des Wirtschaftslebens" dienen, volkswirtschaftlich wertvoll sein und zusätzlichen Charakter tragen sollten, handelte es sich dabei oft um die Erledigung von Regelaufgaben. Dies gilt etwa für Bau- und Reinigungsarbeiten der Gemeinden, für die sie zwangsver-

10 Peter Lewek, Arbeitslosigkeit und Arbeitslosenversicherung in der Weimarer Republik 1918-1927, a.a.O., S. 149

11 Vgl. Karl Christian Führer, Arbeitslosigkeit und die Entstehung der Arbeitslosenversicherung in Deutschland 1902-1927, a.a.O., S. 511

12 Vgl. ebd., S. 516

pflichtete Erwerbslose einsetzten, um Lohnkosten zu sparen, was Kritiker/innen auf den Plan rief: „Weil das vermeintliche Instrument zur Prüfung der Arbeitswilligkeit der Erwerbslosen sich in ein Mittel zur Entlastung der Kommunalhaushalte auf Kosten der sozial schwächsten Bevölkerungsgruppe verwandelte, setzten die Gewerkschaften der Pflichtarbeit wachsenden Widerstand entgegen.“[13]

Trotz mancher Rückschläge wurde das Weimarer System der sozialen Sicherung gegen Mitte der 1920er-Jahre in einigen Teilbereichen ausgebaut. Durch eine Änderung der Ausführungsvorschriften zur Erwerbslosenfürsorge wurde am 2. Mai 1925 festgelegt, dass die Träger der Pflichtarbeit den Erwerbslosen für Mehraufwendungen, die ihnen bei ordnungsmäßiger Ausführung der zugewiesenen Arbeiten entstanden, eine angemessene Entschädigung gewähren sollten. Weiter hieß es, dass diese (bei den sog. 1-Euro-Jobs wieder eingeführte) Mehraufwandsentschädigung nicht als Entgelt anzusehen bzw. auf die während der Tätigkeit gezahlte Hauptunterstützung anzurechnen war.

Da die Anzahl der Langzeiterwerbslosen und damit jener Menschen stark zunahm, die ihren Anspruch auf Erwerbslosenfürsorge endgültig ausgeschöpft hatten, verabschiedete der Reichstag mit dem *Gesetz über eine Krisenfürsorge für Erwerbslose* vom 19. November 1926 eine die Unterstützung der Betroffenen zeitlich unbegrenzt sichernde Anschlussregelung. Mit der neuen Leistung, die das Reich zu drei Vierteln und die Gemeinden zu einem Drittel finanzierten, war ein abgestuftes Hilfesystem für Erwerbslose entstanden. Trotz mehrerer Anläufe unterschiedlicher Regierungen scheiterten die Bemühungen zur Schaffung einer mehr als nur vorläufigen Arbeitslosenversicherung. Dabei hatte das Versicherungsprinzip mit dem *Arbeitsnachweisgesetz* 1922/23 über die Beitragspflicht in der Erwerbslosenfürsorge und die Leistungsgewährung nach dem Lohn bzw. den entrichteten Beiträgen längst Einzug gehalten.

Erst nach heftigen Auseinandersetzungen zwischen Reichsregierung, Gewerkschaften und Unternehmerverbänden kam die Arbeitslosenversicherung als vierter Sozialversicherungszweig hinzu. Dass es so lange gedauert hatte, bis das Risiko der Erwerbslosigkeit im *Gesetz über Arbeitsvermittlung und Arbeitslosenversicherung* (AVAVG) vom 16. Juli 1927 dauerhaft abgesichert wurde, war keineswegs versicherungsmathematischen Problemen geschuldet, es zu kalkulieren. Vielmehr erreichte die Dekommodifizierung der Ware Arbeitskraft damit insofern eine ganz neue Qualität, als Lohnarbei-

13 Karl Christian Führer, Arbeitslosigkeit und die Entstehung der Arbeitslosenversicherung in Deutschland 1902-1927, a.a.O., S. 381

ter/innen fortan nicht mehr sofort existenziell bedroht waren, wenn sie entlassen wurden, weshalb sich das Kapital und seine Verbände äußerst schwer taten, die Reform zu unterstützen. Da die Erwerbslosen zumindest tendenziell der Notwendigkeit enthoben wurden, mit ihren Schicksalsgenoss(inn)en und den Berufstätigen in Konkurrenz um die wenigen Arbeitsplätze zu treten, veränderte sich das Kräfteverhältnis zwischen Unternehmern und Beschäftigten zugunsten der Letzteren.[14]

Durch den Übergang vom Fürsorge- zum Versicherungsprinzip wurde die Sozial- und Arbeitsmarktpolitik der Weimarer Republik auf eine neue Stufe gehoben, wiewohl die Unterstützungssätze für manche Erwerbslose jetzt niedriger als zuvor ausfielen. Gleichzeitig nahm die Arbeitslosenunterstützung, wenngleich noch sehr unvollkommen, den Charakter einer Lebensstandard-, also nicht bloß einer reinen Existenzsicherung an. Sozialstaatlichkeit war jedoch nie frei von behördlichen Kontroll-, Zwangs- und Disziplinierungsmaßnahmen. Sie schloss z. B. neben der Alimentation von Erwerbslosen immer die Repression gegenüber Leistungsempfänger(inne)n ein, wie auch die Praxis während der Weimarer Republik bewies. Von einer „sozialen Hängematte" konnte im Zusammenhang mit dem Arbeitsnachweis wirklich keine Rede sein. „Die dominierende Rolle der Kontrollmaßnahmen im Alltagsleben der Arbeitslosen zeigt sich schon daran, daß ‚Stempeln' in der Umgangssprache zum Synonym für den Zustand der Arbeitslosigkeit überhaupt wurde."[15]

Unternehmer, Kapitalverbände und wirtschaftsnahe Politiker unterschiedlicher Parteien hegten aber Befürchtungen, dass die Arbeitslosenversicherung zu einer Stärkung der Gewerkschaften führen und außerdem die Arbeitsmotivation der Erwerbslosen untergraben könnte, zumal in- und ausländische Ökonomen entsprechende Argumentationslinien entwickelt hatten, die im Fall einer Konjunkturkrise einen Konfrontationskurs rechtfertigten.[16] Bei der Arbeitslosenversicherung handelte es sich einerseits um die „bedeutsamste" und andererseits um eine „höchst glücklose Errungenschaft" der Weimarer Republik für das deutsche System der sozialen Sicherung.[17] Mit diesem Teilerfolg der Arbeiter- und Gewerkschaftsbewegung war nämlich keine umfassende Demokratisierung des Systems verbunden.

---

14 Vgl. ebd., S. 4

15 Ebd., S. 419

16 Vgl. Christian Berringer, Sozialpolitik in der Weltwirtschaftskrise. Die Arbeitslosenversicherungspolitik in Deutschland und Großbritannien im Vergleich 1928–1934, Berlin 1999, S. 104 f.

17 Siehe Volker Hentschel, Geschichte der deutschen Sozialpolitik (1880–1980). Soziale Sicherung und kollektives Arbeitsrecht, Frankfurt am Main 1983, S. 103

Für die administrative Umsetzung des AVAVG waren 361 Arbeitsämter, 13 Landesarbeitsämter sowie die Reichsanstalt für Arbeitsvermittlung und Arbeitslosenversicherung zuständig, eine Körperschaft des öffentlichen Rechts mit drittelparitätischer Selbstverwaltung, die der Aufsicht des Arbeitsministers unterstand. Da der Winter 1928/29 hart und die Konjunktur nicht stabil war, stieg die Zahl der zu unterstützenden Erwerbslosen so stark, dass die neue Versicherung bereits kurz nach ihrer Gründung in finanzielle Schwierigkeiten geriet. Im Mai 1929 beauftragte die Reichsregierung auf Vorschlag des damaligen Arbeitsministers Rudolf Wissell (SPD) eine aus acht Reichstagsabgeordneten und je fünf Vertretern der Tarifvertragsparteien, öffentlichen Körperschaften sowie „Wissenschaft und Praxis" bestehende „Sachverständigenkommission für Fragen der Arbeitslosenversicherung" damit, Vorschläge für eine Reform zu unterbreiten, ohne dass diese unmittelbar Eingang in die Gesetzentwürfe der Regierung fanden.

Letztere konnte das Problem einer sich fast ohne „Erholungspausen" verschärfenden Wirtschafts- und Beschäftigungskrise mit sinkenden Einnahmen des Staates wie der Sozialversicherung bei gleichzeitig wachsendem Massenelend nicht lösen. Aufgrund der bestehenden und sich unter Krisenbedingungen noch weiter zugunsten des Kapitals verschiebenden Kräfteverhältnisse wurden die (An-)Rechte von abhängig Beschäftigten wie Erwerbslosen schrittweise abgebaut, während die Unternehmensgewinne unangetastet blieben. In der öffentlichen und Fachdiskussion herrschte die Forderung nach Kürzung der Lohnersatzleistungen sowie der Bezugsdauer bei gleichzeitiger Verlängerung der Sperrzeiten vor. Neben dem „Stempeln" spielte die „Aussteuerung" im Leben der Arbeitslosen daher eine Hauptrolle. Gemeint war hiermit das nach verkürzten Fristen erfolgende Herabsinken von einem höheren in ein niedrigeres Unterstützungssystem, was nicht nur hieß, weniger Geld zur Verfügung zu haben sowie sich selbst und die eigene Familie immer schlechter ernähren zu können, sondern auch, einen weiteren Statusverlust zu erleiden.

Gleichwohl beschritten Politik, Wirtschaft und Wissenschaft diesen Weg. Dabei verwechselte man die Beschleunigung der doppelten Aussteuerung (von der Arbeitslosenunterstützung der Versicherung über die hauptsächlich vom Reich getragene Krisenfürsorge zur kommunalen Wohlfahrtshilfe) mit einer Konsolidierung des bestehenden Unterstützungssystems und des Staatshaushalts. Wenn man nach Ablauf der entsprechenden Frist von der Erwerbslosen- zur Wohlfahrtsfürsorge wechselte, war die Bedürftigkeitsprüfung noch schärfer. Regelmäßig blieben 50 Prozent, teilweise sogar bis zu 80 Prozent der Erwerbslosen auf der Strecke, wofür neben den rigiden Maßnahmen der Kommunalverwaltungen zum Schutz ihrer Etats die Scham und Scheu vieler Betroffener verantwortlich waren, die als entehrend, wenn nicht anrüchig empfundene Armenpflege in Anspruch zu nehmen.[18] Das sozialpolitische Denken dieser Periode blieb weitgehend den Schlüsselbegriffen und Konzeptionen der Vorkriegszeit verhaftet: „Im Gefolge der Wirtschaftskrise, als es um die Frage ging, ob es nicht notwendig sei, soziale Errungenschaften wieder preiszugeben, wurde dieses Denken dann geradezu reaktionär im Sinne einer Rückkehr zu den ‚originär' Bismarckschen Maximen, die nun vielfach volkstumspolitisch aufgeladen wurden."[19]

1.2 Hartz in Weimar – ein historisches Lehrstück

Kaum ging die Periode der relativen Stabilisierung (1924 bis 1928) zu Ende, da nahmen die sozialen bzw. Klassenauseinandersetzungen mit Streiks und Aussperrungen in der Metallindustrie wieder an Schärfe zu. Wie der sog. Ruhreisenstreit im November/Dezember 1928 erstmals zeigte, war vor allem die westdeutsche Schwerindustrie nicht mehr bereit, sich staatlichen Schiedssprüchen zu unterwerfen, womit sie den Gründungskonsens der Weimarer Republik praktisch aufkündigte. Anfänglich gerieten übertarifliche, später auch die Tariflöhne unter massiven Druck. Gleichzeitig begann mit der immer wieder auflebenden Diskussion über die wachsenden „Soziallasten" ein argumentativer Sturmlauf gegen den Wohlfahrtsstaat. Hauptträger dieser Angriffe waren Großindustrielle des Ruhrgebiets, die hofften, das Versicherungs- durch das Fürsorgeprinzip ersetzen, sich einer paritätischen Finanzierung des Sozialsystems entziehen und ihre Gewinne auf diese Weise steigern zu können.[20]

Schon bevor die Weltwirtschaftskrise 1929 bis 1932 das Sozialsystem der Weimarer Republik erschütterte, traten Kritiker des Wohlfahrtsstaates auf den Plan, die seine Leistungsfähigkeit in Zweifel zogen und – ähnlich wie Liberalkonservative heute – statt öffentlicher Verantwortung für die Hilfebedürftigen mehr Privatinitiative der Staatsbürger/innen forderten. Einer davon war Gustav Hartz, Mitglied und von Mai bis Dezember 1924 Reichstagsabgeordneter der Deutschnationalen Volkspartei (DNVP). Genau vier Jahre später erschien sein Buch „Irrwege der deutschen Sozialpolitik und der Weg zur sozialen Freiheit", das häufig rezensiert, viel gelobt und heftig attackiert wurde.

18 Vgl. Karl Christian Führer, Arbeitslosigkeit und die Entstehung der Arbeitslosenversicherung in Deutschland 1902-1927, a.a.O., S. 427

19 Lothar Machtan, Einleitung, in: ders. (Hg.), Bismarcks Sozialstaat. Beiträge zur Geschichte der Sozialpolitik und zur sozialpolitischen Geschichtsschreibung, Frankfurt am Main/New York 1994, S. 20

20 Vgl. Ludwig Preller, Sozialpolitik in der Weimarer Republik, Stuttgart 1949, S. 521

Darin stellte Gustav Hartz zahlreiche Fragen, die Neoliberale und Wirtschaftslobbyisten bis heute umtreiben, wenn sie den Sozialstaat kritisieren,[21] auch wenn er noch nicht dieselben Antworten (z. B. Einführung der Praxisgebühr) wie sie gab: „Geht man nicht bedenkenlos ein dutzendmal zum Arzt, wenn einmal genügte – nur weil es die Kasse bezahlt?"[22] Hartz sah überall „Faulenzer und Drückeberger" am Werk, wie der neu geschaffene Versicherungszweig überhaupt für die Arbeiter „kein gutes Geschäft" darstelle.[23] Um „den Mißbrauch der ungerechten und unnötigen Inanspruchnahme" unterbinden zu können bzw. „asoziale Elemente" (in Anführungszeichen) nicht mehr „auf allgemeine Unkosten reisen" zu lassen, wollte Gustav Hartz die Hilfe nicht auf Bedürftige konzentrieren, was er mit sozialdarwinistischen Argumenten begründete: „Eine soziale Politik darf nicht mit der Sorge um die Kranken, Invaliden, Witwen, Waisen und Arbeitslosen die Förderung der Lebenstüchtigen, Leistungsfähigen und Arbeitenden vergessen."[24]

Wortreich klagte Gustav Hartz über „die Bleigewichte des Bürokratismus", kritisierte angeblich viel zu hohe Verwaltungskosten der Sozialversicherung und forderte eine Abkehr von dem Glauben, „daß der Staat alles selber machen muß."[25] Hartz fühlte sich als mutiger Kritiker, der einer Front mächtiger Verteidiger des „jetzigen erstarrten Systems" gegenüberstand.[26] Einer der Lieblingsbegriffe, die er ständig verwendete, hieß „Reform". Von den Erwerbslosen sprach Gustav Hartz – in gewisser Weise entsprechende Gedanken seines berühmten Namensvetters vorwegnehmend – als „Kunden" (damals noch in Anführungszeichen gesetzt), die sich nach ihrer Entlassung „sofort bei der Arbeitsvermittlung zu melden" hätten, damit diese sie kennenlerne und „die beste Kontrolle" habe.[27] Peter Hartz sollte 75 Jahre später ebenfalls auf eine Turbovermittlung setzen und sogar von den (noch) Beschäftigten verlangen, dass sie im frühestmöglichen Stadium die Vermittlungsbemühungen der Jobcenter unterstützten.

---

21 Vgl. hierzu: Christoph Butterwegge, Rechtfertigung, Maßnahmen und Folgen einer neoliberalen (Sozial-)Politik, in: ders./Bettina Lösch/Ralf Ptak, Kritik des Neoliberalismus, 2. Aufl. Wiesbaden 2008, S. 136 ff.

22 Gustav Hartz, Irrwege der deutschen Sozialpolitik und der Weg zur sozialen Freiheit, Berlin 1928, S. 18

23 Siehe ebd., S. 81

24 Gustav Hartz, Neue Wege der Sozialpolitik, Langensalza 1929, S. 21

25 Siehe ders., Irrwege der deutschen Sozialpolitik und der Weg zur sozialen Freiheit, a.a.O., S. 141

26 Siehe Gustav Hartz, Eigentum oder Rente? – Eine Auseinandersetzung mit meinen Kritikern über das Thema: Sozialversicherung oder Sozialsparkasse?, Berlin 1930, S. 8

27 Siehe ders., Irrwege der deutschen Sozialpolitik und der Weg zur sozialen Freiheit, a.a.O., S. 199

Gustav Hartz tat, was selbst heute noch ungewohnt ist: Er fragte, welche Rendite die Zahlungen der Arbeitnehmer in die Sozialversicherung abwarfen und ob eine selbst angesparte, kapitalgedeckte Rente nicht mehr Gewinn verspreche. Außerdem machte sich Hartz – hiermit gleichfalls modern wirkend – für die „eigenverantwortliche Selbsthilfe" der Arbeitnehmer stark. Von der „Eigenverantwortung", die ein würdiges Unwort des Jahres wäre, weil sie den Rückzug des Wohlfahrtsstaates kaschiert, spricht man heute wieder gern, um damit zu bemänteln, dass sich Ämter und Behörden immer mehr aus der Verantwortung stehlen, die ihnen das Sozialstaatsgebot des *Grundgesetzes* auferlegt. Die „staatliche Zwangsversicherung" wollte Hartz abschaffen und ein System der privaten Vorsorge errichten, das seinerseits auf individuelles Zwangssparen hinauslief.[28] Hiervon versprach sich Hartz einen Mentalitätswandel, der die abhängig Beschäftigten mit dem bestehenden Wirtschaftssystem aussöhnen sollte: „Es erscheint mir fraglos, daß eine ganz andere Auffassung bei den Arbeitnehmern über den Wert des Kapitals und bezüglich der Verantwortung für seinen Verbrauch und seine Mehrung entstehen muß, wenn jeder das Wachsen seines Kapitals täglich bzw. wöchentlich vor Augen hat."[29]

Klar war Gustav Hartz, dass Übergangsschwierigkeiten nicht zu vermeiden sein würden, was er aber in Kauf nehmen zu müssen glaubte – heute würde man in diesem Zusammenhang von „schmerzhaften Reformen" sprechen und sie mit diesem Argument gerade als notwendige Radikalkur empfehlen. Die „grundstürzende Änderung" benötige „eine gehörige Portion Mut beim Gesetzgeber", damit dieser nicht vor den vielen zu erwartenden „Wenns" und „Abers" zurückschrecke,[30] befand Gustav Hartz – Gerhard Schröder wählte ein Dreivierteljahrhundert später interessanterweise das Motto „Mut zur Veränderung" für seine Agenda 2010. Warum es zwangsläufig zu „sozialen Härten" komme, erläuterte Hartz anhand des folgenden Beispiels – Riesters Rentenreform lässt grüßen: „Einem im vorgeschrittenen Alter von etwa 40 bis 50 Jahren stehenden Arbeitnehmer bleibt nicht mehr Zeit genug, um mit der Ersparung seiner Sozialbeiträge ein für Alter und Krankheit ausreichendes Sparkapital zusammenzubringen."[31]

An die Stelle der einzelnen Sozialversicherungszweige wollte Gustav Hartz „soziale Gemeinschaften" (Gewerkschaften, Arbeitgeberverbände, Genossenschaften, Religionsgemeinschaften usw.) mit von ihnen betriebenen „Sozialsparkassen" treten lassen. Die später unter dem Stichwort „Steigen der

28 Siehe ebd., S. 134
29 Ebd., S. 204
30 Siehe ebd., S. 193
31 Ebd., S. 194

Lohnnebenkosten" heftig umstrittenen Arbeitgeberbeiträge zur Sozialversicherung sollten dem Bruttolohn zugeschlagen und 15 Prozent davon als Sparbetrag abgeführt werden. Hartz hoffte, dies würde zur Folge haben, dass der ständige Streit über die „soziale Belastung der Wirtschaft" unterbliebe.[32] Statt der Personalzusatz- stünden dann jedoch vermutlich die Lohnkosten selbst noch stärker als bisher im Brennpunkt von Kampagnen der Unternehmerverbände.

Gustav Hartz wandte sich sowohl gegen Forderungen der Freien Gewerkschaften nach einer Verkürzung der Wochenarbeitszeit wie auch gegen (seiner Meinung nach überhöhte) Sozialtransfers für Erwerbslose: „Es ist ein geradezu absurder Gedanke, der Arbeitslosigkeit mit Unterstützungsleistungen zu begegnen oder sie damit auch nur mildern zu wollen. Es ist ein absurder Gedanke, die noch vorhandene Arbeit durch Verkürzung der Arbeitszeit auf möglichst viele Menschen verteilen zu wollen, ein Gedanke, der sich würdig der vom Marxismus verbreiteten Meinung anschließt, daß der Einzelne möglichst wenig arbeite, damit er anderen die Arbeit nicht wegnähme."[33] Stattdessen plädierte Hartz für Remilitarisierung und Aufrüstung, von ihm als „Wiedergewinnung unserer Wehrhoheit" verharmlost, sowie eine allgemeine Arbeitsdienstpflicht der Jugend. Um der ihnen gesetzlich auferlegten Sparpflicht nachkommen und genügend Kapital im Rahmen der Sozialkassen ansparen zu können, sollten die Arbeitnehmer laut Hartz täglich mindestens neun Stunden im Büro oder Betrieb verbringen: „Eine Stunde Mehrarbeit am Tage, als Sparstunde genützt, würde weit sozialer wirken, als der Achtstundentag je an sozialer Wirkung zeitigen kann."[34]

In seinem als Fortsetzung der „Irrwege" konzipierten Buch „Die national-soziale Revolution", das gegen Ende des Jahres 1932 erschien, führte Gustav Hartz die Krise des von ihm „kollektivistisch" genannten Sozialversicherungssystems auf demografische Veränderungen zurück. Immer mehr stark besetzte Jahrgänge rückten in die oberen Lebensaltersstufen ein, wie Bevölkerungswissenschaftler auch damals konstatierten: „Diese ‚Vergreisung' unseres Volkes hat eine dauernd steigende Zahl der Rentner und eine fortgesetzt steigende Rentenzahlungsdauer und absinkenden Beitragseingang im Gefolge."[35] Man erlebe gerade das Vorspiel einer Tragödie, meinte Hartz weiter: „In einer Reihe von Jahren sind nicht mehr genug junge beitragszahlende Menschen da, die in

32 Vgl. Gustav Hartz, Neue Wege in der Sozialpolitik, a.a.O., S. 25

33 Ders., Die national-soziale Revolution. Die Lösung der Arbeiterfrage, München 1932, S. 194

34 Gustav Hartz, Irrwege der deutschen Sozialpolitik und der Weg zur sozialen Freiheit, a.a.O., S. 109

35 Ders., Die national-soziale Revolution, a.a.O., S. 148

der Lage sind, die Summen aufzubringen, die zur Ernährung einer immer größer werdenden Zahl von Alten und Invaliden nötig werden."[36] Entweder müssten die Beiträge um nahezu das Doppelte steigen oder die Renten um etwa die Hälfte sinken. Als ein möglicher Ausweg erschien Hartz der systematische Aufbau individuell-familiärer Vorsorge, gekoppelt an die Pflicht zur Selbsthilfe und die persönliche Eigenverantwortung.

Zudem hielt Gustav Hartz eine „*Höher*besteuerung der Ledigen und Kinderlosen" für sinnvoll, die zu fordern man nicht wage, weil „der Mut zu einer positiven Bevölkerungspolitik" fehle.[37] Hans-Werner Sinn, Präsident des ifo Instituts für Wirtschaftsforschung an der Universität München, befürwortete ein Dreivierteljahrhundert danach gleichfalls bevölkerungspolitische Maßnahmen zur Problembewältigung: „Wenn es gelänge, die Geburtenraten auf ein Niveau anzuheben, wie es eine stationäre Bevölkerung kennzeichnet, dann ließe sich die Bevölkerung allmählich wieder verjüngen. Das Rentenproblem würde sich lösen, der Arbeitsmarkt würde stabilisiert, und unser Land würde wieder zu der Dynamik bei der Wirtschaft und Wissenschaft zurückkehren, die es einmal besaß."[38] Um dieses Ziel zu erreichen, will Sinn die Fertilitätsrate mittels finanzieller Anreize für Familien, aber auch mittels gezielter Sanktionen für Kinderlose steigern. Sinn empfiehlt die Staffelung von Altersrenten nach der Kinderzahl und eine Rentenkürzung für Kinderlose auf die Hälfte der „normalen" Höhe: „Wer keine Kinder hat und insofern zu wenig tut, um seine eigene Rente im Umlagesystem zu sichern, muss die Konsequenzen tragen und selbst auf dem Wege der Ersparnis für Ersatz sorgen."[39] Damals schrieb Gustav Hartz ähnlich klingende Sätze, die jedoch viel mehr Pathos enthielten: „Mit aller Deutlichkeit muß jedem zum Bewußtsein gebracht werden, daß die Zukunft unseres Volkes und Reiches eine ausreichende und gesunde Kinderschar und daß der Mensch immer noch das wertvollste ‚Produkt' ist. Wer an der Zukunft unseres Volkes durch eigene Kinder keinen Anteil hat – oder haben kann –, der soll wenigstens die Gegenwart für die Kinderreichen materiell erträglich gestalten helfen."[40]

Ebenso wie die maßgeblichen Bevölkerungsschichten, die Machteliten und die Entscheidungsträger der Weimarer Republik rückte Gustav Hartz im Gefolge der Weltwirtschaftskrise und ihrer dramatischen Auswirkungen po-

36 Ebd.

37 Siehe Gustav Hartz, Irrwege der deutschen Sozialpolitik und der Weg zur sozialen Freiheit, a.a.O., S. 137 f. (Hervorh. im Original)

38 Hans-Werner Sinn, Ist Deutschland noch zu retten?, 4. Aufl. München 2003, S. 369 f.

39 Ebd., S. 393

40 Gustav Hartz, Irrwege der deutschen Sozialpolitik und der Weg zur sozialen Freiheit, a.a.O., S. 138

litisch immer weiter nach rechts. Er sympathisierte zu jener Zeit mit Benito Mussolini und dessen Modell einer korporativen Staatsordnung, näherte sich dabei jedoch auch dem Nationalsozialismus an. Gleichermaßen den „sozialdemokratischen Marxismus" wie das „bolschewistische Chaos" fürchtend, suchte er während der 1930er-Jahre in einem „zum Kampfe auf Leben und Tod bereite(n) Nationalismus" das Heil.[41] Endziel des „völkischen Freiheitskampf(es)" sollte der faschistische Ständestaat sein, wobei Italien als Vorbild diente. „Den Weg aus dem jetzigen Chaos der Arbeitslosigkeit wird nur ein nationaler Staat finden, der Arbeit und Pflicht als Mittel zur nationalen Befreiung und zur Lösung der sozialen Frage dem Volke zum Bewußtsein zu bringen vermag."[42] Gustav Hartz sprach nicht vom „Umbau" des Wohlfahrtsstaates, vielmehr offen vom „Abbau der Sozialversicherung" und von einer staatlichen Neuordnung, die einen „Sozialstaat des Willens und der Tat" hervorbringen sollte.[43]

1.3 Volkswirtschaft, Wohlfahrtsstaat und Demokratie am Ende

Schon bei ihrer Gründung war absehbar, dass die Weimarer Republik mit einem gut funktionierenden System der sozialen Sicherung stand und fiel, weil manche Bevölkerungsgruppen, die der Monarchie aus traditioneller Verbundenheit nachtrauerten, für die Demokratie erst durch eine Verbesserung ihrer materiellen Situation gewonnen und dann bei der Stange gehalten werden mussten. Ohne ausreichendes Wachstum, einen größeren Wohlstand für breite Schichten und berufliche Aufstiegschancen seiner Bürger/innen blieb das demokratische Gemeinwesen ohne solides Fundament.

Wie die steigende Massenerwerbslosigkeit, mehr noch jedoch der sukzessive Abbau des Sozialstaates die junge Demokratie untergruben, war ein historisches Lehrstück. Über bis zur eher kuriosen Namensgleichheit von Hauptakteuren reichenden Gemeinsamkeiten dürfen die gravierenden Unterschiede zwischen Gegenwart und Vergangenheit aber nicht übersehen werden. Es gab in der Weimarer Republik nur einen ansatzweise entwickelten Wohlfahrtsstaat, was für die über 6.128.429 offiziell registrierten Arbeitslosen auf dem Höhepunkt der Weltwirtschaftskrise im Februar 1932 hieß, dass ihre Lage noch dramatischer war als diejenige der Betroffenen heute. Sie

41 Siehe ders., Die national-soziale Revolution, a.a.O., S. 6

42 Ebd., S. 202

43 Siehe Gustav Hartz, Neue Wege in der Sozialpolitik, a.a.O., S. 26 f.

und ihre Familien hatten oft überhaupt nichts zu essen und lebten unter absoluten Elendsbedingungen. Zudem war die Arbeitslosenquote weit mehr als doppelt so hoch wie in der Gegenwart und auch die Weltmarktdynamik längst nicht so ausgeprägt. Während die Ökonomen ähnliche Rezepte zur Lösung der Beschäftigungskrise wie heute vertraten,[44] unterschieden sich die Sozialstruktur und die gesellschaftlichen Kräfteverhältnisse umso deutlicher von den aktuell bestehenden Machtkonstellationen. Auch waren die Großunternehmen der Zwischenkriegszeit noch nicht annähernd so stark in die Weltwirtschaft integriert wie transnationale Konzerne heute, wohingegen es Anfänge einer Internationalisierung der Kapitalmärkte gab und sich die negativen Folgen des „Schwarzen Freitags“ an der New Yorker Börse im Oktober 1929 fast überall bemerkbar machten.

Während der Weltwirtschaftskrise 1929 bis 1932 zerbrach nicht bloß der gesellschaftspolitische Basiskonsens zwischen den Klassen bzw. deren organisierter Interessenrepräsentanz, Arbeitgeberverbänden und Gewerkschaften, sondern am 27. März 1930 auch die Große Koalition, deren beide Flügelparteien keine Einigung über den Weg zur finanziellen Konsolidierung der Arbeitslosenversicherung erzielten. Die unternehmernahe DVP bestand auf einer Kürzung von Leistungen, während die SPD-Fraktion im Gegensatz zu ihrem Reichskanzler Hermann Müller und seinen Ministerkollegen nur eine Anhebung der Beiträge (damaliger Satz: 3,5 Prozent) unterstützte. In der heute üblichen Diktion würde man sagen, dass die Beitragssatzstabilität bei den bürgerlichen Koalitionären absolute Priorität genoss, weil die Erhöhung der „Lohnnebenkosten“ verhindert und die internationale Wettbewerbsfähigkeit des „Wirtschaftsstandorts D“ nicht gefährdet werden sollte.

Da maßgebliche Kräfte die Sozialdemokratie bewusst aus der Reichsregierung verdrängten, war eine weitere Rechtsentwicklung des Staates vorprogrammiert. In kürzer werdenden Abständen folgten der Regierung Müller immer weniger legitimierte (Präsidial-)Kabinette, die zwar kein Konzept zur Krisenbewältigung hatten, aber die sozialen Grundrechte der Arbeitnehmer/innen und Erwerbslosen in einem rasanten Tempo beschnitten sowie den Wohlfahrtsstaat und die Demokratie demontierten. Man hat rückblickend den Eindruck, dass die Weimarer Republik und ihr Sozialsystem bewusst zugrunde gerichtet wurden, wobei die „Reform der Arbeitslosenversicherung“ ganz oben auf der politischen Agenda stand. Aufgrund der wachsenden Massenerwerbslosigkeit und entsprechender Beitragsausfälle stieg der Beitrags-

---

44 Vgl. kritisch dazu: Gustav A. Horn, Die deutsche Krankheit – Sparwut und Sozialabbau. Thesen gegen eine verfehlte Wirtschaftspolitik, München/Wien 2005

satz auf 6,5 Prozent und war damit übrigens genauso hoch wie in der Reformperiode, welcher Peter Hartz seinen Stempel aufdrückte. Mittels einer politischen Salamitaktik wurden die Leistungen durch schrittweise Kürzung der Unterstützung bei gleichzeitiger Ausdehnung der Wartezeiten und Sperrfristen für Arbeitslose beschnitten, worunter die Akzeptanz des Sozialstaates insgesamt litt, weil er seine Hauptfunktion kaum noch zu erfüllen vermochte. „Je mehr die soziale Sicherung in der Krise gefordert war, um so weniger Sicherheit konnte sie bieten. So erschien der Wohlfahrtsstaat vielen nurmehr als aufgeblähter bürokratischer Apparat, der mehr seiner Selbsterhaltung als den Interessen der notleidenden Bevölkerung diente."[45]

Nach dem Scheitern der Koalitionsregierung von SPD, DVP, Zentrum, DDP und BVP wurde die Weimarer Republik immer weniger parlamentarisch-demokratisch, sondern aufgrund fehlender Reichstagsmehrheiten für die folgenden Kabinette mittels Notverordnungen regiert. Unter dem christlichen Gewerkschafter Heinrich Brüning, der vom 30. März 1930 bis zum 30. Mai 1932 Reichskanzler war, verschärfte ein Austeritätskurs der Regierung die Wirtschaftskrise noch mehr. Brüning hoffte auf die „Selbstheilungskräfte" des Marktes, während seiner Ansicht nach das Geld für Konjunkturprogramme fehlte, zumindest so lange, wie die Reparationsverpflichtungen des Versailler Vertrages bestanden. Dieser lieferte dem Zentrumspolitiker jedoch nur einen willkommenen Vorwand, um keinen wirtschafts- und sozialpolitischen Kurswechsel einleiten zu müssen. Durch den neoklassischen Mainstream der Nationalökonomie bestärkt, drang Brüning auf mehr Zurückhaltung in der Lohnpolitik sowie bei den Staatsausgaben, wovon er sich eine Sanierung des Budgets und eine Reaktivierung der Wirtschaft versprach.

Mit der Schwächung des Tarif- und Schlichtungswesens, dem Abbau der Arbeitslosenversicherung und der als „Sonderopfer des öffentlichen Dienstes" deklarierten Senkungen von Beamtengehältern und -pensionen begann unter Brüning ein Rückzug des Sozialstaates, der die Demokratie in Mitleidenschaft zog und den Weg zur NS-Diktatur ebnete. Dabei verschärfte eine hauptsächlich für die Exportbranchen vorteilhafte Deflationspolitik die Wirtschafts- und Beschäftigungskrise. Zahlreich sind die historischen Parallelen zur Gegenwart, gleichen doch Vorschläge, mit denen Unternehmerverbände und etablierte Politiker das System der sozialen Sicherung um die Jahrtausendwende „verschlanken" wollten, den schon damals diskutierten bzw. ergriffenen Maßnahmen teilweise bis ins Detail. Dies gilt z. B. für die Reform des Föderalismus, den Bürokratieabbau, die Schwächung des Tarifvertrags-

---

45 Christoph Sachße/Florian Tennstedt, Der Wohlfahrtsstaat im Nationalsozialismus. Geschichte der Armenfürsorge in Deutschland, Bd. 3, Stuttgart/Berlin/Köln 1992, S. 19

systems bzw. des staatlichen Schlichtungswesens, die Erleichterung von Kündigungen und die Liberalisierung des Ladenschlusses, mit denen man die Wirtschaft bzw. ihre Konkurrenzfähigkeit auf dem Weltmarkt stärken wollte, genauso wie für Lohn- bzw. Gehaltssenkungen, unter denen die Binnenkaufkraft litt, und die Verlängerung der Wochenarbeitszeit.

Brünings nur ein halbes Jahr lang amtierender Nachfolger Franz von Papen stützte sich unverhohlen auf Vorschläge der (Schwer-)Industrie, die eine Entrechtung der abhängig Beschäftigten und eine Entmachtung ihrer Gewerkschaften anstrebte. Übereinstimmend erklärten beide Reichskanzler zwar, den Sozialstaat durch Reformen in der Substanz erhalten zu wollen, demontierten ihn aber Schritt um Schritt, was seiner weiteren Zerstörung eher Vorschub leistete. „Brüning und von Papen folgten der sich verstärkt politisch zu Wort meldenden neoklassischen Wirtschaftstheorie, wonach der Staat nur die Option habe, seine Ausgaben der immer restriktiveren Einnahmeseite anzupassen und dabei durch Steuerzurückhaltung gegenüber der Wirtschaft, geringe Löhne und Sozialabgaben die Angebotsbedingungen der Wirtschaft zu verbessern."[46]

Franz von Papen sah im Wohlfahrtsstaat eine Gefahr für die wirtschaftliche Prosperität, das deutsche Volk, dessen (Arbeits-)Moral und die staatliche Ordnung, was seine am 4. Juni 1932 im Rundfunk verlesene Regierungserklärung dokumentiert: „Die Nachkriegsregierungen haben geglaubt, durch einen sich ständig steigernden Staatssozialismus die materiellen Sorgen dem Arbeitnehmer wie dem Arbeitgeber in weitem Maße abnehmen zu können. Sie haben den Staat zu einer Art Wohlfahrtsstaat zu machen versucht und damit die moralischen Kräfte der Nation geschwächt."[47]

Noch am selben Tag löste Reichspräsident Paul von Hindenburg das Parlament auf und schrieb mit der Begründung vorzeitige Neuwahlen aus, dass dessen Zusammensetzung nach den Landtagswahlen der vergangenen Monate nicht mehr dem politischen Willen des deutschen Volkes entspreche. Nach dem sog. Preußenschlag (Auflösung der Regierung Braun/Severing sowie Einsetzung von Papens als Ministerpräsident und eines Reichskommissars als Innenminister), durch den die SPD am 20. Juli 1932 ihre wichtigste Machtbastion verlor, und der Reichstagswahl am 31. Juli 1932, aus welcher die NSDAP als stärkste Fraktion hervorging, ohne einen Regierungswechsel

---

46 Jürgen Boeckh/Ernst-Ulrich Huster/Benjamin Benz, Sozialpolitik in Deutschland. Eine systematische Einführung, 3. Aufl. Wiesbaden 2011, S. 68

47 Kundgebung der Reichsregierung v. Papen vom 4. Juni 1932, zit. nach: Werner Abelshauser, Die Weimarer Republik – ein Wohlfahrtsstaat?, in: ders. (Hg.), Die Weimarer Republik als Wohlfahrtsstaat. Zum Verhältnis von Wirtschafts- und Sozialpolitik in der Industriegesellschaft, Stuttgart 1987, S. 10

bewirken zu können, erteilte Reichspräsident Paul von Hindenburg der Papen-Regierung eine Generalvollmacht zur Umgestaltung des Sozialsystems.

Schon damals wollte man die Wettbewerbsfähigkeit der deutschen Industrie durch eine „*Spar*politik" bei den Löhnen und in den öffentlichen Haushalten wiederherstellen bzw. spürbar erhöhen. Als das nur noch halbdemokratische Regierungs- und Parteiensystem diese Aufgabe gegen Ende der Weimarer Republik trotz drastischer Beschneidung zahlloser staatlicher Leistungen nicht erfüllte, drangen einflussreiche Industrie- und Bankenkreise auf eine Kabinettsbeteiligung der NSDAP, die bei der Novemberwahl 1932 aber erstmals wieder Stimmen verloren hatte. Generalleutnant Kurt von Schleicher, der Reichspräsident Paul von Hindenburg sehr nahe und für eine „Querfrontstrategie" (Bündnis aller im nationalkonservativen Sinne „wohlmeinenden" Kräfte, unabhängig von deren Lagerzugehörigkeit) stand, setzte in seiner kurzen, nur vom 3. Dezember 1932 bis zum 30. Januar 1933 dauernden Amtszeit keine sozialpolitischen Akzente mehr.

Alfred Hugenberg, Medienzar und Führer der Deutschnationalen, sagte in einer Rundfunkansprache zur Reichstagswahl am 28. Juli 1932, Sozialismus sei gleichbedeutend mit Erwerbslosigkeit. Dagegen habe ein „gesunder Staat" auch „eine gesunde Wirtschaft", woraus Hugenberg schloss: „Derjenige ist wirklich und wahrhaft sozial, der Arbeit schafft."[48] Vor der letzten Reichstagswahl im März 1933 verbreitete Hitlers erster Wirtschaftsminister die Parole „Sozial ist, wer Arbeit schafft" in Zeitungsanzeigen seiner Partei. Fast wörtlich fand dieser Spruch auf Betreiben der im Jahr 2000 gegründeten, von Metall- und Elektroindustriellen finanzierten „Initiative Neue Soziale Marktwirtschaft" (INSM) Anklang bei Spitzenpolitiker(inne)n aller etablierten Parteien der Bundesrepublik. Beispielsweise stellten der damalige CSU-Vorsitzende Edmund Stoiber und der damalige nordrhein-westfälische CDU-Vorsitzende Jürgen Rüttgers ihren Bundestags- bzw. Landtagswahlkampf unter das Motto „Sozial ist, *was* Arbeit schafft", aber auch die CDU-Vorsitzende Angela Merkel oder der damalige FDP-Generalsekretär Guido Westerwelle übernahmen diese Losung. Dabei handelt es sich im Grunde um eine Sklavenhalterideologie, die Arbeit aus ihren sozialen Bezügen herauslöst und verabsolutiert. Überhaupt nicht mehr gestellt wurde die Frage nach den Arbeitsbedingungen und der Entlohnung, vom Anspruch der Stellenbewerber/innen auf Berufs- und Qualifikationsschutz ganz zu schweigen.

---

48 Alfred Hugenberg, Rundfunkansprache zur Reichstagswahl am 31. Juli 1932, gehalten am 28. Juli 1932 (www.dhm.de/lemo/html/dokumente/hugenberg; 28.8.2014)

1.4 Die Demontage der Arbeitslosenversicherung – ein Menetekel des Untergangs

Die sozialpolitische Agonie der Weimarer Republik begann mit einer Kontroverse um die Sanierung der Arbeitslosenversicherung. Sowohl zwischen den gesellschaftlichen Interessengruppen bzw. den Verbänden von Unternehmern und Beschäftigten wie auch zwischen den Gebietskörperschaften war heftig umstritten, wem die enormen Kosten der Massenerwerbslosigkeit aufgebürdet werden sollten. Das deutsche Unterstützungssystem war *dreigliedrig*: Versicherte, die erwerbslos wurden, erhielten höchstens 26 Wochen lang Arbeitslosenhilfe (Hauptunterstützung) und Familienzuschläge für ihre engsten Angehörigen. Danach gab es im Falle der Bedürftigkeit gleichfalls 26, später sogar 52 Wochen lang Krisenfürsorge, bevor die allgemeine Wohlfahrt (der Gemeinden) einsprang. Durch die Verordnung über die Krisenfürsorge für Arbeitslose vom 11. Oktober 1930 wurde die *originäre*, nicht auf Beitragszahlungen fußende Krisenunterstützung abgeschafft.

Während das Reich erwerbsfähige Arbeitslose unterstützte, die keine Versicherungsleistungen mehr erhielten, oblag den Gemeinden die Wohlfahrtsunterstützung, in deren Genuss nicht oder nur eingeschränkt Erwerbsfähige kamen. Im Jahresdurchschnitt 1932 waren weniger als 20 Prozent der Erwerbslosen Hauptunterstützungsempfänger/innen, 25 Prozent waren Krisenfürsorgeempfänger/innen und rund 37 Prozent zählten zu den sog. Wohlfahrtserwerbslosen, die auf die Unterstützung durch die öffentliche Fürsorge angewiesen waren: „Von einer Versicherung konnte am Ende der Weimarer Republik bezogen auf das AVAVG nicht mehr gesprochen werden.“[49]

Innerhalb des dreigliedrigen Systems kam es zu Umschichtungen, die wachsenden Finanzierungsschwierigkeiten, aber auch unterschiedlichen Interessenlagen der Hauptakteure und Machtverschiebungen entsprangen, die nicht zuletzt der steigenden Erwerbslosigkeit geschuldet waren. Gab es anfangs sogar Bemühungen, die kommunale Erwerbslosen- in der staatlichen und teilweise aus Versicherungsmitteln finanzierten Krisenfürsorge aufgehen zu lassen, dominierten ungefähr seit dem Jahreswechsel 1930/31 Bestrebungen, die Krisenunterstützung mit der Wohlfahrtsfürsorge unter einheitlicher Verwaltung der Gemeinden zu verschmelzen. Es kursierten auch Pläne der Kommunen wie der Arbeitgeberverbände, sämtliche Zweige des bestehenden Unterstützungssystems auf der Grundlage des (für die Erwerbslosen kargen und sie entrechtenden) Fürsorgeprinzips zusammenzulegen. Man führte zur Begrün-

---

49 Johannes Steffen, Notstandsarbeit – Fürsorgearbeit – Pflichtarbeit – Freiwilliger Arbeitsdienst, a.a.O., S. 56

dung die mangelnde Transparenz und die Schwerfälligkeit des gegliederten Systems sowie die Kostspieligkeit einer umfassenden Versicherungslösung an.

Je stärker die Zahl der aus der Arbeitslosenversicherung „ausgesteuerten" Wohlfahrtserwerbslosen in der Weltwirtschaftskrise stieg, umso mehr wuchs auch das fiskalische Interesse der Gemeinden, diesen Personenkreis über eine (sechsmonatige) versicherungspflichtige Beschäftigung wieder in den AVAVG-Leistungsbezug zu bringen.[50] Während sich Ansätze einer kommunalen Arbeitsbeschaffungspolitik herausbildeten, die das Ziel verfolgte, Wohlfahrtserwerbslose nach Art eines „Verschiebebahnhofes" durch das Reich geförderten Notstandsarbeiten zuzuweisen, versuchte die Arbeitsverwaltung, dem Steine in den Weg zu legen. Johannes Steffen spricht in diesem Zusammenhang von einem „Gegeneinander zentralstaatlicher und kommunaler Arbeitsbeschaffungs-Interessen", das auch seinen Niederschlag im AVAVG gefunden habe. Öffentlich geförderte Beschäftigung seitens der Kommunen wurde zunächst faktisch verunmöglicht, ab Sommer 1930 dann finanziell unattraktiv gemacht. „Im dreigliedrigen Sicherungssystem bei Arbeitslosigkeit – versicherungsmäßige Arbeitslosenunterstützung, Krisenunterstützung und öffentliche Fürsorge – stellten die ausgesteuerten Wohlfahrtserwerbslosen zweifelsohne ein ‚schlechtes' Risiko für die Versicherung dar, die diese sich fernhalten wollte."[51] So verkamen die Betroffenen im bürokratischen Maßnahmenvollzug zu einer Manövriermasse, die zwischen den für sie zuständigen Stellen hin- und hergeschoben wurde.

Christian Berringer spricht hinsichtlich des unübersehbaren Stimmungsumschwungs zum Nachteil der Erwerbslosen von einem „Paradigmenwechsel", für den er folgende Gründe nennt: „Als realpolitische Voraussetzung wirkte sich der offenkundige Wille des Reiches aus, die finanzielle und sozialpolitische Verantwortung für die Arbeitslosenunterstützung auf die kommunalen Institutionen zu übertragen; zweitens sahen Arbeitgeber und andere Kritiker die finanzielle Krise von Arbeitslosenunterstützung und Krisenunterstützung als Zeichen für eine Überlegenheit der Fürsorgelösung; drittens zeigten Städte und Gemeinden, die zwar unter der Last der Erwerbslosenfürsorge litten, gleichwohl den Ehrgeiz und den Willen, ihre vor 1927 ausgeübte Kompetenz im Bereich der Versorgung von Arbeitslosen wieder aufzugreifen, da sie diese Aufgabe effektiver und billiger als das staatliche System der Krisenunterstützung in der Verwaltung der Reichsanstalt und ihrer Arbeitsämter erfüllen könnten."[52]

---

50 Vgl. ebd., S. 79

51 Ebd.

52 Christian Berringer, Sozialpolitik in der Weltwirtschaftskrise, a.a.O., S. 474

Da die Erwerbslosen wegen der Wirtschaftskrise immer schneller (aus der staatlichen Krisenfürsorge) „ausgesteuert“ wurden, stiegen die finanzielle Belastung und die Verschuldung der Kommunen seit 1929/30 ganz enorm. „Der Grundsatz, alle arbeitsfähigen Arbeitslosen von der gemeindlichen Fürsorge fernzuhalten, zerbrach (...) an der Finanzlage des Reichs. Damit wurde die *Finanzkrise im Reichshaushalt zwangsläufig und unmittelbar in die Haushalte der Gemeinden hineingetragen.*“[53] Sowohl die öffentliche Reformdebatte wie auch die Regierungspolitik verschoben sich immer stärker von einer Fusion der beiden Fürsorgesysteme auf dem (niedrigeren) Niveau der Wohlfahrtshilfe in Richtung einer völligen Preisgabe des Versicherungsprinzips. Dezentralisierung und Kommunalisierung der Arbeitslosenunterstützung führten aufgrund der Finanzprobleme fast aller Gemeinden in kürzester Zeit zu einer sozialen Nivellierung nach unten, die damit meistenteils auch bezweckt war.

Binnen zweier Jahre kehrten sich die Unterstützungsverhältnisse geradezu um: Erhielten im Januar 1931 noch 2,5 Millionen Personen Arbeitslosenunterstützung, aber nur 0,8 Millionen Personen Wohlfahrtshilfe, standen im Januar 1933 nur 0,9 Millionen Empfänger(inne)n von Arbeitslosenunterstützung nicht weniger als 2,4 Millionen Wohlfahrtserwerbslose gegenüber, was die Gemeinden wegen ihrer Belastung in der gewaltigen Höhe von 1,23 Mrd. Reichsmark veranlasste, im Genehmigungsverfahren nach Ausschlussgründen zu suchen, Anrechnungsvorschriften (zur Übernahme von Mietkosten) zu verschärfen und die bewilligten Leistungen auf das Allernötigste zu reduzieren (Übergang von Geld- auf Sachleistungen): „Zentraler Orientierungspunkt des kommunalen Wohlfahrtswesens in der Krise war nicht mehr die Not der Unterstützungsempfänger, sondern die städtische Kassenlage.“[54] Sozialpolitik machten am Ende der Weimarer Republik vor allem die Stadtkämmerer, natürlich sehr zum Leidwesen eines dadurch immer stärker verarmenden Erwerbslosenheeres.

In der ersten Verordnung des Reichspräsidenten „zur Behebung finanzieller, wirtschaftlicher und sozialer Notstände“, die einen Monat nach Auflösung des Parlaments am 26. Juli 1930 erlassen wurde, ergänzten sich Steuererhöhungen einerseits sowie Leistungskürzungen im Bereich der Arbeitslosen- und Krankenversicherung andererseits. Obwohl das zuständige Reichs-

---

53 Ludwig Preller, Sozialpolitik in der Weimarer Republik, a.a.O., S. 421 (Hervorh. im Original)

54 Dirk Schumann, Bewährung in der Krise oder völlige Zerstörung? – Die Erosion des Sozialstaates in der Endphase der Weimarer Republik und der Übergang in die Diktatur, in: Klaus Schönhoven/Walter Mühlhausen (Hg.), Der deutsche Sozialstaat im 20. Jahrhundert. Weimarer Republik, DDR und Bundesrepublik Deutschland im Vergleich, Bonn 2012, S. 95

arbeitsministerium noch einen weiteren Ausbau der Krankenversicherung vorgeschlagen hatte, dominierten „*Spar*bemühungen“, die eine Mehrbelastung der Versicherten durch eine Krankenscheingebühr und einen Arzneimittelbeitrag hervorbrachten.[55] Eine weitere Notverordnung vom 1. Dezember 1930 beinhaltete u. a. eine Erhöhung der Tabaksteuer, während die Vermögen-, Grund- und Gewerbesteuer gesenkt wurden.

Kurzfristig wurde im Frühjahr 1931 eine meist nach ihrem Vorsitzenden, dem früheren langjährigen Arbeitsminister Heinrich Brauns (Zentrum) benannte „Gutachterkommission zur Arbeitslosenfrage“ gebildet.[56] Ihre zehn Mitglieder, die innerhalb weniger Monate drei Berichte (zur Arbeitszeitfrage und zum sog. Doppelverdienertum, zur Arbeitsbeschaffung sowie zur Arbeitslosenhilfe) unterbreiteten, ohne damit viel Wirkung zu erzielen, kamen aus Verwaltung und Wissenschaft. Dies kann als weiteres Indiz dafür gelten, dass immer stärker expertokratisch statt demokratisch agiert und am Parlament vorbei regiert wurde.

Statt die Vorlage sämtlicher Gutachten abzuwarten und die Abgeordneten damit zu befassen, brachte die Reichsregierung eine zweite Notverordnung „zur Sicherung von Wirtschaft und Finanzen“ auf den Weg, die am 5. Juni 1931, an eben jenem Tag, als die Sachverständigenkommission ihr letztes Einzelgutachten herausgab, erlassen wurde. Sie enthielt ein ganzes Paket drastischer Kürzungen bei der Arbeitslosenhilfe und der Krisenfürsorge, die Einführung der Bedürftigkeitsprüfung für Frauen und Jugendliche, eine Verlängerung der Wartezeiten sowie eine Begrenzung der Anrechnungszeiten für die Leistungsfestsetzung. Eine wesentliche Schwächung erfuhr die Arbeitslosenversicherung dadurch, dass sie keine Zuschüsse des Reiches mehr erhielt, sondern aus dem Staatshaushalt ausgegliedert wurde. „Mit der Gründung des Freiwilligen Arbeitsdienstes (FAD) (zusätzlich zur prinzipiellen Ausweitung der Pflichtarbeit auf alle Arbeitslosen) wurde zudem ein neues, im Kern disziplinierendes und militarisierendes Element in die Sozialpolitik eingeführt.“[57] Von da aus führte eine gerade Linie zur Einrichtung des Reichsarbeitsdienstes (RAD), der für alle 18-jährigen Mädchen und Jungen verpflichtend war, sowie zur Einweisung „arbeitsscheuer“ und „asozialer“ Elemente in die Konzentrationslager des NS-Regimes, das nicht mehr die soziale Sicherung der einzelnen Wohnbürger/innen, sondern die Leistungsfähigkeit der „Volksgemeinschaft“ zum Staatsziel erhob.

---

55 Vgl. Ludwig Preller, Sozialpolitik in der Weimarer Republik, a.a.O., S. 472

56 Vgl. hierzu und zum Folgenden: Christian Berringer, Sozialpolitik in der Weltwirtschaftskrise, a.a.O., S. 240 f.

57 Dirk Schumann, Bewährung in der Krise oder völlige Zerstörung?, a.a.O., S. 90

Nach dem Zusammenbruch der österreichischen Credit-Anstalt am 11. Mai 1931 geriet Deutschland in den Strudel einer internationalen Banken- und Währungskrise, die das Heer der Erwerbslosen weiter vergrößerte. Je weniger sie Herr der riesigen ökonomischen und sozialen Probleme waren, umso häufiger griffen die Präsidialregime zum Mittel der Notverordnung. Sukzessive setzten sie das (damals noch wenig entwickelte) System der sozialen Sicherung außer Kraft, versprachen allerdings bei jeder Reformmaßnahme, nach diesem für Großteile der Bevölkerung schmerzhaften Eingriff werde die Wirtschaft wieder Tritt fassen.

Ludwig Preller, dessen Standardwerk über die Sozialpolitik in der Weimarer Republik die Konjunkturabhängigkeit staatlicher Aktivitäten in einer kapitalistischen Gesellschaft betont, erklärt die Demontage des Wohlfahrtsstaates in erster Linie mit dem dramatischen Beschäftigungsrückgang und einer daraus beinahe zwangsläufig resultierenden Schwäche der Gewerkschaften im Kampf gegen die Großindustrie. „Wirtschaftsschläge wie der Bankenkrach von 1931, die Weltwirtschaftskrise und die ungeheuerliche Entwicklung der Arbeitslosigkeit mußten sich unter diesen Umständen katastrophal für die Weimarer Sozialpolitik auswirken, sie trafen schließlich nicht zuletzt über die Sozialpolitik den Nerv der Weimarer Demokratie.“[58]

Die sozialdemokratische Reichstagsfraktion trug in der Opposition sogar Gesetzesvorhaben mit, die deutliche Verschlechterungen für von ihr politisch repräsentierte Bevölkerungsschichten beinhalteten. „Je mehr sich die SPD, besonders dann unter Brüning, mit der Mitverantwortung für unpopuläre Maßnahmen belastete, desto geringer wurde ihre Gefolgschaft unter den Wählern, desto mehr entfremdeten sich ihr die jugendlichen Arbeitnehmer.“[59] Die sozialdemokratische Tolerierungspolitik zahlte sich keineswegs aus, trug vielmehr zur massenhaft verbreiteten Enttäuschung über die reformistische Arbeiterpartei und das Parteiensystem der Weimarer Republik insgesamt bei. Ganz ähnlich verhielt es sich bei den Freien Gewerkschaften, deren Mitgliederzahl nicht nur aufgrund der ständig wachsenden Erwerbslosigkeit und dadurch bedingter Austritte rapide sank. Viele aktive Gewerkschafter/innen wandten sich von der SPD ab, fühlten sich aber auch von der ADGB-Spitze nicht mehr repräsentiert. Hier lag einer der Gründe für das Scheitern der Weimarer Republik, die anfänglich Hoffnungen in Bezug auf Wirtschaftsdemokratie, mehr Mitbestimmung und Entfaltung von Gegenmacht durch das Proletariat geweckt hatte. Schließlich gab es bei den Erwerbslosen ein höheres Maß an Wahlabstinenz, wenn sie nicht für die KPD

58 Ludwig Preller, Sozialpolitik in der Weimarer Republik, a.a.O., S. 512

59 Ebd., S. 180

und – in sehr viel geringerem Umfang als häufig vermutet – für die NSDAP votierten.[60]

Seit man die SPD im März 1930 aus der Regierung hinausgedrängt hatte, war die Wohlfahrtsstaatsentwicklung ausschließlich durch Stagnation und Rückschritt gekennzeichnet. „Konstruktive Neuansätze im sozialpolitischen Bereich hat es in der Ära Brüning sowie in den Kabinetten Papen und Schleicher nicht mehr gegeben, eher im Gegenteil. Wo der politische Wille fehlte, mußte der deutsche Sozialstaat unter dem Druck der ökonomischen Krise versagen; der strenge Deflationskurs war mit groß angelegten Programmen staatlicher Arbeitsbeschaffung und Konjunkturbelebung nicht vereinbar."[61] Dort dürfte denn auch ein Kardinalfehler der Wirtschaftspolitik dieser Zeit zu suchen sein: Sie setzte auf die Verbesserung der Angebotsseite und ließ die Nachfrageseite weitgehend unberücksichtigt.

Am 14. Juni 1932 höhlte Reichskanzler von Papen das Unterstützungssystem für Arbeitslose weiter aus, ohne es allerdings formal abzuschaffen. Durch die Verordnung des Reichspräsidenten über Maßnahmen „zur Erhaltung der Arbeitslosenhilfe und der Sozialversicherung sowie zur Erleichterung der Wohlfahrtslasten der Gemeinden" wurden die Struktur (Einführung der Bedürftigkeitsprüfung in die Arbeitslosenversicherung) und das Leistungsniveau der drei Systeme noch mehr angeglichen. Papen bediente sich desselben Mittels wie sein Vorgänger, um den von diesem gegründeten Arbeitsdienst, der „freiwillig, zusätzlich und gemeinnützig" sein sollte, insbesondere für Jugendliche auszuweiten, den Versicherungscharakter der Arbeitslosenversicherung de facto aufzuheben und die Selbstverwaltung der Reichsanstalt zu stutzen. Ludwig Preller sah darin die Verwirklichung des Kanzlerwunsches nach einer autoritären Führung: „Gedenkt man schließlich noch des Vorgehens Papens zur Lockerung der Tarifverträge, also auf Beseitigung eines entscheidenden Faktors der Weimarer Sozialpolitik, so wird ersichtlich, in wie hohem Maße sich Papen zum Vollstrecker der Bestrebungen der Schwerindustrie gegen das Wesen der Weimarer Sozialpolitik machte."[62]

Exemplarisch seien die Stationen des sozialen Abstiegs von Erwerbslosen gegen Ende der Weimarer Republik skizziert: Ein erwerbsloser Facharbeiter mit drei Angehörigen erhielt im Sommer 1932 nach einer Wartezeit von 14 Tagen wöchentlich rund 17 Reichsmark und damit etwa die Hälfte seines zuvor verdienten Lohnes. Gegenüber dem 1929 erzielten Einkommen kam dies einem realen Kaufkraftverlust von etwa 60 Prozent gleich. Seit dem Oktober

60 Vgl. Jürgen W. Falter, Hitlers Wähler, München 1991, S. 311
61 Gabriele Metzler, Der deutsche Sozialstaat, a.a.O., S. 86
62 Ludwig Preller, Sozialpolitik in der Weimarer Republik, a.a.O., S. 521

1931 wurde der Erwerbslose bereits nach 20 (statt 26) Wochen aus der Versicherung ausgesteuert und bezog in der Regel für 32 Wochen von der Krisenfürsorge eine noch geringere Unterstützung, bis er schließlich der kommunalen Erwerbslosenwohlfahrt anheimfiel, deren Sätze sich an jene der Armenfürsorge anlehnten.[63]

Noch steiler war die staatliche Rutsche in die Armut für junge Menschen und (Ehe-)Frauen. „Jugendliche unter 17 Jahren erhielten Leistungen seit dem Juni 1930 nur noch dann, wenn sie keine familienrechtlichen Unterhaltsansprüche besaßen (ein Jahr später wurde die Grenze sogar auf 21 Jahre erhöht, also bis zum Eintritt der Volljährigkeit)."[64] Ansprüche von Ehefrauen beschränkten sich seit Juni 1931 auf Fälle nachgewiesener Bedürftigkeit. Schließlich wurde die (dem heutigen Arbeitslosengeld I entsprechende) Arbeitslosenhilfe seit Juni 1932 höchstens sechs Wochen lang gezahlt und anschließend nur im Falle der Bedürftigkeit, sodass weniger als 10 Prozent der registrierten Arbeitslosen sie überhaupt noch erhielten. Die mit dem heutigen Arbeitslosengeld II vergleichbare, ursprünglich als Brücke zwischen Arbeitslosenhilfe und Armenfürsorge gedachte Krisenunterstützung durfte nunmehr das Niveau der Fürsorgeleistung nicht mehr überschreiten.[65] An die Stelle des Versicherungsprinzips war praktisch das Fürsorgeprinzip getreten.

---

63 Vgl. Werner Abelshauser, Macht oder ökonomisches Gesetz? – Sozialpolitik und wirtschaftliche Wechsellagen vom Kaiserreich zur Bundesrepublik, in: Georg Vobruba (Hg.), Der wirtschaftliche Wert der Sozialpolitik, Berlin 1989, S. 19

64 Dirk Schumann, Bewährung in der Krise oder völlige Zerstörung?, a.a.O., S. 94

65 Vgl. Diether Döring, Sozialstaat, Frankfurt am Main 2004, S. 27

Kapitel 2
Entstehungsgeschichte, theoretische Grundlagen und Rahmenbedingungen der rot-grünen Reformen

Mit den Hartz-Gesetzen verengte sich die Sozial- und Beschäftigungspolitik der Bundesrepublik endgültig auf Reformmaßnahmen im Arbeitsmarktbereich. Außerdem mutierte das überkommene Arbeitsmarktregime zu einem reinen „Aktivierungs-" bzw. Armutsregime. Hartz IV, ein politisches Großprojekt zur Gesellschaftsveränderung, bildete den bisherigen Höhepunkt in einem jahrzehntelangen Prozess, der gewöhnlich als „Um-" bzw. Abbau des Sozialstaates bezeichnet wird. Daher muss zuerst die Staatsentwicklung der „alten" Bundesrepublik nachgezeichnet werden, bevor wir uns mit den Hartz-Gesetzen selbst beschäftigen. Um den tiefgreifenden Wandel verstehen und historisch einordnen zu können, der für den Wohlfahrtsstaat, für das gesellschaftliche Klima und für die sozialpolitische Kultur unseres Landes mit den rot-grünen Arbeitsmarktreformen verbunden war, muss man also den schrittweisen Niedergang des Bismarck'schen Sozialsystems und des keynesianischen Interventionismus betrachten. Dies soll im Folgenden geschehen, wenn auch nur stichwortartig und mit einem Schwerpunkt auf der Arbeitsmarkt- und Beschäftigungspolitik.[1]

2.1 Herausbildung, Bedeutung und Krise des keynesianischen Wohlfahrtsstaates in Westdeutschland

Eine zentrale Rolle im Ringen politischer Parteien und gesellschaftlicher Machtgruppen um die Fortentwicklung, den weiteren Bestand oder die Demontage des Sozialstaates spielt traditionsgemäß die Arbeitslosenversicherung. Wenn neben der Arbeitslosenunterstützung als den früheren Lebens-

---

1 Vgl. hierzu sehr viel ausführlicher: Christoph Butterwegge, Krise und Zukunft des Sozialstaates, 5. Aufl. Wiesbaden 2014, S. 113 ff.

standard und den sozialen Status eines Beschäftigten nach seiner Entlassung halbwegs sichernder Lohnersatzleistung überhaupt eine Hilfeart für den westdeutschen Wohlfahrtsstaat der Nachkriegszeit charakteristisch war, dann gewiss die von der Regierung Adenauer mit dem *Gesetz zur Änderung und Ergänzung des Gesetzes über Arbeitsvermittlung und Arbeitslosenversicherung* vom 16. April 1956 eingeführte Arbeitslosenhilfe. Diese steuerfinanzierte und bedürftigkeitsgeprüfte Leistung erhielt, wessen Anspruch auf den Bezug der Arbeitslosenunterstützung erschöpft war (Anschluss-Alh) oder wer vorher mindestens zehn Wochen in entlohnter Beschäftigung gestanden hatte (originäre Alh). Eine abgeschlossene oder endgültig aufgegebene Ausbildung auf Hoch- oder anerkannten Fachschulen stand einer Beschäftigung als Arbeitnehmer dabei interessanterweise gleich. An die Stelle der Arbeitslosenfürsorge tretend, gewährte die Arbeitslosenhilfe seither Gelegenheits- bzw. Saisonarbeiter(inne)n, ja sogar im Übergang zum Beruf erfolglosen Hochschüler(inne)n eine Lebensstandardsicherung, wenngleich auf einem weniger hohen Leistungsniveau als die über lohnbezogene, paritätisch von Arbeitgebern und Arbeitnehmer(inne)n zu entrichtende Monatsbeiträge finanzierte Arbeitslosenunterstützung.

Für beide Leistungsarten war seit Beginn der 1950er-Jahre die Bundesanstalt für Arbeitsvermittlung und Arbeitslosenversicherung (am 1. Juli 1969 in „Bundesanstalt für Arbeit" umbenannt) mit ihren Landesarbeitsämtern und örtlichen Niederlassungen zuständig. Mit dem *Gesetz zur Änderung und Ergänzung des Gesetzes über Arbeitsvermittlung und Arbeitslosenversicherung* vom 29. Dezember 1956 wurde der Begriff „Arbeitslosengeld" (statt: -unterstützung) eingeführt, um dieses klarer als eine reine *Versicherungs*leistung zu kennzeichnen. Gleichzeitig wurden mit dieser Großen AVAVG-Novelle die Voraussetzungen für den Bezug von Arbeitslosenhilfe verbessert, die Freibeträge erhöht und die Tabelle, nach der sich die Unterstützungssätze richteten, erweitert: „Die Untergrenze des Hauptbetrages wurde auf 33 Prozent des Bruttoentgelts festgelegt."[2] Zum 1. April 1957 trat auch die „wertschaffende Arbeitslosenhilfe" in Kraft. Darunter fielen Notstandsarbeiten, die nur gefördert werden sollten, wenn sie zusätzlich, gemeinnützig und „volkswirtschaftlich wertvoll" waren sowie im öffentlichen Interesse lagen, aber auch Gemeinschaftsarbeiten, für die weniger strenge Anforderungen galten, sowie Arbeiten der Siedlungshilfe, bei denen sich Erwerbslose z.B. am Bau von Sozialwohnungen beteiligten.

---

2 Günther Schmid/Nicola Wiebe/Frank Oschmiansky, Arbeitsmarktpolitik und Arbeitslosenversicherung, in: Günther Schulz (Hg.), Geschichte der Sozialpolitik in Deutschland seit 1945, Bd. 3: 1949-1957. Bundesrepublik Deutschland. Bewältigung der Kriegsfolgen, Rückkehr zur sozialpolitischen Normalität, Baden-Baden 2005, S. 291

Wie schon die zwei gleichnamigen Gesetze aus dem Jahr 1956 signalisierten, stand die Bundesrepublik weiterhin in der AVAVG-Tradition. Ebenso wie die Sozialordnung der Weimarer Republik war ihr Unterstützungssystem für Erwerbslose *drei*gliedrig. Komplettiert und modernisiert wurde das westdeutsche Unterstützungsystem durch Einführung der Sozialhilfe, die zum ersten Mal einen Rechtsanspruch auch für *nicht* erwerbsfähige Hilfebedürftige schuf. In Paragraf 1 Abs. 2 Satz 1 Bundessozialhilfegesetz (BSHG) wurde mit der verfolgten Zielsetzung zugleich eine neue Kardinalnorm des Wohlfahrtsstaates etabliert: „Aufgabe der Sozialhilfe ist es, dem Empfänger der Hilfe die Führung eines Lebens zu ermöglichen, das der Würde des Menschen entspricht." H.-Dieter Kantel hat jedoch darauf hingewiesen, dass den Sozialhilfebezieher(inne)n damit kein menschenwürdiges Leben garantiert wurde, sondern dass ihre Existenz diesem nur entsprechen sollte – für ihn ein himmelweiter Unterschied: „Darin steckt die vom Gesetzgeber vorgenommene Unterscheidung, dass ausschließlich ein Leben, das ohne staatliche Hilfe organisiert ist, menschenwürdig sein kann."[3]

Nachdem das BSHG mit den beiden in Paragraf 1 Abs. 1 fixierten Leistungsarten, Hilfe zum Lebensunterhalt (HLU) und Hilfe in besonderen Lebenslagen (HBL), am 1. Juni 1962 in Kraft getreten war, bildete die Sozialhilfe das Basislager bzw. die letzte Auffangstation für Benachteiligte, Bedürftige und Behinderte im (west)deutschen Wohlfahrtsstaat. Da die traditionelle Einkommensarmut überwunden schien, griff ein „ökonomischer Optimismus" um sich, der es den Regierungsparteien erlaubte, eine großzügige Modernisierung der Fürsorge zu verwirklichen.[4] Wenngleich man im Überschwang des herrschenden Wirtschaftswunderglaubens offenbar meinte, dass die Zahl der Anspruchsberechtigten mit der Zeit gegen null tendieren werde, nahm sie längerfristig deutlich zu. Dies gilt besonders für jene konjunkturellen Abschwungphasen, mit denen kaum noch jemand rechnete, bis mit der Rezession 1966/67 die erste schwere Wirtschaftskrise den westdeutschen Nachkriegskapitalismus heimsuchte.

Innerhalb der am 1. Dezember 1966 zwischen CDU, CSU und SPD gebildeten Koalition gab es auf dem Feld der Arbeitsmarkt-, Beschäftigungs- und Sozialpolitik nur wenig Konfliktstoff. Vielmehr schaffte es die Regierung Kiesinger/Brandt nicht bloß, auf der Basis des *Gesetzes zur Förderung der Stabilität und des Wachstums der Wirtschaft* mittels neokeynesianischer Metho-

3 H.-Dieter Kantel, Grundsicherungsarbeit. Armuts- und Arbeitsmarktpolitik nach Hartz IV, Wiesbaden 2008, S. 76

4 Siehe Friederike Föcking, Fürsorge im Wirtschaftsboom. Die Entstehung des Bundessozialhilfegesetzes von 1961, München 2007, S. 514

den (Nachfragestimulierung) den Konjunktureinbruch rasch zu überwinden, sondern auch, für alle Beschäftigten die sechswöchige Lohnfortzahlung im Krankheitsfall festzuschreiben und mit dem *Arbeitsförderungsgesetz* (AFG) als Ersatz für das AVAVG eine zentrale Weichenstellung für den Beschäftigungssektor vorzunehmen. Wie die Weimarer stützte sich die Arbeitsmarktpolitik der Bundesrepublik auf zwei Grundpfeiler: die Arbeitsvermittlung und die Arbeitslosenversicherung, aus der Betroffene im Versicherungsfall passive Transferleistungen erhielten. „Mit dem Arbeitsförderungsgesetz wurde 1969 eine dritte Säule der Arbeitsmarktpolitik eingeführt: die aktive Intervention in den Arbeitsmarkt mit dem Ziel der Verhinderung und Verminderung von Arbeitslosigkeit, vor allem durch prognosebasierte Maßnahmen der beruflichen Fort- und Weiterbildung sowie Umschulung."[5] Diese hatte es zwischen den beiden Weltkriegen höchstens ansatzweise gegeben.

Neben der Arbeitsvermittlung erhielt die Nürnberger Bundesanstalt für Arbeit (BA) nunmehr auch die Aufgabe, im Rahmen einer aktiven Arbeitsmarktpolitik für eine berufliche Qualifizierung potenziell geeigneter Arbeitskräfte zu sorgen. Arbeitslosigkeit erschien gegen Ende der 1960er-/Anfang der 1970er-Jahre als Überbleibsel einer Geschichtsepoche, die noch keine wissenschaftlichen Planungsmethoden kannte: „Als 1969 das Arbeitsförderungsgesetz geschaffen wurde, wurde ernsthaft darüber nachgedacht, das Arbeitslosengeld als Relikt aus überwundenen Zeiten einfach abzuschaffen, da es ja nicht mehr benötigt wurde."[6] Fortschrittlich war das AFG jedoch besonders deshalb, weil es das Prinzip der Prävention ins Zentrum rückte: „Allen passiven Maßnahmen der Arbeitsmarktpolitik – insbesondere Lohnersatzleistungen bei Arbeitslosigkeit – sollte das breite Spektrum der Information, Beratung, Aus-, Fort- und Weiterbildung bis hin zu Arbeitsbeschaffungsmaßnahmen und solchen der beruflichen Eingliederung vorgeordnet werden."[7] Hierin drückte sich das gestiegene Vertrauen auf erfolgreiche Steuerung und Planung durch den Interventionsstaat aus, wie es vor allem die Sozialdemokratie repräsentierte. Gleiches gilt für die Konzertierte Aktion, mit der die erste Große Koalition der Bundesrepublik 1967 einen Prozess geregelter Konsultation zwischen Vertretern des Staates, der Unternehmerverbände und der Gewerkschaften einleitete und ein Instrument zur

---

5 Georg Altmann, Aktive Arbeitsmarktpolitik. Entstehung und Wirkung eines Reformkonzepts in der Bundesrepublik Deutschland, Wiesbaden 2004, S. 38

6 Ulrich Schneider, Armes Deutschland. Neue Perspektiven für einen anderen Wohlstand, Frankfurt am Main 2010, S. 56

7 Jürgen Boeckh/Ernst-Ulrich Huster/Benjamin Benz, Sozialpolitik in Deutschland. Eine systematische Einführung, 3. Aufl. Wiesbaden 2011, S. 104

effektiveren Koordination ihrer Wirtschafts- und Sozialpolitik schuf, das sie selbst um mehrere Jahre überdauerte.

Mit der Bildung einer SPD/FDP-Koalition unter Willy Brandt als Bundeskanzler 1969 steuerte die Entwicklung des westdeutschen Wohlfahrtsstaates ihrem Höhepunkt und vorläufigen Abschluss zu. Zielmarken seiner Politik der inneren Reformen lauteten: Humanisierung des Arbeitslebens, soziale Gerechtigkeit, Chancengleichheit und Selbstbestimmung. Erwähnt seien in diesem Kontext nur das *Bundesausbildungsförderungsgesetz* (BAföG) vom 26. August 1971, die am 18. Januar 1972 in Kraft getretene Novelle des *Betriebsverfassungsgesetzes* und die Rentenreform 1972 mit Einführung der flexiblen Altersgrenze. Zumindest zeitweilig gab es eine ganz große oder Allparteienkoalition der Sozialpolitiker/innen im Bundestag, was aber nicht mit grenzenloser Generosität der Parteien erklärt werden kann, sondern in der günstigen Konjunkturentwicklung, erfolgreichen Kämpfen der Gewerkschaftsbewegung unter Einschluss spontaner Arbeitsniederlegungen (Septemberstreiks 1969) sowie einer im Kalten Krieg gewachsenen Wohlfahrtskultur begründet lag.

Die sozial-liberale Koalition erlaubte im *Arbeitnehmerüberlassungsgesetz* vom 7. August 1972 zwar die Leiharbeit, beschränkte sie jedoch auf einen Zeitraum von drei Monaten und schuf so die Möglichkeit, damit Auftragsspitzen der Unternehmen zu bewältigen. Als die Weltwirtschaftskrise 1974/75 auf der Einnahmen- wie der Ausgabenseite finanzielle Probleme mit sich brachte und die Wohlfahrtskultur der Bundesrepublik erschütterte, sollten Konjunktur-, Beschäftigungs- und Investitionsprogramme den tiefen Einbruch auf dem Arbeitsmarkt zumindest abmildern, erwiesen sich jedoch als ungeeignet, Massenerwerbslosigkeit zu verhindern. 1975 überschritt die Zahl der registrierten Arbeitslosen in Westdeutschland und Berlin (West) erstmals die Millionengrenze. Gleichzeitig verschärften sich die sozialen Gegensätze und die gesellschaftlichen Verteilungskämpfe, wodurch das von der SPD im parteipolitischen Raum verkörperte Konsensmodell unter Druck geriet. Auch in vielen anderen Industriestaaten des Westens vollzog sich zu jener Zeit ein wirtschafts-, sozial- und gesellschaftspolitischer Epochenbruch, was sich im Übergang von sozialdemokratischen bzw. sozialliberalen zu liberalkonservativen Arbeitsmarktregimes niederschlug. An die Stelle des lange dominanten Keynesianismus trat der Monetarismus, und statt einer kreditfinanzierten Nachfrage- wurde nunmehr eine wirtschaftsfreundliche Angebotspolitik gemacht. Haushaltskonsolidierung und „*Spar*pakete" erhielten nach über einem halben Jahrhundert wieder Vorrang gegenüber der Konjunkturankurbelung durch öffentliche Beschäftigungsprogramme und weiteren Leistungsgesetzen. Die *kompensatorische* Sozialpolitik der Nachkriegszeit wurde als „marktwidrig" bzw. „wettbewerbshemmend" verworfen und von einer *kompetitorischen* Wirtschafts-, Steuer- und Finanzpolitik abgelöst, die eine Steigerung der Konkurrenzfähigkeit des heimischen (Groß-) Kapitals nach außen sowie eine Verallgemeinerung des marktwirtschaftlichen Leistungsdrucks nach innen bezweckte.

Mit dem Amtsantritt von Margaret Thatcher als britischer Premierministerin im Mai 1979 und von Ronald Reagan als US-Präsident im Januar 1981 erhielt der Neokonservatismus/Neoliberalismus bzw. die Neoklassik als Wirtschaftsdoktrin regierungsoffizielle Weihen.[8] Reagonomics und Thatcherismus beinhalteten die Abkehr vom hergebrachten Wohlfahrtsstaat und bedeuteten, dass Sozialleistungen als unverdiente Gratifikationen und unzumutbare Belastungen für die Wirtschaft nur noch gewährt wurden, wenn ihre Empfänger/innen entweder nicht arbeitsfähig waren oder gemeinnützige Arbeit leisteten.[9]

Kurz nach dem vierten Nahostkrieg, welcher am 6. Oktober 1973 begann und zu einer drastischen Erhöhung des Mineralölpreises (von 3 auf 13 US-Dollar pro Barrel) durch die OPEC führte, brachen der herrschende Wachstumsoptimismus und die sich zu einem Großteil daraus speisende Reformeuphorie in sich zusammen.[10] Ein weiterer Preisschub auf dem Rohölmarkt folgte 1979/80, als die Marke von 30 US-Dollar durchbrochen wurde. Wieder kam es zu einer Weltwirtschaftskrise, die aber weniger schwer und schneller überwunden war. „Krise“ wurde trotzdem zur Schlüsselkategorie, die fast alles, nicht zuletzt die Abkehr der etablierten Politik vom keynesianischen Wohlfahrtsstaat, rechtfertigen und (pseudo)wissenschaftlich erklären sollte, warum dieser fortan nicht mehr bezahlbar sei. Nicht seine Struktur, die durchaus zu hinterfragen und reformbedürftig war, sondern exogene Einflüsse führten zu jenen Verwerfungen, die man ihm anlastete. Seit der Weltwirtschaftskrise 1974/75 gingen neoliberale Ökonomen und Publizisten in Westdeutschland bzw. Berlin (West) zur Generalabrechnung mit einer „Wohlfahrtsdiktatur“ über, die dem Land geschadet habe und einen politischen Neuanfang nötig mache.

---

8 Vgl. dazu: Christoph Butterwegge/Bettina Lösch/Ralf Ptak, Kritik des Neoliberalismus, 2. Aufl. Wiesbaden 2008; dies. (Hg.), Neoliberalismus. Analysen und Alternativen, Wiesbaden 2008

9 Vgl. dazu: Martin Seeleib-Kaiser, Amerikanische Sozialpolitik. Politische Diskussion und Entscheidungen der Reagan-Ära, Opladen 1993; Jens Borchert, Die konservative Transformation des Wohlfahrtsstaates. Großbritannien, Kanada, die USA und Deutschland im Vergleich, Frankfurt am Main/New York 1995, S. 100 ff.; Eberhard Eichenhofer, Der Thatcherismus und die Sozialpolitik: Wohlfahrtsstaatlichkeit zu marktwirtschaftlichen Bedingungen, Baden-Baden 1999

10 Vgl. dazu: Arnulf Baring, Machtwechsel. Die Ära Brandt-Scheel, München 1984, S. 687 ff.

2.2 Das sog. Lambsdorff-Papier als neoliberales Drehbuch für die soziale Demontage

Da alle etablierten Parteien der Kritik, die sich hauptsächlich gegen Reformen der SPD/FDP-Koalition unter Bundeskanzler Willy Brandt richtete, mehr oder weniger nachgaben, führte das unerwartete Krisenfiasko zu einem Kurswechsel in der westdeutschen Sozialpolitik: Durch zuerst noch relativ geringfügige Leistungskürzungen und eine schrittweise Verschärfung der Anspruchsvoraussetzungen wollte man die öffentlichen Finanzen konsolidieren und gleichzeitig die privaten Investitionen stimulieren.

Betrachtet man die Sozialleistungs- und die Staatsquote, also übliche, wenn auch recht grobe Maße für die Wohlfahrtsstaatsentwicklung, gab es 1974/75 und 1982 jeweils einen deutlichen Knick. Der Berliner Soziologe Jens Alber gelangte daher auch zu dem Schluss, „daß ein Bruch langfristiger Trends in der Entwicklung der Ausgabenquoten eher in der Mitte der siebziger Jahre unter der sozial-liberalen Koalition als anfangs der achtziger Jahre unter der christlich-liberalen Regierung stattgefunden hat.“[11] Unter Helmut Schmidt, Brandts Nachfolger im Kanzleramt, begann ein sich über Jahrzehnte hinweg erstreckender „Um-“ bzw. Abbau des Wohlfahrtsstaates, welcher trotz unterschiedlicher Akzentuierungen und Schwerpunktsetzungen der handelnden Personen und (Partei-)Organisationen bis heute anhält.

Das *Gesetz zur Verbesserung der Haushaltsstruktur* vom 18. Dezember 1975, welches die Staatsausgaben vor allem im Bereich der Bundesanstalt für Arbeit und im Bildungswesen verringerte, markierte eine historische Zäsur. Denn damit ging die mehrere Jahrzehnte währende sozialpolitische Expansionsperiode zu Ende, und eine Phase der Stagnation bzw. Regression begann. Tausende von Gesetzesbestimmungen, Rechtsverordnungen und Verwaltungsvorschriften im Sozialbereich wurden in der Folgezeit verändert, fast ausschließlich zulasten von Arbeitnehmer(inne)n, Erwerbslosen, Rentner(inne)n, Schüler(inne)n, Studierenden, aber auch von Kranken, Behinderten, Benachteiligten und Bedürftigen.[12]

---

11 Siehe Jens Alber, Der Sozialstaat in der Bundesrepublik 1950-1983, Frankfurt am Main/New York 1989, S. 290

12 Vgl. dazu: Johannes Steffen (Arbeitnehmerkammer Bremen), Sozialpolitische Chronik. Die wesentlichen Änderungen in der Arbeitslosen-, Renten-, Kranken- und Pflegeversicherung sowie bei der Sozialhilfe (HLU) und der Grundsicherung für Arbeitsuchende – von den siebziger Jahren bis heute, Bremen, August 2012 (www.ak-sozialpolitik.de); Gerhard Bäcker (Institut Arbeit und Qualifikation der Universität Duisburg-Essen) u. a., Sozialpolitik aktuell – das Informationsportal zur Sozialpolitik, Neuregelungen: Chronologie 1999-2014 (www.sozialpolitik-aktuell.de/neuregelungen.html)

Während der neuerlichen Wirtschaftskrise 1980 bis 1982 konnten sich die beiden Regierungsparteien nicht über das Tempo und die Tiefe der Einschnitte ins soziale Netz einigen. Da sich die SPD mit den weitreichenden FDP-Plänen schwertat, suchte Vizekanzler Hans-Dietrich Genscher nach einer Möglichkeit, ohne Neuwahlen einen Regierungswechsel herbeizuführen. In der mehrwöchigen Regierungskrise spielte ein Memorandum, das Bundeswirtschaftsminister Otto Graf Lambsdorff am 9. September 1982 unter dem Titel „Konzept für eine Politik zur Überwindung der Wachstumsschwäche und zur Bekämpfung der Arbeitslosigkeit" vorlegte, die Schlüsselrolle. Schmidt bezeichnete Lambsdorffs Denkschrift im Bundestag als „Dokument der Trennung", das als Wegweiser zu anderen Mehrheiten diene: „Sie will in der Tat eine Wende, und zwar eine Abwendung vom demokratischen Sozialstaat im Sinne des Art. 20 unseres Grundgesetzes und eine Hinwendung zur Ellenbogengesellschaft."[13] Schmidt wurde drei Wochen später durch ein „konstruktives Misstrauensvotum" gestürzt und Helmut Kohl, bisher als Vorsitzender der größten Bundestagsfraktion parlamentarischer Oppositionsführer, gleichzeitig zum Kanzler einer CDU/CSU/FDP-Koalition gewählt.

Das Lambsdorff-Papier war mehr als eine koalitionspolitische Scheidungsurkunde, denn mit ihm errang der Neoliberalismus die Hegemonie, d.h. die öffentliche Meinungsführerschaft in der Bundesrepublik. Was den Marktradikalen in Großbritannien und in den USA zu jener Zeit bereits weitgehend gelungen war, schafften sie nach dem Regierungswechsel Schmidt/Kohl auch hierzulande: von der Fundamentalkritik am Interventionsstaat unter dem Beifall der Massenmedien zu einer rigorosen „Reform"-Politik überzugehen, die rückwärtsgewandt und „hochmodern" zugleich ausfiel. Bei nochmaliger Lektüre wirft jenes Memorandum, das Staatssekretär Otto Schlecht und Abteilungsleiter Hans Tietmeyer für ihren freidemokratischen Wirtschaftsminister verfasst hatten, die Frage auf, ob es sich dabei nicht um das Drehbuch für die Regierungspolitik bis heute handelte. So sehr entsprechen zahlreiche Maßnahmen, die seither von Bundesregierungen unterschiedlicher Zusammensetzung ergriffen wurden, dem dort niedergelegten Forderungskatalog.

Zu den erklärten Zielen des Memorandums gehörten eine spürbare Erhöhung der Kapitalerträge und eine „relative Verbilligung des Faktors Arbeit" durch Senkung der Sozialleistungsquote. Dort wurde auch das neoliberale Dogma formuliert, wonach man die Sozialversicherungsbeiträge der

13 Rede von Bundeskanzler Helmut Schmidt am 17. September 1982 vor dem Deutschen Bundestag, in: Klaus Bölling, Die letzten 30 Tage des Kanzlers Helmut Schmidt. Ein Tagebuch, Reinbek bei Hamburg 1982, S. 143

Arbeitgeber – in heutiger, weniger offenherziger Diktion: die „gesetzlichen Lohnnebenkosten" – verringern muss, um der Massenarbeitslosigkeit Herr zu werden. Notwendig und erfolgversprechend sei nur eine Politik, hieß es weiter, die der Wirtschaft im Rahmen eines in sich widerspruchsfreien Gesamtkonzepts, das auf mehrere Jahre angelegt sein müsse, durch Schaffung „möglichst günstiger" Investitionsbedingungen wieder den „Glauben an die eigene Zukunft" gebe. Ein solches Programm müsse der Bürokratisierung eine klare Absage erteilen. Während den Unternehmen eine „Verbesserung der Ertragsperspektiven" und „in besonderen Fällen auch gezielte Hilfen" versprochen wurden, ließ das Lambsdorff-Papier keinen Zweifel daran, dass sich Arbeitnehmer/innen und Transferleistungsbezieher/innen künftig selbst helfen statt auf den Sozialstaat hoffen sollten. Lambsdorff wollte einerseits die öffentlichen Ausgaben „von konsumtiver zu investiver Verwendung" umstrukturieren und andererseits die sozialen Sicherungssysteme „an die veränderten Wachstumsmöglichkeiten" anpassen sowie „der Eigeninitiative und der Selbstvorsorge wieder größeren Raum" geben.

Abschließend stellte sein Papier fest, im wirtschaftlichen und sozialen Bereich könne es gar keine wichtigere Aufgabe als die Bekämpfung der Arbeitslosigkeit durch Wachstumsförderung geben: „Wer eine solche Politik als ‚soziale Demontage' oder gar als ‚unsozial' diffamiert, verkennt, daß sie in Wirklichkeit der Gesundung und Erneuerung des wirtschaftlichen Fundaments für unser Sozialsystem dient. ‚Sozial unausgewogen' wäre dagegen eine Politik, die eine weitere Zunahme der Arbeitslosigkeit und eine Finanzierungskrise der sozialen Sicherungssysteme zuläßt, nur weil sie nicht den Mut aufbringt, die öffentlichen Finanzen nachhaltig zu ordnen und der Wirtschaft eine neue Perspektive für unternehmerischen Erfolg und damit für mehr Arbeitsplätze zu geben."[14] Auch die Überschrift der Agenda 2010 „Mut zur Veränderung" schimmerte also schon durch, und Gerhard Schröder wurde ebenso wenig wie Helmut Kohl müde, seine Reformen mit dem Argument zu rechtfertigen, diese hätten statt der Zerstörung gerade die Rettung des Wohlfahrtsstaates zum übergeordneten Ziel. Als ob Mut dazu gehören würde, wenn ein Bundeskanzler gegen die ohnmächtigsten Teile der Bevölkerung gerichtete Maßnahmen ergreift, und als ob das Soziale in seiner Substanz erhalten werden könnte, indem die (Regierungs-)Politik es abwertet und Stück für Stück zurückdrängt!

---

14 Konzept für eine Politik zur Überwindung der Wachstumsschwäche und zur Bekämpfung der Arbeitslosigkeit. Memorandum des Bundeswirtschaftsministers Graf Lambsdorff vom 9. September 1982, in: Klaus Bölling, Die letzten 30 Tage des Kanzlers Helmut Schmidt, a.a.O., S. 141

Von einer Limitierung der Bezugsdauer des Arbeitslosengeldes auf zwölf Monate über die Einführung eines „demografischen Faktors“ zur Beschränkung der Rentenhöhe („Berücksichtigung des steigenden Rentneranteils in der Rentenformel“) bis zur stärkeren Selbstbeteiligung im Gesundheitswesen listete das Lambsdorff-Papier detailliert fast alle „sozialen Grausamkeiten“ auf, welche die der Regierung Schmidt folgenden Kabinette verwirklichten. Erst das „Hartz IV“ genannte Gesetzespaket der rot-grünen Koalition ging durch die Abschaffung der Arbeitslosenhilfe und die Absenkung des an ihre Stelle tretenden Arbeitslosengeldes II auf das Sozialhilfeniveau über den damals provokativ wirkenden Forderungskatalog des FDP-Wirtschaftsministers hinaus. Aber auch diesbezüglich wies Lambsdorff bereits den Weg, forderte er doch eine Verschärfung der Zumutbarkeitsregeln für Erwerbslose und eine Prüfung, ob die Arbeitslosenhilfe nicht von – man höre und staune – den Sozialämtern verwaltet werden könne. Selbst die erst im Jahr 2007 vom Kabinett Merkel/Müntefering durchgesetzte Anhebung des gesetzlichen Renteneintrittsalters (von 65 auf 67 Jahre) wurde im Lambsdorff-Papier schon als „einzige Möglichkeit, weiter steigender Belastung durch Steigerung der Lebenserwartung zu begegnen“, und längerfristig zu realisierende Maßnahme bezeichnet.

Hans Tietmeyer, Mitverfasser des Lambsdorff-Papiers, machte Karriere als Bundesbankpräsident und wurde später als Leiter des INSM-Kuratoriums zum ideologischen Wegbereiter und kritischen Begleiter der rot-grünen Reformagenda. In einer Stellungnahme mit dem Titel „Dieser Sozialstaat ist unsozial. Nur mehr Freiheit schafft mehr Gerechtigkeit“ verkündete Tietmeyer 2001 das neoliberale Credo seiner Tätigkeit: „Es ist nicht sozial, sondern ungerecht, wenn leistungswilligen Sozialhilfeempfängern durch starre Regeln die Chance genommen wird, auf eigenen Beinen zu stehen. Es ist ebenso unsozial, die Menschen durch Dauersubventionen abhängig zu machen, statt ihre Eigeninitiative und Eigenvorsorge zu stärken. Es gefährdet schließlich den Wohlstand und die soziale Sicherheit aller, wenn der Standort Deutschland wegen mangelnder Flexibilität seine Wettbewerbsfähigkeit verliert.“[15]

Mit dem Fall der Berliner Mauer und dem Kollaps aller „realsozialistischen“ Staatssysteme in Ost- bzw. Ostmitteleuropa 1989 bis 1991 verbesserten sich auch in der Bundesrepublik die Rahmenbedingungen einer neoliberalen Fundamentalkritik des Sozialstaates und der darauf basierenden („Reform“-)Politik. Nun wurde die Entwicklung zum Wohlfahrtsstaat offen als „Irrweg“ bezeichnet und jeder Staatseingriff in die Marktwirtschaft ver-

15 Hans Tietmeyer, Dieser Sozialstaat ist unsozial. Nur mehr Freiheit schafft mehr Gerechtigkeit. Zur Verteidigung der Initiative Neue Soziale Marktwirtschaft, in: Die Zeit v. 31.10.2001

dammt.[16] Es scheint, als sei dem Sozialstaat nach dem „Sieg über den Staatssozialismus" von mächtigen Wirtschaftskreisen der Krieg erklärt worden. Hans-Olaf Henkel, seinerzeit Präsident des Bundesverbandes der Deutschen Industrie (BDI), erklärte „Eigenverantwortung" und „Wettbewerbsfähigkeit" zu Grundlagen einer umfassenden Modernisierung aller Bereiche des Gemeinwesens: „Ludwig Erhard hat die Marktwirtschaft sozial gemacht. Heute müssen wir die Sozialpolitik mit marktwirtschaftlichen Instrumenten renovieren, im eigenen Interesse und weil wir es unseren Kindern schulden."[17]

2.3 Die wiederholten Anläufe von CDU, CSU und FDP zur Abschaffung der Arbeitslosenhilfe

Nach der Weltwirtschaftskrise 1974/75 schloss das bereits erwähnte *Haushaltsstrukturgesetz*, mit dem die SPD/FDP-Koalition die aus dem Ruder laufenden Staatsausgaben zu konsolidieren suchte, jene Schul- und Hochschulabsolvent(inn)en, die nicht innerhalb des letzten Jahres vor Beginn ihrer Ausbildung mindestens 26 Wochen in einer sozialversicherungspflichtigen Beschäftigung gestanden hatten, vom Bezug der Arbeitslosenhilfe aus. Bis dahin hatten jene Hochschulabsolvent(inn)en, die nach ihrem Studium keine Stelle fanden, ihrem akademischen Abschluss gemäß Anspruch auf einen zeitlich unbegrenzten Alh-Bezug. Um die Höhe dieser Sozialleistung zu berechnen, legte das Arbeitsamt ein fiktives Gehalt (nach dem BAT) zugrunde, das für heutige Akademiker ohne vorherige Berufserfahrung praktisch unerreichbar ist, von den üblich gewordenen längeren Praktika ohne (angemessene) Bezahlung ganz zu schweigen.

Während der späten 1970er- und frühen 1980er-Jahre avancierte das Sozialhilferecht zum Hauptkampfplatz zwischen Anhänger(inne)n und Gegner(inne)n des bestehenden Wohlfahrtsstaates: Parlamentsinitiativen christ- und freidemokratischer Oppositionspolitiker/innen zur Kürzung staatlicher Transferleistungen bezogen sich in erster Linie auf die Hilfe zum Lebensunterhalt. Weder wurde der für die Berechnung ihres Regelsatzes maßgebliche Warenkorb bedarfsmäßig fortgeschrieben, noch erfolgte die jährliche Anpassung in einer die Preissteigerungen des regelsatzrelevanten privaten Ver-

16 Vgl. z. B. Gerd Habermann, Der Wohlfahrtsstaat. Die Geschichte eines Irrwegs, Frankfurt am Main/Berlin 1994; Alfred Zänker, Der bankrotte Sozialstaat. Wirtschaftsstandort Deutschland im Wettbewerb, München 1994

17 Hans-Olaf Henkel, Jetzt oder nie. Ein Bündnis für Nachhaltigkeit in der Politik, Berlin 1998, S. 25 f.

brauchs kompensierenden Höhe.[18] Das Warenkorbmodell, nach dem sich die Höhe der Sozialhilfe damals richtete, brachte darüber hinaus grundsätzliche Probleme mit sich, die schwer lösbar erscheinen. „Denn auch wenn man sich einig ist, welcher Artikel sich in dem Warenkorb befinden soll, lässt sich über Qualität und Preis noch immer ganz trefflich streiten."[19] Gleichwohl eröffnete das Warenkorbmodell wenigstens die Möglichkeit einer öffentlichen Kontroverse über den Grundbedarf von Armen in einem reichen Land, die vom Gemeinwesen unterstützt werden müssen.

Nachdem der Sozialhilfe-Regelsatz zuerst gedeckelt und anschließend das Warenkorb- durch das noch weniger generöse Statistikmodell ersetzt worden war, rückte die Arbeitslosenhilfe gegen Ende der 1980er-/Anfang der 1990er-Jahre verstärkt ins Visier des Regierungsbündnisses von CDU, CSU und FDP. Seit der DDR-„Wende" und der Vereinigung beider deutscher Staaten, die in den neuen Bundesländern zu einer bis dahin nicht gekannten Massenerwerbslosigkeit und den Sozialstaat an die Grenzen seiner Leistungsfähigkeit führte, stand hauptsächlich die Arbeitslosenhilfe, die Hilfebedürftige statt des Arbeitslosengeldes beziehen konnten, wenn sie die dafür erforderliche Mindestbeitragszeit nicht erfüllten („originäre Alh") oder wenn seine Bezugsdauer erschöpft war („Anschluss-Alh"), im Kreuzfeuer der liberalkonservativen Sozialstaatskritik. Mehrfach scheiterten Vorstöße der Regierungsparteien, die Arbeitslosenhilfe zu schleifen, ihre Höhe zu reduzieren oder ihre Bezugsdauer zu limitieren, nur am Widerstand des Bundesrates. Seit dem 21. April 1991 verfügten die Sozialdemokrat(inn)en in dem Gremium über eine Mehrheit, die sie unter der Regie von Oskar Lafontaine, der seinerzeit als saarländischer Ministerpräsident die sog. A-Länder koordinierte, taktisch geschickt als Vetomacht gegenüber der Bundesregierung und der schwarz-gelben Parlamentsmajorität einsetzten, wiewohl ihnen die Mainstream-Medien eine Verweigerungshaltung und haushaltspolitische Verantwortungslosigkeit vorwarfen.

Am 22. Oktober 1993 verabschiedete der Bundestag zwei Gesetze zur Umsetzung des „Spar-, Konsolidierungs- und Wachstumsprogramms", das die CDU/CSU/FDP-Koalition beschlossen hatte, um ihr Austeritätskonzept nach dem „Föderalen Konsolidierungsprogramm" weiter voranzutreiben. Mit zahlreichen Kürzungen von Transferleistungen und einer Rücknahme von nach 1989/90 entwickelten Instrumenten der aktiven Arbeitsmarktpolitik markierten sie nicht bloß „die Auflösung des Konsenses zur sozialverträg-

18 Vgl. Herbert Jacobs, Sozialhilfe im Dilemma. Sozialhilfereformen zwischen sozialpolitischer Notwendigkeit und Sparzwang, Frankfurt am Main 2001, S. 45 ff.

19 Ulrich Schneider, Armes Deutschland, a.a.O., S. 156

lichen Gestaltung der deutschen Vereinigung",[20] sondern auch die Aufkündigung der *wohlfahrtsstaatlichen* zugunsten einer *Fürsorge*orientierung auf Seiten des Liberalkonservatismus. Beispielsweise sollten zum 1. April 1994, wäre es nach dem Plan von CDU, CSU und FDP gegangen, mit einem Schlag ca. 300.000 Arbeitslosenhilfe-Bezieher/innen in die Sozialhilfe rutschen und Arbeitsgelegenheiten in der Mehraufwandsvariante (§ 19 BSHG) nicht mehr „zusätzlich" sein müssen, was den Aufbau eines kommunalen Arbeitsdienstes ermöglicht hätte.[21] Während der Verhandlungen des Vermittlungsausschusses im Dezember 1993 konnte die SPD zwar verhindern, dass die *originäre* Arbeitslosenhilfe gestrichen und die Bezugsdauer der *Anschluss*-Arbeitslosenhilfe auf maximal zwei Jahre befristet wurde. Die vorher unbegrenzte Anspruchsdauer für originäre Alh wurde durch das *Erste Gesetz zur Umsetzung des Spar-, Konsolidierungs- und Wachstumsprogramms* jedoch ab 1. Januar 1994 auf höchstens zwölf Monate reduziert. Bei der Sozialhilfe wurde die jährliche Erhöhung nur begrenzt, nicht aber ganz ausgesetzt.

Noch gravierender war das „Programm für mehr Wachstum und Beschäftigung", dessen praktische Umsetzung 1996 im *Wachstums- und Beschäftigungsförderungsgesetz*, im *Arbeitsrechtlichen Beschäftigungsförderungsgesetz* und im *Beitragsentlastungsgesetz* gipfelte. Neben einer Vielzahl kleinerer Verschlechterungen (für Arbeitnehmer/innen), von denen hier nur die Verringerung der rentensteigernd wirkenden Zeiten einer schulischen und beruflichen Ausbildung von maximal sieben auf drei Jahre, die Begrenzung der Sozialauswahl bei Kündigungen in Großbetrieben auf drei Kriterien (Dauer der Betriebszugehörigkeit, Lebensalter und Unterhaltspflichten) sowie die Beschränkung der Übernahme von Kosten für den Zahnersatz durch die gesetzlichen Krankenkassen auf vor dem 1. Januar 1979 geborene Versicherte genannt seien, gab es zwei größere Veränderungen: Durch die Anhebung des Kleinbetriebsschwellenwertes (§ 23 Abs. 1 KSchG) wurde der Kündigungsschutz eingeschränkt. Er galt statt in Betrieben ab fünf nunmehr erst in solchen ab zehn Beschäftigten. Zudem senkte man die Entgeltfortzahlung im Krankheitsfall (von 100 auf 80 Prozent des Bruttoverdienstes), außer wenn Arbeitnehmer/innen auf je einen Urlaubstag für die volle Entgeltfortzahlung an fünf Krankheitstagen verzichteten, und das nach sechs Wochen fällige Krankengeld (von 80 auf 70 Prozent des Bruttoverdienstes). Dass die CDU/CSU/FDP-Regierung,

---

20 Siehe Hubert Heinelt/Michael Weck, Arbeitsmarktpolitik. Vom Vereinigungskonsens zur Standortdebatte, Opladen 1998, S. 164

21 Vgl. Wolfgang Hoffmann/Roland Kirbach, Arbeitsdienst durch die Hintertür. Sozialhilfe: Fast unbemerkt von der Öffentlichkeit hat der Bundestag einen Systembruch beschlossen, in: Die Zeit v. 12.11.1993

unterstützt von Arbeitgeberverbänden sowie unternehmernaher Wissenschaft und Publizistik, gerade an für die Gewerkschaften solch heiklen Punkten den Konflikt suchte, war Ausdruck eines falschen Gefühls der Stärke, zeugte aber auch von einer geringen Sensibilität für die Traditionsbestände der Sozialkultur in Deutschland. Hans-Hermann Hartwich sah in dieser Attacke auf eine „Kernzone sozialstaatlicher Leistungsgewährung" mehr als eine untaugliche Maßnahme zur Verbesserung der „Standortbedingungen" für das Kapital: „Sie ist ein ernstes Anzeichen für die Erosion einst gefestigter und anerkannter sozialpolitischer Grund-Standards in Deutschland."[22]

Trotz der miserablen Arbeitsmarktlage konzentrierten sich die öffentlichen Debatten absurderweise darauf, wie man Arbeitslosen- und Sozialhilfebezieher/innen durch noch mehr Druck zur Aufnahme einer Erwerbstätigkeit zwingen könne. Nach dem *Arbeitslosenhilfe-Reformgesetz* vom 24. Juni 1996 sanken mit zunehmender Dauer der Erwerbslosigkeit nicht bloß die Vermittlungschancen, sondern durch alljährliche Verringerung des Bemessungsentgelts um 3 Prozent auch die Bezüge und – im eigenen Portemonnaie spürbar – der „Marktwert" von Langzeiterwerbslosen. „Menschen werden wie Maschinen abgeschrieben", bemerkte dazu Annelie Buntenbach, die damals für Bündnis 90/Die Grünen im Bundestag saß.[23] Wie in Großbritannien, wo die Tories unter dem Thatcher-Nachfolger John Major als Premierminister erste Elemente einer „aktivierenden" Arbeitsmarkt- und Sozialpolitik einführten, weil sie davon überzeugt waren, dass der Empfang von Transferleistungen abhängig mache,[24] bereitete in der Bundesrepublik die liberal-konservative Regierung einen vergleichbaren Paradigmenwechsel auf diesem Politikfeld vor. Aufgrund der von William Jefferson („Bill") Clintons „New Democrats" in den USA entwickelten „Welfare to work"-Strategie, die Anthony („Tony") Charles Lynton Blair, Spitzenkandidat von „New Labour" bei der Unterhauswahl am 1. Mai 1997, nach dem Einzug in No. 10 Downing Street zur Richtschnur seiner Regierungspolitik des „Dritten Weges" machte,[25] wurde der Wohlfahrts- bzw. Sozialstaat überall grundlegend transformiert. Mit „workfare"- Programmen, wie

22 Hans-Hermann Hartwich, Die Lohnfortzahlung, der Sozialstaat und die Zukunft des Tarifvertrages, in: Gegenwartskunde 4/1996, S. 454

23 Annelie Buntenbach, Abbauarbeiten am Sozialstaat. Praktische Beiträge der Bundesregierung zur Massenerwerbslosigkeit, in: dies. u. a. (Hg.), Ruck-wärts in die Zukunft. Zur Ideologie des Neokonservatismus, Duisburg 1998, S. 166

24 Vgl. Josef Schmid/Georg Picot, „Welfare to Work" bei Blair und Schröder – eine Idee, zwei Realitäten?, in: Gerhard Hirscher/Roland Sturm (Hg.), Die Strategie des „Dritten Weges". Legitimation und Praxis sozialdemokratischer Regierungspolitik, München 2001, S. 238

25 Vgl. Frank Unger/Andreas Wehr/Karen Schönwälder, New Democrats – New Labour – Neue Sozialdemokraten, Berlin 1998

sie zuerst die US-amerikanischen Bundesstaaten Texas und Wisconsin praktizierten,[26] wurde der Arbeitszwang im Fürsorgebereich schrittweise erhöht. Ab Mitte der 1990er-Jahre überboten sich auch manche deutsche Kommunen geradezu in dem Bemühen, erwerbsfähige Sozialhilfe- und Arbeitslosenhilfebezieher/innen durch möglichst umfassende und rigide Kontrollen (Einsatz von Sozialdetektiven), scharfe Überwachungsmaßnahmen und die Zwangsverordnung von Saisonarbeiten (z.B. Ernteeinsätzen) abzuschrecken.

Mit dem *Gesetz zur Reform der Arbeitsförderung* (AFRG) ging das AFG am 1. Januar 1998 im Dritten Buch Sozialgesetzbuch (SGB III) auf. Gleichzeitig nahmen die Abkehr von der aktiven und die Hinwendung zu einer „aktivierenden" Arbeitsmarktpolitik legislativ immer deutlicher Gestalt an. Die gesetzliche Verpflichtung der Behörden, die Hilfe zum Lebensunterhalt um mindestens ein Viertel zu kürzen, wenn Unterstützungsbedürftige zumutbare Arbeit ablehnten, war hierfür ebenso typisch wie die Verschärfung der Zumutbarkeitsregeln für Erwerbslose und die Aushöhlung von deren Berufs- und Statusschutz. Außerdem nahmen CDU, CSU und FDP eine Liberalisierung der Leih- bzw. Zeitarbeit vor und stellten den Arbeitsämtern ein paar neue Instrumente zur Verfügung, darunter kurze Trainingsmaßnahmen, den von Langzeitarbeitslosen mit einem Arbeitgeber und Zustimmung des Arbeitsamtes zu schließenden Eingliederungsvertrag sowie Einstellungszuschüsse. Ute Klammer, damals Referatsleiterin für Sozialpolitik am Wirtschafts- und Sozialwissenschaftlichen Institut in der Hans-Böckler-Stiftung und heute Professorin für Sozialpolitik an der Universität Duisburg-Essen, betrachtete das AFRG kritisch und bezeichnete es als seine Grundtendenz, alle Bewerber/innen, die nicht dem Wunschbild des sofort vermittelbaren, arbeitsmarktnahen, hoch qualifizierten, geografisch mobilen und flexiblen Arbeitsuchenden entsprachen, d.h. vor allem Frauen (mit familiären Verpflichtungen) vom Arbeitsmarkt und aus der Arbeitsförderung zu verdrängen.[27] Absehbar war zu jener Zeit bereits, dass sich der Reformdruck verstärken würde und dass sich weitere Änderungen der Arbeitsmarktpolitik anbahnten.

---

26 Vgl. dazu: Uwe Wilke, Sozialhilfe in den USA. Die Reform in Texas und Wisconsin, Frankfurt am Main/New York 2002

27 Vgl. Ute Klammer, Wieder einmal auf der Verlierer(innen)seite. Zur arbeitsmarkt- und sozialpolitischen Situation von Frauen im Zeitalter der „Sparpakete", in: WSI-Mitteilungen 1/1997, S. 9

2.4 Auflösung des „Reformstaus" oder Verschärfung des Sozialabbaus durch die rot-grüne Koalition?

SPD und Bündnis 90/Die Grünen erhielten bei der Bundestagswahl am 27. September 1998 vermutlich nicht zuletzt deshalb die Mehrheit der gültigen (Zweit-)Stimmen, weil viele Millionen Wähler/innen, von der liberalkonservativen Wirtschafts-, Arbeitsmarkt- und Sozialpolitik tief enttäuscht, den Regierungsparteien CDU/CSU und FDP ihre Zustimmung entzogen. Obwohl die SPD mit ihrem Wahlkampfslogan „Arbeit, Innovation und Gerechtigkeit" wie mit ihrem Spitzenpersonal, dem Kanzlerkandidaten Gerhard Schröder und dem damaligen Parteivorsitzenden Oskar Lafontaine, für eine andere, solidarischere Form der gesellschaftlichen Modernisierung stand, wurden die Hoffnungen auf eine „Kehrtwende" in der Wirtschafts- und Sozialpolitik nicht einmal ansatzweise erfüllt. Denn schon bald rückten SPD und Bündnisgrüne von Wahlversprechen, einzelnen Punkten ihrer Koalitionsvereinbarung und sogar Grundpositionen, die sie vorher bezogen hatten, schrittweise wieder ab.

In seiner ersten Regierungserklärung, die Gerhard Schröder am 10. November 1998 abgab, bezeichnete er die Massenarbeitslosigkeit als „unser drängendstes und auch schmerzhaftestes Problem", weil sie zu psychischen Zerstörungen und zum Zusammenbruch von Sozialstrukturen führe, versprach dem Wahlvolk jedoch zugleich: „Wir wollen uns jederzeit – nicht erst in vier Jahren – daran messen lassen, in welchem Maße wir zur Bekämpfung der Arbeitslosigkeit beitragen."[28] Fragwürdig war die Verabsolutierung dieses Ziels. Denn es wurde weder viel nach den ökologischen und sozialen Folgekosten seiner Realisierung noch nach dem Sinngehalt von Erwerbsarbeit, sondern eigentlich nur noch gefragt, ob es (mehr) Arbeitsplätze gibt. Problematisch war auch der Weg, wie SPD und Bündnis 90/Die Grünen ihr Hauptziel zu erreichen suchten. Den strategischen Hebel bildete nämlich die Senkung der (gesetzlichen) Lohn*neben*kosten bzw. der von Arbeitgebern (und Arbeitnehmern) zu entrichtenden Sozialversicherungsbeiträge, wobei ignoriert wurde, dass nur die in der Bundesrepublik wegen einer hohen Arbeitsproduktivität relativ niedrigen Lohn*stück*kosten für potenzielle Investoren wirklich relevant sind. „Senkung der Lohnnebenkosten" war nur eine in den Ohren von Beschäftigten unverdächtiger klingende Umschreibung für die Steigerung der Gewinne der Unternehmen durch Beitragsentlastung ihrer Eigentümer.

---

28 Presse- und Informationsamt der Bundesregierung (Hg.), „Weil wir Deutschlands Kraft vertrauen ...". Die Regierungserklärung von Bundeskanzler Gerhard Schröder, Bonn, den 10. November 1998, Bonn, November 1998, S. 9

Unmittelbar nach dem Regierungswechsel nahm die rot-grüne Parlamentsmehrheit mit dem *Gesetz zu Korrekturen in der Sozialversicherung und zur Sicherung der Arbeitnehmerrechte*, das am 1. Januar 1999 in Kraft trat, einige sozial- und beschäftigungspolitische Zumutungen der Spätphase des CDU/CSU/FDP-Kabinetts wieder zurück: Die schlimmsten Einschränkungen sowohl beim Kündigungsschutz wie auch bei der Lohnfortzahlung im Krankheitsfall wurden beseitigt. Viele andere politische Erblasten der 16-jährigen CDU/CSU/FDP-Koalition blieben allerdings unangetastet: Weder wurde der alte Streikparagraf 116 AFG (neu: Paragraf 146 SGB III) wiederhergestellt noch die Fülle der Leistungskürzungen und massiven Einschränkungen von Arbeitnehmerrechten seit der „Wende" 1982, etwa im Bereich der Sozialhilfe, der (Berechnung von) Arbeitslosenhilfe oder der beruflichen Weiterbildung, revidiert.

Oskar Lafontaine, der sich als Finanzminister zusammen mit seinen beiden Staatssekretären Heiner Flassbeck und Claus Noé dem neoliberalen Mainstream widersetzte, indem er als Mittel zur Bekämpfung der Erwerbslosigkeit die Stärkung der Binnenkonjunktur bzw. der Massenkaufkraft durch Senkung der Steuern für Geringverdiener/innen und eine expansive Geldpolitik der Europäischen Zentralbank genauso wie eine „neue Weltfinanzordnung" forderte, fand zu wenig Rückhalt innerhalb der eigenen Partei, bei den Gewerkschaften und in der Öffentlichkeit. Folgerichtig, aber total überraschend trat er nach Meinungsverschiedenheiten mit Gerhard Schröder und Abstimmungsschwierigkeiten mit dem Bundeskanzleramt im März 1999 zurück und gab auch sein Bundestagsmandat sowie sein Amt als SPD-Vorsitzender auf.

Während der 1980er- und 1990er-Jahre hatte die „geringfügige" Beschäftigung, für Arbeitgeber besonders günstig, weil nur mit einer Pauschalsteuer in geringer Höhe belegt, so stark zugenommen, dass es in manchen Branchen wie der Gastronomie, dem Reinigungsgewerbe und bei Lebensmittel-Discountern fast gar keine regulären bzw. Normalarbeitsverhältnisse mehr gab. Ohne dass die Kohl-Regierung dagegen einschritt, waren viele Vollzeitstellen in sog. 520-/620-DM-Jobs aufgespalten worden, was den durch Massenerwerbslosigkeit und eine sinkende Bruttolohnquote ohnehin finanziell geschwächten Sozialversicherungen schadete und den darauf basierenden Wohlfahrtsstaat in seinen Grundfesten erschütterte. SPD und Bündnis 90/Die Grünen versprachen daher in ihrem Abkommen zur Bildung einer Regierungskoalition, dem fragwürdigen Treiben der Firmen einen Riegel vorzuschieben: „Die neue Bundesregierung wird gegen den Mißbrauch geringfügiger Beschäftigungsverhältnisse und gegen Scheinselbständigkeit vorgehen."[29] Durch eine „aus frauen-, sozial- und ordnungspolitischen Gründen" für erforderlich gehaltene „Sozialversicherungspflicht von geringfügiger Beschäftigung sowie von Scheinselbständigkeit" sollte verhindert werden, dass sich rücksichtslose Unternehmer ihrer Pflicht zur Beitragszahlung entzogen.[30]

In seiner o.g. Regierungserklärung begrüßte Gerhard Schröder jedoch zur Überraschung mancher Koalitionäre, dass „immer mehr" Bürger/innen einfache „Dienstleistungen an der Allgemeinheit", etwa „Haushaltshilfe und Altenbetreuung, Einpack- oder Einpark-Service", in Anspruch nehmen wollten und angemessen bezahlen könnten, weshalb die sog. 620-Mark-Jobs nicht abgeschafft werden sollten: „Aber wir werden sie angemessen in die Sozialversicherungspflicht einbeziehen. Die Grenze werden wir auf 300 D-Mark festlegen. Da wir gleichzeitig die Pauschalbesteuerung aufheben, werden diese Tätigkeiten nicht unzumutbar verteuert."[31] Trotz dieser Ankündigung, die Geringfügigkeitsgrenze zu senken, hob man sie im *Gesetz zur Neuregelung der geringfügigen Beschäftigungsverhältnisse* noch einmal auf 630 DM (nach der Währungsumstellung: 325 Euro) an und verpflichtete die Arbeitgeber geringfügig Beschäftigter, pauschal 12 Prozent des Arbeitsentgelts an die Renten- und 10 Prozent an die Krankenversicherung zu zahlen. Der zuletzt genannte Beitragssatz entfiel, wenn ein geringfügig Beschäftigter weder selbst Mitglied einer gesetzlichen Krankenkasse noch als Familienangehöriger beitragsfrei mitversichert war. Jene geringfügig Beschäftigten, die zusätzlich andere Einkünfte hatten, mussten nunmehr Steuern entrichten, was solche Jobs für sie weniger attraktiv machte und ihre Rekrutierung erschwerte. Dies veranlasste vor allem manche Zeitungsverleger zu wütenden Protesten und die Unionsparteien zu einer populistisch geratenen Postkartenaktion. Wochenlang beschäftigte sich die deutsche Öffentlichkeit mit dem Thema, das neben einer konzeptionellen Ratlosigkeit der Bonner Akteure zeigte, wie chaotisch-unprofessionell das Politikmanagement der rot-grünen Koalition zu Beginn ihrer ersten Amtszeit war. Gleichwohl bewährte sich das Gesetz insofern, als es den bis dahin verbreiteten Missbrauch unterband und die weitere Aushöhlung des Normalarbeitsverhältnisses genauso wie die finanzielle Auszehrung der Sozialversicherung verhinderte.

---

29 Vgl. Vorstand der SPD (Hg.), Aufbruch und Erneuerung – Deutschlands Weg ins 21. Jahrhundert. Koalitionsvereinbarung zwischen der Sozialdemokratischen Partei Deutschlands und BÜNDNIS 90/DIE GRÜNEN, Bonn, 20. Oktober 1998, Bonn o.J., S. 9

30 Siehe ebd., S. 33

31 Presse- und Informationsamt der Bundesregierung (Hg.), „Weil wir Deutschlands Kraft vertrauen ...". Die Regierungserklärung von Bundeskanzler Gerhard Schröder, Bonn, den 10. November 1998, Bonn, November 1998, S. 30

Walter Riester fehlte als Arbeits- und Sozialminister eine klare Linie, wie das wochenlange Hin und Her bei der Behandlung geringfügiger Beschäftigungsverhältnisse (sog. 630-DM- bzw. 325-Euro-Jobs) sowie von arbeitnehmerähnlicher und Scheinselbstständigkeit zeigte. Da die rot-grüne Bundesregierung weder ein stimmiges Konzept noch eine Alternative zum Neoliberalismus besaß, passte man sich diesem in der Praxis an, zumal die Wirtschaftslobby sie enorm unter Druck setzte. Josef Reindl bemerkte, dass man „Angst vor der eigenen Courage bekommen" habe und „auf der ganzen Linie in den hegemonialen Diskurs eingeschwenkt" sei.[32] So wurde übers Jahr aus dem Entwurf eines *Gesetzes zur Bekämpfung der Scheinselbständigkeit* das *Gesetz zur Förderung der Selbständigkeit* – nun ganz in neoliberaler Diktion. Es regelte in einem von vielen Betroffenen als übermäßig bürokratisch empfundenen Prüfverfahren, ob diese selbstständig, scheinselbstständig oder in arbeitnehmerähnlicher Stellung tätig waren.

Das am 23. Juni 1999 vom Kabinett in Grundzügen und zwei Monate später in seinen Details beschlossene „Zukunftsprogramm der Bundesregierung zur Sicherung von Arbeit, Wachstum und sozialer Stabilität" ähnelte Sparpaketen der Regierung Kohl insofern, als es gleichfalls mit Kürzungen im Sozialbereich und Verschiebungen der Kosten von der Bundes- auf die Länder- und Gemeindeebene verbunden war. Friedhelm Hengsbach monierte, das Zukunftsprogramm der Regierung Schröder/Fischer verfestige die Dreiteilung der bundesrepublikanischen Gesellschaft, indem es die Wohlhabenden schone, das „soziale Mittelfeld" eher ungleichmäßig treffe und den „unteren Rand", also die Kleinrentner/innen und Bezieher/innen von (originärer) Arbeitslosen- bzw. Sozialhilfe, spürbar belaste: „Im Text des Sparpakets finden sich die widerlegten Glaubenssätze der früheren Regierung, daß die Wettbewerbsfähigkeit der deutschen Wirtschaft bedroht sei und der demographische Wandel die solidarischen Sicherungssysteme sprenge, als hinge die Leistungsfähigkeit einer Volkswirtschaft von der biologischen Zusammensetzung ihrer Bevölkerung ab."[33] Was die SPD zu den Regierungszeiten von Helmut Kohl noch mittels ihrer Mehrheit im Bundesrat verhindert hatte, setzte sie jetzt eigenhändig in die Tat um: Die *originäre* Arbeitslosenhilfe schaffte das *3. SGB III-Änderungsgesetz* vom 22. Dezember 1999 ersatzlos ab; nun-

---

32 Siehe Josef Reindl, Über Schein oder Sein der Selbstständigen. Mit der gesetzlichen Regelung gegen die „modernen Tagelöhner" wurde „sozialpolitisches Neuland" falsch betreten, in: FR v. 28.4.2001

33 Friedhelm Hengsbach, Ein verlorenes Jahr?, Die rot-grüne Koalition im konzeptionellen Vakuum, in: Blätter für deutsche und internationale Politik 12/1999, S. 1446

mehr waren beispielsweise Referendarinnen und Referendare, die nicht in den Staatsdienst übernommen wurden, auf Sozialhilfe angewiesen.

Dass sich nur der beschrittene Weg, nicht aber das Ziel beider Regierungskoalitionen voneinander unterschied, ließ schon der Name des „Bündnisses für Arbeit, Ausbildung und *Wettbewerbsfähigkeit*" erahnen, das sich am 7. Dezember 1998 konstituierte. Wie bei seinem gescheiterten Vorläufer, dem „Bündnis für Arbeit und zur *Standortsicherung*", standen die Optimierung der nationalen Wettbewerbsfähigkeit, die Sanierung der öffentlichen Haushalte und eine Steigerung der Beschäftigungsdynamik im Mittelpunkt aller Bemühungen.[34] Erneut dominierte die Überzeugung, auf dem Weltmarkt als „Deutschland AG" oder „Wirtschaftsstandort D" gegenüber anderen bestehen zu müssen. Geändert hatte sich nur die Art, wie das passieren sollte: Statt in einem Kostensenkungswettlauf mit den sog. Niedriglohnländern auf der Strecke zu bleiben, wollte man sie in einem „Innovationswettstreit" besiegen, weshalb erheblich mehr Geld in Bildung, Wissenschaft und (angewandte, wirtschaftsnahe) Forschung investiert werden sollte.

Insgesamt gab es acht Spitzengespräche. Bei dem ersten Treffen, das am 7. Dezember 1998 stattfand, wurde ein 12-Punkte-Katalog vereinbart, aus dem das erste Ziel, nämlich die „strukturelle Reform der Sozialversicherung" zwecks „dauerhafte(r) Senkung der gesetzlichen Lohnnebenkosten" die politische Marschrichtung vorgab.[35] Während das zweite Spitzengespräch am 25. Februar 1999 weder greifbare Resultate noch eine gemeinsame Erklärung der Teilnehmer/innen erbrachte, verpflichteten sich die Arbeitgeber beim dritten Treffen am 6. Juli 1999, im Rahmen eines „Ausbildungskonsenses" genügend Lehrstellen zu schaffen. Im vierten Spitzengespräch des Bündnisses am 12. Dezember 1999 wurden dreijährige Modellversuche zur Erprobung eines Niedriglohnsektors mit staatlicher Subventionierung von Sozialabgaben („Mainzer" und „Saarbrücker Modell") verabredet, von denen man sich eine weitere Senkung der Lohnnebenkosten und eine „Expansion der Dienstleistungsbeschäftigung" erhoffte.[36] Bei der nächsten Gesprächsrunde am 9. Januar 2000 akzeptierten die Repräsentanten der Gewerkschaften ge-

---

34 Vgl. Klaus Dräger/Annelie Buntenbach/Daniel Kreutz, Zukunftsfähigkeit und Teilhabe. Alternativen zur Politik der rot-grünen Neuen Mitte, Hamburg 2000, S. 26

35 Siehe Gemeinsame Erklärung des Bündnisses für Arbeit, Ausbildung und Wettbewerbsfähigkeit zu den Ergebnissen des 1. Spitzengesprächs am 7. Dezember 1998, in: Nico Fickinger, Der verschenkte Konsens. Das Bündnis für Arbeit, Ausbildung und Wettbewerbsfähigkeit 1998-2002: Motivation, Rahmenbedingungen und Erfolge, Wiesbaden 2005, S. 308

36 Siehe Wolfgang Streeck/Rolf G. Heinze, Runderneuerung des deutschen Modells. Aufbruch für mehr Jobs, in: Hans-Jürgen Arlt/Sabine Nehls (Hg.), Bündnis für Arbeit. Konstruktion – Kritik – Karriere, Opladen/Wiesbaden 1999, S. 148

gen vage Zusagen im Hinblick auf eine „Beschäftigungsbrücke zwischen Jung und Alt“, dass sich ihre Lohnforderungen nur am Produktivitätszuwachs orientieren sollten. Claus Leggewie merkte zu Recht an, dass sich die Thematik und die politische Ausrichtung des Bündnisses innerhalb eines Jahres erheblich verschoben hatten: „Ganz im Sinne der ‚Modernisierer‘ liegen die Akzente nun auf der Entlastung der Unternehmen von Steuern und Sozialabgaben sowie der Konsolidierung der öffentlichen Haushalte – und auf der Tarifpolitik.“[37]

Marktradikalismus, gemildert durch eine demonstrative Konsens- bzw. Kompromissbereitschaft, und Leistungsorientierung, partiell abgefedert durch soziales Verantwortungsbewusstsein – so könnte man die Grundlinie der rot-grünen Bundesregierung in der Wirtschafts- und Sozialpolitik charakterisieren. Hans-Jürgen Urban zufolge ging es dabei letztlich um die „Formierung der Gesellschaft“ im Sinne einer wettbewerbsorientierten Lösung der Beschäftigungskrise: „Alle Instrumente und Maßnahmen des neuen Regierungsstils laufen (...) letztlich auf ein Ziel hinaus: die Bündnisakteure und die öffentliche Meinung wenn nötig auch mit dem politischen Druck, der einer demokratisch legitimierten Regierung zur Verfügung steht, auf das Ziel der Verbesserung der Beschäftigungssituation durch den wettbewerbstauglichen Umbau der Arbeits- und Sozialverfassung auszurichten.“[38] Der langjährige „Cheftheoretiker“ der IG Metall fragte denn auch (selbst)kritisch nach Bündnisperspektiven für die Gewerkschaften: „Wollen sie ihre tarif-, sozial- und beschäftigungspolitischen Forderungen gegen eine Wettbewerbspolitik eintauschen, die ihnen die Zustimmung zu Lohnkostensenkungen, Deregulierung der Arbeits- und Tarifverfassung und Druck auf Arbeitslose abverlangt und sie dafür mit vagen Entschädigungsversprechen abfindet?“[39]

„Benchmarking“, vom ursprünglichen Chefkoordinator und damaligen Kanzleramtsminister Bodo Hombach zur Schlüsselmethode des Bündnisses erhoben, suggerierte dem Publikum, dass es in einem solchen Pakt nicht um den Ausgleich unterschiedlicher oder gar gegensätzlicher Interessen, sondern um rationale Entscheidungen, logische Argumente und das Erkennen von „best practices“ gehe, die bloß nachgeahmt werden müssten, damit die Bundesrepublik der Arbeitsmarktkrise erfolgreich begegnen könne. Versteht

37 Claus Leggewie, Böcke zu Gärtnern? – Das Bündnis für Arbeit im Politikprozess, in: Hans-Jürgen Arlt/Sabine Nehls (Hg.), Bündnis für Arbeit, a.a.O., S. 19

38 Hans-Jürgen Urban, Das Drehbuch zum „Bündnis für Arbeit“ oder: Welche Rolle die Gewerkschaften spielen müssen, um bündnisfähig zu sein. Ein Diskussionsbeitrag zur Zukunftsdebatte, in: ders. (Hg.), Beschäftigungsbündnis oder Standortpakt? – Das „Bündnis für Arbeit“ auf dem Prüfstand, Hamburg 2000, S. 37

39 Ebd., S. 45

man unter einem „Wettbewerbs-“ den für Experimente offenen Wohlfahrtsstaat, welcher die Mittel zu permanenter Selbstüberprüfung und Optimierung seiner Methoden im Sinne einer „Konkurrenz um innovative Sozialpolitikansätze“ bereit hält,[40] wird völlig ignoriert, dass Macht- und Herrschaftsverhältnisse, nicht aber die (objektiv zu messende) Leistungsfähigkeit eines bestimmten Systems der sozialen Sicherung über dessen Realisierungschancen entscheiden. Gegen ein „politisches Benchmarking“, das dem hehren Ziel dient, im Ausland bessere Lösungen für soziale Probleme der Bundesrepublik zu finden und institutionelle Vorbilder – falls möglich – auf die hiesigen Verhältnisse zu übertragen, wäre gewiss nichts einzuwenden. Meist dient der Vergleich aber nur als Hilfsmittel zur Senkung von bisherigen Leistungsstandards, zur Erhöhung des Drucks auf die Arbeitnehmer/innen und sozial Benachteiligte sowie zur „Verbilligung“ des bestehenden Wohlfahrtsstaates.

Scheitern musste das Bündnis für Arbeit an seiner Herkulesaufgabe, die Unternehmer nicht aus ihrer sozialen Verantwortung für eine positivere Beschäftigungsentwicklung zu entlassen, sondern sie moralisch stärker unter Druck zu setzen, nachdem die Gewerkschaften jahrelang Lohnzurückhaltung geübt hatten. „Erfolglos blieben letztlich alle Initiativen, in denen den Unternehmen, als Adressaten der Bündnispolitik, quantitative Vorgaben gemacht werden sollten. Besonders deutlich wurde dies beim Thema Überstundenabbau, Ausbildungsplätze und beim Versuch, die Lohnpolitik durch Vorgaben zu determinieren.“[41]

Für die Arbeitgeber hatte das tripartistische Bündnis laut Nico Fickinger eine doppelte Zielsetzung zu erfüllen: „Zum einen sollte es die Bereitschaft der Gewerkschaften zum notwendigen Umbau der Sozialversicherungssysteme wecken. (...) Zum anderen sollte das Bündnis den Lohnfindungsprozeß nach niederländischem Vorbild moderieren und die Gewerkschaften tarifpolitisch im Zaum halten.“[42] In dem Moment, wo sich diese darauf nicht oder nur begrenzt einließen, wurde das Bündnis für alle Beteiligten zur Hängepartie. Weder das sechste noch das siebte Treffen am 10. Juli 2000 bzw. 4. März 2001 brachte Impulse, die das Bündnis für Arbeit, Ausbildung und Wettbewerbsfähigkeit über seinen Charakter als Pflichtübung für die beteiligten Verbände hinaus zu neuem Leben erweckt hätten.

---

40 Siehe Rolf G. Heinze/Josef Schmid/Christoph Strünck, Vom Wohlfahrtsstaat zum Wettbewerbsstaat. Arbeitsmarkt- und Sozialpolitik in den 90er Jahren, Opladen 1999, S. 42 und S. 212 f.

41 Wolfgang Schroeder, Modell Deutschland und das Bündnis für Arbeit, in: Sven Jochem/ Nico A. Siegel (Hg.), Konzertierung, Verhandlungsdemokratie und Reformpolitik im Wohlfahrtsstaat. Das Modell Deutschland im Vergleich, Opladen 2003, S. 137

42 Nico Fickinger, Der verschenkte Konsens, a.a.O., S. 126

Beim letzten Spitzengespräch, das am 25. Januar 2002 stattfand, konnten sich Arbeitgeberverbände und Gewerkschaften aufgrund ihrer tarifpolitischen Konflikte noch nicht einmal auf eine Abschlusserklärung einigen. Im unmittelbaren Vorfeld der nächsten Bundestagswahl traf man auf höchster Ebene nicht mehr zusammen. Damit war auch der erneute Versuch, Staat, Arbeitgeber und Gewerkschaften auf Dauer tripartistisch bzw. korporatistisch in einen nationalen Standortpakt einzubinden, gescheitert. Sein erklärtes Ziel, die Erwerbslosigkeit in Deutschland zu verringern, hat das Bündnis für Arbeit, Ausbildung und Wettbewerbsfähigkeit nicht erreicht. „Arbeitslosigkeit wurde dafür neu definiert: als ein Problem der Arbeitslosen, sich hinreichend flexibel den Markterfordernissen anzupassen. Und darüber hinaus als ein Problem der Politik, nicht entschlossen genug die ‚bürokratische Erstarrung' des Arbeitsmarktes angegangen zu sein."[43]

2.5 Das sog. Schröder/Blair-Papier und der „aktivierende Staat" als neues Leitbild der Bundesregierung

Die entscheidenden Debatten zur „Modernisierung" des Sozialstaates und zur Neuorientierung der Arbeitsmarktpolitik unter den Stichworten „Aktivierung" und „workfare" (Richard Nixon) statt „welfare" fanden zu jener Zeit in den sozialdemokratischen Parteien statt. Kurz vor der Europawahl am 13. Juni 1999 wiesen der britische Premier Tony Blair und Gerhard Schröder in London Europas Sozialdemokrat(inn)en einen „Weg nach vorne". Unter diesem Titel veröffentlichten sie ein Dokument, das als „Schröder/Blair-Papier" bekannt wurde, aber von Bodo Hombach und Peter Mandelson, einem skandalumwitterten Wahlkampfmanager Blairs, verfasst worden war. Im deutschen Wohlfahrtsstaat sah dieses Reformmanifest der „Modernisierer" diesseits und jenseits des Ärmelkanals ein Beschäftigungshindernis und ein Risiko für die künftige Gesellschaftsentwicklung: „Ein Sozialversicherungssystem, das die Fähigkeit, Arbeit zu finden, behindert, muß reformiert werden. Moderne Sozialdemokraten wollen das Sicherheitsnetz aus Ansprüchen in ein Sprungbrett in die Eigenverantwortung umwandeln."[44] Bodo Hombach sprach vom „aktivierenden Sozialstaat" als einem „Trampolin", das die Er-

43 Forum Gewerkschaften, Priorität Wettbewerbsfähigkeit? – Eine Bilanz des Bündnisses für Arbeit, in: Christine Buchholz u. a. (Hg.), Unsere Welt ist keine Ware. Handbuch für Globalisierungskritiker, Köln 2002, S. 275

44 Gerhard Schröder/Tony Blair, Der Weg nach vorne für Europas Sozialdemokraten. Ein Vorschlag, in: Hans-Jürgen Arlt/Sabine Nehls (Hg.), Bündnis für Arbeit, a.a.O., S. 297

werbslosen in den Arbeitsmarkt zurückkatapultieren solle.[45] An diesem Bild, das auch Bundeskanzler Gerhard Schröder benutzte, übte Heribert Prantl, Ressortleiter Innenpolitik der *Süddeutschen Zeitung*, beißende Kritik: „Das herzlose Wort vom sozialen Netz als ‚Trampolin' oder ‚Sprungbrett' spricht weniger für neue Ideen der SPD denn für ihre neue Gefühllosigkeit: Beide Gerätschaften eignen sich nämlich nur für den gesunden und leistungsfähigen Menschen."[46]

Volker Offermann, Referatsleiter im Ministerium für Arbeit, Soziales, Frauen und Familie des Landes Brandenburg, konnte in dem Papier zweier Regierungschefs und ihrer Ghostwriter, das seinerzeit vor allem die *deutschen* Medien intensiv beschäftigte, „keine relevanten Handlungsempfehlungen zur Bewältigung objektiv im Wohlfahrtsstaat bestehender Problemlagen" erkennen, zumal ihn auch der Rat, statt *sozialer* nur noch *Chancen*gleichheit bzw. Fairness anzustreben, nicht überzeugte: „Soziale Gerechtigkeit ist mehr als Chancengleichheit, wenn auch Chancengleichheit als eine Voraussetzung sozialer Gerechtigkeit angesehen werden kann. Gerechtigkeit setzt in einem bestimmten Maße eben auch Gleichheit im Ergebnis voraus."[47]

Der „aktivierende Sozialstaat", wie ihn das Schröder/Blair-Papier beschwor, bedeutete das Ende für den aktiven Sozialstaat. Der Jenaer Soziologe Klaus Dörre meint, das Schröder/Blair-Papier habe die „glasklare Botschaft" vermittelt, dass sich im Gefolge der Globalisierung die Gewichte zwischen Ökonomie und Politik für immer zu Lasten der Letzteren verschöben und auch den europäischen Sozialdemokraten keine andere Wahl bleibe, als den Wohlfahrtsstaat an die Zwänge der offenen Weltmärkte anzupassen. Nicht so sehr der Inhalt ihrer Politik, sondern eher ihre bessere Eignung zur Herstellung von Kompromiss und Konsens unterscheide die Sozialdemokratie noch von den bürgerlichen Konkurrenzparteien.[48] Bodo Zeuner sprach gar vom Bruch der Sozialdemokratie mit ihrer reformistischen Tradition, ihrer engen Bindung an die Arbeiterbewegung und ihrer (wohlfahrtsstaatlichen) Grundorientierung: „Statt den Kapitalismus zu zähmen, durch gesellschaftliche Kraftentfaltung von Unterdrückten, durch gewerkschaftliche Organisation, durch staatliche Regulierung, soll nunmehr der globale Markt das Maß aller Politik sein. Der

---

45 Siehe Bodo Hombach, Aufbruch. Die Politik der Neuen Mitte, 3. Aufl. München/Düsseldorf 1998, S. 18

46 Heribert Prantl, Rot-Grün. Eine erste Bilanz, Hamburg 1999, S. 73

47 Volker Offermann, Die „Neue Mitte" und der Wohlfahrtsstaat, in: Sozialer Fortschritt 11/1999, S. 278

48 Vgl. Klaus Dörre, Die SPD in der Zerreißprobe. Auf dem „Dritten Weg", in: ders. u. a., Die Strategie der „Neuen Mitte". Verabschiedet sich die moderne Sozialdemokratie als Reformpartei?, Hamburg 1999, S. 7 f.

Staat, das Gemeinwohl, die Volkssouveränität, mithin die Demokratie, ja die Politik selbst, stehen zur Disposition der unkontrollierbar gewordenen wirtschaftlichen Macht, und wer dagegen aufbegehrt, ist nicht ‚modern'."[49]

Ulrich Schneider, Hauptgeschäftsführer des Paritätischen Wohlfahrtsverbandes, wertete das Schröder/Blair-Papier als ideologischen Versuch, ein Staats- und Gesellschaftsbild zu etablieren, das den forcierten Rückzug staatlicher Institutionen aus sozialen Verpflichtungen rechtfertigt und dafür die Individuen stärker in die Pflicht nimmt: „Die wesentlichen Elemente des Neoliberalismus – Vorrang für die Renditeerwartungen der Unternehmen und die Warnung vor sozialen Leistungen, die die Eigenverantwortung und Selbsthilfe lähmen – dominieren und prägen auch dieses Papier."[50]

Rolf G. Heinze, Professor für Soziologie an der Ruhr-Universität Bochum und seinerzeit Berater von Bundeskanzler Gerhard Schröder, schwebte allerdings kein neoliberaler Minimalstaat, vielmehr ein „sozialinvestiver Sozialstaat" (Anthony Giddens) vor. In diesem Sinne forderte Heinze, der Schwerpunkt sozialpolitischer Aktivitäten müsse sich von der monetären Umverteilungs- zur sozialinvestiven Dienstleistungspolitik verschieben: „Soziale Infrastruktur, Bildung und die Förderung innovativer Milieus sind Instrumente zur Aktivierung des gesellschaftlichen Humankapitals."[51] Dieser häufiger von neoliberalen Ökonomen als von der SPD nahestehenden Sozialwissenschaftlern benutzte Terminus wurde aus gutem Grund zum Unwort des Jahres 2004 gewählt, denn schließlich ist es inhuman, Menschen oder ihre Fähigkeiten als „Humankapital" zu bezeichnen.

Eine „investive" Sozialpolitik führt zwangsläufig zur sozialen Selektion, weil sie auf der Kernentscheidung basiert, in welche gesellschaftlichen Gruppen (wie viel) investiert werden soll und in welche nicht. „Bei einer Sozialpolitik im Interesse der Wirtschaftspolitik bietet sich die Einteilung der Gesellschaft in produktive und unproduktive Gruppen als Entscheidungshilfe für die (selektiven) Investitionen geradezu an. Gefördert würden bzw. investiert würde dann vorrangig in produktive und potenziell (zukünftig) produktive Gruppen. Für diese Gruppen werden Investitionen getätigt, während für

49 Bodo Zeuner, Der Bruch der Sozialdemokraten mit der Arbeiterbewegung. Die Konsequenzen für die Gewerkschaften, in: Klaus Dörre u. a., Die Strategie der „Neuen Mitte", a.a.O., S. 133

50 Ulrich Schneider, Armes Deutschland, a.a.O., S. 142

51 Siehe Rolf G. Heinze, Vom statuskonservierenden zum sozialinvestiven Sozialstaat, in: Friedrich-Ebert-Stiftung, Politische Akademie (Hg.), Die neue SPD. Menschen stärken – Wege öffnen, Bonn 2004, S. 262

aus dem Wirtschaftsleben Ausscheidende nur die Existenzsicherung oder Grundversorgung bleibt."[52]

Nicht das Konzept selbstbewusst ihre Rechte einfordernder Sozialstaatsbürger/innen lag dem Schröder/Blair-Papier zugrunde, sondern ein Modell, das den Bedürftigen wieder mehr Pflichten auferlegt. Sozialpolitik verkommt dabei zu einem Geschäft auf Gegenseitigkeit (Reziprozität): Von der Allgemeinheit unterstützte Personen schulden ihr demnach etwas, können sich der Solidarität materiell besser gestellter Gesellschaftsmitglieder also nicht sicher sein. Typisch dafür war die Aufwertung des Arbeitszwangs in fast allen Konzepten zur „Modernisierung" der Arbeitsmarktpolitik, auf die Beschäftigungs- und Sozialpolitik im Rahmen der neoliberalen Standortdebatte zunehmend reduziert wurden.[53] Claus Offe sah in der Forderung nach einer Gegenleistung für gewährte Unterstützung bloß die „illiberale Kehrseite marktliberaler Ordnungsvorstellungen" und hielt die übliche Begründung der reziproken Pflichtzuweisung gegenüber Erwerbslosen für ausgesprochen paternalistisch: „Soll es sich wirklich um die Überführung bisher Hilfsbedürftiger in die Freiheit der Erwerbsgesellschaft handeln, dann müsste auch die negative Arbeitsmarktfreiheit, die Freiheit, sich am Arbeitsmarkt *nicht* zu beteiligen, gewahrt bleiben."[54]

Am 1. Dezember 1999, weniger als ein halbes Jahr nach Veröffentlichung des Schröder/Blair-Papiers, fasste das rot-grüne Bundeskabinett einen Beschluss „Moderner Staat – moderne Verwaltung", welcher das Leitbild der Koalition umriss. Das neue Konzept des „aktivierenden Staates" ersetzte das Dispositiv des „schlanken Staates", welches sich, wie es hieß, zu sehr auf die Reduzierung öffentlicher Aufgaben beschränkt und somit lediglich eine negative Zielbestimmung formuliert habe: „Aktivierender Staat bedeutet, die Selbstregulierungspotentiale der Gesellschaft zu fördern und ihnen den notwendigen Freiraum zu schaffen. Im Vordergrund muss deshalb das Zusammenwirken staatlicher, halbstaatlicher und privater Akteure zum Erreichen gemeinsamer Ziele stehen."[55]

52 Michael Buestrich/Norbert Wohlfahrt, Hartz und die Folgen für kommunale Beschäftigungsförderung, in: Walter Hanesch/Kirsten Krüger-Conrad (Hg.), Lokale Beschäftigung und Ökonomie. Herausforderung für die „Soziale Stadt", Wiesbaden 2004, S. 208

53 Vgl. dazu: Hubert Heinelt/Michael Weck, Arbeitsmarktpolitik, a.a.O., S. 168 ff.

54 Claus Offe, Freiheit, Sicherheit, Effizienz. Spannungen zwischen Gerechtigkeitsnormen für Arbeitsmarkt und Wohlfahrtsstaat, in: Jutta Allmendinger (Hg.), Entstaatlichung und soziale Sicherheit. Verhandlungen des 31. Kongresses der Deutschen Gesellschaft für Soziologie in Leipzig 2002, Opladen 2003, S. 28 (Hervorh. im Original)

55 Moderner Staat – moderne Verwaltung. Leitbild und Programm der Bundesregierung, Kabinettsbeschluss, 1. Dezember 1999, in: Die Bundesregierung (Hg.), Moderner Staat – moderne Verwaltung. Das Programm der Bundesregierung, o.O.u.J., S. 2 (http://www. bmi.bund.de/

Unter dem Schlagwort vom „aktivierenden Staat" firmierte eine Konzeption zur Reorganisation der Arbeitsmarkt- und Sozialpolitik, die „Eigeninitiative" fördern und Gegenleistungen der Betroffenen einfordern wollte. Man übernahm aus dem angloamerikanischen Raum ein „workfare"-Modell, das die SPD als führende Regierungspartei der Bundesrepublik in den Folgejahren benutzte, um den hiesigen Sozialstaat, vor allem jedoch dessen Verhältnis zu existenziell von seinen Geld-, Dienst- und Sachleistungen abhängigen Menschen, grundlegend zu verändern. Neu definiert wurden vor allem die Rechte und Pflichten des Bürgers zum Gemeinwesen: „Nun ist nicht mehr der Staat für die Lösung sozialer Probleme zuständig, sondern der Bürger ist eigenverantwortlich und der Staat aktiviert den Bürger nur noch, damit dieser seine Probleme selber lösen kann (Fördern und Fordern)."[56]

Rolf G. Heinze setzte auf jene „Dynamik des Marktes", die auch Neoliberale bis zum Überdruss beschworen und „in bürokratischer Routine erstarrte Behörden, leer laufende Programme und resignierte Individuen" wieder in Schwung bringen soll: „Statt immer kompliziertere und unüberschaubarere Direktinterventionen zu konzipieren, muss eine neue Beschäftigungspolitik, wenn sie etwas bewirken will, vor allem private Initiative freisetzen und einfache, verständliche und allgemeine Rahmenbedingungen schaffen, unter denen selbstinteressiertes Handeln auch im Arbeitsmarkt zum allgemeinen Nutzen beitragen kann."[57] Es ging Rolf G. Heinze, Josef Schmid und Christoph Strünck um einen effektiveren, kostengünstigeren bzw. „billigeren" Staat, der seine Aufgabe, eine soziale Grundsicherung und die Teilhaberechte aller Bürger/innen zu gewährleisten, gleichwohl besser erfüllen sollte: „Der ‚aktivierende' Staat, der sich jenseits von Reprivatisierung und Etatismus ansiedelt (also ‚jenseits von links und rechts'), zielt auf eine aktive Förderung der assoziativen Gesellschaftsstrukturen, die öffentliche Regulierungsfunktionen übernehmen können."[58] Insofern unterscheide sich der „aktivierende Staat" auch nicht mehr strikt von der Gesellschaft. Vielmehr bestünde seine neue Aufgabe in der Überprüfung, welche seiner bisherigen Aufgaben gesell-

---

SharedDocs/Downloads/DE/Broschueren/nichtinListe/1999/Moderner_Staat_Moderne_Id_1447_de.pdf;jsessionid=80CB8727BA3299A3C4766B79B75762D1.2_cid373?__blob=publicationFile; 27.8.2014)

56 Karl Koch, Kommunalisierung der Sozialpolitik in Hessen – eine Chance für die soziale Arbeit, in: Klaus Störch (Hg.), Soziale Arbeit in der Krise. Perspektiven fortschrittlicher Sozialarbeit, Hamburg 2005, S. 134

57 Rolf G. Heinze, Vom statuskonservierenden zum sozialinvestiven Sozialstaat, a.a.O., S. 264

58 Rolf G. Heinze/Josef Schmid/Christoph Strünck, Vom Wohlfahrtsstaat zum Wettbewerbsstaat, a.a.O., S. 215 (unter Bezug auf: Anthony Giddens, Jenseits von Links und Rechts. Die Zukunft radikaler Demokratie, Frankfurt am Main 1997)

schaftliche Organisationen ausführen könnten. Anschließend könne der Staat „Ballast abwerfen", also durchaus „schlanker" werden, ohne jedoch „abzumagern" oder „auszuhungern".

Klaus-W. West, lange an leitender Stelle in der DGB-Grundsatzabteilung tätig, begründete den seiner Meinung nach zwangsläufig erfolgenden Paradigmenwechsel mit einem Wandel des Gerechtigkeitsempfindens vieler Arbeitnehmer/innen, das sich von der Bedarfs- zur Leistungsgerechtigkeit verschoben habe: „Ein modernes Reformkonzept muss, neben den nicht zu vernachlässigenden sozialen Schutzvorkehrungen, Aktivierungsstile entwerfen, die mit den Erwartungen der demokratischen Mittelschichten korrespondieren müssen – schließlich sind es diese Mittelschichten, die eine Reform für den aktivierenden Sozialstaat zu tragen und zu finanzieren haben."[59] Olaf Scholz, seinerzeit SPD-Generalsekretär, setzte sich für eine „präventive Sozialpolitik" ein, um die Befähigung und Ermächtigung der Menschen zu einem selbstbestimmten, eigenverantwortlichen Leben ins Zentrum zu rücken: „Entscheidend ist hier die Einsicht, dass die Zukunft dem aktiven und aktivierenden Sozialstaat gehört, der gezielt in Menschen investiert, damit diese in Zeiten dynamischen Wandels als selbstbewusste Bürger ihr Leben gestalten können und nicht in den Klammergriff von Verhältnissen geraten, über die sie keine Kontrolle haben."[60]

Jürgen Kocka, damals WZB-Präsident und ein weiterer Hauptrepräsentant der „neuen SPD", stellte gleichfalls nicht die Interessen der abhängig Beschäftigten oder der sozial Benachteiligten, sondern die Expansionsbedürfnisse der Wirtschaft ins Zentrum. Primär musste die Bundesregierung seines Erachtens das Ziel eines „stetigen Wachstums" verfolgen: „Es ist zu diesem Zweck unabdingbar, mehr Ungleichheit zu akzeptieren, etwa auch in der Lohnpolitik; größere Flexibilität zu fördern, und zwar auch auf Kosten der Sicherheit; Verteilungsgerechtigkeit kleiner zu schreiben als Anerkennungs- und Teilhabegerechtigkeit; Investitionen in die Zukunft zu stärken, auch wenn dies Verzicht auf Konsum in der Gegenwart bedeutet; wirtschaftliche, gesellschaftliche und kulturelle Dynamik zu suchen statt zu zähmen."[61]

Mit dem Leitbild des „vorsorgenden, aktivierenden und investiven Sozialstaates" hat die SPD zwar kein *Alternativ*modell zum neoliberalen Minimalstaat entwickelt, dieses Konzept aber auch nicht ohne Modifikation über-

---

59 Klaus-W. West, Sozialstaatliche Reform als Übergang von einer aktiven zu einer aktivierenden Arbeitsmarktpolitik, in: Wolfgang Schroeder (Hg.), Neue Balance zwischen Markt und Staat? – Sozialdemokratische Reformstrategien in Deutschland, Frankreich und Großbritannien, Schwalbach im Taunus 2001, S. 132

60 Olaf Scholz, Gerechtigkeit und Solidarische Mitte im 21. Jahrhundert, in: NG/FH 9/2003, S. 16

61 Jürgen Kocka, Linke Prinzipien nach dem Sozialismus, in: NG/FH 11/2004, S. 49

nommen. Sie rückte vielmehr dadurch von ihrer Parteitradition ab und ein Stück weiter nach rechts, dass Lohnarbeiter/innen und Erwerbslose auseinanderdividiert wurden. Denn bei ihrem neuen Lieblingsmotto „Fördern und Fordern" handelte es sich im Grunde um eine Perversion des Solidaritäts- wie des Subsidiaritätsprinzips. „Eigenvorsorge und Eigenverantwortlichkeit treten an die Stelle gesellschaftlicher, kollektiver Solidarität."[62] Dirk Hauer hob den autoritären Kerngehalt der Aktivierungsideologie und -strategie hervor: „Seit der Bismarck'schen Sozialgesetzgebung ist die Arbeitsverpflichtung im Sozialstaatsgedanken strukturell angelegt. Im ‚aktivierenden Sozialstaat' wird sie jedoch nicht nur zu einer permanenten Anforderung, sondern darüber hinaus zu einer ‚Pflicht zur Eigenverantwortung' verallgemeinert und radikalisiert."[63]

Achim Trube, bis zu seinem Tod im Jahr 2007 Hochschullehrer an der Universität/GH Siegen, bemängelte in seinen Veröffentlichungen, dass der „aktivierende Sozialstaat" die strukturellen Probleme einer sich verfestigenden Massenerwerbslosigkeit mittels eines vermehrten Drucks gegenüber jedem einzelnen Betroffenen auf der individuellen Ebene zu bewältigen suche, was ebenso wenig zielführend sei wie die Behandlung volkswirtschaftlicher Probleme aus einer betriebswirtschaftlichen Perspektive.[64] Das zum Erkennungsmerkmal der sozialdemokratischen Modernisierer avancierte „Fördern und Fordern" wird in aller Regel zum „Überfordern und Hinausbefördern", wie es Trube sehr pointiert formuliert hat.[65] Auch heißt „Stärkung der Eigeninitiative" von Arbeitslosen üblicherweise nur, dass man Zwangsmaßnahmen gegenüber den Betroffenen ergreift und diesen harte Sanktionen androht. „Wenn mit Eigeninitiative mehr gemeint ist als die Erhöhung des Drucks auf die Arbeitslosen, dann müssen neben denjenigen Elementen, die den ‚Anreiz' zur Arbeitsaufnahme erhöhen, solche vorhanden sein, die die Autonomie der Arbeitslosen verstärken."[66]

---

62 Dirk Hauer, Law and Order auf die sanfte Tour. Der „aktivierende Sozialstaat" und sein autoritärer Charakter, in: Komitee für Grundrechte und Demokratie (Hg.), Eine Politik sozialer Menschenrechte in Zeiten von Verarmung und Repression. Dokumentation einer Tagung des Komitees für Grundrechte und Demokratie in Kooperation mit der Evangelischen Akademie Arnoldshain vom 12. Bis 14. September 2003 in Arnoldshain, Köln 2004, S. 91

63 Ebd.

64 Vgl. Achim Trube, Aktivierender Sozialstaat – Programmatik, Praxis und Probleme, in: NDV 8/2003, S. 336

65 Siehe ders., Überfordern und Hinausbefördern – Prämissen, Praxis und Probleme aktivierender Sozial- und Arbeitsmarktpolitik, in: Sozialer Fortschritt 11-12/2003, S. 301 ff.

66 Silke Bothfeld/Sigrid Gronbach/Kai Seibel, Eigenverantwortung in der Arbeitsmarktpolitik: Zwischen Handlungsautonomie und Zwangsmaßnahmen, in: WSI-Mitteilungen 9/2004, S. 507

Wolfgang Völker sah eine Haupttendenz der modernen Sozialpolitik darin, kollektive Sicherheiten und individuelle soziale Rechte zu zerstören, verbunden mit einer Neigung, die Betroffenen selbst für ihre Lebensgestaltung verantwortlich zu machen: „Der aktivierende Staat verbreitet unter dem Etikett modernen Regierens, ‚Fördern und Fordern', soziale Verunsicherung zusätzlich zu der schon aufgrund der ökonomischen Entwicklung vorhandenen."[67] Das besonders innovativ erscheinende Konzept der „neuen Sozialdemokratie" wirkte tatsächlich antiquiert, denn es korrelierte nicht mit der gesellschaftlichen, ökonomischen und politischen Entwicklung. „Je entwickelter eine Wirtschaft ist, umso weniger nutzt ‚Eigeninitiative', umso mehr haben wir es mit Vorgängen zu tun, die völlig außerhalb der Reichweite *individueller* Initiative und Verantwortung liegen."[68] Aktivierungskonzepte gleichen einer Quadratur des Kreises, weil sie ihre eigentliche Zielgruppe gar nicht erreichen, während andere, eher privilegierte Kreise davon zusätzlich profitieren.

Adalbert Evers, Professor für Vergleichende Gesundheits- und Sozialpolitik an der Justus-Liebig-Universität Gießen, betonte die Ambivalenz des Konzepts eines „aktivierenden Staates", das er generell lieber auf die Politik als auf den Sozialstaat beziehen wollte. Die unter Berufung darauf verfolgten Strategien siedelte Evers zwischen zwei entgegengesetzten Polen an: „Am einen Pol wird es bei der Aktivierung um die weitestgehende Mobilisierung aller gesellschaftlichen Ressourcen im Rahmen eines Szenarios gehen, das vom Kampf um Status und wirtschaftlichen Erfolg im Rahmen der Marktgesellschaft bestimmt ist; der Primat des Marktes ist hier nicht so sehr Herausforderung und Problem als vielmehr Datum oder Aufgabe. Am anderen Pol wird es bei Aktivierung vor allem um die Entwicklung einer Politik gehen, die es versteht, Beteiligungsformen zu entwickeln, entlang derer individuelle Interessen und Gruppenanliegen und ihre Konfliktaustragungen durch wechselseitigen Respekt und die Berücksichtigung von Gemeinwohlbelangen geprägt werden. Eine derart aktivierende Politik, so die Hoffnung, könnte Marktkräfte zivilisieren, aber auch entwickeln und nutzen helfen."[69]

„Aktivierung" ist ein äußerst schillernder Begriff, der oft nicht mehr als erfolgreiche „Aussteuerung", also die Einschüchterung, Abschreckung und

---

67 Wolfgang Völker, Soziale Garantien. Anmerkungen zur Forderung nach einem bedingungslosen Grundeinkommen, in: Komitee für Grundrechte und Demokratie (Hg.), Eine Politik sozialer Menschenrechte in Zeiten von Verarmung und Repression, a.a.O., S. 95

68 Herbert Schui, Mythos Eigenverantwortung, in: Blätter für deutsche und internationale Politik 3/2004, S. 327 (Hervorh. im Original)

69 Adalbert Evers, Aktivierender Staat. Eine Agenda und ihre möglichen Bedeutungen, in: Erika Mezger/Klaus-W. West (Hg.), Aktivierender Sozialstaat und politisches Handeln, 2. Aufl. Marburg 2000, S. 14

Verdrängung von sozial Benachteiligten aus dem Leistungsbezug, meint. Neben dem Ersatz individueller Rechtspositionen durch Pflichten, deren Verletzung mit Strafen geahndet wird, kann man darunter auch eine solidarische Hilfe zur Selbsthilfe verstehen. Das zuerst genannte Deutungsmuster dominierte im öffentlichen Diskurs darüber jedoch ganz eindeutig: Fast immer bedeutet „Aktivierung“ eine Disziplinierung der Betroffenen, während die notwendige Solidarisierung mit ihnen auf der Strecke bleibt. In einer „Zivil-“ oder „Bürgergesellschaft“ erübrigt sich diese Strategie, weil sie mit der Vorstellung mündiger, sich selbst engagierender Sozialstaatsbürger/innen unvereinbar ist.

Der aktivierende Sozialstaat bietet Hilfebedürftigen von sich aus keine aktive Unterstützung mehr, wie dies der überkommene Sozialstaat tat, und bleibt hinter den gewohnten Leistungsstandards zurück, während sich sein Kontrollanspruch und sein Disziplinierungsinstrumentarium erweitern. Damit ist der Wohlfahrtsstaat aber nur noch ein Schatten seiner selbst, denn die früheren Entwicklungsstufen waren dadurch gekennzeichnet, dass die Reichweite der Staatseingriffe und die Höhe der Transferleistungen eher den zur Verfügung stehenden materiellen Ressourcen entsprachen. Bei der „Aktivierung“ von Erwerbslosen handelt es sich laut Christa Sonnenfeld um eine „geschönte Umschreibung“ für Repression, die den Arbeitszwang wieder salonfähig macht: „Dass der verbliebene Sozialstaat sich zunehmend autoritär gebärdet, verschwindet dabei hinter diesem Jargon.“[70]

„Fördern und Fordern“ gerät – wenigstens in dieser Reihenfolge – zu einer rhetorischen Floskel, die nichts von dem hält, was ihre Benutzer leisten zu wollen vorgeben. Aus einem scheinbaren Versprechen wird eine Drohung, wenn die (Lohn-)Arbeit „um jeden Preis“ zum Ziel staatlicher Sozialpolitik avanciert. „Unter den Fanfaren des ‚Förderns und Forderns‘ wird auf diese Weise die moralisierende Delegitimierung nicht-erwerbstätiger Lebensformen zum gesellschaftspolitischen Programm erhoben.“[71] Wer den Grundsatz des Förderns und Forderns zum sozialpolitischen Mantra erhebt, verstärkt den Druck auf Bevölkerungsgruppen, die staatliche Unterstützung brauchen, sie aber in einem Klima des allgemeinen Misstrauens gegenüber Empfänger(inne)n von Transferleistungen immer weniger erhalten.

Das zentrale Glaubwürdigkeitsdefizit des „aktivierenden“ Staates besteht Hans-Jürgen Urban zufolge darin, dass er den Erwartungsdruck auf das Individuum erhöht und gleichzeitig dessen Chancen, ihm entsprechen zu kön-

70 Christa Sonnenfeld, Erzwungene Angebote: Beschäftigungsförderung zu Niedriglöhnen, in: Brigitte Stolz-Willig (Hg.), Arbeit und Demokratie. Solidaritätspotenziale im flexibilisierten Kapitalismus, Hamburg 2001, S. 109

71 Ebd.

nen, verringert: „Er modifiziert die gesellschaftliche Erwartungshaltung sowie die institutionellen Anspruchsvoraussetzungen für die Empfänger wohlfahrtsstaatlicher Leistungen und belegt die Nichterfüllung der Erwartungen mit negativen Sanktionen; zugleich unterminiert er durch die Abkehr von einer marktkorrigierenden, umverteilenden und risikokompensierenden Politik die gesellschaftlichen Voraussetzungen, derer insbesondere die unvermögenden Individuen zur Erfüllung der Erwartungen bedürfen."[72]

Ein weiterer Einwand galt der Tatsache, dass für Hilfebedürftige, die „aktiviert" und zur Stellensuche motiviert werden sollten, gar nicht genügend Arbeitsplätze zur Verfügung standen. Karl Koch bezweifelte denn auch, dass die im Konzept vorgesehenen Aktivierungsbemühungen bei einer strukturell verfestigten Erwerbslosigkeit überhaupt einen Sinn haben: „Schließlich wird kein noch so konsequentes ‚Fordern und Fördern' die fehlenden Arbeitsplätze schaffen können. Der aktivierende Sozialstaat läuft daher aufgrund seines Ansatzes Gefahr, die soziale Integration, die er erreichen will, zu verfehlen und stattdessen die soziale Ausgrenzung zu verstärken."[73] Wer die „Aktivierung" der Betroffenen fordert, unterstellt ihnen eine Passivität, die Klagen deutscher Personalchefs über massenhafte Bewerbungen von für ausgeschriebene Stellen oft wenig geeigneten Erwerbslosen, die man erst mit großen Kosten aussortieren müsse, im Grunde widerlegten.

Dort setzte auch Frank Nullmeiers Kritik an, denn die neue Sozialpolitik der Aktivierung förderte seiner Meinung nach eine Akzentuierung des Gegensatzes von „produktiven" und „unproduktiven" Teilen der Bevölkerung durch die Regierung. Deren Orientierung auf den globalen Standortwettbewerb führe dazu, dass die eigene Bevölkerung und die Sozialtransfers an die einzelnen Gruppen unter dem Gesichtspunkt der Kostenkonkurrenz betrachtet würden. Aktivierende und investive Sozialpolitik sei ein Kurs, der Nutzenvorteile in diesem Konkurrenzkampf biete: „Sie verbessert das fachliche Qualifikationsniveau ebenso wie die allgemeinen sozialen und kommunikativen Kompetenzen, erhöht die Mobilitätsbereitschaft, fördert Gruppierungen, die ansonsten Sozialleistungsempfänger hätten werden können, und wirkt so kostensenkend."[74]

Man gab zwar vor, die (Langzeit-)Erwerbslosen in deren ureigenem Interesse „aktivieren", aus ihrer Lethargie reißen und „fit für den Arbeitsmarkt"

72 Hans-Jürgen Urban, Eigenverantwortung und Aktivierung – Stützpfeiler einer neuen Wohlfahrtsarchitektur?, in: WSI-Mitteilungen 9/2004, S. 471

73 Karl Koch, Transformation des Sozialstaats, in: Walter Hanesch u. a., Öffentliche Armut im Wohlstand. Soziale Dienste unter Sparzwang, Hamburg 2004, S. 148

74 Frank Nullmeier, Spannungs- und Konfliktlinien im Sozialstaat, in: Siegfried Frech/Josef Schmid (Hg.), Der Sozialstaat. Reform, Umbau, Abbau?, Schwalbach im Taunus 2004, S. 55

machen zu wollen, folgte dabei aber fast ausschließlich dem finanziellen Eigeninteresse, sie nicht mehr alimentieren zu müssen. Daher dominierten in der aktivierenden Arbeitsmarktpolitik auch nicht etwa Versuche, die Betroffenen zu qualifizieren und für neue Aufgaben zu motivieren, sondern eindeutig administrative und repressive Praktiken, mit deren Hilfe sie möglichst schnell aus dem Leistungsbezug entfernt werden sollten.

Kapitel 3
Die sog. Hartz-Kommission, ihre Reformmatrix und deren Umsetzung

Die vielleicht seit Bismarcks Zeiten wichtigste Zäsur in der Geschichte des deutschen Sozialstaates fiel nicht etwa mit einem Regierungs- oder einem politischen Regimewechsel zusammen, sondern vollzog sich im Rahmen der rot-grünen Koalition, die aufgrund der fortdauernden Massenerwerbslosigkeit und der tiefen Enttäuschung vieler Anhänger/innen von SPD und Bündnis 90/Die Grünen nach einer Legislaturperiode um ihre Wiederwahl bangen musste, weshalb sie unter der Führung von Bundeskanzler Gerhard Schröder ein ganzes Bündel mehr oder weniger rigider Arbeitsmarktreformen einleitete. Bei diesem sozialpolitischen Kurswechsel handelte es sich um eine *falsche* Reaktion auf die Legitimations- und Existenzkrise, in welche der Wohlfahrtsstaat durch eine strategische Neuorientierung mächtiger Wirtschaftskreise der kapitalistischen Welt geraten war.

3.1 Von der aktiven zur „aktivierenden" Arbeitsmarktpolitik

Am 1. Januar 2002 trat das *Gesetz zur Reform der arbeitsmarktpolitischen Instrumente* in Kraft, welches als *Job-AQTIV-Gesetz* (*A*ktivieren, *Q*ualifizieren, *T*rainieren, *I*nvestieren und *V*ermitteln) abgekürzt wird und nach dem *Arbeitsförderungsreformgesetz* der letzten Kohl-Regierung als zweiter legislativer Wegbereiter der Hartz-Reformen gilt. Erwerbslose sollten nunmehr auf der Grundlage von „Eingliederungsvereinbarungen" frühzeitiger als bisher Angebote zur Arbeitsaufnahme bzw. zur beruflichen Weiterbildung erhalten, um *Langzeit*erwerbslosigkeit zu vermeiden. Zugleich wurde ihnen jedoch die Beweislast auferlegt, wenn es darum ging, die Verhängung einer Sperrzeit wegen der Ablehnung einer Stelle zu verhindern. Erneut wuchs der Druck, den die Arbeitsämter durch schärfere Melderegelungen, schikanöse Kontrollmaßnahmen und Sperrzeiten, die sich einerseits häuften und deren

Dauer andererseits differenziert, aber der Tendenz nach ausgedehnt wurde,[1] auf die Betroffenen ausübten.

Mit dem *Job-AQTIV-Gesetz*, das noch aus dem Bündnis für Arbeit, Ausbildung und Wettbewerbsfähigkeit hervorgegangen war, wurde der Übergang zur „aktivierenden" Arbeitsmarktpolitik im Grunde bereits vollzogen. Da sich die Gewerkschaften jedoch weigerten, den Drang zur offenen Ausübung von Arbeitszwang mitzutragen, suchten SPD und Bündnisgrüne ihn nunmehr auf gesetzlichem Weg zu realisieren. Um den zu erwartenden Widerstand aus dem Gewerkschaftslager zu minimieren, bot sich eine größere Akzeptanz schaffende Vorbereitung weiterreichender Maßnahmen durch plural besetzte, scheinbar neutrale Fachkommissionen auf unterschiedlichen Politikfeldern (Arbeitsmarktpolitik, Gesundheitspolitik und Gemeindefinanzen) an.

Kurz nach dem Jahreswechsel 2001/02 nutzten das Kanzleramt und die personell erstarkte Fraktion der „Modernisierer" im Regierungslager den medialen Hype um von Erwin Bixler, einem saarländischen Revisor, und dem Bundesrechnungshof aufgedeckte Manipulationen offizieller Vermittlungsbilanzen der Bundesanstalt für Arbeit, um zuerst einen Personalwechsel an der Spitze dieser Behörde (von Bernhard Jagoda zum früheren rheinland-pfälzischen Sozialminister Florian Gerster) und später eine umfassende Organisationsreform der öffentlichen Arbeitsverwaltung durchzusetzen.[2]

Für seine neue Position empfohlen hatte sich Gerster, der bald selbst in Affären (um die Neueinrichtung seines Büros sowie die Beauftragung teurer Unternehmensberater und einer PR-Agentur ohne Ausschreibung) verstrickt war, durch die Entwicklung des „Mainzer Modells für Beschäftigung und Familienförderung". Dieses in mehreren Arbeitsamtsbezirken seines Herkunftslandes erprobte Förderkonzept wurde zu Gersters Amtsantritt am 1. März 2002 bundesweit eingeführt. Sozialhilfebezieher(inne)n und Erwerbslosen zahlte das Arbeitsamt einen Teil ihrer Sozialabgaben, wenn sie einen Job annahmen; Alleinerziehende und Geringverdiener-Familien erhielten außerdem einen Kindergeldzuschlag. „Vorrangige Ziele sind der Ausstieg aus der Sozialhilfe und die Umwandlung von geringfügigen Beschäftigungsverhältnissen in sozialversicherungspflichtige (Teilzeit-)Beschäfti-

---

1 Vgl. Gunhild Lütge, Sperrstunde in Deutschland. In den Arbeitsämtern verschärft sich das Klima. Längst sorgen neue Regeln und Gesetze für massiven Druck. Wirtschaftsminister Wolfgang Clement reicht das noch nicht, in: Die Zeit v. 7.8.2003

2 Vgl. dazu: Denise Fritsch, Politikzyklus am Beispiel der Gesetze zur Reform des Arbeitsmarktes. Eine politikfeldanalytische Ursachenbetrachtung des Kurswechsels in der Arbeitsmarktpolitik der Regierung Schröder, Norderstedt 2008

gungen."[3] Entgegen derart vollmundigen Versprechen zeigte sich, dass dieses Modell weder bei den Betroffenen noch bei ihren potenziellen Arbeitgebern auf große Resonanz stieß. Offenbar war die Nachfrage der Unternehmen nach einem Arbeitskräfteangebot im Niedriglohnsektor überschätzt worden.[4]

In dem Buch „Arbeit ist für alle da" stellte Florian Gerster seine Ideen zur Belebung des Arbeitsmarktes und zur Neuordnung der damals noch von ihm geleiteten Nürnberger Behörde vor. Von der Novellierung des Arbeitsförderungsrechts durch die Regierung Kohl im Rahmen des SGB III ausgehend, die einen durch das rot-grüne *Job-AQTIV-Gesetz* bestätigten Richtungswechsel eingeleitet habe, plädierte Gerster energisch für eine *aktivierende* Arbeitsmarktpolitik. Die bisherigen, auf das AFG von 1969 gegründeten Maßnahmen der *aktiven* Arbeitsmarktpolitik hätten „überwiegend sozialpolitisch motivierte Ziele verfolgt", klagte Florian Gerster: „Arbeitsmarktferne Langzeitarbeitslose wurden zur Teilnahme an Maßnahmen veranlasst, deren Integrationsaussichten gering waren, die ihnen aber das Gefühl einer sinnstiftenden Tätigkeit vermitteln sollten."[5] Durch die Bewilligung solcher Projekte hätten sich die örtlichen Arbeitsämter zu sozialpolitisch agierenden Institutionen entwickelt und die Integrationsfunktion der Arbeitsförderung aus dem Blick verloren: „Die aktive Arbeitsmarktpolitik degenerierte zum sozialen Auffangbecken."[6]

Für rechte Sozialdemokraten wie Gerster war der Wohlfahrtsstaat kein Wert an sich mehr, sondern stellte höchstens noch einen „Standortvorteil" dar, indem er „hilft, sozialen Frieden zu bewahren",[7] und partiell die Wettbewerbsfähigkeit des „eigenen" Wirtschaftsstandortes steigert. Der „aktivierende Sozialstaat" ist aber unsozial, weil meist nur ein wohlklingendes Etikett zur Rechtfertigung der systematischen Kürzung von Leistungen und der prinzipiellen Verschärfung von Anspruchsvoraussetzungen, wie Gerster, überzeugter Anhänger dieses Konzepts, zumindest durchblicken ließ: „Aktivierende Maßnahmen beinhalten zwangsläufig die Abkehr von Versorgungsmentalität, der Abbau negativer Arbeitsanreize ist ohne Leistungsein-

---

3 Florian Gerster, Arbeit ist für alle da. Neue Wege in die Vollbeschäftigung, München 2003, S. 161

4 Vgl. Alfons Hollederer/Helmut Ridolph, Arbeitsanreize und Niedriglöhne: Konzeptionen und erste Erfahrungen des Mainzer Modells und des SGI-Modells, in: Sabine Dann u. a. (Hg.), Kombi-Einkommen – ein Weg aus der Sozialhilfe?, Baden-Baden 2002, S. 65

5 Florian Gerster, Arbeit ist für alle da, a.a.O., S. 168

6 Ebd.

7 Siehe Florian Gerster, Gesellschaft mit beschränkter Haftung. Gewinner und Verlierer im Sozialstaat, Baden-Baden 1997, S. 67

schränkungen nicht möglich, und die Korrektur historisch gewachsener sozialer Besitzstände (sic!) darf kein Tabu sein."[8]

Florian Gerster zerschlug die überkommene Behördenstruktur der Bundesanstalt für Arbeit und baute sie gemäß den Empfehlungen externer (Unternehmens-)Berater und mittels der von ihnen präferierten Methoden des New Public Management bzw. Neuer Steuerungsmodelle zu einer modernen Dienstleistungsagentur mit privatwirtschaftlicher Führungsstruktur um, in der er selbst als Vorstandsvorsitzender firmierte, während die Tarifvertragsparteien ausgebootet und die Selbstverwaltungsorgane geschwächt bzw. auf regionaler Ebene ganz abgeschafft wurden. Erwerbslose, denen die Strukturreform angeblich nützen sollte, erfuhren in der Folgezeit eine stärkere Marginalisierung, es sei denn, dass es sich bei ihnen um Hochqualifizierte und leicht Vermittelbare handelte. Durch den Verzicht auf Zielgruppenförderung und sozialpädagogische Zusatzbetreuung der Teilnehmer/innen sowie die Konzentration auf den kurz nach Beendigung der Maßnahmen zu erwartenden Vermittlungserfolg (Festlegung einer „Verbleibsquote" von mindestens 70 Prozent als Voraussetzung für die Finanzierung von wie auch die Teilnahme an Kursen) blieben gerade die sog. Hauptproblemgruppen des Arbeitsmarktes, also Geringqualifizierte, Langzeitarbeitslose, Ältere, Schwerbehinderte, Berufsrückkehrerinnen und Migrant(inn)en, fortan von Qualifizierungs- bzw. Fördermaßnahmen weitgehend ausgeschlossen.

Im Januar/Februar 2004 wurde Gerster, der weiterhin das Vertrauen von Wirtschafts- und Arbeitsminister Wolfgang Clement besaß, aber im drittelparitätisch besetzten Verwaltungsrat der BA aufgrund seines skandalträchtigen Verhaltens keinen Rückhalt mehr fand, abberufen und durch den Christdemokraten Frank-Jürgen Weise ersetzt. Gerster selbst fiel weich, zumal er sein Gehalt – wie mit der Bundesagentur in weiser Voraussicht fest vereinbart – auch nach dem schmählichen Rauswurf weiter bezog. Bald darauf wurde er Vorsitzender eines Investitionsbeirates der US-Beteiligungsgesellschaft („Heuschrecke") Fortress Investment Group, Aufsichtsratsmitglied der GAGFA Immobilien-Management GmbH, der JOB AG Personaldienstleistungen AG und des Gebäudedienstleisters AVECO Holding AG sowie Präsident des Arbeitgeberverbandes „Neue Brief- und Zustelldienste", der den für die privaten Wettbewerber der Deutschen Post AG existenzbedrohenden Mindestlohn zu Fall brachte. Außerdem fungierte Gerster als Gründungsmitglied und Policy Fellow des Forschungsinstituts zur Zukunft der Arbeit (IZA) sowie als „Botschafter" der Initiative Neue Soziale Marktwirtschaft.

---

8 Ders., Arbeit ist für alle da, a.a.O., S. 236

3.2 Die dubiose Rolle der Bertelsmann Stiftung

Um einen Blick hinter die Kulissen der Hartz-IV-Reform werfen zu können, muss man ihre Entstehungsgeschichte rekonstruieren und ihre eigentlichen Urheber identifizieren. Hartz IV entstand nicht über Nacht, sondern war ein groß angelegtes Elitenprojekt, das der Öffentlichkeit trotz seiner privatwirtschaftlichen Provenienz und seiner neoliberalen Orientierung mit Hilfe der Hartz-Kommission als sachlich fundiertes Programm zur Verringerung der (Langzeit-)Erwerbslosigkeit präsentiert wurde. Folgt man der Argumentation von Helga Spindler, damals Professorin für Öffentliches Recht, Sozialrecht und Arbeitsrecht an der Universität Duisburg-Essen, sowie von Anke Hassel, Professorin für Public Policy an der Hertie School of Governance, und ihrem Projektmitarbeiter Christof Schiller, welche die Entstehungsgeschichte des Hartz-Konzepts untersucht haben, wurde der Grundstein zur Fusion der Arbeitslosen- mit der Sozialhilfe für erwerbsfähige Hilfebedürftige schon kurz vor der Jahrtausendwende gelegt.[9] Auch wer Verschwörungstheorien ablehnt, gewinnt als Leser/in beider Studien den Eindruck, dass die Arbeitsmarktreform das Werk eines kleinen Zirkels besonders wirtschaftsfreundlicher Ministerialbeamter des Bundes und der Länder war, die in subversiver Manier mit führenden Vertretern eines Medienkonzerns kooperiert haben, um dem Gesetzgeber ihre arbeitsmarktpolitischen Vorstellungen unterzuschieben (ein „Kuckucksei" hat einer der Beteiligten es im Interview genannt), und sich dabei nicht scheuten, Parlamentarier/innen und Wähler/innen gleichermaßen hinters Licht zu führen.

Ein im September 1999 gegründeter Arbeitskreis zur Reform der Arbeitslosen- und der Sozialhilfe wurde aus taktischen Gründen nicht beim zuständigen Bundesministerium für Arbeit und Sozialordnung, sondern in Abstimmung mit dessen Führung bei der Bertelsmann Stiftung als einflussreicher Lobbyeinrichtung der Privatwirtschaft angesiedelt. Auf diese Weise wollte man die Parteien heraushalten, Proporzgesichtspunkte ignorieren und die handverlesenen Mitglieder von Einflüssen ihrer Organisationen bzw. Institutionen separieren. Es wurde Vertraulichkeit vereinbart, auf die Protokollierung der Sitzungen verzichtet und keine Öffentlichkeitsarbeit gemacht, wodurch sich der Geheimbundcharakter dieser Arbeitsgruppe verstärkte.

9 Vgl. Helga Spindler, War auch die Hartz-Reform ein Bertelsmann-Projekt?, in: Jens Wernicke/Torsten Bultmann (Hg.), Netzwerk der Macht – Bertelsmann. Der medial-politische Komplex aus Gütersloh, Marburg 2007, S. 243 ff.; Anke Hassel/Christof Schiller, Der Fall Hartz IV. Wie es zur Agenda 2010 kam und wie es weitergeht, Frankfurt am Main/New York 2010, S. 210 ff.

„Der Arbeitskreis traf sich zu Workshops an abgelegenen Orten und führte dort offene Debatten über die Fehlwirkungen der Arbeitsmarktpolitik."[10]

Dass die Initiative zur „Verschmelzung von Arbeitslosen- und Sozialhilfe" gar nicht von staatlicher Seite, sondern von einer Konzernstiftung ausging, wirft ein bezeichnendes Licht auf die rot-grüne Koalition und war auch unter demokratietheoretischen Gesichtspunkten hoch problematisch. Umsetzung, Federführung und Finanzierung des Projekts überließ das Ministerium der privaten Stiftung. Offenbar bedienten sich da politisch Gleichgesinnte informeller Kanäle, um eine möglichst tiefgreifende Veränderung institutioneller Strukturen durchsetzen zu können. Schließlich diente „Zusammenlegung von Arbeitslosen- und Sozialhilfe" den unmittelbar Beteiligten nur als Code für die Abschaffung der Arbeitslosenhilfe, einen Leistungsabbau in der Arbeitslosenversicherung und rechtliche Einschränkungen bei der Sozialhilfe, die laut Helga Spindler auch auf eine Abschaffung dieses Leistungssystems in seiner bisherigen Form hinausliefen.[11] Grundsätze demokratischer Willensbildungs- und Entscheidungsprozesse in einer repräsentativen Demokratie (Primat der Politik, Transparenz, öffentliche Kontrolle usw.) wurden der Erreichung rückschrittlicher sozialpolitischer Ziele wegen mit Füßen getreten.

In dem Arbeitskreis zur Reform beider Hilfesysteme reifte eine arbeitsmarktpolitische Blaupause heran, der sich später die Hartz-Kommission bediente und die auch dem Gesetzgebungsprozess zugrunde lag. „Hier entstanden die Grundlagen für Hartz IV, das groß angekündigte Vorhaben der Bundesregierung, Arbeitslosen- und Sozialhilfe zum so genannten Arbeitslosengeld II zusammenzulegen."[12] Dass die Bertelsmann Stiftung das Projekt „Reform der Arbeitslosen- und Sozialhilfe" vom September 1999 bis zum April 2003 förderte, hatte mit der zentralen Bedeutung dieser Schnittstelle für den (bundes)deutschen Sozialstaat und einer Aufhebung der Trennung beider Leistungsarten zu tun.

Da beide Hilfesysteme ähnlich konstruiert waren, die Arbeitslosenhilfe jedoch vom Bund und die Sozialhilfe von den Kommunen finanziert wurde, gab es seit Langem eine Politik der „Verschiebebahnhöfe" zwischen ihnen: Man suchte sich wechselseitig die politische und fiskalische Verantwortung für die soziale Sicherung wie die Arbeitsmarktintegration von (Langzeit-)Er-

---

10 Anke Hassel/Christof Schiller, Der Fall Hartz IV, a.a.O., S. 214

11 Vgl. Helga Spindler, Wer steckt hinter Hartz IV? – Die Ghostwriter der Hartz-Kommission, S. 4 (https://www.uni-due.de/edit/spindler/ghostwriter_spindler_2012.pdf; 9.9.2014)

12 Frank Böckelmann/Hersch Fischler, Bertelsmann. Hinter der Fassade des Medienimperiums, Frankfurt am Main 2004, S. 228

werbslosen zuzuschieben.[13] Während die Bundesregierung den Sicherungsstandard im Erwerbslosenbereich seit den 1980er-Jahren durch Verringerung der Leistungen, Verschärfung der Anspruchsvoraussetzungen bzw. Verkürzung der Bezugsdauer schrittweise absenkte und die Betroffenen dadurch allmählich in die Sozialhilfe „auszusteuern" suchte, bemühten sich Landkreise und kreisfreie Städte umgekehrt darum, „ihre" Sozialhilfebezieher/innen über eigene Beschäftigungsgesellschaften (meist für die Dauer eines Jahres) in sozialversicherungspflichtige Arbeitsverhältnisse zu hieven, damit sie nach deren Ende nicht mehr für die Betroffenen aufkommen mussten. Zuständig waren anschließend nämlich die BA bzw. der Bund, weil die früheren Sozialhilfeempfänger/innen durch ihre Beitragszahlungen einen Anspruch auf Arbeitslosengeld bzw. -hilfe erworben hatten. Zwar traten die arbeitsmarkt- bzw. sozialpolitischen Notwendigkeiten bei der Planung und Ausgestaltung von „Hilfe zur Arbeit"-Programmen zeitweilig hinter solchen fiskalischen Überlegungen zurück, die Größenordnung und der Umfang dieses Problems wurde aber von den Modernisierern überzeichnet, um das ganze System diskreditieren und daraus Kapital für einen neoliberalen Reformkurs schlagen zu können.

Ähnliches gilt für die Doppelstruktur der Leistungsauszahlung in bestimmten Fällen: Erwerbslose, deren Arbeitslosenhilfe so niedrig war, dass sie ergänzend Sozialhilfe (HLU) in Anspruch nehmen mussten, wurden durch die Antragstellung bei zwei Behörden, dem Arbeits- und dem Sozialamt, übermäßig belastet. Dies war zwar ein Argument für die organisatorische Vereinfachung der Verwaltungsabläufe, traf aber erstens nur auf weniger als 10 Prozent der Alh-Bezieher/innen zu und erforderte zweitens keine Zusammenlegung der Arbeitslosen- und Sozialhilfe für diesen Personenkreis. Viel einfacher und sinnvoller wäre es gewesen, sämtlichen Alh-Empfänger(inne)n nach der ohnehin fälligen Bedürftigkeitsprüfung einen Sockelbetrag in Höhe der ihnen zustehenden Sozialhilfe auszuzahlen.

Fortgesetzt wurde die von der Bertelsmann Stiftung koordinierte Arbeit in einer Untergruppe „Arbeitslosenhilfe/Sozialhilfe" der von Bund und Ländern getragenen Kommission zur Reform der Gemeindefinanzen, die sich teilweise aus denselben Personen zusammensetzte. Als weiteres eine Zusammenlegung der beiden Hilfesysteme stützendes Argument wurde jetzt stärker die akute Finanznot der Kommunen ins Feld geführt, ohne dass die inhaltlich

13 Vgl. hierzu und zum Folgenden: Walter Hanesch, Neuordnung der sozialen Sicherung bei Arbeitslosigkeit. Zur Integration von Arbeitslosenhilfe und Sozialhilfe, in: Irene Becker/Notburga Ott/Gabriele Rolf (Hg.), Soziale Sicherung in einer dynamischen Gesellschaft. Festschrift für Richard Hauser zum 65. Geburtstag, Frankfurt am Main/New York 2001, S. 656

den Arbeitsmarkt und den Sozialstaat betreffende Regierungspolitik wirklich eine „Antwort auf die Krise der Kommunalfinanzen" war. Dass Hartz IV eine „von fiskalischen Motiven dominierte Reform" gewesen sei, wie Anke Hassel und Christof Schiller behaupten,[14] ist ein durch nichts belegtes Gerücht, das einen Nebenaspekt überbewertet und dadurch vom eigentlichen Thema ablenkt.

Ein weiteres Netzwerkprojekt der Bertelsmann Stiftung, das die Hartz-Reformen inspirierte, trug den Namen „BiK – Beschäftigungsförderung in Kommunen" und sollte die Kooperation von Gemeinden und staatlicher Arbeitsverwaltung verbessern helfen, wobei sich die Zusammenlegung beider Hilfesysteme ebenfalls als einzig mögliche Lösung herauskristallisierte.[15] Mitarbeiter/innen der Stiftung leisteten diverse Vorarbeiten zur Weiterentwicklung der kommunalen Beschäftigungspolitik, zur Kooperation von Arbeits- und Sozialämtern sowie zu Steuerungsmethoden und Instrumenten der Arbeitsmarktpolitik. Außerdem erstellten sie Studien zur Verschmelzung von Arbeitslosen- und Sozialhilfe für erwerbsfähige Leistungsbezieher/innen einschließlich ihrer organisatorischen Konsequenzen.

Bundesweit erprobt wurde das Konzept mittels regionaler Vorhaben im Rahmen eines Modellprojekts zur Verbesserung der Zusammenarbeit von Arbeitsämtern und Trägern der Sozialhilfe (MoZArtT), die das *Gesetz zur Verbesserung der Zusammenarbeit von Arbeitsämtern und Trägern der Sozialhilfe* vom 1. Dezember 2000 ermöglichte. Hierzu zählte an führender Stelle auch das Kölner Modellprojekt, in dem Jendrik Scholz, Abteilungsleiter Arbeits- und Sozialpolitik beim DGB Baden-Württemberg und damals Mitarbeiter einer SPD-Bundestagsabgeordneten, kein wirkliches Vorbild für die Umsetzung der Hartz-Reform sah, weil kaum messbare Erfolge bei der Vermittlung und Eingliederung junger Arbeitsloser zu verzeichnen waren, aber massiver Druck auf die Betroffenen ausgeübt wurde, um sie nach dem Workfare-Konzept einer staatlich verordneten Pflichtarbeit in den Niedriglohnsektor hineinzuzwingen, statt ihnen eine berufliche Qualifizierung im dualen System oder den Besuch einer staatlichen Schule zu ermöglichen.[16]

Wie die Bertelsmann Stiftung im Vorfeld der Hartz-Kommission durch Expertisen, Fachtagungen und Netzwerkarbeit die Agenda bestimmte und heimlich im Hintergrund die Fäden zog, lässt den Schluss zu, dass sie die

---

14 Siehe Anke Hassel/Christof Schiller, Sozialpolitik im Finanzföderalismus. Hartz IV als Antwort auf die Krise der Kommunalfinanzen, in: PVS 1/2010, S. 100

15 Vgl. dies., Der Fall Hartz IV, a.a.O., S. 216

16 Vgl. Jendrik Scholz, 5 Jahre „Fördern und Fordern" in der Stadt Köln. Vorbild für die Umsetzung von „Hartz IV"?, in: NP 4/2004, S. 402

Hauptturheberin der Arbeitsmarktreform war: „Ohne die Vor-, Zwischen- und Mitarbeit der Bertelsmann Stiftung auf vielen Ebenen wären die Vorschläge der Hartz-Kommission und die folgenden gesetzgeberischen Aktivitäten fachlich und auch institutionell schon gar nicht umzusetzen gewesen."[17] Zu ähnlichen Ergebnissen wie Spindler und Hassel/Schiller gelangte Thomas Schuler, der – wie die zuletzt Genannten – Interviews mit am Reformprozess beteiligten Schlüsselfiguren führte: „Die Bertelsmann Stiftung hatte einen großen Anteil daran, welche Inhalte Hartz erarbeitete. Sie referierte nicht nur in den fünf Arbeitsgruppen (der Kommission; *Ch.B.*) und lieferte Exposés über die Reform der Arbeitsverwaltung, sie steuerte und organisierte zudem fünf Reisen ins Ausland zu jenen Arbeitsämtern und Jobcentern, die als modellhaft galten und deren positives Beispiel die Reform wesentlich beeinflussten."[18] Schuler schildert in seinem Buch „Bertelsmannrepublik Deutschland" sehr anschaulich, dass die Gütersloher Stiftung wie eine Spinne im Netz saß und mit allen maßgeblichen Akteuren kommunizierte, zeigt aber auch, welch enormen Aufwand sie trieb, um einen arbeitsmarktpolitischen Umschwung herbeizuführen und für diesen mittels einer umfangreichen PR-Arbeit breite Akzeptanz in der Öffentlichkeit zu schaffen.

3.3 Peter Hartz und die Arbeit der von ihm geleiteten Kommission

Auf dem Höhepunkt des Skandals um die angebliche Fälschung der Vermittlungsstatistik durch die Bundesanstalt richtete die rot-grüne Regierung am 22. Februar 2002 eine Kommission „Moderne Dienstleistungen am Arbeitsmarkt" ein, die das VW-Personalvorstandsmitglied Peter Hartz leitete und eigentlich nur Vorschläge zur Reorganisation (Aufgabenzuschnitt, neue Organisationsstruktur und Durchführungskonzept) der Nürnberger Behörde machen sollte.[19] Ihr gehörten 15 stimmberechtigte Mitglieder an, darunter neben Hartz weitere Manager sowie mehrere Unternehmensberater, ein Landesarbeitsminister, ein Oberbürgermeister, ein Praktiker aus der Arbeitsverwaltung und zwei regierungsnahe Sozialwissenschaftler. Hans-Hermann

---

17 Helga Spindler, War auch die Hartz-Reform ein Bertelsmann-Projekt?, a.a.O., S. 263

18 Thomas Schuler, Bertelsmannrepublik Deutschland. Eine Stiftung macht Politik. Frankfurt am Main/New York 2010, S. 122

19 Vgl. Auftrag der Kommission „Moderne Dienstleistungen am Arbeitsmarkt" vom 22. Februar 2002, in: Moderne Dienstleistungen am Arbeitsmarkt. Vorschläge der Kommission zum Abbau der Arbeitslosigkeit und zur Umstrukturierung der Bundesanstalt für Arbeit, Berlin o.J. (2002), S. 15

Hartwich konstatiert, dass Unternehmensberater und -vertreter in der Kommission ein deutliches Übergewicht hatten und privatwirtschaftliche Erfahrungen dominierten: „Der gewerkschaftliche Einfluss war gering."[20] Tatsächlich waren der DGB und seine Einzelgewerkschaften stark unterrepräsentiert, Betriebsräte und Initiativen der Erwerbslosen als unmittelbar Betroffene sogar überhaupt nicht vertreten.

Peter Hartz war durch flexible Arbeitszeitmodelle wie die 4-Tage-Woche mit 28,8 Stunden ohne Lohnausgleich bei Volkswagen, Renommierprojekte wie „5.000 mal 5.000" (5.000 Erwerbslose sollten im Rahmen der „Wolfsburg AG", eines Gemeinschaftsunternehmens von Stadt und Konzern, für 5.000 DM im Monat zusätzlich Autos bauen) und Konzepte wie „AutoVision" bekannt geworden, die er teilweise gemeinsam mit Mc Kinsey & Company entwickelt und in Buchform zu einer „Job-Revolution" emporstilisiert bzw. uminterpretiert hatte.[21] Dabei handelte es sich um einzelwirtschaftliche Kostensenkungsprogramme, die Hartz auf die gesamtwirtschaftliche Ebene zu übertragen suchte.[22] Was ihm vorschwebte, verglich Frigga Haug mit jenen Visionen, die der US-amerikanische Industrielle Henry Ford ca. 100 Jahre früher im Hinblick auf einen „neuen Menschentyp" entwickelt hatte. Peter Hartz ordne alles seinem Ziel der „Beschäftigungsfähigkeit" (employability) unter, die zu erhalten das oberste Gebot bilde und von einer totalen „Zumutbarkeit" für die Jobsuchenden begleitet sei: „Es ist das Diktat, sein Leben selbstbestimmt so auszurichten, dass man jederzeit und an jedem Ort, auf jede Dauer einsetzbar wird wie eine Maschine, die zudem über zusätzliche ‚menschliche' Emotionen verfügt. Geplant ist mit anderen Worten eine Art ‚Super-Fordismus', aus dem die gesellschaftlichen (wohlfahrtsstaatlichen) Sicherungen herausgeschraubt sind."[23]

Während Peter Hartz als personelles Aushängeschild des Reformprozesses fungierte, diente das seiner Kommission vom Bundeskabinett als Leitlinie mit auf den Weg gegebene Motto „Fördern und Fordern" als ideologisches Feigenblatt einer umfassenden Strukturreform des bestehenden Sozialsystems, die insbesondere für Erwerbslose mit gravierenden Verschlechterun-

---

20 Hans-Hermann Hartwich, Arbeitsmarktreform im Bundestagswahlkampf 2002. Eine Fallstudie zum Thema „Demokratie und Arbeitslosigkeit", in: GWP 1/2003, S. 129

21 Vgl. Peter Hartz, Jeder Arbeitsplatz hat ein Gesicht. Die Volkswagen-Lösung, Frankfurt am Main/New York 1994; ders., Job Revolution. Wie wir neue Arbeitsplätze gewinnen können, Frankfurt am Main 2001

22 Vgl. Klaus-Uwe Gerhardt, Hartz plus. Lohnsubventionen und Mindesteinkommen im Niedriglohnsektor, Wiesbaden 2006, S. 127 ff.

23 Frigga Haug, „Schaffen wir einen neuen Menschentyp". Von Henry Ford zu Peter Hartz, in: Das Argument 252 (2003), S. 611

gen ihrer rechtlichen und finanziellen Situation verbunden war. Hartz und die nach ihm benannte Kommission entwarfen kein neuartiges Konzept, wenngleich es seinen Zeitgenoss(inn)en aufgrund der enormen Medienpräsenz des VW-Managers so scheinen mochte, griffen vielmehr auf Darstellungen ähnlicher Reformmodelle im Ausland (z.B. Großbritannien, Dänemark, Niederlande, Österreich und Schweiz), einschlägige Papiere des Bundeskanzleramtes, des zuständigen Ministeriums und seines Parlamentarischen Staatssekretärs Gerd Andres (SPD) zurück. Helga Spindler nennt in diesem Kontext an erster Stelle das 19-seitige Thesenpapier „Aktivierung der Arbeitsmarktpolitik", welches die Benchmarking-Gruppe des Bündnisses für Arbeit, Ausbildung und Wettbewerbsfähigkeit am 2. Juni 2000 vorgelegt hatte: „Der skizzierte Umstieg auf eine aktivierende Arbeitsmarktpolitik umfasste die Förderung und den Ausbau der Leiharbeit, die Erstellung von verbindlichen Eingliederungsplänen, einen Einstieg in die private Arbeitsvermittlung sowie die gezielte Förderung neuer Selbständigkeit. Die bisher üblichen Arbeitsbeschaffungsmaßnahmen (ABM) und die damit anschließend entstehenden Leistungsansprüche wurden grundsätzlich verworfen."[24] Hingegen befürwortete man verstärkten Zwang, härtere Sanktionen und eine Dezentralisierung der Arbeitsverwaltung. Auch eine Zusammenlegung von Arbeitslosen- und Sozialhilfe für Erwerbsfähige wurde erwogen, weil man sich davon „erhebliche Effektivitäts- und Effizienzgewinne" versprach.[25]

Die eigentliche Aufgabe der Hartz-Kommission bestand darin, rechtzeitig zur nächsten Bundestagswahl eine Reformmatrix zu entwickeln, mit der die rot-grüne Regierungskoalition ihre „Umbau"-Pläne für den Arbeitsmarkt und den Sozialstaat verwirklichen konnte. In knapp einem halben Jahr trug die Kommission zusammen, was Expertenrunden, namhafte Unternehmensberatungsfirmen – darunter McKinsey & Company und Roland Berger Strategy Consultants, die in der Kommission auch personell vertreten waren – und neoliberale Denkfabriken wie die Bertelsmann Stiftung ausgearbeitet hatten. Da die Hartz-Kommission die bestehenden Herrschafts-, Produktions- und Eigentumsverhältnisse ebenso wenig ändern wollte wie SPD und Bündnisgrüne, setzte ihre Analyse auch nicht bei den *gesellschaftlichen* Ursachen der Massenerwerbslosigkeit, vielmehr auf der Erscheinungsebene von öffentlicher Arbeitsverwaltung bzw. Vermittlungsdefiziten und individuellem Fehlverhalten der Betroffenen an. „Zwar wurden in der Kommissionsarbeit – im Rahmen von Stellungnahmen und verschiedener Gespräche mit Experten oder bei Besuchen der Kommissionsmitglieder in den Arbeitsämtern – immer wieder

24 Helga Spindler, War auch die Hartz-Reform ein Bertelsmann-Projekt?, a.a.O., S. 246
25 Zit. nach: ebd.

Gründe und Ursachen für die Probleme der BA bzw. die hohe Arbeitslosigkeit genannt, doch gab es keinen strukturierten Prozess einer systematischen Problemanalyse."[26]

Innerhalb der Hartz-Kommission bestand Einigkeit hinsichtlich der Vorstellung, man brauche weder die (Macht-)Verhältnisse auf dem Arbeitsmarkt noch die Strukturen des kapitalistischen Wirtschaftssystems anzutasten, um die Massenerwerbslosigkeit zu beseitigen, sondern müsse zur Erreichung dieses Ziels nur das Verhalten der Betroffenen durch Aktivierungsmaßnahmen (in Richtung einer größeren Konzessionsbereitschaft, auch schlecht bezahlte Jobs von minderer Qualität und mit geringeren Qualifikationsanforderungen anzunehmen) ändern und die Arbeitsvermittlung (im Sinne größerer Rationalität und Wirtschaftlichkeit) besser organisieren. Es war diese Kombination aus einem volkspädagogischen Messianismus und einem technokratischen Pragmatismus, mit der Peter Hartz zur Idealbesetzung für seine Moderatorenrolle in dem von anderen initiierten Reformprozess avancierte, ohne die das deutsche Sozialsystem nicht handstreichartig umzukrempeln gewesen wäre.

Die nötigen Maßnahmen einer aktiven Wirtschafts-, Finanz-, Struktur-, Regional- und Beschäftigungspolitik standen nicht auf der Kommissionsagenda, wohl aber Reformschritte im staatlich-administrativen und im Vermittlungsbereich, was gewollt oder unbewusst den Eindruck verstärkte, dass die Betroffenen das Problem der Massenerwerbslosigkeit letztlich selbst verschulden, weil sie faul seien, zu wenig Eigeninitiative entfalteten und nur deshalb nicht sofort nach ihrer Entlassung eine neue Stelle fänden. Die „neue Leitidee" bestand in der Auslösung von Eigenaktivitäten, gekoppelt an die Einlösung der Sicherheit von Erwerbslosen, wie es im Kommissionsbericht hieß: „Stellt der Grundsatz ‚Fördern und Fordern' aus der Versicherungslogik heraus die Förderleistung in den Vordergrund und verbindet sie mit Sanktionen bei regelwidrigem Verhalten, so betont ‚Eigenaktivitäten auslösen – Sicherheit einlösen' in erster Linie die eigene Integrationsleistung des Arbeitslosen, die durch das Dienstleistungs- und Förderangebot gestützt und abgesichert wird."[27] Auch durch die von der Hartz-Kommission angestrebte Ökonomisierung, Effektivierung und (Teil-)Privatisierung der Arbeitsvermittlung kann man zwar die Lohnnebenkosten der Unternehmen senken, diese aber mitnichten veranlassen, genug existenzsichernde Stellen zu schaffen.

---

26 Anne-Marie Weimar, Die Arbeit und die Entscheidungsprozesse der Hartz-Kommission, Wiesbaden 2004, S. 94 f.

27 Moderne Dienstleistungen am Arbeitsmarkt, a.a.O., S. 45

Dass es der Hartz-Kommission gelang, ihren Endbericht trotz enormen Zeitdrucks ohne Gegenstimmen und Enthaltungen zu beschließen, verdankte sich nicht zuletzt dem Charisma, der Konsensorientierung und der verbindlichen Art ihres bereits damals prominenten Vorsitzenden.[28] Stand mit der IG Metall die einflussreichste Industriegewerkschaft hinter ihm und gehörte einer ihrer Bezirksleiter der Regierungskommission an, so wurde mit dem ver.di-Bundesvorstandsmitglied Isolde Kunkel-Weber, die ebenso wie Peter Hartz sinnigerweise aus dem Saarland stammt, auch die zweitgrößte Einzelgewerkschaft des DGB geschickt in die Kommissionsarbeit eingebunden.

Gut einen Monat vor dem Wahlsonntag, am 16. August 2002, überreichte Peter Hartz seinem Auftraggeber Gerhard Schröder den Kommissionsbericht medien- und öffentlichkeitswirksam auf einer CD im Französischen Dom der Bundeshauptstadt. Hartz sprach pathetisch vom „schönsten Tag für die Arbeitslosen" und verkündete, deren Zahl lasse sich mittels des Konzepts seiner Kommission in drei Jahren – „bis zum 16. August 2005, beginnend heute 11 Uhr", wie er wörtlich sagte – um 2 Mio. verringern. „Hätte die Veranstaltung im nahe gelegenen Schauspielhaus stattgefunden, man hätte Geld für den Eintritt nehmen können", bemerkte Jürgen Rüttgers dazu sarkastisch.[29] Schröder und der zuständige Fachminister (zuerst Walter Riester, später Wolfgang Clement) wurden trotzdem nicht müde zu versichern, die Bundesregierung wolle das Hartz-Gutachten „im Verhältnis 1:1" umsetzen. Schließlich galt es über Parteigrenzen hinweg als fachgerecht, inhaltlich ausgewogen, ideologiefrei, unangreifbar, alternativlos und zukunftsweisend, was dokumentiert, wie eine bestimmte Denkrichtung, die neoliberale, den öffentlichen und den Mediendiskus dominierte bzw. geradezu monopolisierte.[30]

Der 344-seitige Berichtstext enthielt 13 „Innovationsmodule", die von „Doppelter Kundenauftrag: Arbeitsuchende und Arbeitgeber – Verbesserter Service für Kunden – JobCenter" über „Familienfreundliche Vermittlung und Erhöhung der Geschwindigkeit in der Vermittlung", „Neue Zumutbarkeit und Freiwilligkeit", „Jugendliche Arbeitslose – AusbildungsZeit-Wertpapier", „Förderung älterer Arbeitnehmer und ‚BridgeSystem'", „Zusammenführung von Arbeitslosenhilfe und Sozialhilfe", „Kein Nachschub für Nürnberg! Beschäftigungsbilanz – Bonussystem für Unternehmen", „Aufbau von PersonalServiceAgenturen (PSA)", „Neue Beschäftigung und Abbau von

---

28 Vgl. Anne-Marie Weimar, Die Arbeit und die Entscheidungsprozesse der Hartz-Kommission, a.a.O., S. 124

29 Jürgen Rüttgers, Die Marktwirtschaft muss sozial bleiben. Eine Streitschrift, Köln 2007, S. 105

30 Vgl. dazu: Ulrich Schneider, Mehr Mensch! – Gegen die Ökonomisierung des Sozialen, Frankfurt am Main 2014, S. 39 ff.

Schwarzarbeit durch ‚Ich-AG' und ‚Familien-AG' mit vollwertiger Versicherung – Mini-Jobs mit Pauschalabgabe und Abzugsfähigkeit von privaten Dienstleistungen", „Personal – Transparentes Controlling – Effiziente IT-Unterstützung aller Prozesse – Aufbauorganisation – Selbstverwaltung – Arbeitsmarktforschung – Change Management", „Umbau der Landesarbeitsämter zu KompetenzCenter (sic!) für neue Arbeitsplätze und Beschäftigungsentwicklung – Start mit den neuen Bundesländern" und „Finanzierung der Maßnahmen zum Abbau der Arbeitslosigkeit" bis zu „Masterplan – Beitrag der Profis der Nation" reichten.[31]

Schon die Benennung und die Reihenfolge der einzelnen Module bieten einen tiefen Einblick in die exaltierte Sprach- und Gedankenwelt des Kommissionsvorsitzenden, der seine bisweilen eher wolkigen Vorstellungen zur Neuorganisation der Arbeitsverwaltung und zur Umorientierung der Arbeitsmarktpolitik in einem „postmodernen", vor keiner modischen Entgleisung – siehe die ausgefallene Schreibweise – zurückschreckenden Manager- bzw. Unternehmensberater-Denglisch darzulegen pflegte. Problematisch an den 13 Modulen erschien Matthias Knuth, bis Juni 2011 Leiter der Forschungsabteilung „Arbeitsmarkt – Integration – Mobilität" im Institut Arbeit und Qualifikation der Universität Duisburg-Essen, nicht etwa, dass dieser oder jener Vorschlag unausgegoren, mit verfassungs- und sozialrechtlichen Prinzipien unvereinbar oder mit erheblichen Härten für Erwerbslose verbunden war. Für einen der profiliertesten Kritiker der Hartz-Reformen lag das Problem des Konzepts vielmehr darin begründet, „dass es die Arbeitsmarktprobleme von morgen mit den industriegesellschaftlichen Leitbildern von gestern lösen will. Dieser durch großindustriellen Paternalismus gemilderte Neo-Liberalismus ist aus der Sicht des Managers eines der global erfolgreichsten Automobilkonzerne verständlich und auch irgendwie sympathisch. Zukunftstauglich ist diese Orientierung nicht."[32]

Im Hartz-Modul 1 ging es primär um die Art der Reorganisation von Arbeitsverwaltung und -vermittlung: Das bisherige Arbeitsamt sollte in seiner Betriebsform zu einem JobCenter als lokalem Zentrum für alle Dienstleistungen am Arbeitsmarkt und einheitlicher Anlaufstelle für Arbeitgeber und sämtliche Erwerbsfähigen umgestaltet werden.[33] Die bislang getrennte Zuständigkeit des Arbeitsamtes für Arbeitslose und des Sozialamtes für er-

---

31 Siehe Moderne Dienstleistungen am Arbeitsmarkt, a.a.O., S. 8 ff.

32 Matthias Knuth, Das Orakel der „Dreizehn Module". Die Hartz-Vorschläge wollen Arbeitsmarktprobleme von morgen mit industriegesellschaftlichen Leitbildern von gestern lösen, in: Axel Gerntke u.a. (Hg.), Hart(z) am Rande der Seriosität? – Die Hartz-Kommission als neues Modell der Politikberatung und -gestaltung?, Münster/Hamburg/London 2002, S. 121

33 Vgl. dazu und zum Folgenden: Moderne Dienstleistungen am Arbeitsmarkt, a.a.O., S. 68 ff.

werbsfähige Sozialhilfebezieher/innen wollte die Hartz-Kommission aufheben, um den „Verschiebebahnhof" hinsichtlich wechselnder Leistungsansprüche gegenüber der Bundesbehörde und dem kommunalen Sozialhilfeträger zu beseitigen. Seine für die Erwerbsfähigen notwendigen Beratungs- und Betreuungsleistungen (z. B. Drogen-, Sucht- und Schuldnerberatung) sollte das Sozialamt direkt in das JobCenter einbringen, „der Kunde" im Mittelpunkt stehen und nicht zwischen den Institutionen „verloren gehen", wie sich die Hartz-Kommission ausdrückte.

Wie sein Namensvetter in der Weimarer Republik wollte Peter Hartz die Arbeitsvermittlung vor allem beschleunigen. Künftig sollte der von Erwerbslosigkeit bedrohte Arbeitnehmer das Jobcenter schon bei Erhalt der Kündigung bzw. beim Abschluss eines Aufhebungsvertrages informieren und es den Vermittlungsfachkräften so im Rahmen einer „familienfreundlichen Quick-Vermittlung" des Moduls 2 ermöglichen, „präventiv und proaktiv sowohl auf der Nachfrage- als auch auf der Angebotsseite tätig zu werden: Ziel ist der Wechsel *von* Beschäftigung *in* Beschäftigung."[34] Um die Arbeitsuchenden „passgenauer" vermitteln zu können, wollte man sie nach ihrem Unterstützungsbedarf dem gestuften Beratungs- und Betreuungsangebot des jeweiligen JobCenters zuführen. Dabei wurde im Rahmen eines „Kundenstrom-Managements" zwischen „Informations-", „Beratungs-" und „Betreuungskunden" unterschieden. Um die Letzteren, denen erhebliche Vermittlungshemmnisse (fehlende Arbeitsmarktnähe z. B. aufgrund fachlicher Defizite, persönlicher Probleme, sozialer Härten oder gesundheitlicher Beeinträchtigungen) attestiert werden, sollten sich „Fallmanager/innen", die als persönliche Betreuer/innen fungieren, besonders intensiv kümmern.

Das institutionelle Kernstück des Kommissionskonzepts bildeten „PersonalServiceAgenturen" (PSA), mit denen Peter Hartz in Wolfsburg seinerzeit den VW-Haustarif umgangen hatte und die er künftig bei sämtlichen „Agenturen für Arbeit", wie die Arbeitsämter nunmehr heißen sollten, einrichten wollte, um Erwerbslose (zunächst zu einem Nettolohn in Höhe des Arbeitslosengeldes, nach Ablauf der Probezeit zu einem Tariflohn) zu beschäftigen und im Rahmen der Leih- bzw. Zeitarbeit potenziellen Arbeitgebern für diese kostengünstig zu überlassen (Innovationsmodul 8). Davon versprach die Hartz-Kommission sich und ihrem Publikum einen „Klebeeffekt", der bewirken sollte, dass viele Betroffene von ihren Entleihfirmen in ein reguläres Arbeitsverhältnis übernommen würden.[35] Der eigentliche Zweck dieser vermeintlichen „Brücke zum ersten Arbeitsmarkt" erschloss sich aus einer ande-

34 Ebd., S. 82 (Hervorh. im Original)
35 Siehe ebd., S. 154

ren Formulierung des Kommissionsberichts: „Mit der PersonalServiceAgentur werden der Kündigungsschutz neutralisiert (sic!) und die Nachfrage nach Arbeitskraft erhöht."[36]

Nur am Rande des Moduls 8 wurden die Probleme und Perspektiven der beruflichen Weiterbildung thematisiert. Unter dem Titel „Den Weiterbildungsmarkt neu ausrichten" plädierte die Kommission für eine Markt- und Bedarfsorientierung von Maßnahmen, deren modularer Aufbau die Kosten senken sollte, forderte mehr Transparenz für „alle Kundengruppen", betonte den Nutzen zielgruppenspezifischer Angebote und setzte auf deren Evaluation sowie eine flächendeckende Zertifizierung der Bildungsträger. Dabei nahm Peter Hartz, wohl um den unterschiedlichen Interessenlagen der Mitglieder seiner Kommission – mehreren Wirtschaftsvertretern auf der einen Seite und zwei Gewerkschaftsfunktionär(inn)en auf der anderen Seite – gerecht zu werden, nichtssagende Formelkompromisse ebenso in Kauf wie argumentative Brüche und inhaltliche Widersprüche zwischen einzelnen Textpassagen. So stellte der Kommissionsbericht zwar fest, dass sich die Bundesrepublik Deutschland auch im europäischen Rahmen zur aktiven Arbeitsmarktpolitik verpflichtet und berufliche Weiterbildung als deren zentrales Instrument neben dem Hauptziel der Beseitigung von Qualifikationsdefiziten „auch eine sozialpolitische Komponente" habe, kurz darauf hieß es jedoch ohne Rücksichtnahme auf den zuletzt genannten Aspekt: „Qualifizierungsmaßnahmen sollen nur dann durchgeführt werden, wenn sie den Erfordernissen des zukünftigen Arbeitsmarktes genügen und entsprechend hohe Vermittlungsquoten realisiert werden."[37] Zwischen beiden Aussagen besteht zumindest ein Spannungsverhältnis, denn bei Personen mit (multiplen) Vermittlungshemmnissen sind hohe Vermittlungsquoten nun einmal nicht zu erwarten, weshalb für solche Personengruppen wie langzeiterwerbslose Behinderte, Ältere oder Migrant(inn)en oft auch gar keine Maßnahmen aufgelegt werden, obwohl diese aus sozialpolitischer Sicht geboten wären.

Ihren folgenreichsten Vorschlag unterbreitete die Hartz-Kommission mit dem seit Langem in Regierungs-, Berater- und Fachkreisen gereiften Plan, die Arbeitslosen- und die Sozialhilfe für erwerbsfähige Hilfebedürftige miteinander zu verschmelzen (Innovationsmodul 6). Bislang war das finanzielle Unterstützungssystem der Bundesrepublik für vorher hinreichend lange sozialversicherungspflichtig beschäftigte Erwerbslose dreigeteilt: Diese erhielten je nach Alter und Versicherungsdauer bis zu 32 Monate lang Arbeitslosengeld in Höhe von 60 Prozent bzw. 67 Prozent (mit unterhaltsberechtigtem

36 Ebd., S. 41
37 Ebd., S. 159

Kind) des pauschalierten Nettoentgelts, sodann nur im Falle ihrer Bedürftigkeit, jedoch unbefristet, also ggf. bis zum Renteneintritt (Anschluss-)Arbeitslosenhilfe in Höhe von 53 Prozent bzw. 57 Prozent (mit unterhaltsberechtigtem Kind) des pauschalierten Nettoentgelts. Wer nicht lange genug sozialversicherungspflichtig beschäftigt war, um einen Anspruch zu erwerben, wurde gleich auf die Sozialhilfe verwiesen.

Angesichts der scheinbaren Doppelstrukturen war es zwar nachvollziehbar, dass die Hartz-Kommission empfahl, die Arbeitslosenhilfe durch ein „Arbeitslosengeld II" zu ersetzen und es durch ein „Sozialgeld" für nicht erwerbsfähige Personen in der Bedarfsgemeinschaft zu ergänzen. Das neu zu schaffende Arbeitslosengeld II wurde von der Kommission als „steuerfinanzierte bedürftigkeitsabhängige Leistung zur Sicherung des Lebensunterhalts der arbeitslosen erwerbsfähigen Personen im Anschluss an den Bezug von oder bei Nichterfüllung der Anspruchsvoraussetzungen für Arbeitslosengeld I" charakterisiert.[38] Weder über die Höhe noch über die Bezugsmodalitäten des Arbeitslosengeldes II machte der Bericht aber irgendwelche Angaben. Festlegungen traf die Hartz-Kommission nur hinsichtlich ihrer Absicht, die Empfänger/innen des Arbeitslosengeldes II in die Sozialversicherung einzubeziehen, und hinsichtlich der Bezugsdauer, die nicht begrenzt werden sollte: „Anspruch auf diese Fürsorgeleistung haben alle arbeitslosen und erwerbsfähigen Personen, die bedürftig sind, solange und soweit sie auf entsprechende Hilfen angewiesen sind, damit das Eingliederungsziel erreicht werden kann."[39]

Aufgrund der Vagheit solcher Passagen im Berichtstext öffneten sich große Interpretationsspielräume, was sich für die Regierungsparteien im Bundestagswahlkampf auszahlte. Nicht mehr Arbeits(losen)verwaltung und Anstaltsbürokratie wie bisher, sondern moderner Service und Kundenorientierung – welche politische Botschaft hätte erfreulicher für die Betroffenen wie für den „normalen Steuerzahler" sein können? SPD und Bündnisgrünen war es mit Hilfe der Hartz-Kommission laut Helga Spindler tatsächlich gelungen, den Eindruck zu erwecken, als wollten die Koalitionäre „so etwas wie eine Arbeitslosenhilfe für alle" schaffen und eine umfassende Betreuung durch die Arbeitsämter verwirklichen: „Dass das so ernst nicht gemeint war und nicht die Arbeitsämter für die Sozialhilfe, sondern das System der Sozialhilfe für die Arbeitslosenhilfebezieher erschlossen werden sollte, merkten viele erst später."[40]

---

38 Siehe Moderne Dienstleistungen am Arbeitsmarkt, a.a.O., S. 27

39 Ebd., S. 127

40 Helga Spindler, War auch die Hartz-Reform ein Bertelsmann-Projekt?, a.a.O., S. 261

Zu jener Zeit wussten die Regierenden den ihnen von Hartz und seiner Kommission verschafften politischen Manövrierraum dann für eine Arbeitsmarktreform nach eigenem Gutdünken zu nutzen, bei der die hier nicht gesondert behandelten „Innovationsmodule" entweder ganz auf der Strecke blieben oder nur bruchstückhaft umgesetzt wurden. Letztlich war die Hartz-Kommission mitsamt den 13 Modulen nur ein Vehikel, um die tiefgreifendste Veränderung des deutschen Arbeitsmarkt- und Sozialsystems seit Hitlers Tod durchsetzen zu können. Dafür spricht auch, dass die Reformvorschläge des Berichts inzwischen fast vollständig Makulatur sind: „Kaum eine der Neuerfindungen aus dem ‚Hartz-Paket' existiert heute noch."[41]

3.4 Die ersten drei Hartz-Gesetze und ihre Auswirkungen

Mit insgesamt vier (sog. Hartz-)Gesetzen „für moderne Dienstleistungen am Arbeitsmarkt" bemühte sich die rot-grüne Koalition, eigene Reformpläne und Ideen der gleichnamigen Regierungskommission legislativ umzusetzen. Am schnellsten verwirklicht wurde ein Kommissionsvorschlag, der finanzielle Anreize für Unternehmen empfahl, die (Langzeit-)Erwerbslose einstellen: Aus dem „Job-Floater" der Hartz-Kommission ging das Sonderprogramm „Kapital für Arbeit" mit zinsgünstigen KfW-Krediten für solche Firmen hervor. Nur wenige Kleinbetriebe interessierten sich jedoch ernsthaft dafür, weshalb es auch schon sehr bald als Flop erkannt und bereits im März 2004 wieder eingestellt wurde.

Da die Vorstellungen der liberal-konservativen Bundesratsmehrheit weit über „Hartz" hinausgingen, die beiden Regierungsparteien aber einen Konsens mit ihr anstrebten, wurde das Reformprojekt im Laufe des Vermittlungsverfahrens radikalisiert. Dies gilt für die Ausweitung des Einsatzbereichs und die „Entbürokratisierung" der sog. Mini- bzw. Midijobs ebenso wie für die Möglichkeit, Zeitarbeitnehmer/innen schlechter zu entlohnen als die Stammbelegschaften der entleihenden Firmen. Christine Fuchsloch, damals Richterin am Landessozialgericht Berlin und keine Gegnerin der rot-grünen Arbeitsmarktreformen, stellte resümierend fest, „dass die Spielräume der Hartz-Module für deutliche Leistungskürzungen genutzt wurden. Damit ist zumindest in Teilbereichen die Bekämpfung der Arbeitslosigkeit vor allem eine Bekämpfung der statistischen Arbeitslosigkeit."[42]

---

41 Matthias Knuth, Rosige Zeiten am Arbeitsmarkt? – Strukturreformen und „Beschäftigungswunder", WISO Diskurs der Friedrich-Ebert-Stiftung, Juli 2014, S. 20

42 Siehe Christine Fuchsloch, Die Umsetzung der Hartz-Vorschläge und die Neuordnung der

Ganz eklatant wich man im Bereich der beruflichen Weiterbildung von den eher moderaten und wenig konkreten Vorschlägen des Kommissionsberichts ab. Weder die Ausgabe von Bildungsgutscheinen, mit denen ein Quasimarkt geschaffen wurde, auf dem Weiterbildungsträger um die Gunst potenzieller „Kunden“ buhlen mussten,[43] noch die Umstellung auf ein wettbewerbliches Vergabeverfahren, bei dem die Anbieter von Maßnahmen nach einer öffentlichen Ausschreibung vor allem über den Preis miteinander konkurrieren, statt wie früher von den Arbeitsämtern mit für eine bestimmte Personengruppe passenden Maßnahmen beauftragt zu werden, oder Kürzungen beim Unterhaltsgeld konnten sich auf den Berichtstext stützen. Auf die einzelnen Weiterbildungsträger und ihre Beschäftigten, von denen sich viele aufgrund der Hartz-Gesetze, statt Erwerbslose zu qualifizieren, selbst arbeitslos melden mussten, wirkten sich die Reformen ebenso verheerend aus wie auf die Teilnehmer/innen an Maßnahmen. Durch die Ökonomisierung, „Vermarktlichung“ und „Verbetriebswirtschaftlichung“ der Weiterbildung sowie die massive Kürzung der Arbeitsförderungsmittel geriet eine Branche mit mehreren zehntausend Beschäftigten an den Rand des Ruins. Nach jener „Marktbereinigung“, von der Michael Buestrich im Zusammenhang eines „massiven Trägersterbens“ sprach,[44] dominierten Billiganbieter den Weiterbildungsmarkt, während etliche Träger, die ihre Mitarbeiter/innen fest angestellt und ihnen Tariflöhne bzw. -gehälter gezahlt hatten, auf der Strecke geblieben waren. Man kann durchaus von einer Prekarisierung der beruflichen Weiterbildung sprechen, denn in diesem Bereich arbeiten heute selbst Hochqualifizierte und Akademiker/innen zu Armutslöhnen.

Eine schnelle Vermittlung war offenbar wichtiger als die Qualität und die Nachhaltigkeit der beruflichen Weiterbildung: Man begnügte sich nunmehr in aller Regel mit Eignungsfestellungs- und sog. Trainingsmaßnahmen, die weder lange dauern noch viel kosten durften.[45] In der Zeit von 2002 bis 2004 wurden die Aufwendungen der BA für Weiterbildung halbiert, worunter die sog. Problemgruppen des Arbeitsmarktes (Geringqualifizierte, Jugendliche, Ältere,

---

beruflichen Weiterbildung durch Bildungsgutscheine, in: Recht der Jugend und des Bildungswesens 1/2003, S. 79

43 Vgl. dazu: Thomas Kruppe, Bildungsgutscheine in der aktiven Arbeitsmarktpolitik, in: Sozialer Fortschritt 1/2009, S. 9 ff.

44 Siehe Michael Buestrich, Marktbereinigung. Veränderungen im öffentlich finanzierten Weiterbildungssektor im Zuge der Umsetzung von Hartz I und II, in: NP 6/2003, S. 558

45 Vgl. Yvonne Globert, Unter Sparzwang. Weiterbildung schafft Arbeit – gefördert wird aber seit Hartz IV in der Regel nur noch, was schnelle Erfolge verspricht und möglichst wenig Geld kostet, in: FR v. 29.3.2005; Uwe Pollmann, Amerikanische Verhältnisse. Die Weiterbildungsbranche leidet unter der Kürzung staatlicher Zuschüsse und massivem Lohndumping. Auch die Zahl der Kursteilnehmer ist um bis zu 50 Prozent zurückgegangen, in: taz v. 24./25.3.2005

Alleinerziehende, Berufsrückkehrerinnen, Ausländer/innen und Menschen mit Behinderungen) am meisten zu leiden hatten, weil sich die Träger jetzt noch stärker auf Teilnehmer konzentrierten, die sie für leicht (re)integrierbar hielten.[46] Peter Faulstich, damals Professor für Erwachsenenbildung/Weiterbildung an der Universität Hamburg, kritisierte die mangelnde soziale Sensibilität des Reformwerks, das einen Creaming-Prozess (Bestenauslese) für Erwerbslose mit sich bringe: „Die Weiterbildungsteilnehmer werden durch Vorabselektion einer Positivauswahl unterworfen. Adressaten der ‚Maßnahmen' werden diejenigen, von denen zu erwarten ist, dass sie die geringsten Schwierigkeiten bei der Wiedereingliederung haben werden."[47]

Während der rot-grünen Reformperiode, die im Arbeitsmarktbereich von 2002 bis 2005 dauerte, ist die Zahl der Teilnehmer/innen an staatlich geförderter beruflicher Weiterbildung stark zurückgegangen. Anke Hassel und Christof Schiller, denen die Hartz-Gesetze „deutlich besser als ihr Ruf" erscheinen, räumen denn auch ein, „dass die Maßnahmen der aktiven Arbeitsmarktpolitik in den ersten Jahren der Reform stark zurückgefahren wurden."[48] Trotz eines gleichzeitigen Ansteigens der Arbeitslosigkeit um etwa 1 Mio. sank die Zahl der Betroffenen, die neu in den Genuss staatlich geförderter Weiterbildungsmaßnahmen kamen, von ca. 523.000 im Jahr 2000 um beinahe drei Viertel auf ca. 132.000 im Jahr 2005. Deutlicher kann eine Statistik nicht belegen, wie heuchlerisch und verlogen das Leitmotiv „Fördern und Fordern" in seinem ersten Teil war. Sein zweiter Teil wiederum schob den betroffenen Individuen die Verantwortung für ihren (Miss-)Erfolg auf dem Arbeitsmarkt zu und verharmloste, dass noch mehr Druck auf sie ausgeübt werden sollte und Sanktionen, präziser: Strafmaßnahmen in Form eines gezielten Leistungsentzugs durch die Jobcenter, als Patentrezept zur Lösung eines Strukturproblems der bestehenden Wirtschaftsordnung herhalten mussten.

Noch vor dem Wahltag am 22. September 2002 verabschiedete der Bundestag in Windeseile die ersten beiden umgangssprachlich nach Peter Hartz benannten Reformgesetze für moderne Dienstleistungen am Arbeitsmarkt, wodurch es der rot-grünen Koalition gelang, sich der Stimmbürgerschaft als entscheidungsfreudig, handlungsfähig und tatkräftig zu präsentieren.[49] Die legislative Umsetzung der Kommissionsergebnisse erwies sich freilich als

---

46 Vgl. Johannes Jakob, Billige Bildung kann schnell teuer werden – vor allem für Arbeitslose, in: Soziale Sicherheit 5/2004, S. 159

47 Vgl. Peter Faulstich, Weiterbildung und die Erosion des Sozialen. Arbeitsmarktreformen und ihre Folgen, in: Erwachsenenbildung 2/2004, S. 64

48 Siehe Anke Hassel/Christof Schiller, Der Fall Hartz IV, a.a.O., S. 14 f.

49 Vgl. Sven Jochem, Reformpolitik im Wohlfahrtsstaat. Deutschland im internationalen Vergleich, Berlin 2009, S. 242

umso schwieriger und langwieriger, je mehr der Gesetzgeber zum harten Kern des Reformprojekts vordrang, weil CDU, CSU und FDP bei Hartz II und Hartz IV, die im Unterschied zu Hartz I und Hartz III zustimmungspflichtig waren, ihre Bundesratsmehrheit als Blockadeinstrument nutzten, um noch rigidere Vorstellungen durchzusetzen.

Mit dem *Ersten Gesetz für moderne Dienstleistungen am Arbeitsmarkt* („Hartz I") vom 23. Dezember 2002 wurden die Hürden der Bedürftigkeitsprüfung erhöht, welcher sich Empfänger/innen von Arbeitslosenhilfe unterziehen mussten. Während der Vermögensfreibetrag (von 520 Euro pro Lebensjahr bzw. maximal 33.800 Euro insgesamt auf 200 Euro pro Lebensjahr bzw. 13.000 Euro insgesamt) und der Einkommensfreibetrag für (Ehe-)Partner/innen (von 602,92 Euro auf 482,33 Euro, also um 20 Prozent) gekürzt wurden, entfiel der Erwerbstätigen-Freibetrag ganz. Obwohl die Höhe der Arbeitslosenhilfe scheinbar unangetastet blieb, hatte man damit die Zugangsvoraussetzungen derart verschärft, dass zahlreiche Antragsteller/innen entweder durch die Bedürftigkeitsprüfung fielen oder zumindest finanzielle Einbußen hinnehmen mussten. Bis dahin sank die Bemessungsgrundlage der Arbeitslosenhilfe, wie noch von der Kohl-Regierung gegen SPD und Bündnis 90/Die Grünen durchgesetzt, jedes Jahr um 3 Prozent, die so errechnete Leistung für Langzeiterwerbslose wurde aufgrund der gesetzlich vorgesehenen Dynamisierung jedoch kontinuierlich erhöht, was fortan unterblieb: Nunmehr mussten Alh-Bezieher/innen – ebenso wie Alg-Empfänger/innen – auf jegliche Anpassung ihrer Leistungen an die allgemeine Lohn- und Preisentwicklung verzichten,[50] wodurch das Risiko der Langzeiterwerbslosen, sozialhilfebedürftig zu werden, erheblich wuchs.

Da die Arbeitslosenhilfe nach ihrer Demontage durch Hartz I bloß noch eine Rumpfleistung war, konnte man sie – mit Hartz IV – im letzten Reformschritt ganz abschaffen. Außerdem wurde mit Hartz I ein Arbeitsmarktmonitoring eingeführt und eine Teilprivatisierung der Arbeitsvermittlung vorgenommen: Nach sechs Monaten konnten Arbeitslose nunmehr auf Kosten der BA einen privaten Vermittler in Anspruch nehmen, was zu einer stärkeren Selektion der Leistungsbedürftigen beitrug und insoweit zur Manipulation einlud, als viele wieder Beschäftigte kurz nach Fälligkeit der Vermittlungsprämie erneut arbeitslos wurden.

Den zu modernen Dienstleistungszentren umgebauten Arbeitsämtern gliederte man ab 1. April 2003 Personal-Service-Agenturen an. Zwar blieb das Equal-pay-Prinzip (des gleichen Lohns für alle, Mitglieder der Stamm-

---

50 Vgl. dazu: Johannes Steffen/Hans Nakielski, Die Demontage der Arbeitslosenhilfe. Schon drastische Kürzungen in diesem Jahr, in: Soziale Sicherheit 4/2003, S. 120

belegschaft wie Leiharbeiter/innen) formal gewahrt, durch Tarifverträge im Zeitarbeitsbereich wurde aber festgeschrieben, dass Letztere weniger verdienten als ihre Kolleg(inn)en in den Firmen, die als entleihende Vertragspartnerin einer PSA auftraten. Ausgerechnet jene Zielgruppen, die Förderungsmaßnahmen besonders dringend brauchen, fanden sich eher selten in den PSA: Frauen, Ältere, Personen ohne abgeschlossene Berufsausbildung, Langzeitarbeitslose, Migranten und Schwerbehinderte waren zum Teil deutlich unter-, Jugendliche merklich überrepräsentiert.[51]

Auch nach der Überwindung von Startschwierigkeiten sorgten die PSA für negative Schlagzeilen: Da offene Stellen fehlten, konnten Leiharbeitnehmer/innen unabhängig von ihrer Leistungsfähigkeit und -bereitschaft nur in den seltensten Fällen auf eine Festanstellung hoffen. Außerdem machten die Verleihfirmen trotz unseriöser Geschäftspraktiken und fieser Abrechnungstricks nicht immer gute Geschäfte. Die größte von ihnen, eine Tochter des niederländischen Personaldienstleistungskonzerns Maatwerk, musste im Februar 2004 sogar Insolvenz anmelden.[52] Sie war zwar die billigste (und hatte aufgrund ihrer preisgünstigen Angebote die meisten Aufträge von den Arbeitsämtern bzw. -agenturen erhalten), aber mitnichten die beste gewesen. Ausgerechnet Maatwerk hatte die Hartz-Kommission in ihrem Bericht übrigens als Vorbild für eine Kooperation zwischen Arbeitsagenturen und privaten Dritten im Sinne von Public Private Partnership (PPP) empfohlen: „Ein Beispiel für die erfolgreiche Nutzung privaten Know-how sind die 2001 flächendeckend eingeführten Integrationsfachdienste für die Betreuung von Schwerbehinderten und die Nutzung privater Dienstleister bei der Vermittlung von Langzeitarbeitslosen (z.B. ‚Maatwerk').“[53]

Ab 1. Januar 2006 entfiel die Verpflichtung der örtlichen Arbeitsagenturen zur Bereithaltung einer PSA; auch nach der Abwicklung dieses arbeitsmarktpolitischen Instruments, von dem sich Peter Hartz so viel versprochen hatte, blieben die mit Hartz I vorgenommenen Lockerungen des *Arbeitnehmerüberlassungsgesetzes* zugunsten der Verleihfirmen und die Durchlöcherung seiner Schutzbestimmungen für Leiharbeitnehmer/innen jedoch bestehen. Sowohl das Synchronisationsverbot (Unterbindung einer Befristung der Arbeitsverträge auf die Dauer der Verleihzeit) als auch das Wiedereinstel-

51 Vgl. Frank Oschmiansky, Reform der Arbeitsvermittlung (Erhöhung der Geschwindigkeit, einschließlich neue Zumutbarkeit und PSA), in: Werner Jann/Günther Schmid (Hg.), Eins zu Eins? – Eine Zwischenbilanz der Hartz-Reformen am Arbeitsmarkt, Berlin 2004, S. 36

52 Vgl. dazu: Mag Wompel (LabourNet Germany), Maatwerk. Die Geschichte einer „Vorzeige“-PSA, 2. Aufl., März 2004 (http://labournet.de/diskussion/arbeit/realpolitik/psa/maat/index.html; 19.8.2014)

53 Moderne Dienstleistungen am Arbeitsmarkt, a.a.O., S. 62

lungsverbot (Unterbindung von Kettenausleihungen an denselben Betrieb) waren entfallen. Dadurch hatten die Personal-Service-Agenturen ihre Türöffnerfunktion im Sinne einer weiteren Deregulierung bzw. Liberalisierung der Leiharbeit erfüllt und förderten den anhaltenden, im Wesentlichen durch Lohndumping auf breiter Front hervorgerufenen Boom dieser Branche.

War die Altersgrenze, ab der Arbeitnehmer/innen ohne sachlichen Grund befristet beschäftigt werden können, durch Hartz I von 58 Jahren auf 52 Jahre gesenkt worden, räumte das *Gesetz zu Reformen am Arbeitsmarkt* vom 24. Dezember 2003 – ein nicht unwichtiges Begleitgesetz zu Hartz I bis IV – Existenzgründer(inne)n die Möglichkeit ein, bis zu einer Dauer von vier Jahren nach der Unternehmensgründung befristete Arbeitsverträge abzuschließen und solche Beschäftigungsverhältnisse innerhalb desselben Zeitraums beliebig oft zu verlängern. Nunmehr konnten Betriebe bei der Neueinstellung von 50-Jährigen befristete Kettenarbeitsverträge abschließen, indem zunächst eine sachgrundlose Befristung über 24 Monate vereinbart und im Anschluss daran ganz ohne zeitliche Beschränkung beliebig viele Befristungen angehängt wurden.[54] Auf diese Weise entfiel der Kündigungsschutz für Ältere praktisch ganz, sodass die Betroffenen elementarer, anderen Arbeitnehmer(inne)n zumindest noch zugestandener Rechte beraubt wurden. Lange währte die Freude der Unternehmerseite darüber jedoch nicht, weil der Europäische Gerichtshof in Luxemburg die besagte Regelung, nach der Über-52-Jährige unbegrenzt mit befristeten Arbeitsverträgen beschäftigt werden dürfen, am 22. November 2005 in der „Mangold"-Entscheidung wegen Altersdiskriminierung für gemeinschaftsrechtswidrig erklärte. Dieser Argumentation folgte auch das Bundesarbeitsgericht, und zwar ohne denjenigen Unternehmen, die ältere Arbeitnehmer/innen auf der Grundlage der umstrittenen Vorschrift befristet eingestellt hatten, Vertrauensschutz zu gewähren.[55] Selbst das höchste Gericht der EU hatte damit über die Hartz-Reformen im Detail ein vernichtendes Urteil gefällt.

Auf der Grundlage des *Zweiten Gesetzes für moderne Dienstleistungen am Arbeitsmarkt* („Hartz II") vom 23. Dezember 2002 entstanden sowohl „Ich-" bzw. „Familien-AGs" wie auch „Mini-" bzw. „Midijobs". Die genannten Instrumente sollten für Arbeitslose den Weg in die Selbstständigkeit ebnen und sie davon abhalten, die Sackgasse der Schwarzarbeit bzw. der Schattenwirtschaft zu betreten. Während die Ich-AG (Existenzgründungszuschuss) fast unumstritten war, konnten sich Regierungs- und Oppositionsparteien über

---

54 Vgl. Silke Bothfeld/Lutz C. Kaiser, Befristung und Leiharbeit: Brücken in reguläre Beschäftigung?, in: WSI-Mitteilungen 8/2003, S. 485

55 Vgl. Marcus Preu, Keine Zeitverträge für Ältere. Warum trotz Hartz-Gesetzen ältere Arbeitnehmer nicht mehr ohne weiteres befristet eingestellt werden dürfen, in: WamS v. 7.5.2006

die Ausgestaltung der sog. Mini- bzw. Midijobs erst nach langwierigen Beratungen im Vermittlungsausschuss von Bundestag und Bundesrat einigen.

Von der „Ich-AG“ (Unwort des Jahres 2002), einer weiteren prekären Erwerbsform, versprach sich die Bundesregierung einen neuen Schub an marktwirtschaftlicher Dynamik. Dass sich zunächst nur wenige Arbeitslose mit einem von 600 Euro pro Monat im ersten Jahr über 360 Euro pro Monat im zweiten Jahr auf 240 Euro pro Monat im dritten Jahr sinkenden Förderungsbetrag als Ich-AG-Gründer/innen versuchten, verwundert einen kritischen Beobachter allerdings kaum. So bemängelte Albrecht Müller, dass sich die Erfinder des Konzepts nicht in die Mentalität der Betroffenen hineingedacht hätten: „Einer fünfzigjährigen arbeitslosen Verkäuferin oder einem arbeitslosen Chemiearbeiter etwa erscheint der Gedanke, eine Ich-AG zu gründen, eher fremd und wenig sinnvoll. Sie könnten die Umstände einer Selbständigkeit wahrscheinlich auch gar nicht bewältigen.“[56] Risikobereitschaft, unternehmerischen Wagemut und Geschäftstüchtigkeit ausgerechnet von teilweise jahrzehntelang abhängig Beschäftigten zu erwarten, die der Arbeitsmarkt ausgeschieden hatte, sich deshalb oft als persönlich gescheitert betrachteten und in ihrem ursprünglich erlernten Beruf keine Chance (mehr) hatten, war in der Tat widersinnig.

Mit der Ich-AG erhob man die (Schein-)Selbstständigkeit von Hilfebedürftigen zum Programm, war jedoch gleichzeitig darauf bedacht, diese möglichst bald wieder aus dem Leistungsbezug zu entlassen. Abgesehen davon, dass sich viele Arbeitslose, die den Weg in die Selbstständigkeit beschritten, mit dem nach der Höhe ihres früheren Verdienstes bemessenen Überbrückungsgeld besser standen, fristeten sie häufig nur unternehmerische Kümmerexistenzen, die mit Auslaufen der Förderung überwiegend im Bankrott endeten. Zwar war nicht jeder Förderabbruch eine Pleite,[57] die Ich-AG aber auch kein Erfolgsmodell der aktivierenden Arbeitsmarktpolitik. Da die neuen Selbstständigen anfangs weder ein inhaltliches Konzept noch einen Finanzplan vorlegen mussten und auch keine „Tragfähigkeitsbescheinigung“ einer fachkundigen Stelle benötigten, um den Existenzgründungszuschuss für eine Ich-AG erhalten zu können, gab es Fehlallokationen der bereitgestellten Mittel. Als extremes Beispiel für abstruse Geschäftsideen sei ein als Existenzgründer mit öffentlichen Geldern unterstützter „Geistheiler“ genannt.[58]

---

56 Albrecht Müller, Die Reformlüge. 40 Denkfehler, Mythen und Legenden, mit denen Politik und Wirtschaft Deutschland ruinieren, München 2004, S. 31

57 Vgl. Frank Wießner, Neues von der Ich-AG: Nicht jeder Abbruch ist eine Pleite, IAB-Kurzbericht 2/2005, S. 1 ff.

58 Vgl. Johannes Heeg, Mit Engels-Energie in die Selbstständigkeit. Geistheiler Stephan Focke wird vom Verdener Arbeitsamt als Ich-AG gefördert, in: Weser-Kurier (Bremen) v. 25.9.2004

Unmittelbar nach dem Regierungswechsel im Herbst 1998 hatte die rot-grüne Koalition den Versuch unternommen, die von ihrer liberal-konservativen Amtsvorgängerin bewusst erzeugte Hochkonjunktur der geringfügig entlohnten Beschäftigungsverhältnisse einzudämmen, weil diese reguläre Arbeitsplätze kosteten. Nach Gerhard Schröders Wiederwahl erfolgte jedoch eine Kehrtwende: Nunmehr wurden die Minijobs wie unter seinem Amtsvorgänger als Erfolg versprechende Methode zur Reduktion der Erwerbslosigkeit betrachtet, obwohl sie weder in erster Linie den Arbeitslosen, sondern überwiegend Hausfrauen, Studierenden, Schüler(inne)n und Rentner(inne)n zugute kommen, noch ganze Familien ernähren können. „Nebenjobs bedeuten nicht mehr, sondern weniger Beschäftigungsmöglichkeiten für Erwerbslose."[59]

Politiker/innen der rot-grünen Regierungskoalition stilisierten die schon kurz nach ihrer Einführung zum 1. April 2003 rasch wachsende und verhältnismäßig hohe Zahl neuer Minijobs (Monatsverdienst: bis 400 Euro) wie der Midijobs (Monatsverdienst: 400,01 Euro bis 800 Euro in der sog. Gleitzone), die übrigens im Kommissionsbericht gar nicht vorkamen, zur „Erfolgsstory" empor. „Was früher als ausgesprochen negativ und Argument für dringenden Handlungsbedarf gesehen wurde", bemerkte Annelie Buntenbach, damals Leiterin der Abteilung Sozialpolitik beim Bundesvorstand der IG BAU, „wird inzwischen von Regierung und Opposition als großer Durchbruch am Arbeitsmarkt gewertet."[60] Dabei überstiegen Verdrängungs-, Substitutions- und Mitnahmeeffekte die Beschäftigungswirkungen der massenhaft entstandenen Minijobs bei Weitem. Selbst die Nürnberger Bundesagentur für Arbeit trug nach Zeitungsmeldungen zur Verringerung der Anzahl sozialversicherungspflichtiger Arbeitsverhältnisse bei, als sie genau ein Jahr später die Reinigungsarbeiten in den meisten ihrer zahlreichen Liegenschaften an Privatfirmen vergab, die Voll- und Teilzeitbeschäftigte durch 400-Euro-Jobber/innen ersetzten,[61] um so mehr Gewinn zu machen.

Statt der ihrer realen Bedeutung nach meist überschätzten Schwarzarbeit entgegenzuwirken und als Brücke in reguläre Beschäftigungsverhältnisse zu

---

59 Gisela Notz, Beschäftigungspolitische Strohfeuer. Geschlechtsspezifische Auswirkungen der arbeitsmarktpolitischen Reformen, in: Holger Kindler/Ada-Charlotte Regelmann/ Marco Tullney (Hg.), Die Folgen der Agenda 2010. Alte und neue Zwänge des Sozialstaats, Hamburg 2004, S. 81

60 Annelie Buntenbach, Echternacher Springprozession statt Problemlösung. Die Reform der Reform geringfügiger Beschäftigungsverhältnisse, in: Ursula Engelen-Kefer u. a., Sozialpolitik mit Zukunft. Eine Streitschrift gegen die weitere Entsolidarisierung der Gesellschaft, Hamburg 2005, S. 34

61 Vgl. Bundesagentur: Reguläre Beschäftigte durch Mini-Jobber ersetzt, in: FR v. 15.5.2004

fungieren, motivierten solche Jobs gut verdienende bzw. versorgte Personengruppen, sich eine weitere Einnahmequelle zu erschließen, ohne dass sich die Erwerbslosigkeit dadurch verringert und/oder die Situation der Sozialversicherungsträger verbessert hätte. „Attraktiv sind die neuen Mini-Jobs vor allem für etablierte Arbeitsplatzbesitzer, die sich noch etwas dazuverdienen wollen; aber auch für dazuverdienende Personen, also i.d.R. verheiratete Frauen, die über den Partner abgesichert sind, sowie für Schüler, Studenten und Rentner aus der Stillen Reserve. Die Mini-Jobs erweisen sich zusätzlich zur bisherigen Klientel (verheiratete Frauen, Studenten und Rentner) vor allem als steuer- und abgabenfreier Nebenjob für Erwerbstätige als attraktiv, eine Zielgruppe, welche die Kommission nicht im Auge hatte."[62]

Bei den Minijobs spielte die bisher auf maximal 15 Stunden begrenzte Dauer der wöchentlichen Arbeitszeit nun keine Rolle mehr, was mit zu ihrer explosionsartigen Vermehrung (auf schließlich über 7,5 Mio.) und in vielen anderen Fällen zu einer Verlängerung der Arbeitszeit bzw. einer weiteren Verschlechterung der Entlohnung führte. Noch mehr begünstigt wurden Minijobs in Privathaushalten, für die niedrigere Pauschalbeiträge der Arbeitgeber (12 statt 25 Prozent) zur Gesetzlichen Renten- und Krankenversicherung galten. Während für Arbeitnehmer/innen im Minijob keine Steuern anfielen, was diesen für nebenberuflich tätige Gutverdiener/innen attraktiv machte, konnten Arbeitgeber 10 Prozent ihrer Aufwendungen von der Steuer absetzen. Besserverdienende, denen damit nach einem zwischenzeitlichen Wegfall des sog. Dienstmädchenprivilegs wieder Steuervergünstigungen eingeräumt wurden, boten nunmehr vornehmlich (migrierten) Frauen geringe (Zu-)Verdienstmöglichkeiten als Reinigungskraft oder Haushälterin.

Hartz III ist das in seiner Bedeutung für den arbeitsmarkt- und sozialpolitischen Reformprozess wahrscheinlich am meisten unterschätzte Gesetzespaket, weil es neben detaillierten Festlegungen zur BA-Reorganisation auch Neuregelungen beim Arbeitslosengeld (Vereinheitlichung der Anwartschaftszeit auf zwölf Monate, Verkürzung der Rahmenfrist von drei Jahren auf zwei Jahre, Veränderung der Leistungsbemessung, Ausweitung der Sperrzeittatbestände und Verringerung des Einkommensfreibetrages) enthielt, die für Gelegenheits- bzw. Saisonarbeiter/innen, Filmschaffende und andere Künstler/innen teilweise dramatische Konsequenzen hatten.[63]

62 Frank Oschmiansky, Bekämpfung von Schwarzarbeit (Ich-AG, Mini-Jobs), in: Werner Jann/Günther Schmid (Hg.), Eins zu Eins?, a.a.O., S. 60

63 Vgl. Günter Frech, Die göttlichen Zustände sind passé. Hartz III bringt Filmschaffende in Not/Bald könnte beim „Tatort"-Dreh die echte Polizei auftauchen, in: FR v. 28.2.2005

Vorgaben des *Dritten Gesetzes für moderne Dienstleistungen am Arbeitsmarkt* folgend, das am 1. Januar 2004 in Kraft trat, wurde die seither als „Bundes*agentur* für Arbeit" firmierende Behörde nach privatwirtschaftlichen Vorbildern zu einem reinen Dienstleistungsunternehmen umstrukturiert, das als Serviceeinrichtung für – im Grunde fälschlicherweise – „Arbeitgeber" genannte Unternehmer, Selbstständige und Freiberufler/innen mit eigenem Personal als „Premiumkunden" sowie für Erwerbslose gedacht war.

Letztere heißen im modischen Neusprech der Hartz-Reformer paradoxerweise ebenfalls „Kunden", obwohl sie das Jobcenter weder – wie diese einen beliebigen Laden – aus freien Stücken aufsuchen noch dort jemals wie Könige behandelt werden und zu ihren vielfach angstbesetzten Besuchsterminen auch weder Geld noch die hieraus eventuell resultierende Chance mitbringen, einem Verkäufer oder Leistungsanbieter mittels ihrer Kaufkraft den eigenen Willen aufzuzwingen bzw. ihn entsprechend zu beeinflussen. Jörg Bogumil und Leo Kißler hatten schon Mitte der 1990er-Jahre dargelegt, wie problematisch die Übertragung dieses Begriffs von der Ökonomie auf die Kommunalverwaltung und den sozialen Dienstleistungssektor ist.[64] Vor allem verschleiert der Kundenbegriff die entscheidende Tatsache, dass sich die Adressaten der Bundesagentur für Arbeit nicht auf einem Markt bewegen, wo ihnen als nachfragenden Konsumenten jederzeit mehrere Entscheidungs- bzw. Handlungsalternativen zur Verfügung stünden, sondern durch die Bestimmungen im Sozialgesetzbuch zwischen Erwerbslosen und Arbeitsverwaltung ein juristisches Zwangsverhältnis konstituiert wird, weshalb ein grundlegender Unterschied zwischen der Inanspruchnahme von BA-Dienstleistungen und denen etwa eines Frisörs besteht.[65] Neuerdings sprechen einige soziale Netzwerke, aber zunehmend auch Werbeagenturen, Reiseveranstalter und andere Privatunternehmen häufiger von „Freunden", wenn sie ihre Kunden meinen. Vielleicht regt das die Verantwortlichen der Jobcenter zur erneuten Umbenennung ihrer Klientel an …

Während die frühere Bundesbehörde der umfassendsten Reorganisation ihrer 75-jährigen Geschichte unterzogen wurde, gaben sich dort Verwaltungsmodernisierer, Unternehmensberater und Controller die Klinke in die Hand. Vor dem Hintergrund einer Krise der öffentlichen Haushalte, des von einer anhaltend hohen Erwerbslosigkeit ausgehenden Legitimationsdrucks sowie

---

64 Vgl. Jörg Bogumil/Leo Kißler, Vom Untertanen zum Kunden? – Möglichkeiten und Grenzen von Kundenorientierung in der Kommunalverwaltung, Berlin 1995

65 Vgl. Volker Hielscher, Die Arbeitsverwaltung als Versicherungskonzern? – Zum betriebswirtschaftlichen Umbau einer Sozialbehörde, in: PROKLA. Zeitschrift für kritische Sozialwissenschaft 148 (2007), S. 357 (Fn. 6)

einer Arbeitsmarktpolitik, die in erster Linie auf eine „Aktivierung“ der Leistungsbezieher/innen und eine Senkung der Sozialversicherungsbeiträge setzte, verkümmerte die ambitiöse Organisationsreform der BA zu einer Reformruine, die „betriebswirtschaftliche(n) Effizienzkriterien“ und der „kalkulatorische(n) Logik eines Versicherungsunternehmens“ folgte.[66] Die örtlichen Arbeitsagenturen, denen zehn Regionaldirektionen übergeordnet sind, stehen seither fortwährend auf dem Prüfstand, müssen ständig Leistungsvergleiche über sich ergehen lassen und unterliegen ebenso wie ihre Mitarbeiter/innen einem starken „Uniformierungsdruck“, der wenig Freiräume lässt.[67]

In seiner Sitzung am 14. Juli 2004 beschloss der neue BA-Verwaltungsrat, bei allen örtlichen Agenturen für Arbeit flächendeckend „Kundenzentren“ einzurichten. Unterschieden wurde nach internen Handlungsprogrammen zwischen „Marktkunden“, „Beratungskunden – Aktivieren“, „Beratungskunden – Fördern“ und „Betreuungskunden“, die sich im Alltagsgeschäft der früheren Behörde einer unterschiedlich großen Aufmerksamkeit erfreuten. Aufgrund dieser Hierarchisierung und eines betriebswirtschaftlichen Tunnelblicks, der Menschen nach ihrer ökonomischen Wertigkeit kategorisiert, wurden die zu „Betreuungskunden“ abgestempelten Langzeiterwerbslosen kaum noch in das Berufsleben (re)integriert. Durch die von der Hartz-Kommission positiv konnotierte Selektion des „Kundenbestandes“ nach den persönlichen Vermittlungschancen bzw. -hemmnissen erhöhte sich das Risiko der Langzeit- bzw. Dauerarbeitslosigkeit vielmehr gerade für die am stärksten benachteiligte Klientel.

66 Siehe ebd., S. 358; vgl. ergänzend: Volker Hielscher/Peter Ochs, Arbeitslose als Kunden? – Beratungsgespräche in der Arbeitsvermittlung zwischen Druck und Dialog, Berlin 2009

67 Siehe Holger Schütz/Hugh Mosley (Hg.), Arbeitsagenturen auf dem Prüfstand. Leistungsvergleich und Reformpraxis der Arbeitsvermittlung, Berlin 2005; Holger Schütz, Reform der Arbeitsvermittlung. Uniformierungsdruck in der Bundesagentur für Arbeit, Opladen/Farmington Hills 2008

Kapitel 4
Das rot-grüne Reformprogramm der Agenda 2010

Nachdem die SPD und Bündnis 90/Die Grünen ihre parlamentarische Mehrheit bei der Bundestagswahl am 22. September 2002 nur knapp gegen die Unionsparteien mit ihrem Kanzlerkandidaten Edmund Stoiber verteidigt hatten, schien es zumindest für eine kurze Zeit, als wollten sie wirtschafts-, steuer- und sozialpolitische Kurskorrekturen vornehmen. In den Regierungsparteien wurde beispielsweise über eine Wiedereinführung der Vermögen- sowie eine kräftige Erhöhung der Erbschaftsteuer, die Abschaffung des steuerlichen Ehegattensplittings zwecks Verbesserung der Kinderförderung sowie eine drastische Anhebung der Beitragsbemessungs- und der Versicherungspflichtgrenze in der Gesetzlichen Krankenversicherung (GKV) diskutiert. Wer gehofft hatte, Bundeskanzler Schröder werde sich nunmehr an solchen Forderungen der Gewerkschaften orientieren, die seine Wiederwahl – im Gegensatz zu den Kapitalverbänden – unterstützt hatten, wurde allerdings bitter enttäuscht. In seiner Regierungserklärung vom 29. Oktober 2002 plädierte Schröder nämlich unverhohlen für weitere Leistungskürzungen: „Zu Reform und Erneuerung gehört auch, manche Ansprüche, Regelungen und Zuwendungen des deutschen Wohlfahrtsstaates zur Disposition zu stellen. Manches, was auf die Anfänge des Sozialstaates in der Bismarck-Zeit zurückgeht und noch vor 30, 40 oder 50 Jahren berechtigt gewesen sein mag, hat heute seine Dringlichkeit und damit auch seine Begründung verloren.“[1]

4.1 Vordenker und Wegbereiter der „Agenda“-Rede von Gerhard Schröder

Bei der Kabinetts(um)bildung eine Woche zuvor waren zwei neue „Superministerien“ entstanden, die mit Ursula („Ulla“) Schmidt und Wolfgang Clement

1 Gerhard Schröder, Wer nur seine Ansprüche pflegt, der hat noch nicht verstanden. Aus der Regierungserklärung, in: FR v. 30.10.2002

sozialdemokratische Politiker übernommen hatten. Gerhard Schröder spaltete – ein historisches Novum – den Sektor der Arbeitersozial(versicherungs)politik organisatorisch auf. Inhaltlich bedeutete die Verwaltungsreform, dass Arbeitsmarktpolitik und Arbeitsrecht – traditioneller Kern der Sozialpolitik – der nach neoklassischen Modellvorstellungen betriebenen Wirtschaftspolitik untergeordnet und in das hierfür zuständige Ressort eingegliedert wurden, wo sie denn auch bloß noch eine Nebenrolle spielten. Clement, als nordrhein-westfälischer Ministerpräsident nicht zuletzt aufgrund ständiger Konflikte mit dem bündnisgrünen Koalitionspartner umstritten, wechselte nach Berlin, wo er zum Bundesminister für Wirtschaft und Arbeit ernannt wurde; Schmidt, die während ihrer kurzen Amtszeit gegenüber Krankenkassen, Ärztelobby und Pharmaindustrie keine Zeichen gesetzt hatte, erhielt die restlichen Sozialbereiche hinzu und amtierte fortan als Bundesministerin für Gesundheit und Soziale Sicherung.

Für die rot-grüne Bundesregierung verlief der Start in die neue Legislaturperiode katastrophal: Während sich die konjunkturellen Aussichten, die Lage auf dem Arbeitsmarkt und die Haushaltssituation beinahe von Tag zu Tag verschlechterten, eskalierten die Konflikte über die Grundrichtung der Regierungspolitik. Nach der Bundestagswahl 2002 verfasste Heiko Geue, seinerzeit Leiter der Planungsabteilung im Kanzleramt unter Frank-Walter Steinmeier, auf dessen Geheiß ein Thesenpapier mit dem Titel „Auf dem Weg zu mehr Wachstum, Beschäftigung und Gerechtigkeit", das bald in mehreren Fassungen kursierte und die Politik der Bundesregierung seither maßgeblich beeinflusste. Es ließ sich von der sog. Lissabon-Strategie leiten und spitzte sie reformpolitisch zu: Auf dem dortigen EU-Sondergipfel am 23./24. März 2000 hatten die Staats- und Regierungschefs für das laufende Jahrzehnt als „strategisches Ziel" festgelegt, „die Union zum wettbewerbsfähigsten und dynamischsten wissensbasierten Wirtschaftsraum der Welt zu machen – einem Wirtschaftsraum, der fähig ist, ein dauerhaftes Wirtschaftswachstum mit mehr und besseren Arbeitsplätzen und einem größeren sozialen Zusammenhalt zu erzielen."[2] Die umfassende „Modernisierung" und Anpassung der Sozialstaaten in den Mitgliedsländern an Markterfordernisse bzw. Wirtschaftsinteressen verstand man als Instrument, das der Verwirklichung des Lissabon-Ziels dienen sollte.

Einleitend bemerkte Geue in seinem Thesenpapier für das Bundeskanzleramt, die „an sich hervorragenden Systeme der sozialen Sicherung" in Deutschland müssten aus mehreren Gründen tiefgreifend reformiert wer-

2 Siehe Europäischer Rat, Schlussfolgerungen des Vorsitzes. Europäischer Rat (Lissabon), 23. und 24. März 2000; http://www.europarl.europa.eu/summits/lis1_de.htm (19.8.2014)

den: „Erstens lastet auf den Systemen, dass die Wiedervereinigung neben Verschuldung in erster Linie über die Belastung des Faktors Arbeit finanziert wurde. Zweitens müssen unsere Systeme zukunftsfest für die von der Globalisierung ausgehenden Veränderungen gemacht werden. Drittens haben sich in den vergangenen Jahrzehnten Verkrustungen und Vermachtungen gebildet, die zu hohen Effizienzverlusten führen.“[3]

In einer Senkung der Steuer- und Abgabenbelastung sah das Bundeskanzleramt einen „Königsweg“, um mehr Beschäftigung und Vertrauen bei den Bürger(inne)n zu schaffen. „Es entwickelt sich eine *dreifach positive Wirkung auf die Investitionen*: Unternehmer erwarten, dass die Menschen mehr konsumieren; niedrigere Steuern verbessern die Möglichkeit der Gewinnerzielung; niedrigere Abgaben verbilligen die mit einem Beschäftigungsaufbau verbundenen Investitionen.“[4] Da mehr Arbeitsplätze wiederum den Konsum stärkten und die sozialen Sicherungssysteme entlasteten, erhalte die positive Wirkung der ursprünglichen Steuer- und Abgabenentlastung „Nahrung aus sich selbst“, sodass sich der Kreislauf spiralförmig nach oben gerichtet fortsetzen könne. Hier wird deutlich, dass die Planer ihr Hauptaugenmerk auf das Kapital und seine Möglichkeiten der Profitmaximierung richteten, weil sie dessen Interessen mit dem Allgemeinwohl gleichsetzten und spekulative Erwartungen im Hinblick auf die arbeitsplatzschaffende Wirkung von Unternehmensgewinnen hegten.

Folgen der hohen Erwerbslosigkeit und der kollektiven Alterung stellten die Sozialsysteme nach Ansicht des Bundeskanzleramtes überall auf der Welt vor große Probleme. Zwar gebe es keinen grundsätzlichen Gegensatz zwischen internationaler Wettbewerbsfähigkeit und Sozialpolitik, wie häufig behauptet werde. „Die Globalisierung führt nicht zwangsläufig zu einer Erosion der sozialen Sicherungssysteme, sie verändert allerdings die Bedingungen für ihren Erfolg.“[5] Für die weiter zunehmende Arbeitslosigkeit wurde in erster Linie die Entwicklung der Personalzusatzkosten verantwortlich gemacht: „*Wie schädlich steigende Lohnnebenkosten sind, zeigt die Entwicklung seit der Wiedervereinigung*: 1990 betrugen die Beitragssätze zur Sozialversicherung noch 35,5%. Bis 1998 waren sie auf den historischen Höchstwert von 42% gestiegen. Im gleichen Zeitraum ist die Arbeitslosigkeit von 2,6 Mio. auf 4,28 Mio. Arbeitslose im Jahresdurchschnitt gestiegen.“[6] So berechtigt es zu sein

3 Chef BK, Arbeitsbereich Planung (Dr. Geue), Auf dem Weg zu mehr Wachstum, Beschäftigung und Gerechtigkeit. Thesenpapier für die Planungsklausur, Berlin, Dezember 2002 (hektografiert), S. 2

4 Ebd., S. 12 (Hervorh. im Original)

5 Ebd., S. 14

6 Ebd., S. 15 (Hervorh. im Original)

schien, zwischen den Zahlen der beiden genannten Zeitreihen einen Zusammenhang herzustellen, so unrichtig war es, die Massenerwerbslosigkeit auf gestiegene Personalzusatzkosten zurückzuführen. Ursache und Wirkung wurden miteinander verwechselt: „Die hohe Erwerbslosigkeit ist die Ursache für die hohen Lohnnebenkosten und nicht umgekehrt.“[7]

Die fehlerhafte Analyse des Kanzleramtes führte zu einer falschen Strategie, die das o.g. Thesenpapier so umriss: „Deswegen und vor dem Hintergrund des demographischen Wandels (immer weniger Junge müssen in Zukunft immer mehr Alte unterstützen) ist eine der Kernstrategien der Bundesregierung die auf eine Absenkung der Lohnnebenkosten abzielende Modernisierung der sozialen Sicherungssysteme.“[8] Erwerbslosigkeit und Unternehmensgewinne hatten schon während der „Kohl-Ära“ *gleichermaßen* Rekordhöhen erreicht, weshalb es völlig abwegig war anzunehmen, die Senkung der (gesetzlichen) „Lohnnebenkosten“ werde einen Beschäftigungsboom auslösen. Vielmehr erwies sich der Glaube, die Umstellung des Sozialsystems von Beitrags- auf Steuerfinanzierung und die einseitige, nicht mehr paritätisch, sondern privat finanzierte Versicherung von Lebensrisiken schaffe zusätzliche Arbeitsplätze, wirtschaftliche Stabilität und mehr soziale Gerechtigkeit, als Illusion. Denn es handelt sich um eine bloße Problem*verschiebung*, die nichts an den Ursachen des Kostenanstiegs ändert. Überzeugend argumentiert hingegen Diether Döring, dass nur die Ausdehnung der Sozialversicherungspflicht (auf ihr bislang nicht unterliegende Gruppen) einer hoch individualisierten Leistungsgesellschaft, die sich dem Globalisierungsprozess stellt, angemessen sei und auch große Akzeptanz bei deren Mitgliedern finden würde.[9]

Erleichtert wurde den Modernisierern die Verschärfung des Regierungskurses zur Umstrukturierung der Sozialsysteme dadurch, dass die EU-Kommission am 21. Januar 2003 ein Defizitverfahren gegen die Bundesrepublik einleitete, weil diese bei der Neuverschuldung im abgelaufenen Haushaltsjahr die 3-Prozent-Grenze des Stabilitäts- und Wachstumspaktes überschritten hatte, und dass die SPD bei den Landtagswahlen in Hessen und Niedersachsen am 2. Februar 2003 herbe Verluste erlitt, die hier der CDU die Regierungsübernahme ermöglichten, wodurch im Vermittlungsausschuss

---

7 Annelie Buntenbach, Abbauarbeiten am Sozialstaat. Praktische Beiträge der Bundesregierung zur Massenerwerbslosigkeit, in: dies./Helmut Kellershohn/Dirk Kretschmer (Hg.), Ruckwärts in die Zukunft. Zur Ideologie des Neokonservatismus, Duisburg 1998, S. 163

8 Chef BK, Arbeitsbereich Planung (Dr. Geue), Auf dem Weg zu mehr Wachstum, Beschäftigung und Gerechtigkeit, a.a.O., S. 15

9 Vgl. Diether Döring, Sozialstaat in unübersichtlichem Gelände. Erkundung seiner Reformbedarfe unter sich verändernden Rahmenbedingungen, in: ders. (Hg.), Sozialstaat in der Globalisierung, Frankfurt am Main 1999, S. 25 f.

von Bundestag und Bundesrat ein Patt entstand, das bei umfassenderen Gesetzesvorhaben zu einer Kooperation mit der Opposition zwang.[10]

Nachdem die Leitmedien der Bundesrepublik wochenlang darüber spekuliert hatten, wie die Ansehensverluste von Gerhard Schröder und seiner Regierung durch möglichst „einschneidende" oder „schmerzhafte" Reformen behoben werden könnten, gab dieser am 14. März 2003 vor dem Bundestag eine Regierungserklärung ab. Sie trug den hochtrabenden Namen „Agenda 2010", der angeblich einem Vorschlag seiner Frau Doris Schröder-Köpf zu verdanken ist.[11] Mit seiner kurz vor der Bombardierung Bagdads durch die USA bzw. ihre „Koalition der Willigen" und dem Beginn des Zweiten Irak-Krieges gehaltenen Rede suchte der damalige Bundeskanzler unter dem Doppelmotto „Mut zum Frieden und Mut zur Veränderung" nach deprimierenden Diskussionen über neue Rekordzahlen bei der Arbeitslosigkeit und negativen Reaktionen hierauf wieder in die Offensive zu gelangen.

Entworfen hatte die Agenda 2010 ein kleiner Zirkel von Schröder-Vertrauten im Kanzleramt. Indirekt war auch die Bertelsmann Stiftung an den Vorarbeiten beteiligt. „Das Grundkonzept der Agenda 2010 hat eine neoliberale Tendenz und stammt aus den angelsächsischen Ländern. Es zielt darauf ab, die Wachstumsschwäche der Wirtschaft durch mehr Innovation und Wettbewerb auf dem Arbeitsmarkt und in den sozialen Systemen zu überwinden."[12] Auch wenn es übertrieben ist, die Agenda 2010 als „Plagiat des Lambsdorff-Papiers" zu bezeichnen, hat dieses offenbar Pate gestanden: „Das Lambsdorff-Papier und die Schröder'sche Agenda 2010 folgen der gleichen ‚Philosophie', und sie kennzeichnet gleichermaßen der bestimmende Einfluss starker Einzelinteressen auf die Politik."[13] Zwar blieb die Bertelsmann Stiftung eher im Hintergrund, ihre Experten hatten jedoch wesentlichen Anteil daran, dass sich neoliberales Gedankengut um die Jahrtausendwende auf den höchsten Regierungs- und Verwaltungsebenen durchsetzte. Das gilt für die „Agenda"-Rede ebenso wie für die als „Hartz IV" bekannt gewordene Arbeitsmarktreform. Thomas Schuler fragt denn auch, ob die unter Helmut Kohl weniger einflussreiche und erst unter Rot-Grün zur Regierungsberaterin avancierte Bertelsmann Stiftung nicht „Schröders eigentliche Denkfabrik" war.[14]

---

10 Vgl. Rolf Schmucker, Klassenmedizin, in: Blätter für deutsche und internationale Politik 4/2003, S. 408

11 Vgl. Gerhard Schröder, Entscheidungen. Mein Leben in der Politik, Hamburg 2006, S. 393

12 Frank Böckelmann/Hersch Fischler, Bertelsmann. Hinter der Fassade des Medienimperiums, Frankfurt am Main 2004, S. 227

13 Jürgen Borchert, Sozialstaatsdämmerung, München 2013, S. 185

14 Siehe Thomas Schuler, Bertelsmannrepublik Deutschland. Eine Stiftung macht Politik,

4.2 Kernaussagen und Argumentationslinien der Reformagenda

Seit der „Ruck“-Rede, die Roman Herzog am 26. April 1997 im Berliner Hotel Adlon hielt,[15] hat wahrscheinlich kein deutscher Politiker mehr so große Wirkung mit Worten erzielt wie Gerhard Schröder, als er am 14. März 2003 im Bundestag seine unter dem Titel „Agenda 2010“ bekannt gewordene Regierungserklärung abgab. Während der damalige Bundespräsident einen „Reformstau“ beklagt und zum Teil sehr blumig mehr Entschlossenheit bei der Stärkung von Deutschlands Wettbewerbsfähigkeit gefordert hatte, lieferte Kanzler Schröder nicht bloß eine pointiertere Begründung für den Sozialabbau, benannte vielmehr auch ein ganzes Maßnahmenbündel, mit dem dieser bewerkstelligt und zur Mutprobe für rastlose Reformer wie ihn emporstilisiert werden konnte.

Analysiert man die Argumentationsfiguren, die Stilmittel und die rhetorischen Kniffe der „Agenda“-Rede, fällt auf, dass sie mit der Globalisierung und dem demografischen Wandel die zwei neoliberalen Leitnarrative fortführte, welche man auch die beiden Großen Erzählungen unserer Zeit nennen kann.[16] Beide erzwängen, so wird auf diese Weise suggeriert, gesellschaftliche und politische Anpassungsmaßnahmen. Hiermit zwangsläufig verbundene Opfer, behauptete Schröder, hätten alle Bevölkerungsgruppen zu bringen. Schon in dem gewählten Titel „Mut zum Frieden und Mut zur Veränderung“ klingt die Verklammerung von innenpolitischen Reformen mit Deutschlands Stellung in der Welt an. Auch die beiden Schlüsselbegriffe „Wettbewerbsfähigkeit“ (der Volkswirtschaft) sowie „Eigenverantwortung“ (der Arbeitnehmer/innen und der Erwerbslosen) sind aufeinander bezogen. Andere neoliberale Modevokabeln wie „Flexibilität“, „Generationengerechtigkeit“ und „Entbürokratisierung“ finden sich ebenfalls in der „Agenda“-Rede.

Deutschland kämpfe mit einer Wachstumsschwäche, die nicht zuletzt strukturell bedingt sei, sagte Schröder am Beginn seiner Regierungserklärung: „Die Lohnnebenkosten haben eine Höhe erreicht, die für die Arbeitnehmer zu einer kaum mehr tragbaren Belastung geworden ist und die auf

Frankfurt am Main/New York 2010, S. 112

15 Vgl. Roman Herzog, Aufbruch ins 21. Jahrhundert. „Berliner Rede“ vom 26. April 1997, in: Manfred Bissinger (Hg.), Stimmen gegen den Stillstand. Roman Herzogs „Berliner Rede“ und 33 Antworten, 2. Aufl. Hamburg 1997, S. 13 ff.

16 Vgl. hierzu: Christoph Butterwegge, Rechtfertigung, Maßnahmen und Folgen einer neoliberalen (Sozial-)Politik, in: ders./Bettina Lösch/Ralf Ptak, Kritik des Neoliberalismus, 2. Aufl. Wiesbaden 2008, S. 136 ff.

der Arbeitgeberseite als Hindernis wirkt, mehr Beschäftigung zu schaffen."[17] In dieser Situation müsse seine Regierung entschlossen handeln, um die Rahmenbedingungen für mehr Wachstum und Beschäftigung zu verbessern: „Wir werden Leistungen des Staates kürzen, Eigenverantwortung fördern und mehr Eigenleistung von jedem Einzelnen abfordern müssen. Alle Kräfte der Gesellschaft werden ihren Beitrag leisten müssen: Unternehmer und Arbeitnehmer, freiberuflich Tätige und auch Rentner."[18]

Hier zeigt sich die ganze Demagogie der Schröder'schen Agenda 2010. Entgegen den Behauptungen in seiner Regierungserklärung wurden die Kosten der Reformpolitik nämlich sehr ungleich verteilt. So mussten die Rentner/innen ab 2004 mehrere „Nullrunden" über sich ergehen lassen, die in Wirklichkeit natürlich Minusrunden waren, weil das Einkommen der Ruheständler/innen stagnierte, während die von ihnen erhobenen Beiträge zur Kranken- und Pflegeversicherung sowie die Verbraucherpreise stiegen. Im selben Jahr wurde nach der sog. Riester-Treppe ein weiterer „Dämpfungs-", exakter: Kürzungsfaktor in die gesetzliche Rentenanpassungsformel eingefügt, der mit dafür sorgen wird, das Rentenniveau vor Steuern bis zum Jahr 2030 um ein Fünftel zu senken.[19] Unternehmern und Freiberufler(inne)n wurde hingegen überhaupt kein finanzielles Opfer abverlangt. Sie profitierten vielmehr von Steuersenkungen, die hauptsächlich Kapitaleigentümer und Spitzenverdiener entlasteten.

Schröder sprach ideologietriefend von einer „gewaltige(n) gemeinsame(n) Anstrengung", die nötig sei, aber letztlich auch zum Ziel führen werde. Man müsse, meinte der damalige Bundeskanzler weiter, zum Wandel im Innern bereit sein und genügend Mut zur Veränderung aufbringen. Als ob Mut für einen deutschen Regierungschef dazu gehörte, sozial Benachteiligte und politisch Ohnmächtige wie Langzeiterwerbslose, die man in den Medien als „Faulenzer" oder „Drückeberger" beschimpft,[20] zu entrechten, zu erniedrigen und zu entmündigen! Mut würde ein Politiker hingegen beweisen, indem er die Mächtigen, die Eliten und die Kapitaleigentümer zu „aktivieren", d.h.

---

17 Presse- und Informationsamt der Bundesregierung (Hg.), Agenda 2010. Mut zum Frieden und Mut zur Veränderung. Regierungserklärung von Bundeskanzler Gerhard Schröder, 14. März 2003, Berlin 2003, S. 7

18 Ebd., S. 8

19 Vgl. hierzu: Christoph Butterwegge, Die Entwicklung des Sozialstaates, Reformen der Alterssicherung und die (Re-)Seniorisierung der Armut, in: ders./Gerd Bosbach/Matthias W. Birkwald (Hg.), Armut im Alter. Probleme und Perspektiven der sozialen Sicherung, Frankfurt am Main/New York 2012, S. 19 ff.

20 Vgl. Matthias Kaufmann, Kein Recht auf Faulheit. Das Bild von Erwerbslosen in der Debatte um die Hartz-Reformen, Mit einem Geleitwort von Friedhelm Hengsbach, Wiesbaden 2013, S. 211 f. und passim

zur Übernahme von mehr Verantwortung für die Gesellschaft zu motivieren und sie zu zwingen suchte, genügend sozialversicherungspflichtige Arbeitsplätze mit auskömmlichen Löhnen bzw. Gehältern zu schaffen.

Für die Regierungsparteien bestanden laut Schröder in der damaligen Übergangssituation aber nur zwei Möglichkeiten: „Entweder wir modernisieren, und zwar als soziale Marktwirtschaft, oder wir werden modernisiert, und zwar von den ungebremsten Kräften des Marktes, die das Soziale beiseite drängen würden.“[21] Was Gerhard Schröder euphemistisch als „gesellschaftliche Modernisierung“ bezeichnete, weckte bei manchen Gewerkschafter(inne)n böse Erinnerungen an mittelalterliche Frondienste (Einführung der 1-Euro-Jobs) und lief auf eine Refeudalisierung der Arbeitswelt (Lockerung des Kündigungsschutzes und Liberalisierung der Leiharbeit als einer postmodernen Form der Sklaverei) hinaus.

Da die Struktur der Sozialsysteme seit einem halben Jahrhundert praktisch unverändert geblieben sei und Instrumente der sozialen Sicherheit heute sogar zu mehr Ungerechtigkeit führten – hier nannte Schröder die Belastung des „Faktors Arbeit“ (gemeint: der Arbeitgeber) und den Anstieg der „Lohnnebenkosten“ während der Kohl-Regierung –, komme man an durchgreifenden Veränderungen nicht vorbei: „Der Umbau des Sozialstaates und seine Erneuerung sind unabweisbar geworden. Dabei geht es nicht darum, ihm den Todesstoß zu geben, sondern ausschließlich darum, die Substanz des Sozialstaates zu erhalten.“[22] Auf diese Weise legitimierte Schröder alle von ihm unternommenen Schritte als „kleineres Übel“, auch wenn sie in die Richtung einer neoliberalen Modernisierung wiesen und politisch den Weg für noch marktradikalere Lösungen ebneten. Mit derselben Argumentation, die einen Blankoscheck für Kürzungsmaßnahmen darstellt, hatten bisher fast alle Politiker seit Heinrich Brüning eine restriktive bzw. regressive Sozialpolitik gerechtfertigt,[23] weil sie wussten, dass mit einer Kampfansage gegenüber dem Wohlfahrtsstaat bei lohnabhängig Beschäftigten in einer kapitalistischen Erwerbsarbeitsgesellschaft keine Wahlen zu gewinnen sein würden.

Schröder führte mehrere Beispiele an, wie die rot-grüne Koalition den angeblich notwendigen Reformprozess bereits vorangetrieben habe, darunter die Schaffung der kapitalgedeckten privaten Altersvorsorge, die mehrstufige Einkommensteuerreform, die „Modernisierung der Gesellschaft“ im Familienbereich, beim Staatsangehörigkeitsrecht und bei der Zuwanderung sowie

---

21 Presse- und Informationsamt der Bundesregierung (Hg.), Agenda 2010, a.a.O., S. 12

22 Ebd.

23 Vgl. hierzu: Christoph Butterwegge, Krise und Zukunft des Sozialstaates, 5. Aufl. Wiesbaden 2014, S. 54 ff.

die Verbesserung der Bedingungen für schulische und vorschulische Bildung. Positiv bezog sich Schröder auch auf die beiden ersten, damals seit zehn Wochen in Kraft befindlichen Hartz-Gesetze und den mit Hartz III verbundenen Totalumbau der BA. Zu den weitreichenden Strukturreformen, die Deutschland bei Wohlstand und Arbeit wieder an die Spitze bringen sollten, gehörten darüber hinaus die Lockerung des Kündigungsschutzes in Kleinbetrieben (Ankündigung, befristet Beschäftigte sowie Leih- bzw. Zeitarbeiter/innen nicht mehr auf die geltenden Obergrenzen anzurechnen), eine Umgestaltung der Regeln für die Sozialauswahl, eine Vereinfachung des Steuerrechts für Kleinbetriebe, die Verringerung der Höchstbezugszeit des Arbeitslosengeldes in der Regel auf zwölf bzw. (für Über-55-Jährige) auf 18 Monate, eine „Nachjustierung" bei der Rentenversicherung, eine Revision des Leistungskatalogs der gesetzlichen Krankenkassen und eine private Versicherung für das Krankengeld.

4.3 Die innerparteiliche Durchsetzung und die parlamentarische Umsetzung der Agenda 2010

Obwohl es den „Agenda"-Kritiker(inne)n innerhalb der SPD nicht gelang, die für ein Mitgliederbegehren dagegen nötige Anzahl von Unterstützer(inne)n zu gewinnen, sah sich die sozialdemokratische Führung aufgrund der großen Unzufriedenheit bei Teilen der Parteibasis genötigt, ihre Position auf mehreren Regionalkonferenzen zu erläutern und einen Sonderparteitag am 1. Juni 2003 nach Berlin einzuberufen. Dort hielt Gerhard Schröder eine Rede, in welcher er das auf Alfred Hugenberg zurückgehende INSM-Motto leicht abgewandelt übernahm und erklärte: „Gerecht ist, was Menschen in Erwerbsarbeit bringt."[24] Zwar bekamen Redner/innen, die Kritik an der Agenda 2010 übten, von den im Saal anwesenden Sozialdemokrat(inn)en viel Beifall; Gerhard Schröder, der mehrfach mit seinem Rücktritt als Parteivorsitzender und Bundeskanzler gedroht hatte, erhielt aber die Unterstützung von ungefähr zwei Dritteln der Delegierten für seinen Kurs, nachdem einige Punkte der Agenda 2010 im Leitantrag abgeschwächt und prinzipielle Fragen auf einen Programmparteitag verschoben worden waren, der im November

---

24 Zit. nach: Elisabeth Niejahr/Bernd Ulrich, Jeder Job ist zumutbar. Die SPD ringt um einen neuen Begriff von Gerechtigkeit. Ein ZEIT-Gespräch mit Wolfgang Clement, in: Die Zeit v. 5.6.2003. Clement behauptete in dem Interview allen Ernstes, den zitierten Satz würden „alle Sozialdemokraten" unterschreiben, und konkretisierte Schröders Aussage mit den Worten: „Jede legale Arbeit ist prinzipiell zumutbar."

2003 stattfinden sollte. Auf einem Sonderparteitag von Bündnis 90/Die Grünen in Cottbus gab es am 14./15. Juni 2003 ebenfalls klare Voten für die Kanzler-Agenda. Deren legislative Umsetzung erwies sich jedoch als schwierig und langwierig, weil die (von CDU bzw. CSU und FDP regierten) B-Länder den Bundesrat dominierten. SPD und Bündnisgrüne suchten wegen ihrer hauchdünnen Mehrheit im Bundestag und einer hohen Zahl möglicher Dissidenten in den eigenen Reihen nach einem breiten Konsens, gingen daher auf die Oppositionsparteien zu und verhandelten mit ihnen sogar über Reformbestandteile, die gar nicht zustimmungspflichtig waren.

Hartz IV bildete das Herzstück der Agenda 2010 und wird daher häufig im selben Atemzug genannt. Daneben brachte auch das *Gesetz zu Reformen am Arbeitsmarkt* gravierende Änderungen des Arbeits- und Sozialrechts mit sich und setzte Kernforderungen der „Agenda"-Rede in allgemein verbindliche Rechtsnormen um. Der liberalkonservative Arbeitsrechtler Klaus Adomeit bewertete die Wiederanhebung des Kleinbetriebsschwellenwertes beim Kündigungsschutz von fünf auf zehn Mitarbeiter/innen eines Betriebes, wenn jemand neu eingestellt wurde, sogar als „Hauptpunkt" der Agenda 2010.[25]

Man unterschätzt die Tragweite von Schröders Regierungserklärung, wenn deren Funktion auf die Ankündigung und die Legitimation seiner einschneidendsten Arbeitsmarktreform reduziert wird. Denn schließlich waren die ersten beiden Hartz-Gesetze am 14. März 2003 längst verabschiedet, und es ging bei der Agenda 2010 auch nicht bloß um Veränderungen auf dem Arbeitsmarkt. Die damit gerechtfertigten Pläne waren vielmehr erheblich ambitionierter: Neben zahlreichen gesundheits- und rentenpolitischen Maßnahmen nahm die Regierung Schröder/Fischer auch zentrale steuerpolitische Weichenstellungen vor, die vor allem der Exportwirtschaft eine größere Dynamik verleihen sollten.

Am 1. Januar 2004 trat das *Gesundheitsmodernisierungsgesetz* (GMG) in Kraft, mit dem die Gesetzliche Krankenversicherung finanziell entlastet und die „Eigenverantwortung" der Versicherten durch höhere Zuzahlungen bei Arznei-, Verbands-, Heil- und Hilfsmitteln sowie Einführung der Praxisgebühr in Höhe von 10 Euro pro Quartal gestärkt werden sollte. Letztere wurde zum 1. Januar 2013 per einstimmig (!) gefasstem Parlamentsbeschluss wieder abgeschafft. Wie realitätsfern und falsch Gerhard Schröders Einschätzungen bisweilen waren, zeigt die Bemerkung in seinem 2006 erschienenen Memoirenband, dass die Praxisgebühr längst „eine Selbstverständlichkeit" und ein

25 Siehe Klaus Adomeit, Die Agenda 2010 und das Arbeitsrecht. Eine Reform im Kampf gegen Widerstände, München 2004, S. 15

gesundheitspolitisches Instrument mit den „erhofften Steuerungswirkungen“ sei.[26]

Typisch für die Brüche und Widersprüche der Sozialpolitik von SPD und Bündnisgrünen war folgende Konzession gegenüber den Unionsparteien: Hatte man die Reprivatisierung dieses Gesundheitsrisikos für nach 1978 Geborene durch CDU/CSU und FDP sofort nach dem Regierungswechsel im Herbst 1998 rückgängig gemacht, strich man den *Zahnersatz* während der Verhandlungen im Juli 2003 ganz aus dem Leistungskatalog der gesetzlichen Krankenkassen. Ab 1. Januar 2005 sollten deren Mitglieder ihn (dort oder bei einer Privatassekuranz) zusätzlich versichern. Als sich während des Jahres 2004 herausstellte, dass die Erhebung des zusätzlichen Beitrages von Arbeitslosen und Rentner(inne)n einen sehr hohen bürokratischen Aufwand erfordern würde und auch juristischen Bedenken unterlag, suchte die Bundesregierung zunächst gemeinsam mit der Union, welche diese vom Einkommen der versicherten Person unabhängige Regelung offenbar als Vorläuferin einer „Gesundheitsprämie“ begriff und an ihr festhielt, nach einer Ersatzlösung. Am 26. November 2004 setzte die rot-grüne Koalition mittels ihrer Kanzlermehrheit gegen CDU/CSU und FDP im Bundestag durch, dass Mitglieder der gesetzlichen Krankenkassen die Versicherung des Zahnersatzes mit einem „Sonderbeitrag“ in Höhe von 0,4 Prozent ihres Bruttomonatseinkommens abgelten mussten. Zwar trat diese Regelung nunmehr mit einer sechsmonatigen Verzögerung am 1. Juli 2005 in Kraft, dafür wurde aber der erst zum 1. Januar 2006 geplante Aufschlag in Höhe von 0,5 Prozent für die separate Versicherung des Krankengeldes durch die Arbeitnehmer/innen (und paradoxerweise auch Rentner/innen) um gleichfalls ein halbes Jahr auf dasselbe Datum *vor*gezogen. Hierdurch wurden die Versicherten per Saldo noch mehr als nach der vorher geplanten Neuregelung be-, die Arbeitgeber hingegen noch ein wenig stärker entlastet, als ursprünglich im GMG festgelegt.

Am 1. Juli 2005 traten gesetzlich verordnete Beitragssenkungen in Kraft, die ausschließlich den Arbeitgebern, nicht jedoch den Versicherten zugute kamen, weil diese den Zahnersatz und das Krankengeld nunmehr – wie oben erwähnt – mit ihrem „Sonderbeitrag“ in Höhe von 0,9 Prozent des Bruttolohns bzw. -gehalts ganz allein finanzierten. Durch die Ausgliederung des Zahnersatzes aus der solidarischen GKV-Finanzierung und die Regelung, wonach die gesetzlichen Krankenkassen ab 1. Januar 2005 „befundbezogene Festzuschüsse“ für Kronen, Brücken und Prothesen zahlten, wurden nicht bloß die Arbeitgeber auf Kosten der Versicherten entlastet, sondern auch

26 Siehe Gerhard Schröder, Entscheidungen, a.a.O., S. 414

Zahnärzt(inn)en und Dentallabors, welche die Gesundheitsreform durchgängig begrüßten, zusätzliche Einnahmequellen eröffnet.

Verteilungspolitisch bewirkte die Gesundheitsreform 2004 daher eine weitere Entlastung der Kapitalseite, während sie Arbeitnehmer/innen und Patient(inn)en zusätzlich belastete. Seit dem 1. Januar 2004 müssen Rentner/innen auch Krankenkassenbeiträge auf Betriebsrenten und seit dem 1. April 2004 den vollen Beitragssatz in der Pflegeversicherung entrichten. Noch härter als die genannten Bevölkerungsgruppen traf es (Senioren- bzw. Pflege-)Heimbewohner/innen, Arbeitslosen- und Sozialhilfehilfeempfänger/innen sowie Obdachlose, die bislang von jeder Zuzahlungspflicht befreit gewesen waren. Hatten sie vorher (ebenso wie Kinder und Jugendliche bis zum vollendeten 18. Lebensjahr) bei Arznei-, Verbands-, Heil- und Hilfsmitteln, aber auch stationären Vorsorge- und Rehabilitationskuren bzw. Krankenhausaufenthalten einen Anspruch auf die volle Kostenübernahme durch ihre Kasse bzw. das Sozialamt, mussten sie nunmehr Rechnungen zunächst selbst bezahlen, die Quittungen sammeln und sich das Geld bei Überschreiten von 2 bzw. 1 Prozent (Chroniker/innen) des Bruttoeinkommens später erstatten lassen.

Die am 12. November 2002 von Ulla Schmidt berufene, unter dem Namen ihres Vorsitzenden Hans-Adalbert („Bert") Rürup bekannt gewordene „Kommission für die Nachhaltigkeit in der Finanzierung der Sozialen Sicherungssysteme" sollte unter Gewährleistung von „Generationengerechtigkeit" neue Finanzierungsgrundlagen im Bereich der sozialen Sicherung (Gesetzliche Kranken-, Pflege- und Rentenversicherung) entwickeln. Am 28. August 2003 legte die Rürup-Kommission ihren Abschlussbericht vor. Zutreffend wurde festgestellt, dass „Arbeitnehmerversicherungen" mit auf das Einkommen bezogenen Beiträgen den Kern des deutschen Sozialsystems bilden. Aus dieser Finanzierungsweise folgerte man, dass es künftig verstärkt unter Druck gerate, weil „steigende Altenquotienten und sinkende Wachstumsraten" sich negativ auf die Sozialversicherungsbeiträge auswirken müssten. Priorität für die Kommission hatte deswegen – wie hätte es auch anders sein können – eine Senkung der Lohnnebenkosten: „Die positiven beschäftigungspolitischen Konsequenzen einer Senkung der Sozialversicherungsbeiträge sind belegt, und innerhalb der Kommission besteht Konsens darüber, dass mithilfe einer Senkung der Lohnzusatzkosten positive Beschäftigungsimpulse gesetzt werden können."[27]

27 Bundesministerium für Gesundheit und Soziale Sicherung (Hg.), Nachhaltigkeit in der Finanzierung der sozialen Sicherungssysteme. Bericht der Kommission, Berlin, August 2003, S. 46

Da sie die Bedeutung des demografischen Wandels für Wohlstandsentwicklung und Sozialpolitik überbewertete, schlug die Kommission mit Blick darauf eine weitere Absenkung des Rentenniveaus, eine Verlängerung der Lebensarbeitszeit (schrittweise Anhebung des gesetzlichen Rentenalters von 65 auf 67 Jahre) und die Ergänzung der Renten(anpassungs)formel um einen „Nachhaltigkeitsfaktor" vor. Dieser soll (vornehmlich aus kollektiven Alterungsprozessen und Beschäftigungskrisen erwachsende) Verschiebungen im Verhältnis von Rentner(inne)n zu Beitragszahler(inne)n berücksichtigen. „Damit wird ein automatischer Stabilisator in das Rentensystem eingebaut, der dessen Immunität gegen Veränderungen der demografischen und ökonomischen Rahmenbedingungen deutlich erhöht."[28]

Völlig klar war der Rürup-Kommission, dass künftige Generationen durch den Nachhaltigkeitsfaktor im Ergebnis ent-, Rentner/innen hingegen stärker belastet werden dürften, was sie als eine „Stärkung der intergenerativen Gerechtigkeit" bezeichnete und als ergänzendes Ziel neben die „Entlastung des Faktors Arbeit" stellte: „Da ein Kostenanstieg als Folge der Bevölkerungsalterung unvermeidbar ist, muss es das Ziel sein, diese Kosten nicht nur möglichst beschäftigungsfreundlich, sondern auch gleichmäßiger zwischen den Generationen zu verteilen. Eine am Ziel der generativen Gleichbehandlung ausgerichtete Nachhaltigkeitspolitik wird die demografischen Verschiebungen nur durch intergenerative Umverteilung, d.h. eine Umverteilung zu Gunsten der Jüngeren und noch nicht Geborenen, bewältigen können."[29]

2004 trat Rürups „Nachhaltigkeitsfaktor" an die Stelle des ihm nicht unähnlichen „demografischen Faktors", den die schwarz-gelbe Regierung ins Rentenrecht eingeführt, die rot-grüne Koalition aber sofort nach ihrem Amtsantritt und vor seinem Wirksamwerden suspendiert hatte, was Bundeskanzler Schröder später jedoch als einen politischen Fehler bezeichnete. Parallel dazu wurde die Möglichkeit einer rentensteigernden Anrechnung von Zeiten der schulischen bzw. universitären Ausbildung abgeschafft, was besonders Akademiker/innen (mit einer lückenhaften Erwerbsbiografie) trifft. Zusammen mit der sog. Riester-Treppe trägt das *Gesetz zur Sicherung der nachhaltigen Finanzierungsgrundlagen der Gesetzlichen Rentenversicherung* (RV-Nachhaltigkeitsgesetz) im Rahmen des Übergangs zur nachgelagerten Besteuerung nach dem *Alterseinkünftegesetz* zu einer drastischen Reduktion des Rentenniveaus bei. Betrug dieses um die Jahrtausendwende noch 53 Prozent des Durchschnittseinkommens vor Steuern, darf es bis zum Jahr 2030 auf 43 Prozent sinken, ohne dass der Gesetzgeber korrigierend eingreifen muss.

---

28 Ebd., S. 81 f.
29 Ebd., S. 47

Während die Mehrheit der Arbeitnehmer/innen, Rentner/innen und Patient(inn)en materielle Einbußen hinnehmen mussten, gehörten Kapitaleigentümer und Spitzenverdiener zu den Hauptnutznießern von Schröders Reformagenda. In seiner Rede am 14. März 2003 bekräftigte der Bundeskanzler seine Absicht, eine umfangreiche Steuerreform zu realisieren, die eine weitere Spreizung der Einkommen mit sich brachte sowie die Spaltung der Gesellschaft in Arm und Reich vorantrieb: Wer den Eingangssteuersatz um 10,9 Punkte (von 25,9 auf 15 Prozent) und den Spitzensteuersatz sogar um 11 Punkte (von 53 auf 42 Prozent) senkt, wie dies zwischen 2001 und 2005 geschah, reduziert damit nicht bloß den finanziellen Handlungsspielraum des Staates, sondern weiß genau, dass die steuerliche Entlastung der höchsten Einkommensgruppen in absoluten Geldbeträgen hierdurch sehr viel stärker ausfällt als die der weniger gut betuchten, und forciert die soziale Polarisierung. Die zur Gegenfinanzierung der Steuersenkungen vereinbarte Privatisierung von Bundeseigentum erschloss neue Gewinnquellen für Anleger, nahm dem Staat aber weitere Einflussmöglichkeiten.

4.4 Das „Agenda"-Jubiläum und die Streitfrage nach Erfolg oder Misserfolg der Reformpolitik

Jubiläen sind dafür berüchtigt, dass die Gratulanten es mit der Wahrheit nicht immer so genau nehmen, wenn es gilt, den Jubilar mit Komplimenten zu überhäufen und im Glanze seiner Leistungen erstrahlen zu lassen. So war es auch im Frühjahr 2013, als sich Gerhard Schröders unter dem Titel „Agenda 2010" bekannt gewordene Regierungserklärung zum 10. Mal jährte. Das besagte „Agenda"-Jubiläum bot Politikern, Medien und Öffentlichkeit eine willkommene Gelegenheit, erneut über Vorgeschichte und Nachwirkungen, Sinn und Zweck sowie Erfolg oder Misserfolg der folgenreichsten Regierungserklärung Gerhard Schröders zu diskutieren. Während die Ablehnung der Beteiligung am Zweiten Irak-Krieg zehn Jahre nach dem 14. März 2003 kaum noch Emotionen weckte, lieferten sich Anhänger/innen und Gegner/innen des arbeitsmarkt-, sozial-, gesundheits- und steuerpolitischen Reformprogramms der rot-grünen Bundesregierung noch einmal heftige Wortgefechte.

Die unterschiedlichen, ja gegensätzlichen Einschätzungen der Wirksamkeit und der Auswirkungen des Konzepts, das Gerhard Schröder seinerzeit im Bundestag präsentiert hatte, prallten erneut und nicht weniger unversöhnlich als damals aufeinander. Offenbar waren die Gräben zwischen den politischen Kontrahenten seither nicht zugeschüttet worden, sondern hatten sich eher vertieft und verfestigt. Rund um den Jahrestag entbrannte eine richtige Schlacht um die Deutungshoheit im Hinblick darauf, ob die „Agenda"-Politik ein Segen für Deutschland und seinen Arbeitsmarkt war, wie beispielsweise Thomas Straubhaar, Direktor und Sprecher der Geschäftsführung des Hamburgischen WeltWirtschaftsInstituts (HWWI) meinte,[30] oder ein umfassendes Regierungsprogramm zur Pauperisierung, Prekarisierung und sozialen Polarisierung darstellte. Die sozialdemokratischen Hauptrepräsentanten der Agenda 2010, etwa Gerhard Schröder, selbst von manchen Parteigenoss(inn)en inzwischen als „Gazprom-Gerd" verulkt, und Wolfgang Clement, mittlerweile zum FDP-Wahlkämpfer herabgesunken, tourten quer durch die Bundesrepublik und deren Medienlandschaft, um sich dafür selbst zu loben und ihre angeblichen Erfolge im Rahmen des Agenda-2010-Jubiläums noch einmal gemeinsam mit den feinsten Kreisen der Gesellschaft, die von ihren Reformen teilweise in barer Münze profitiert haben, zu feiern. Erst die Papstwahl am Vorabend des „Agenda"-Jahrestages beendete den neuerlichen Medienhype um das Reformwerk.

Zu ihrem 10. Jahrestag wurde die Agenda 2010 in den Massenmedien geradezu überschwänglich gelobt. Während sie das *Handelsblatt* (v. 6.3.2013) als „Geburtsstunde des deutschen Jobwunders" würdigte, bescheinigte ihr die *Welt* (v. 7.3.2013) schon in der Überschrift eines Artikels, „keine Armut" bewirkt zu haben. Klaus F. Zimmermann, Direktor des Instituts zur Zukunft der Arbeit, fragte in einem Gastbeitrag für den *Kölner Stadt-Anzeiger* (v. 8.3.2013) ungeduldig: „Wo bleibt die Agenda 2020?" Zuletzt forderte Walter Wüllenweber im *Stern* von CDU, CSU und SPD für den Rest der 18. Legislaturperiode einen „zweiten, diesmal ehrgeizigen Koalitionsvertrag" und ließ Franz Müntefering mit dem Plädoyer für eine Fortschreibung der Agenda 2010 zu Wort kommen: „Wir brauchen eine Agenda 2030 oder 2040."[31] Was der ehemalige Vizekanzler, der rührige Journalist und der IZA-Chef geflissentlich ignorieren: Angela Merkel, die als Bundeskanzlerin weitgehend unangefochten erscheint, liebt nun mal keine Blut-, Schweiß- und Tränenreden, sondern bevorzugt ein möglichst geräuschloses „Durchregieren" ohne unnötiges Pathos und „Basta!"-Gehabe.[32] Mit ihr wird es deshalb weder eine

30 Siehe „Hartz-Reformen waren für Deutschland ein Segen". Im Gespräch: Ökonom Thomas Straubhaar, in: FAZ v. 27.8.2012

31 Franz Müntefering, in: Walter Wüllenweber, Wir sind nicht so gut, wie viele glauben. WM gewonnen, Arbeitslosigkeit fast halbiert, Haushalt saniert. Die Welt feiert Deutschland. Soll das so bleiben, brauchen wir eine Agenda 2030, in: Stern v. 14.8.2014, S. 15

32 Vgl. z. B. Nikolaus Blome, Angela Merkel. Die Zauder-Künstlerin, München 2013; Ralph Bollmann, Die Deutsche: Angela Merkel und wir, Stuttgart 2013; Stephan Hebel, Mutter Blamage. Warum die Nation Angela Merkel und ihre Politik nicht braucht, Frankfurt am Main 2013; Stefan Kornelius, Angela Merkel. Die Kanzlerin und ihre Welt, Hamburg 2013

„Agenda 2020" noch eine „Agenda 2030 oder 2040", wohl aber die von ihnen erhoffte Weiterführung der Reformpolitik à la Schröder/Fischer geben, obgleich sie in der dritten Großen Koalition mit einer wankelmütigen SPD moderater ausfallen dürfte.

Für die Sozialdemokrat(inn)en ging und geht es bei der Diskussion über die Agenda 2010 primär um Vergangenheitsbewältigung, hatte das Schröder'sche Reformprogramm diese Partei doch innerlich zerrissen, ohne dass die damals entstandenen Wunden schon vollends geheilt wären. In ihrem „Regierungsprogramm 2013-2017" feierte die SPD noch einmal die vermeintlichen Erfolge des „Agenda"-Kurses von Rot-Grün: „Diese Reformpolitik der ‚Agenda 2010' erhöhte die Investitionen in Forschung und Innovation, beschleunigte den Ausbau der Erneuerbaren Energien und holte hunderttausende Menschen vom Abstellgleis der Sozialhilfe und bezog sie erstmals ein in die aktive Arbeitsmarktpolitik."[33] Anschließend thematisierte das sozialdemokratische Programmdokument den „Missbrauch von Leiharbeit, Minijobs und Niedriglohnbeschäftigung", nicht ohne dessen Korrektur zu versprechen. Dass sich die SPD, ohne Peter Hartz oder eine der nach ihm benannten Arbeitsmarktreformen auch nur zu erwähnen – statt von Hartz IV sprach man lieber verschämt vom SGB II bzw. von Leistungen der Grundsicherung –, mehr oder weniger unverhüllt hinter ihren Altkanzler und seine Regierungspolitik stellte, war ein Widerspruch zu früherer Detailkritik an dem Gesetzespaket und erhöhte nicht eben ihre Glaubwürdigkeit.

Hingegen wurden die Bündnisgrünen in der Öffentlichkeit weder damals noch heute voll mit der Reformagenda identifiziert, obwohl ihre Minister/innen und Parlamentarier/innen an der praktischen Umsetzung des Programms an vorderster Stelle, wenngleich nicht an der Formulierung des Textes dieser Regierungserklärung maßgeblich beteiligt waren. Jürgen Trittins dezenter Hinweis, die SPD habe sich damals einem gesetzlichen Mindestlohn verweigert, den er als Umweltminister seinerzeit in der Tat befürwortet hatte, war eine kaum überzeugende nachträgliche Distanzierung zum Zwecke der sozialen Profilierung und Stimmenmaximierung von Bündnis 90/Die Grünen im Bundestagswahlkampf 2013.

Angesichts des von Befürworter(inne)n der Agenda 2010 angestimmten Triumphgeschreis auf wirtschaftlichem Gebiet ist der Mythos fast schon zum Gemeinplatz geworden, Schröders Reformprogramm sei die Mutter der späteren Weltmarkterfolge der Bundesrepublik. Dabei hatte Deutschland, als Schröder seine „Agenda"-Rede hielt, die USA bereits als „Exportweltmeister"

---

33 SPD-Parteivorstand (Hg.), Das Wir entscheidet. Das Regierungsprogramm 2013-2017, Berlin o.J., S. 7

abgelöst und fiel anschließend, nämlich im Krisenjahr 2009, das einen Rückgang ihres Bruttoinlandsprodukts um 5,1 Prozent mit sich brachte, hinter die Volksrepublik China wieder auf den zweiten Platz zurück. „Europas kranker Mann", wie verschiedentlich behauptet, war die Volkswirtschaft der Bundesrepublik seit dem „Wirtschaftswunder" der späten 1950er-Jahre jedenfalls zu keiner Zeit.

Gerhard Schröder reklamierte den Wirtschaftsaufschwung und den damit verbundenen Rückgang der (offiziell registrierten) Arbeitslosigkeit nach 2005 im „Agenda"-Jahr 2010 aus verständlichen Gründen als wesentlichen Erfolg seiner Politik.[34] Dieser hielt sich jedoch, wenn man genauer hinschaut, in sehr engen Grenzen. Wie Annelie Buntenbach bemerkt, war der vermeintliche „Agenda-2010-Aufschwung" im Zyklenvergleich eher beschäftigungsarm.[35] Gustav Horn, wissenschaftlicher Direktor des gewerkschaftsnahen Instituts für Makroökonomie und Konjunkturforschung (IMK), hat zusammen mit Camille Logeay und Diego Stapff einen Zyklenvergleich des Konjunkturverlaufs zwischen 1998 und 2000 sowie des Konjunkturverlaufs zwischen 2004 und 2007 vorgenommen, dessen Ergebnisse im Hinblick auf die Arbeitsmarkteffekte der „Agenda"-Reformen und der Hartz-Gesetze überraschten: „Zwar ist die Beschäftigung (in Stunden) seit jüngstem sichtbar kräftiger gestiegen als im vorigen Aufschwung, jedoch hat die Zahl der Beschäftigten wegen der Flexibilisierung und Verlängerung der Arbeitszeiten weitaus weniger stark zugenommen als früher. Die Arbeitslosigkeit ist im Vergleich allerdings etwas stärker gefallen; dies lässt sich teilweise durch ein verringertes Arbeitsangebot erklären."[36]

Michael Dauderstädt, Leiter der Abteilung Wirtschafts- und Sozialpolitik der Friedrich-Ebert-Stiftung, hat zusammen mit Julian Dederke die ökonomische Entwicklung Deutschlands in den acht Jahren vor der Agenda 2010 (1995 bis 2003) und in den acht Jahren nach dieser Regierungserklärung (2003 bis 2011) miteinander verglichen und dabei festgestellt, dass nur wenige Indikatoren auf positive Veränderungen durch die rot-grüne Reform-

34 „Die heutige Regierung hat mit dem Aufschwung nicht viel zu tun", BILD-Interview mit Altkanzler Gerhard Schröder, in: Bild v. 26.10.2010: „Die Agenda hat einen erheblichen Anteil am Aufschwung! Dazu kam eine vernünftige Lohnpolitik der Gewerkschaften und eine Position der mittelständisch orientierten deutschen Wirtschaft, die sehr frühzeitig weltmarktfähig geworden ist – weil sie auf Innovation, Forschung und Entwicklung gesetzt haben."

35 Vgl. Annelie Buntenbach, Hartz-Reformen: Viel Bewegung – neue Probleme – wenig Fortschritt, in: Hartmut Seifert/Olaf Struck (Hg.), Arbeitsmarkt und Sozialpolitik. Kontroversen um Effizienz und soziale Sicherheit, Wiesbaden 2009, S. 259

36 Gustav Horn/Camille Logeay/Diego Stapff, Viel Lärm um nichts? – Arbeitsmarktreformen zeigen im Aufschwung bisher kaum Wirkung, IMK-Report 20, Juni 2007, S. 1

politik hindeuten. Zuletzt war zwar die durchschnittliche jährliche Wachstumsrate höher, die Arbeitslosenquote niedriger, die Flexibilität (Anzahl der Zu- und Abgänge) größer, der Exportüberschuss höher und das Haushaltsdefizit niedriger. Dagegen war die Investitionsquote niedriger, die Produktivitätszunahme geringer, das Reallohnwachstum und die Lohnquote niedriger, die Entwicklung der Lohnstückkosten ungünstiger, die Verteilungsungleichheit (Gini-Koeffizient) höher sowie der Beschäftigungszuwachs hinsichtlich Personal und Arbeitsstunden, das Exportwachstum und die Staatsverschuldung geringer als in dem o.g. Vergleichszeitraum.[37]

Die konjunkturelle Erholung 2006/07 sei kaum auf die Arbeitsmarktreformen zurückzuführen, argumentieren Dauderstädt und Dederke: „Wenn man vermutet, der Aufschwung resultiere aus der starken Auslandsnachfrage dank günstiger Weltkonjunktur und einer nach langer Stagnation zyklisch leicht belebten Investitionsnachfrage, so sind die Reformen dafür ebenso wenig ursächlich, wie sie für den anschließenden massiven Einbruch verantwortlich sind.“[38] Vergleicht man die Konjunkturaufschwünge 1997 bis 2001 und 2004 bis 2007 miteinander, so ergibt sich laut Dauderstädt und Dederke ein durchwachsenes Bild mit ähnlichen Verläufen bei vielen Indikatoren der volkswirtschaftlichen Entwicklung: „Der deutlichste Unterschied trat bei den Reallöhnen auf, die im zweiten Aufschwung nach den Reformen stagnierten, während sie im ersten anstiegen.“[39]

Der durch die Arbeitsmarktreformen zum Teil mit induzierte „Beschäftigungsboom“ im Prekariatsbereich ähnelte einer Scheinblüte. Neben der nur vorübergehend anziehenden Weltkonjunktur spielten Manipulationen der Arbeitslosenstatistik dabei eine nicht unwichtige Rolle. Bei der Streichung jener Erwerbslosen, die private Vermittler eingeschaltet haben, aus der Arbeitslosenstatistik handelte es sich beispielsweise um einen Kunstgriff, der ab 1. Januar 2009 binnen eines Jahres zur (rein statistischen) Reduktion der Arbeitslosenzahl um mehr als 100.000 geführt hat.[40] Vergleicht man nicht Daten konjunktureller Tiefpunkte und Daten aus späteren Aufschwungphasen miteinander, vielmehr phasensynchrone Daten und bereinigt sie im Hinblick auf demografische und andere Sondereffekte, zeigt sich Folgendes: Zwar ist die Anzahl der Erwerbstätigen seit Wirksamwerden der „Agenda“-Reformen gestiegen und die Arbeitslosenzahl gesunken. Während die höhere

37 Vgl. Michael Dauderstädt/Julian Dederke, Reformen und Wachstum. Die deutsche Agenda 2010 als Vorbild für Europa?, WISO direkt, Juni 2012, S. 3

38 Ebd., S. 2

39 Ebd.

40 Vgl. Karl Brenke, Fünf Jahre Hartz IV – Das Problem ist nicht die Arbeitsmoral, in: DIW-Wochenbericht 6/2010, S. 7

Frauenerwerbsquote und die Arbeitsmigration von hoch qualifizierten Fachkräften aus den sog. Krisenländern der südlichen EU-Peripherie zum Anstieg der Erwerbstätigenzahl beitrugen, ging die Arbeitslosenzahl demografisch (Rückgang der Anzahl von Personen im erwerbsfähigen Alter) und durch einen Drehtüreffekt (Aufspaltung zahlreicher Arbeitsverhältnisse in mehrere geringfügige Beschäftigungsverhältnisse oder sozialversicherungspflichtige Teilzeitstellen) bedingt zurück. „Demographisch bedingter Rückgang der Bevölkerung im Erwerbsalter, geringere Produktivitätssteigerung und abnehmende durchschnittliche Arbeitszeiten erklären die starke Zunahme der Erwerbstätigkeit trotz nur moderater Wachstumsraten des BIP."[41]

„In keinem anderen europäischen Land expandierte der Niedriglohnsektor während der zurückliegenden Dekade stärker als in Deutschland, doch der Preis, den die Gesellschaft dafür zu zahlen hat, ist hoch."[42] Unter dem anhaltenden Trend zur Prekarisierung von Arbeits- und Lebensbedingungen leidet der gesellschaftliche Zusammenhalt. Millionen Menschen haben kein sozialversicherungspflichtiges Arbeitsverhältnis, das ihnen Schutz vor elementaren Lebensrisiken bieten würde. Wenn dieser halbwegs gegeben ist, leisten sie vielfach Leiharbeit oder (Zwangs-)Teilzeit. Da die Reallöhne vor allem im unteren Einkommensbereich zum Teil drastisch gesunken sind und die Lohnquote auf einen historischen Tiefstand gefallen ist, können sich immer mehr Gesellschaftsmitglieder immer weniger von dem leisten, was für andere in einem reichen Land als normal gilt. Dies trifft vor allem Kinder und Jugendliche, die von Klassenkamerad(inn)en, Freund(inn)en oder Angehörigen ihrer Clique geschnitten oder ausgelacht werden, sofern sie nicht „mithalten" können.

Seit die Bundesrepublik von der globalen Finanz- und Weltwirtschaftskrise 2008 ff. weniger stark getroffen wurde als vergleichbare Industriestaaten, stellt kaum noch jemand die Behauptung in Frage, dass die Reformgesetze zum Sinken der Arbeitslosigkeit geführt oder zumindest wesentlich beigetragen haben. Dabei behauptete Deutschland seine führende Exportstärke aufgrund zweier Konjunkturpakete, eines zumindest noch halbwegs intakten Kündigungsschutzes, einer schrittweisen Verlängerung der Höchstbezugsdauer des Kurzarbeitergeldes (von sechs Monaten auf zwei Jahre) und der Arbeitszeitkonten in zahlreichen Betrieben, die während der Krise sowohl einen Guthabenabbau wie auch einen Zeitschuldenaufbau erlaubten, um den konjunkturell bedingten Auftragsrückgang personell abzufedern. Es

41 Matthias Knuth, Rosige Zeiten am Arbeitsmarkt? – Strukturreformen und „Beschäftigungswunder", WISO-Diskurs, Juli 2014, S. 14

42 Klaus Dörre, Hartz-Kapitalismus. Vom erfolgreichen Scheitern der jüngsten Arbeitsmarktreformen, in: Wilhelm Heitmeyer (Hg.), Deutsche Zustände, Folge 9, Berlin 2010, S. 296

handelte sich im Grunde um die zeitweilige Rückkehr der zweiten Großen Koalition zu einer keynesianischen Beschäftigungs- und Konjunkturpolitik,[43] also um eine temporäre Abwendung von den „Agenda"-Reformen und den Hartz-Gesetzen.

Selbst wenn die gegenüber den EU-Partnerstaaten größere Krisenresistenz der deutschen Volkswirtschaft mit den „Agenda"-Reformen und den Hartz-Gesetzen zu tun haben sollte, ist der Preis, den das Land und besonders seine unterprivilegierten Bevölkerungsteile dafür auch in konjunkturell guten Zeiten zahlen müssen, erheblich zu hoch. So hat die Agenda 2010 kaum neue Arbeitsplätze geschaffen und das Gesamtarbeitsvolumen der Volkswirtschaft seit der Jahrtausendwende nicht vermehrt, sondern es den Unternehmen ermöglicht, existierende Arbeitsplätze ohne hohe Kosten in befristete, Teilzeitstellen und prekäre Beschäftigungsverhältnisse (Leiharbeit, Honorar- bzw. Werkverträge, Scheinselbstständigkeit etc.) aufzuspalten, die Lohnarbeit also bloß anders verteilt. „Während die Gewerkschaften allerdings immer verlangten, dass dies ohne starke Lohneinbußen zu bewerkstelligen sei, haben die Hartz-Reformer die Neuverteilung der Arbeit erreicht, indem die Qualität und die Bezahlung vieler Arbeitsplätze in Deutschland sanken. Inzwischen gibt der Staat jedes Jahr rund elf Milliarden Euro aus, um Jobs zu subventionieren, von deren Gehältern keiner leben kann: Die Zahl der Beschäftigten, deren Lohn unter dem Hartz-IV-Niveau liegt, pendelt seit Jahren um die 1,3 Millionen, davon sind 300.000 Vollzeitstellen."[44]

Die folgenschwerste Wirkung der Agenda 2010 besteht wohl in einer durch sie verstärkten Polarisierung von Einkommen und Vermögen. Selbst die CDU/CSU/FDP-Koalition kam nicht umhin, dessen steigende Ungleichverteilung im 4. Armuts- und Reichtumsbericht zu dokumentieren: Verfügten die reichsten 10 Prozent der Bevölkerung danach im Jahr 1998 über 45 Prozent des privaten Nettovermögens, waren es im Jahr 2003 bereits 49 Prozent und im Jahr 2008 sogar fast 53 Prozent. Dagegen musste sich die ärmere Hälfte der Bevölkerung in den Jahren 1998 und 2003 mit 3 Prozent und im Jahr 2008 mit nur 1 Prozent benügen.[45] Die sozialen Probleme, soziale Ungleichheit und soziale Ungerechtigkeit haben seither deutlich zu-, das soziale

43 Vgl. Kathrin Dümig, Ruhe nach und vor dem Sturm: die Arbeitsmarkt- und Beschäftigungspolitik der Großen Koalition, in: Christoph Egle/Reimut Zohlnhöfer (Hg.), Die zweite Große Koalition. Eine Bilanz der Regierung Merkel 2005-2009, Wiesbaden 2010, S. 293

44 Roland Kirbach, ... und raus bist du. Deutschland feiert sein Jobwunder. Doch der Erfolg ist teuer erkauft: durch Leiharbeit, Niedriglöhne und die ständige Gefahr des sozialen Abstiegs, in: Die Zeit v. 8.8.2013

45 Vgl. Bundesministerium für Arbeit und Soziales (Hg.), Lebenslagen in Deutschland. Der Vierte Armuts- und Reichtumsbericht der Bundesregierung, Bericht, Bonn, März 2013, S. 465

Verantwortungsbewusstsein und der soziale Zusammenhalt jedoch in demselben Maße abgenommen. Aus diesem Grund sind „Agenda 2010“ und „Hartz IV“ auch Chiffren für den Trend zur Ökonomisierung, Kommerzialisierung und Entsolidarisierung unserer Gesellschaft.

Nur auf den ersten Blick scheint es so, als sei Schröders „Agenda“-Politik eine wahre Erfolgsgeschichte. Schaut man genauer hin, ergibt sich ein anderes Bild: *Ökonomisch* hat sie den „Standort D“ weiter gestärkt, was die wirtschaftliche Unwucht zwischen der Bundesrepublik und Ländern der südlichen EU-Peripherie (Griechenland, Spanien und Portugal) verschärfte und entscheidend zur dortigen „Staatsschuldenkrise“ beitrug. In *sozialer* Hinsicht wirkten die „Agenda“-Reformen verheerend, weil sie zu einer bis dahin unvorstellbar krassen Verteilungsschieflage bei den Einkommen und Vermögen führten, von der perspektivisch Gefahren für den inneren Frieden und die Demokratie ausgehen. *Parteipolitisch* war die Agenda 2010 ein totales Fiasko: 1998, als SPD und Bündnis 90/Die Grünen eine seit 16 Jahren amtierende CDU/CSU/FDP-Koalition ablösten, regierten die Sozialdemokraten fast alle EU-Staaten. Als Gerhard Schröder im Herbst 2005 abtrat, hatte sich Europas politische Landschaft grundlegend verändert: Von selbsternannten Modernisierern in kürzester Zeit zugrunde gerichtet, hatten die sozialdemokratischen Parteien stark an Zustimmung der Wähler/innen und an machtpolitischem Gewicht verloren. Mit der Agenda 2010 war nicht bloß der Abschied vom tradierten kontinentaleuropäischen Sozialmodell verbunden, das auf Konsens, Sozialpartnerschaft und Solidarität basiert, vielmehr auch von uralten Parteitraditionen, was die SPD die Kanzlerschaft, sechs Ministerpräsidentenposten, ein Drittel ihrer Mitglieder und die Hälfte ihrer Wählerstimmen kostete. Nie war die Krise der Sozialdemokratie umfassender, der personelle Aderlass dramatischer und die Entfremdung zwischen Parteispitze und -basis größer als seinerzeit. Wieder zurück in der Rolle als Oppositionspartei, suchte die SPD den Eindruck zu erwecken, als wolle sie die soziale Situation von traditionell Beschäftigten verbessern, ohne dabei vom „Agenda“-Kurs abzuweichen.[46]

Aufschlussreich erscheint die Antwort auf die Frage, was aus den führenden „Agenda“-Akteuren, sicherlich nicht zufällig nur Männer, geworden ist: Gerhard Schröder suchte sein Heil in der Wirtschaft, die am meisten von seiner Regierungspolitik profitiert hatte. Kurz nach seinem Rückzug aus der Politik war er bereits Aufsichtsratsvorsitzender von TNK-BP, einem russisch-britischen Energieunternehmen, und des Pipeline-Konsortiums Nordstream AG sowie Mitglied im Europa-Beirat der Rothschild-Investmentbank und

46 Vgl. Simon Hegelich/David Knollmann/Johanna Kuhlmann, Agenda 2010. Strategien – Entscheidungen – Konsequenzen, Wiesbaden 2011, S. 241 f.

Berater des Ringier-Verlages (Schweiz). Heiko Geue, geistiger Ziehvater der Agenda 2010, leitete 2012/13 die Wahlkampagne und war ein Vertrauter von SPD-Kanzlerkandidat Peer Steinbrück. Frank-Walter Steinmeier, ihr verantwortlicher Architekt und früher Geues Vorgesetzter, ist nach einem Zwischenspiel als Fraktionsvorsitzender seiner Partei im Deutschen Bundestag seit November 2013 wieder Außenminister einer Großen Koalition. Wolfgang Clement, damals als einziger Fachminister im Kabinett Schröder/Fischer sowohl an Entstehung wie an Umsetzung der Reformagenda beteiligt, übernahm den Vorsitz einer Denkfabrik der weltgrößten Leiharbeitsfirma Adecco und ist Aufsichtsratsmitglied der RWE Power AG, der Investmentgesellschaft Lahnstein, Middelhoff & Partners LLP und des russischen Beratungsunternehmens Energy Consulting, sitzt aber auch dem Kuratorium der Initiative Neue Soziale Marktwirtschaft vor und vermochte den Niedergang der FDP nicht aufzuhalten. Prof. Dr. Bert Rürup vermarktete ebenso wie Walter Riester seine Kenntnisse in jenem Wirtschaftszweig, dem er ein neues Geschäftsfeld eröffnet hatte, wurde „Chefökonom" der AWD Holding AG, gründete anschließend zusammen mit dem früheren Eigentümer dieser Firma, dem Hannoveraner „Drückerkönig" Carsten Maschmeyer, ein Finanzdienstleistungsunternehmen, die MaschmeyerRürup AG, und ist heute Präsident des Handelsblatt Research Institute und Kuratoriumsmitglied der International School of Management (ISM). Den schärfsten Karriereknick erlitt Peter Hartz: Bestechungsvorwürfen aufgrund seiner Verwicklung in den sog. VW-Skandal um „Lustreisen" für Manager wie Betriebsräte ausgesetzt, bot er bereits am 8. Juli 2005 seinen Rücktritt als Vorstandsmitglied an, den der Aufsichtsrat des größten europäischen Automobilkonzerns akzeptierte. Am 25. Januar 2007 wurde Hartz vom Landgericht Braunschweig wegen Untreue zu einer zweijährigen Haftstrafe auf Bewährung und einer hohen Geldstrafe verurteilt.

Kapitel 5
Hartz IV – das Herzstück der Reformagenda

Gerhard Schröder nannte in seiner berühmt-berüchtigten „Agenda"-Rede eine Vielzahl von Maßnahmen, die als umfassendes Konzept zur Modernisierung der Gesellschaft und zur Optimierung der Wettbewerbsfähigkeit des „eigenen" Wirtschaftsstandortes begriffen wurden. Darunter befanden sich zwar auch durchweg sinnvolle bildungs- und familienpolitische Reformen wie der Ausbau von öffentlichen Kinderbetreuungseinrichtungen und ein Ganztagsschulprogramm, das eigentliche Herzstück der Agenda 2010 war aber mit Hartz IV das für Rot-Grün zentrale Gesetzgebungsverfahren zur Reform des Arbeitsmarktes, welches die massivsten Eingriffe in das Sozial- und Erwerbslosenrecht sowie die Substanz des Wohlfahrtsstaates seit Jahrzehnten beinhaltete. Daher erfasste der Widerstand gegen das *Vierte Gesetz für moderne Dienstleistungen am Arbeitsmarkt* nicht bloß die von Leistungskürzungen unmittelbar betroffenen oder bedrohten Ränder der Gesellschaft, sondern reichte bis weit in die Mittelschicht hinein.

Zunächst bezeichnete „Hartz IV" nur das Gesetzespaket, mit dem die „Grundsicherung für Arbeitsuchende" als Zweites Buch (SGB II) ins Sozialgesetzbuch eingefügt und das SGB III umstrukturiert bzw. von weiteren AFG-Elementen „gesäubert" (Schwächung der Arbeitslosenversicherung, Rückverlagerung sozialer Risiken auf die Betroffenen und Ausbau des Niedriglohnsektors), aber auch eine ganze Reihe anderer Gesetze geändert wurde. Bald fand der Terminus „Hartz IV" im allgemeinen Sprachgebrauch zusätzlich Anwendung für die Transferleistung selbst und für deren Empfänger/innen. Aufgrund seiner Doppelbedeutung entwickelte sich der Begriff zu einem i.d.R. negativ besetzten Synonym für den Bezug und die Abhängigkeit von Sozialtransfers generell. Empfänger/innen von Arbeitslosengeld II bzw. Sozialgeld wurden jetzt zunehmend als „Hartzer" oder als „Hartzler" verunglimpft. Besonders unter Jugendlichen ist außerdem das Verb „hartzen" gebräuchlich, manchmal sogar mit einer ins Positive gewendeten Bedeutung, lässt sich aus dieser Sicht von Alg II doch zumindest im Falle eines sehr bescheidenen Anspruchsniveaus der Lebensunterhalt bestreiten.

5.1 Inhalt und Ausgestaltung des Gesetzespaketes

Mit dem *Vierten Gesetz für moderne Dienstleistungen am Arbeitsmarkt* vom 24. Dezember 2003 wurden die Änderungen im Arbeits- und Sozialrecht der Bundesrepublik zum Abschluss gebracht. Hartz IV steht für die Liberalisierung, Deregulierung und Flexibilisierung des Arbeitsmarktes sowie eine umfassende Rekommodifizierung der Arbeitskraft (Wiedereinführung des Arbeitszwangs durch strengere Zumutbarkeitsregeln, die Verpflichtung der Leistungsbedürftigen, einen 1-Euro-Job anzunehmen, sowie Verschärfung der Sanktionen im Falle von Pflichtverletzungen und Meldeversäumnissen).[1] Fortan sollten die Erwerbslosen ebenso wie die Beschäftigten nicht mehr auf das „soziale Netz" vertrauen, sondern sich wieder stärker der Marktlogik unterwerfen und als „moderne Arbeitskraftunternehmer" (Hans J. Pongratz/G. Günter Voß) selbst Verantwortung für ihren wirtschaftlichen Erfolg übernehmen. Hartz IV, sinnigerweise am Heiligabend ausgezeichnet, obwohl der Regelsatz kein Geld für einen Tannenbaum enthielt, ist denn auch ein Symbol für die Transformation des Sozialstaates in einen Minimalstaat, der sich Langzeiterwerbslosen und anderen Leistungsbedürftigen gegenüber weniger fördernd als herausfordernd verhält. Diese gibt er vor, besser als bisher motivieren und ggf. „aktivieren" zu wollen, weicht aber vor der Kollektivverantwortung für ihr Schicksal zurück. „Die neue Sozialpolitik tritt an als ein auf Inklusion gerichtetes Projekt, basiert aber – bei näherer Betrachtung – vor allem auf einer Vielzahl exkludierender Mechanismen (Strafen, Ausschluss von Leistungen, Verkürzung der Bezugsdauer, Abbau protektiver Mechanismen)."[2] Nicht die angebliche Lethargie der Langzeiterwerbslosen ist das Problem, sondern die mangelnde Empathie der Gesellschaft, in welcher sie leben. Bei den Rufen nach mehr „Privatinitiative", „Eigenverantwortlichkeit" und „Selbstvorsorge" handelt es sich um (Leer-) Formeln, die von Gegnern des Wohlfahrtsstaates missbraucht werden, um Leistungen zu kürzen und Bedürftige sozial auszugrenzen.

Während die Hartz-Kommission in ihrem Abschlussbericht die Höhe des Arbeitslosengeldes II, das sie einzuführen vorschlug, offen gelassen hatte, legte sich Kanzler Schröder mit seiner Agenda 2010 am 14. März 2003 definitiv fest. Er sagte im Bundestag, man müsse die Zuständigkeiten und Leistungen für Erwerbslose in einer Hand vereinigen, um die Chancen derjeni-

---

1 Vgl. dazu: Michael Wolf, Hartz IV: ausgrenzende Aktivierung oder Lehrstück über die Antastbarkeit der Würde des Menschen, in: UTOPIE kreativ 194 (2006), S. 1090

2 Heinz-Jürgen Dahme/Norbert Wohlfahrt, Aporien staatlicher Aktivierungsstrategien. Engagementpolitik im Kontext von Wettbewerb, Sozialinvestition und instrumenteller Governance, in: Forschungsjournal NSB 2/2007, S. 28

gen zu erhöhen, die nicht nur arbeiten könnten, sondern auch wirklich wollten: „Das ist der Grund, warum wir die Arbeitslosen- und Sozialhilfe zusammenlegen werden, und zwar einheitlich auf einer Höhe – auch das gilt es auszusprechen –, die in der Regel dem Niveau der Sozialhilfe entsprechen wird.“[3] Mit dieser Begründung schob der Bundeskanzler, liest man sie genau, nicht bloß den Erwerbslosen die Schuld an ihrer Misere zu, sondern bestätigte unterschwellig auch die Stammtischweisheit, wonach man nur die Arbeitslosenunterstützung auf das Niveau der normalen Fürsorge senken muss, um die Betroffenen zur Annahme einer Stelle zu bewegen.

Weniger als ein halbes Jahr nach der Wiederwahl brach Schröder ganz bewusst das seinen Wähler(inne)n im sozialdemokratischen „Regierungsprogramm 2002-2006“ schwarz auf weiß gegebene Versprechen, die Arbeitslosenunterstützung nicht auf die Höhe einer Fürsorgeleistung herabzudrücken. „Wir bekennen uns zur besonderen Verantwortung gegenüber den Schwächeren in unserer Gesellschaft“, hieß es da vollmundig: „Deswegen wollen wir im Rahmen der Reform der Arbeitslosen- und Sozialhilfe keine Absenkung der zukünftigen Leistungen auf Sozialhilfeniveau.“[4] Der grüne Koalitionspartner hatte auf seiner Bundesdelegiertenkonferenz vom 15. bis 17. März 2002 im Berliner Tempodrom über das „Schlüsselprojekt“ einer bedarfsorientierten Grundsicherung einen vergleichbaren Beschluss gefasst und diese Position sogar ins *Grundsatz*programm der Partei geschrieben: „Die Grundsicherung ersetzt die Sozial- und Arbeitslosenhilfe – sie zu bekommen ist ein Recht und kein Almosen. Eine schlichte Umwandlung der Arbeitslosenhilfe in Sozialhilfe zur Durchsetzung weiterer Kürzungen der Unterhaltsleistungen für Arbeitslose lehnen wir ab.“[5] In ihrem auf einer Bundesdelegiertenkonferenz am 4./5. Mai 2002 in Wiesbaden verabschiedeten Wahlprogramm hatten die Bündnisgrünen die soziale Grundsicherung als eines ihrer zentralen Reformprojekte für die nächste Legislaturperiode bezeichnet und sich hinsichtlich der konkreten Ausgestaltung noch unmissverständlicher ausgedrückt, als sie hervorhoben, dass „keine Umwandlung von Arbeitslosenhilfe in Sozialhilfe, sondern ein neues Leistungssystem“ geplant sei: „ArbeitslosenhilfebezieherInnen sollen nicht schlechter gestellt werden als bisher. Die Bezugsbedingungen der Grundsicherung sollen denen der Arbeitslosenhilfe angeglichen werden. Angesparte

---

3 Presse- und Informationsamt der Bundesregierung (Hg.), Agenda 2010. Mut zum Frieden und Mut zur Veränderung. Regierungserklärung von Bundeskanzler Gerhard Schröder, 14. März 2003, Berlin 2003, S. 22

4 SPD-Parteivorstand (Hg.), Erneuerung und Zusammenhalt. Regierungsprogramm 2002-2006, Berlin o.J., S. 27

5 BÜNDNIS 90/DIE GRÜNEN (Hg.), Die Zukunft ist grün. Grundsatzprogramm von BÜNDNIS 90/DIE GRÜNEN, Berlin, April 2002, S. 65

finanzielle Reserven zur Alterssicherung und privat genutztes Wohneigentum dürfen nicht auf die Grundsicherung angerechnet werden."[6]

So weit die Parteiprogramme von SPD und Bündnis 90/Die Grünen – der Gesetzestext von Hartz IV wich davon erheblich ab: Mit der Grundsicherung für Arbeitsuchende sollte kein Hilfebedürftiger vom Staat alimentiert, sondern nur „aktiviert", also sein Bemühen um die Aufnahme von Erwerbsarbeit finanziell honoriert werden. „Die neue Leistung, die im Sozialgesetzbuch II (SGB II) kodifiziert ist, ist in noch stärkerem Maße als die Arbeitslosen- und Sozialhilfe von der Bereitschaft des/der Arbeitslosen abhängig, Arbeit zu suchen oder an Aktivierungsmaßnahmen teilzunehmen und wie bei der *Jobseeker's Allowance* in Großbritannien signalisiert bereits der Name einen Paradigmenwechsel: LeistungsbezieherInnen werden nicht länger als Arbeitslose betrachtet, deren Einkommen gesichert werden muss, sondern als Arbeitsuchende, die so schnell wie möglich in den Arbeitsmarkt integriert werden sollen."[7]

In fast allen Hochglanzbroschüren, die das *Vierte Gesetz für moderne Dienstleistungen am Arbeitsmarkt* zumeist schon vor seinem Inkrafttreten dem Publikum näherbringen sollten, wurde hervorgehoben, dass erwerbsfähige Sozialhilfeempfänger/innen nunmehr Arbeitslosengeld II erhalten, renten-, kranken- und pflegeversichert sowie an den arbeitsmarktpolitischen BA-Maßnahmen partizipieren würden.[8] Man verschwieg den Leser(inne)n des politischen Werbematerials jedoch, dass die Erweiterung der Zugangsmöglichkeiten im Hinblick auf Leistungen von Arbeitsagenturen (Beratung, Vermittlung, Beschäftigungsförderung und berufliche Weiterbildung) weder die Schaffung eines ganz neuen Leistungssystems noch die Abschaffung der Arbeitslosenhilfe als einer auf höherem Niveau angesiedelten Leistungsart erfordert hätte. „Konzeptionell zwingend war die Abschaffung der Arbeitslosenhilfe nur für diejenigen, die den Druck auf arbeitserfahrene und deshalb oft selbstbewusstere und etwas teurere Arbeitslose verschärfen wollten."[9] Die ehemaligen Alh-Empfänger/innen wiederum hatten den Nachteil, dass die Beiträge zur Rentenversicherung für sie nicht mehr entsprechend der Höhe

6 Dies. (Hg.), Grün wirkt. Unser Wahlprogramm 2002-2006, Berlin, Juni 2002, S. 34

7 Katrin Mohr, Von „Welfare to Workfare"? – Der radikale Wandel der deutschen Arbeitsmarktpolitik, in: Silke Bothfeld/Werner Sesselmeier/Claudia Bogdan (Hg.), Arbeitsmarktpolitik in der sozialen Marktwirtschaft. Vom Arbeitsförderungsgesetz zum Sozialgesetzbuch II und III, Wiesbaden 2009, S. 55 (Hervorh. im Original)

8 Vgl. z. B. SPD-Bundestagsfraktion (Hg.), Hartz IV: Menschen in Arbeit bringen – Deutschland erneuern, Berlin, September 2004

9 Helga Spindler, Wer steckt hinter Hartz IV? – Die Ghostwriter der Hartz-Kommission, S. 4 (https://www.uni-due.de/edit/spindler/ghostwriter_spindler_2012.pdf; 9.9.2014)

ihres Leistungsanspruchs, sondern in Form des meist viel niedrigeren Mindestbeitrages entrichtet wurden. Davon war aber in keiner Veröffentlichung der genannten Art die Rede.

Das zentrale Gerechtigkeitsargument zur Legitimation der in aller Regel niedrigeren Höhe des Arbeitslosengeldes II gegenüber der Arbeitslosenhilfe lautete, dass die erhöhte „Zugangsgerechtigkeit" für ehemalige Sozialhilfeempfänger/innen zu Arbeitsförderungsmaßnahmen die Teilhabe der Betroffenen im Sinne ihrer „Selbstbestimmung" stärken werde.[10] Diese erhielten aber keinen Rechtsanspruch auf Fortbildungs- und Arbeitsbeschaffungsmaßnahmen, handelte es sich dabei doch für Grundsicherungsempfänger/innen im Unterschied zu den Bezieher(inne)n von Arbeitslosengeld (I) nach dem SGB III nur um sog. Kann-Leistungen der Arbeitsagentur. Zudem diente die Bedarfsabhängigkeit der Grundsicherung laut Sigrid Gronbach als Rechtfertigung dafür, die Höhe des Arbeitslosengeldes II an der Sozialhilfe zu orientieren und den Zugang zu Transferleistungen durch niedrige Vermögensfreibeträge auf die Gruppe der „wirklich Bedürftigen" zu konzentrieren.

Die als steuerfinanzierte Lohnersatzleistung konstruierte Arbeitslosenhilfe betrug im Jahr 2003/04 noch immer 57 Prozent (mit Kind) bzw. 53 Prozent (ohne Kind) des vormaligen pauschalierten Nettoentgelts. Da der gesetzliche Leistungsanspruch von Alh-Bezieher(inne)n nie unter jenen eines Sozialhilfeempfängers abrutschen konnte, weil sie in diesem Fall einen Rechtsanspruch auf ergänzende HLU-Leistungen hatten, befanden sich unter den über 2 Mio. Alhi-Bezieher(inne)n zahlreiche Verlierer/innen der Hartz-IV-Reform, die als ehemalige Gutverdiener/innen zum Teil deutliche Einkommenseinbußen hinnehmen mussten. Denn das als Alh-Ersatz eingeführte Alg II orientierte sich nicht mehr am früheren Verdienst eines Langzeiterwerbslosen, ließ vielmehr selbst Facharbeiter/innen und Ingenieure, wenn sie nicht bald wieder eine neue Stelle fanden, nach einer kurzen Schonfrist auf das (Sozialhilfe-)Niveau von Personen abstürzen, die nie berufstätig gewesen waren. Man hätte das „Arbeitslosengeld II" deshalb ehrlicher „Sozialhilfe II" getauft, weil sein Regelbedarf (früher: Regelsatz) nur Fürsorgeniveau erreicht und weil nicht bloß registrierte Arbeitslose, sondern auch euphemistisch „Aufstocker/innen" genannte Erwerbstätige die neue Transferleistung ergänzend zu ihrem niedrigen Lohn bzw. Gehalt bekommen. Aus dieser Konstruktion resultierte eine „Spirale nach unten", wie Hans-Jürgen Urban diesen arbeitsmarkt- und sozialpolitischen Teufelskreis zutreffend

10 Vgl. Sigrid Gronbach, Soziale Gerechtigkeitsleitbilder in der Arbeitsmarktpolitik – von der Verteilung zur Teilhabe, in: Silke Bothfeld/Werner Sesselmeier/Claudia Bogdan (Hg.), Arbeitsmarktpolitik in der sozialen Marktwirtschaft, a.a.O., S. 44

genannt hat: „Der Hartz-IV-Regelsatz entfaltet Druck auf Einkommen und Arbeitsverhältnisse, umgekehrt drücken Niedriglöhne den Hartz-IV-Regelsatz."[11]

Nominal war das ab 1. Januar 2005 gezahlte Arbeitslosengeld II mit 345 Euro in Westdeutschland und 331 Euro in Ostdeutschland zwar etwas höher als die frühere Sozialhilfe, bei dieser wurden aber erheblich mehr Sonderbedarfe über wiederkehrende Einmalzahlungen abgedeckt. Auch von einer Anhebung des Einkommens der bisherigen Sozialhilfeempfänger/innen durch Hartz IV konnte daher keine Rede sein.[12] Gabriele Gillen widersprach auch der weit verbreiteten Behauptung, die Tatsache, dass Alg-II-Bezieher/innen zwecks besserer Arbeitsmarktchancen im Unterschied zu den Sozialhilfeempfänger(inne)n einen Personenkraftwagen im Wert bis 5.000 Euro halten durften, stelle eine Verbesserung ihrer Lage dar. Die Kölner Journalistin bezweifelte in ihrer „Abrechnung mit Hartz IV" vielmehr, dass bisherige erwerbsfähige Sozialhilfebezieher/innen nach der ersten Alg-II-Auszahlung sofort in den nächsten Autosalon stürzen würden. Übrigens war im Regelsatz der Hartz-IV-Bedürftigen weder für Treibstoff noch für die Wartung und Reparaturen des Fahrzeugs auch nur 1 Cent enthalten.

Während die Vermögensanrechnung strengeren Vorgaben als bei der früheren Arbeitslosenhilfe unterworfen wurde, erhöhten sich die Freibeträge hinsichtlich der privaten Altersvorsorge. Zwar gab es die „Gnade der frühen Geburt", also Übergangsregelungen für rentennahe Jahrgänge, vormals gut verdienende Angestellte, Freiberufler/innen oder Selbstständige, die eine Kapitallebensversicherung abgeschlossen und bereits eine hohe Summe eingezahlt hatten, überkam angesichts des relativ geringen Altersvorsorge-Schonvermögens für Alg-II-Bezieher/innen, das nur 200 Euro pro Lebensjahr (bis 13.000 Euro insgesamt) betragen sollte, jedoch die Angst vor der Armut im Ruhestand.

Die pauschalierten Kinderregelsätze bildeten keine angemessene Kompensation für den Wegfall jener Beihilfen der Sozialämter, die in besonderem Maße kinderreichen Familien zugute gekommen waren. Kinder unter sieben Jahren, denen bis zum 31. Dezember 2004 nur 55 Prozent des Sozialhilfe-Eckregelsatzes gewährt wurde, standen sich mit der Zubilligung von 60 Prozent bei Hartz IV zwar etwas besser, ältere (Schul-)Kinder und Jugendliche unter 18 Jahren hingegen schlechter als früher. Die unter-14-jährigen Schüler/innen wurden beim Sozialgeld-Regelsatz wie Kleinkinder behandelt, ihre

11 Hans-Jürgen Urban, Hartz IV: Lohndumping mit System, in: Blätter für deutsche und internationale Politik 1/2011, S. 20

12 Vgl. Gabriele Gillen, Hartz IV. Eine Abrechnung, Reinbek bei Hamburg 2004, S. 67

biologisch bedingten, dem Körperwachstum geschuldeten Sonderbedarfe (z. B. höherer Kalorienverbrauch sowie häufigerer Schuh- und Kleidungswechsel) nicht anerkannt. Rainer Roth bemängelte, dass Hartz IV wieder an einen Runderlass des Reichsinnen- und des Reichsarbeitsministers vom 31. Oktober 1941 (sog. Richtsatz-Erlass) angeknüpft habe, der bis 1955 angewendet wurde und sogar allen Schulkindern unter 16 Jahren den gleichen Bedarf wie Säuglingen zurechnete, womit der Bundesgesetzgeber hinter das im Juni 1961 verabschiedete BSHG zurückgefallen sei: „Der Erlass schrieb die in der Weimarer Republik vorherrschenden, von den Kommunen festgesetzten Richtsätze reichseinheitlich vor."[13]

Dass die zweite Große Koalition der Bundesrepublik diese heimliche Kürzung bei den ärmsten Kindern nur zum Teil, nämlich bei den 6- bis 13-jährigen Sozialgeldbezieher(inne)n, die sie als dritte Altersgruppe ausgerechnet im Rahmen ihres „Konjunkturpaketes II" neu einführte, wieder zurücknahm, indem sie deren Transferleistung ab 1. Juli 2009 und bis zum 31. Dezember 2011 befristet von 60 auf 70 Prozent des Regelsatzes für (alleinstehende) Erwachsene, d. h. seinerzeit 251 Euro anhob, zeigte zur Genüge, dass sie das Wohl der betroffenen Personengruppe nicht ernsthaft im Auge hatte. Gleichwohl betrachtete Roth die Entscheidung der Bundesregierung als wichtigen Teilerfolg eines Bündnisses gegen Kinderarmut durch Hartz IV, zu dem sich mehrere Organisationen zusammengeschlossen hatten: das Aktionsbündnis Sozialproteste, der Arbeitslosenverband, das Erwerbslosenforum Deutschland, das Rhein-Main-Bündnis gegen Sozialabbau und Billiglöhne sowie Tacheles, ein Erwerbslosen- und Sozialhilfeverein, der in Wuppertal eine Beratungsstelle und ein Sozialzentrum mit angeschlossenem Café unterhält, sich aber auch bundesweit als Interessenvertretung einkommensschwacher Menschen betätigt und dessen Gründungsmitglied Harald Thomé zusammen mit Frank Jäger eine viel beachtete Website zum Arbeitslosen- und Sozialrecht betreibt.

Die von Gerhard Schröder in der Regierungserklärung zur Agenda 2010 hoffähig gemachte Sprachregelung, mit Hartz IV würden Arbeitslosen- und Sozialhilfe „zusammengelegt", war mehr als verharmlosend, beschönigend und beschwichtigend, nämlich eine bewusste Irreführung jener Menschen, die weder den Unterschied zwischen Lebensunterhalts- und Lebensstandardsicherung bzw. einer Lohnersatz- und einer Lohnergänzungsleistung kannten noch bemerkten, dass hiermit ein Systemwechsel von einem Wohlfahrts-

13 Rainer Roth, Erster Teilerfolg gegen Hartz IV: Kürzung des Kinderbedarfs zurückgenommen, in: Werner Rügemer (Hg.), ArbeitsUnrecht. Anklagen und Alternativen, Münster 2009, S. 216

staatstyp zum anderen eingeleitet wurde. Mit der Arbeitslosenhilfe, die 1956 acht Monate vor dem Arbeitslosengeld entstanden war, wurde nämlich zum ersten Mal, seit der Sozialstaat in Deutschland besteht, eine für Millionen Menschen existenziell wichtige Transferleistung *abgeschafft* und das *dreigliedrige* Unterstützungssystem für Erwerbslose nach 75 Jahren zerschlagen. Dadurch seien die Erwerbslosen mehrheitlich ihres „Arbeitsbürger-Status" beraubt und auf eine prekäre Existenz zurückgeworfen worden, konstatierte denn auch Matthias Knuth: „Die Einführung der Grundsicherung für Erwerbsfähige ohne gleichzeitige gesetzliche Mindestlohnregelung leistet einer Abwärtsspirale Vorschub, bei der Entlohnungsbedingungen immer mehr nach unten ausfransen und ergänzende staatliche Unterstützung erforderlich machen, während die Beitrags- und Besteuerungsbasis erodiert."[14]

War die Arbeitslosenhilfe bisher das ausschließlich von früher manchmal ihr ganzes Leben lang Beschäftigten bewohnte Souterrain des Wohlfahrtsstaates, fanden sich ihre Bezieher/innen nunmehr zusammen mit anderen Erwerbsfähigen, die vorher möglicherweise nie einen Arbeitsplatz hatten, in einem „Hartz IV" genannten Gemeinschaftskeller des sozialen Sicherungssystems wieder, ohne dass eine Treppe nach oben den Betroffenen die Möglichkeit zum Aufstieg böte. Durch die Hartz-Gesetze wurde also nicht bloß der Sozialstaatsgedanke pervertiert, vielmehr auch die Idee der *Leistungs*gerechtigkeit konterkariert. Denn selbst wer über Jahrzehnte hinweg Beiträge in die Arbeitslosenversicherung eingezahlt hatte, wurde nicht mehr durch seinen Alh-Anspruch gegenüber einem Schulabgänger bessergestellt, der keine Stelle fand, sondern musste sich wie dieser mit dem Alg-II-Bezug zufrieden geben. Das neue Arbeitslosengeld II war im Grunde nur eine leicht modifizierte HLU-Version für erwerbsfähige Hilfebedürftige. Durch spätere Gesetzesänderungen wurden die Schnittstellen zwischen Hartz IV und der bisherigen Sozialhilfe noch vermehrt.[15]

Die einprägsame, von Schröder popularisierte Formulierung der „Zusammenlegung von Arbeitslosen- und Sozialhilfe" vernebelte auch deshalb mehr, als sie erklärte, weil zwar die Arbeitslosen- und die Sozialhilfe für Erwerbsfähige fusioniert wurden, die Sozialhilfe für Erwerbsunfähige aber bis heute fortbesteht. Gleichfalls zum 1. Januar 2005 trat eine Sozialhilfereform in Kraft, die das BSHG als Zwölftes Buch ins Sozialgesetzbuch überführte und die Zweiteilung in Hilfe zum Lebensunterhalt und Hilfe in besonderen

---

14 Matthias Knuth, „Hartz IV" – die unbegriffene Reform, in: Sozialer Fortschritt 7/2006, S. 165

15 Vgl. Björn Lange, Hartz IV und der Tag gehört dir. Über das Schicksal Langzeitarbeitsloser, den Zerfall unseres Sozialsystems und das Milliardengrab ARGEn/Jobcenter, 2. Aufl. Norderstedt 2011, S. 18

Lebenslagen aufgab. Anstelle dieser zwei Leistungsarten gibt es jetzt die Grundsicherung im Alter und bei Erwerbsminderung, Hilfen zur Gesundheit, die Eingliederungshilfe für behinderte Menschen, die Hilfe zur Pflege, die Hilfe zur Überwindung besonderer sozialer Schwierigkeiten und die Hilfe in anderen Lebenslagen (z.B. Hilfe zur Weiterführung des Haushalts, Altenhilfe, Übernahme von Bestattungskosten), was viele Menschen gar nicht wissen, weil sie noch Schröders Worte im Ohr und daraus geschlussfolgert haben, dass diese Transferleistung durch „Zusammenlegung mit der Arbeitslosenhilfe" verschwunden bzw. im Arbeitslosengeld II und im Sozialgeld aufgegangen sein muss.

Es gibt die Sozialhilfe noch, aber in anderer Gestalt. Nachdem die Arbeitslosenhilfe liquidiert und das Arbeitslosengeld II für erwerbsfähige Hilfebedürftige eingeführt war, kam es zu einer Seniorisierung der Sozialhilfe, die fortan Erwerbsunfähigen ohne SGB-II-Leistungsanspruch vorbehalten blieb. Durch die Perpetuierung des Jahr um Jahr verlängerten Anpassungsmoratoriums sowie eine relativ niedrige Pauschalierung der wiederkehrenden Einmalleistungen im SGB XII geriet das Niveau des letzten Sicherungsnetzes der Bundesrepublik unter massiven Druck – für Rainer Roth das eigentliche Reformziel.[16] Mit der neuen Regelsatzverordnung wurde eine weitere Runde zur Senkung des soziokulturellen Existenzminimums eingeläutet.[17] Vor allem der nicht durch die Pauschalierung ausgeglichene Wegfall persönlicher Beihilfen, etwa zur Beschaffung von Winterkleidung, zur Reparatur einer Waschmaschine oder zum Kauf von Schulbüchern für Kinder und Jugendliche, zeitigte negative Folgen für jene Hilfebedürftigen, die früher Anträge auf solche Zusatzleistungen beim Sozialamt gestellt und i.d.R. auch bewilligt bekommen hätten.

Von der Sozialhilfe wurde auch das für Hartz IV typische Konstrukt der „Bedarfsgemeinschaft" entlehnt, welches es ermöglicht, Einkommen und Vermögen von Personen, die mit dem Antragsteller weder verwandt noch ihm gegenüber zum Unterhalt verpflichtet sind, aber mit ihm zusammen in einer Wohnung leben, bei der Bedürftigkeitsprüfung anzurechnen. Gleiches gilt für Arbeitsgelegenheiten in einer Entgelt- und in einer Mehraufwandsvariante (Zusatz- bzw. 1-Euro-Jobs), die bereits in der Weimarer Republik,

---

16 Vgl. Rainer Roth, Nebensache Mensch. Arbeitslosigkeit in Deutschland, Frankfurt am Main 2003, S. 394

17 Siehe Helga Spindler, Die neue Regelsatzverordnung – Das Existenzminimum stirbt in Prozentschritten, in: info also 4/2004, S. 147; vgl. ergänzend: Aufruf von Wissenschaftlerinnen und Wissenschaftlern: Das sozialkulturelle Existenzminimum in der Abwärtsspirale. Die geplante Regelsatzverordnung beschädigt einen Eckwert des deutschen Sozialstaats, in: Soziale Sicherheit 3/2004, S. 103 ff.

aber auch im Rahmen der „Hilfe zur Arbeit" existiert hatte und von den Sozialämtern seit Anfang der 1980er-Jahre vermehrt genutzt worden war, um nach Art einer „zweiten Bedürftigkeitsprüfung" die „Arbeitswilligkeit" ihrer Klient(inn)en zu testen.[18]

Das stark an „Zuckerbrot und Peitsche" erinnernde Doppelmotto „Fördern und Fordern", unter dem Hartz IV steht, wird praktisch nur in seinem letzten Teil eingelöst: Während dieser Grundsatz bereits in Kapitel 1 Paragraf 2 SGB II niedergelegt war, fiel die zuerst genannte Aufgabe des Staates in Kapitel 3 Paragraf 14 SGB II sehr viel kürzer und knapper aus. Michael Opielka sah in Hartz IV daher primär den Versuch, mit den Langzeiterwerbslosen besonders verletzliche Randgruppen des Arbeitsmarktes zu disziplinieren, und warf die Frage auf, „welche gesellschaftliche Funktion die gewaltige Ideologie der Aktivierung überhaupt hat, wenn nicht diejenige, soziale Grundrechte zu desavouieren."[19] Sowohl die Agenda 2010 wie auch ihr Herzstück fungierten als Drohkulisse, Druckmittel und Disziplinierungsinstrument. Das erheblich rigidere Arbeitsmarktregime hat den Druck auf Belegschaften, Betriebsräte und Gewerkschaften stark erhöht, niedrigere Löhne und schlechtere Arbeitsbedingungen zu akzeptieren. „Stärker als auf die unmittelbare Zielgruppe wirkt das Aktivierungsregime der Grundsicherung offenbar als Einschüchterung auf die stabil Beschäftigten, die trotz guter Beschäftigungskonjunktur eine eventuelle Arbeitslosigkeit stärker fürchten als früher und sich daher nicht trauen, die Komfortzone des erworbenen Kündigungsschutzes zu verlassen."[20] Somit blockiert das Hartz-IV-System erwerbsbiografische Entwicklungschancen ebenso wie die Allokationsfunktion des Arbeitsmarktes. Dafür befördert Hartz IV gesellschaftliche Prekarisierungs- und Pauperisierungsprozesse, wodurch es zu einem Haupteinfallstor für Erwerbsarmut und für dieser Jahrzehnte später zwangsläufig folgende Altersarmut geworden ist.

In seiner „Agenda"-Rede hatte Schröder eine Ausweitung der Zumutbarkeit angekündigt und eine Verschärfung des Sanktionsregimes im Arbeitslosenbereich angedeutet: „Niemandem (…) wird künftig gestattet sein, sich zulasten der Gemeinschaft zurückzulehnen. Wer zumutbare Arbeit ablehnt – wir werden die Zumutbarkeitskriterien verändern –, der wird mit Sanktionen

---

18 Vgl. Herbert Jacobs, Sozialhilfe im Dilemma. Sozialhilfereformen zwischen sozialpolitischer Notwendigkeit und Sparzwang, Frankfurt am Main 2001, S. 51 ff.

19 Siehe Michael Opielka, Grundeinkommen statt Hartz IV. Zur politischen Soziologie der Sozialreformen, in: Blätter für deutsche und internationale Politik 9/2004, S. 1084

20 Matthias Knuth/Petra Kaps, Arbeitsmarktreformen und „Beschäftigungswunder" in Deutschland, in: WSI-Mitteilungen 3/2014, S. 179

rechnen müssen."[21] Schröder tat gerade so, als habe es bislang weder eine Arbeitspflicht für die Bezieher/innen von Arbeitslosengeld und Arbeitslosenhilfe noch im Falle der Weigerung, eine ihnen offerierte Stelle anzunehmen, Handlungsmöglichkeiten und Strafmaßnahmen aufseiten der Arbeitsämter gegeben. Dabei konnten diese Sperrzeiten von drei, sechs und zwölf Wochen verhängen, die sich kumulierten und nach ihrer Summierung auf 21 Wochen zum Totalentzug des Leistungsanspruchs führten.

5.2 Eingliederungsvereinbarung, 1-Euro-Jobs und Sanktionen als Disziplinierungsmittel

Hatte das Job-AQTIV-Gesetz zum 1. Januar 2002 die Eingliederungsvereinbarung mit dem erklärten Ziel der Vermeidung von Langzeitarbeitslosigkeit ins SGB III eingeführt, so wurde sie für Alg-II-Bezieher/innen durch das SGB II verbindlich gemacht und damit den Jobcentern ein Hebel an die Hand gegeben, um die Kooperation oder die Unterwerfung ihrer „Problemkunden" zu erzwingen. Den ihnen selbst durch Zielvereinbarungen und Benchmarking von oben auferlegten Druck geben die Jobcenter mittels der Eingliederungsvereinbarungen an das schwächste Glied der Kette, die Langzeiterwerbslosen und die übrigen Leistungsbedürftigen, nach unten weiter.

In der Eingliederungsvereinbarung werden die Integrationsbemühungen des Jobcenters und die Pflichten der Leistungsbezieher/innen, verstanden als Gegenleistung, schriftlich fixiert. Während die Eingliederungsleistungen in den vorgefertigten Formularen oft nur kursorisch aufgeführt werden, wird die Pflicht der Leistungsbezieher/innen zu „Eigenbemühungen", etwa die Zahl der von ihnen monatlich zu schreibenden Bewerbungen, umso konkreter und detaillierter festgehalten. Falls der Alg-II-Bedürftige die für ihn und seine Bedarfsgemeinschaft geltende Eingliederungsvereinbarung nicht unterschreibt, kann sie das Jobcenter per Verwaltungsakt durchsetzen, weshalb die früher in einem solchen Fall durchaus übliche Verhängung von Sanktionen unverhältnismäßig wäre und rechtswidrig ist, was aber viele Betroffene nicht wissen.

Selbst wenn der Hilfebedürftige die ihm vorgelegte Eingliederungsvereinbarung „freiwillig" unterzeichnet, ist sie kein von zwei auf gleicher Augenhöhe miteinander verhandelnden Partner(inne)n abgeschlossener seriöser Vertrag, vielmehr ein Diktat bzw. ein subtiles Disziplinierungsinstrument, das ihn unter staatliche Kuratel stellt. Denn das Kontraktmanagement bzw. die Vertragslogik, der letztlich eine Tauschsituation auf dem Markt zugrunde

21 Presse- und Informationsamt der Bundesregierung (Hg.), Agenda 2010, a.a.O., S. 23

liegt, lässt die Status- und Machtunterschiede zwischen dem Alg-II-Bedürftigen und seinem „Vertragspartner“ völlig außer Acht: „Der Leistungsempfänger befindet sich hier in der Situation eines Bittstellers; es wird aber so getan, als verfüge er über die notwendige Verhandlungsmacht, um mit der Bewilligungsinstanz für die Sozialleistungen eine wechselseitige Beziehung eingehen zu können.“[22]

Seit dem Inkrafttreten von Hartz IV mussten Langzeiterwerbslose – wie früher schon Asylbewerber/innen und HLU-Bezieher/innen im Rahmen der „Hilfe zur Arbeit“ – gegen eine minimale „Mehraufwandsentschädigung“ von 1 bis 2 Euro pro Stunde im öffentlichen Interesse liegende und zusätzliche, aber keineswegs mehr unbedingt gemeinnützige Arbeit leisten, wollten sie ihren Anspruch auf Unterstützung nicht zu 30 Prozent (und später ganz) einbüßen. Bei den Erwerbslosen zwischen 15 und 24 Jahren (U 25) entfiel die Regelleistung sogar gleich. „Die neue Workfare beschreibt (...) eine Tendenz zu breiten, verpflichtenden, neuen Arbeitsdiensten mit Leistungszwang.“[23]

Mit den 1-Euro-Jobs, die kein Instrument aus dem Maßnahmenkatalog der Hartz-Kommission waren, die öffentlich geförderter Beschäftigung eher skeptisch gegenüberstand, sollte die Beschäftigungsfähigkeit von Arbeitslosengeld-II-Bezieher(inne)n erhalten oder wiederhergestellt werden. Meist ging es den Jobcentern aber nur darum, die „Beschäftigungswilligkeit“ bzw. Verfügbarkeit der Hartz-IV-Betroffenen zu überprüfen. Pate bei den 1-Euro-Jobs standen ganz offenbar die Notstandsarbeiten der „produktiven“ bzw. „wertschaffenden“ Erwerbslosenfürsorge, wie auch historische Parallelen zum „Freiwilligen“ Arbeitsdienst erkennbar sind. Wolfgang Clement bzw. das von ihm geführte Ministerium für Wirtschaft und Arbeit nahm ebenfalls an, auf diese Weise viel Geld sparen zu können, musste jedoch nach wenigen Monaten erkennen, dass Mehrkosten in Milliardenhöhe entstanden, die kein Haushaltsplan enthielt.

Während die Arbeitsgelegenheiten in der Entgeltvariante (ABM) von Beginn an nur eine Nebenrolle spielten, führten bis zu 800.000 1-Euro-Jobs, die es bald alljährlich gab, auf dem Arbeitsmarkt zu einem schärferen Verdrängungswettbewerb von oben nach unten. Vor allem Niedrigqualifizierte in Normalarbeitsverhältnissen mussten gewärtigen, durch 1-Euro-, Mini- oder Midijobber/innen ersetzt zu werden, was spürbare Auswirkungen auf

---

22 Robert Castel, Die Stärkung des Sozialen. Leben im neuen Wohlfahrtsstaat, Hamburg 2005, S. 113

23 Anne Allex, Politische Tendenzen der Agenda 2010, in: Holger Kindler/Ada-Charlotte Regelmann/Marco Tullney (Hg.), Die Folgen der Agenda 2010. Alte und neue Zwänge des Sozialstaats, Hamburg 2004, S. 27

das gesamte Lohn- und Gehaltsgefüge hatte. Ein besonders düsteres Bild der künftigen Arbeitswelt entwarf Martin Bongards, als er prognostizierte: „Tarifliche Bezahlung wird die Ausnahme werden, prekäre Beschäftigung die Regel.“[24]

Anne Bernheim attestierte den „Zusatzjobs“ – so deren offizielle Bezeichnung, die sich aber nicht durchsetzen konnte – einen arbeitsmarkt- und sozialpolitischen Doppeleffekt: „Erwerbslose werden arbeitswillig gehalten und verwalten bzw. mildern gleichzeitig das soziale Elend.“[25] Bei der Arbeitsgelegenheit mit Mehraufwandsentschädigung, die zusätzlich zum Alg II gezahlt, d.h. nicht auf das Alg II angerechnet wird, handelt es sich gar nicht um einen „Job“ im eigentlichen Sinne, sondern um einen Pflichtdienst, der kein ordentliches Arbeitsverhältnis begründet. „Ein-Euro-JobberInnen werden viele Rechte vorenthalten, auf die sich reguläre Arbeitskräfte immerhin berufen können: Es gibt keinen Arbeitsvertrag, keine tarifliche Entlohnung, keinen Anspruch auf Lohnfortzahlung bei Krankheit oder Urlaub, kein Streikrecht, keinen Kündigungsschutz.“[26] Verfassungsrechtlich stellt sich die Frage, ob 1-Euro-Jobs, deren Anzahl in jüngster Zeit allerdings stark abgenommen hat, mit Art. 12 Abs. 2 GG vereinbar sind, wonach niemand vom Staat zu einer bestimmten Arbeit gezwungen werden darf, außer im Rahmen einer allgemeinen, für alle Bürger/innen gleichen öffentlichen Dienstleistungspflicht. Zwingen die Jobcenter damit Alg-II-Empfänger/innen etwa nicht zu einer sie demütigenden Arbeit? Wenn ein arbeitsloser Diplomingenieur einen öffentlichen Park fegen oder Toiletten im Rathaus putzen muss, um für sich und seine Familie die Leistungen des SGB II zu erhalten, ist das eindeutig verfassungswidrig, weil die im Grundgesetz allen Bürger(inne)n garantierte Berufsfreiheit mit Füßen getreten wird.

Die sozialpolitische Ambivalenz der 1-Euro-Jobs besteht darin, dass zahlreiche Erwerbslose sie trotz dieser verfassungsrechtlichen Problematik mehr oder weniger freiwillig übernommen, ja sich manchmal sogar danach gedrängt haben, weil die Mehraufwandsentschädigung im Unterschied zu sonstigen Nebenverdiensten nicht zu einer Kürzung des Regelsatzes führte und viele Erwerbslose froh waren, dem Tag wieder eine feste Struktur geben und einer – im Ausnahmefall ebenso sinnvollen wie sinnerfüllenden – Beschäftigung nachgehen zu können. Für die Arbeitsverwaltung wiederum

24 Martin Bongards, Hartz IV – Realität des neuen Gesetzes, in: Holger Kindler/Ada-Charlotte Regelmann/Marco Tullney (Hg.), Die Folgen der Agenda 2010, a.a.O., S. 64

25 Anne Bernheim, „Wir werden hier kontrolliert arbeitslos gehalten …“, Ein-Euro-Jobs – mehr als Disziplinierung?, in: Agenturschluss (Hg.), Schwarzbuch Hartz IV. Sozialer Angriff und Widerstand – eine Zwischenbilanz, Berlin/Hamburg 2006, S. 105

26 Ebd., S. 99

bestand ein unschätzbarer Vorteil der Zusatzjobs darin, dass jene „Kunden", die als 1-Euro-Jobber/innen tätig werden – auf dem Höhepunkt der Anwendung dieses Druckmittels waren das hunderttausende Hartz-IV-Betroffene jährlich – aus der offiziellen Arbeitslosenstatistik verschwinden, sofern die Wochenarbeitszeit 15 Stunden überschreitet. Ausgerechnet die 1-Euro-Jobs waren daher in den ersten Jahren nach der Hartz-IV-Reform das quantitativ bedeutsamste Instrument der aktivierenden Arbeitsmarktpolitik.

Martin Bongards hat einige drastische Beispiele für den Missbrauch des Instruments der Arbeitsgelegenheiten mit Mehraufwandsentschädigung durch die Maßnahmeträger im Jahr ihrer Einführung aufgelistet: „Ein-Euro-JobberInnen managen den Umzug für ein Berliner Bezirksamt, entlasten ErzieherInnen in Kindertagesstätten in Templin, renovieren kommunale Räume in Zwickau, leeren Recyclingtonnen in Frankfurt am Main, geben Einzelunterricht für auffällige Kinder an einer Grundschule in Berlin oder betreiben gar eine ganze Postfiliale in Hamburg."[27] Während sich öffentliche Stellen nicht scheuten, 1-Euro-Jobber/innen in Bibliotheken, Gartenbauämtern, Krankenhäusern und sogar in Hochschulen einzusetzen,[28] übertrugen ihnen Wohlfahrtsverbände, darunter auch solche, die den Arbeitszwang ablehnten, entsprechende Aufgaben im sozialen und im Pflegebereich. Indem die Verbände den Rückgang an Zivildienstleistenden partiell zu kompensieren suchten, wurden sie politisch in die Umsetzung von Hartz IV eingebunden.[29] Christian Girschner, der die ideologischen und herrschaftlichen Hintergründe der 1-Euro-Job-Ökonomie ausgeleuchtet hat, kritisierte diese als gigantisches Subventionsprogramm für Maßnahmenträger, private Arbeitsvermittler/innen und die finanziell ausgebluteten Kommunen, aber noch mehr für die sozialen wie die kulturellen Träger und die Wohlfahrtsverbände, was er besonders an den hohen Verwaltungskostenpauschalen für die Beschäftigung der Erwerbslosen festmachte.[30]

Esther Schröder hat 50 über ein „Hartz-IV-Kontaktbüro" in Brandenburg rekrutierte Erwerbslose zu ihren Erfahrungen mit 1-Euro-Jobs befragt, die oft nicht mehr als eine weitere Station in langen Maßnahmekarrieren ohne

---

27 Anne Bernheim, „Wir werden hier kontrolliert arbeitslos gehalten ...", a.a.O., S. 101

28 Vgl. Jörn Breiholz, Hartz IV macht's möglich. Die Uni Hamburg beschäftigt Wissenschaftler mit Ein-Euro-Jobs/Für Kritiker eine „moderne Form der Sklaverei", in: FR v. 9.5.2006

29 Vgl. Thomas Maron, Langzeitarbeitslose sollen Zivis ersetzen. Zwei Ministerinnen auf der Suche nach sinnvollen Ein-Euro-Jobs/Differenzierte Bezahlung geplant, in: FR v. 7.9.2004

30 Vgl. Christian Girschner, Zur politischen Ökonomie der 1-Euro-Jobs. Ideologische und herrschaftliche Hintergründe, in: Gregor Straube (Hg.), 1-Euro-Jobs. Kritische Perspektiven, Berlin 2009, S. 145

wirkliche Perspektiven waren.[31] Nur in Ausnahmefällen beinhalteten die Arbeitsgelegenheiten berufliche Qualifikationsmöglichkeiten. Stattdessen wurden über eine „Bestenauslese“ am zweiten Arbeitsmarkt aktive Fachkräfte rekrutiert, die sich ihrerseits mit jedem neuen 1-Euro-Job noch weiter vom allgemeinen Arbeitsmarkt entfernten. Arbeitsgelegenheiten in Folge ermöglichten zwar vorübergehend oder fast dauerhaft Beschäftigung, führten aber so gut wie nie aus der Arbeitslosigkeit und der Hilfebedürftigkeit heraus. Schröders Expertise im Auftrag der Friedrich-Ebert-Stiftung bestätigte Zweifel an der Aufteilung von Erwerbslosen nach der Dauer ihrer Arbeitslosigkeit: „Premiumkunden“ in die Agenturen und „Discountkunden“ in die Jobcenter zu schicken sei vielmehr ebenso wenig sinnvoll wie ein geteiltes Vermittlungs- und Betreuungssystem.

Die arbeitsmarktpolitische Paradoxie der 1-Euro-Jobs besteht darin, dass sie reguläre Arbeitsplätze aufgrund eines Substitutions- bzw. Verdrängungseffekts zerstören, statt neue zu schaffen oder die Chance der Erwerbslosen auf Übernahme einer sozialversicherungspflichtigen Beschäftigung zu erhöhen. Fragwürdig sind die Arbeitsgelegenheiten mit Mehraufwandsentschädigung schon deshalb, weil die Kriterien des „öffentlichen Interesses“ und der „Zusätzlichkeit“, welche sie erfüllen müssen, äußerst schwammig bzw. im Einzelfall schwer kontrollierbar waren. Ähnliches gilt für das ergänzende Kriterium der „Wettbewerbsneutralität“, die eine Arbeitsgelegenheit nach dem *Gesetz zur Verbesserung der Eingliederungschancen am Arbeitsmarkt* zeigt, wenn keine Beeinträchtigung der Wirtschaft infolge der Förderung zu befürchten ist und Erwerbstätigkeit auf dem allgemeinen Arbeitsmarkt weder verdrängt noch in ihrer Entstehung verhindert wird. Zum 1. April 2012 hinzugetreten, sollte diese Formulierung das örtliche Handwerk beschwichtigen. Während die Arbeitsbeschaffungsmaßnahmen nach dem SGB III ganz wegfielen, haben die 1-Euro-Jobs seither stark an Gewicht verloren, zumal der Bundesfreiwilligendienst (BFD) am 1. Juli 2011 den Zivildienst ersetzt hat und es genügend „Bufdi“-Stellen für Alg-II-Bezieher/innen gibt.[32]

Die nach Peter Hartz benannten Reformen trugen Züge einer sozialpolitischen Zeitenwende, wie es sie zuletzt am Ende der Weimarer Republik gegeben hatte. Was damals als „Aussteuerung“ der Arbeitslosen bezeichnet

---

31 Vgl. hierzu und zum Folgenden: Esther Schröder, Ein-Euro-Jobs zwischen Anspruch und Realität aus Sicht der Maßnahmeteilnehmer und -teilnehmerinnen. Arbeitsgelegenheiten und die Umsetzung der Arbeitsmarktreformen, WISO Diskurs, November 2009, S. 40

32 Vgl. Kristiana Ludwig, Die günstigen Helfer. Die Fugen des Kopfsteinpflasters sind gesäubert. Am Badesee liegt kein Müll. Noch vor ein paar jahren haben 1-Euro-Jobber das Stadtbild von Senftenberg verschönert. Heute ist Unkrautjäten ein Ehrenamt – Freiwilligendienst, den zunehmend Hartz-IV-Empfänger leisten, in: taz v. 31.10.2013

wurde, die schrittweise Herabstufung von ökonomisch bloß noch schwer Verwertbaren mit staatlichem Leistungsentzug, wiederholte sich auf eine vergleichbare Art durch Hartz IV und hielt auch semantisch Einzug in die Arbeitsmarktpolitik. So musste die BA ab 1. Januar 2005 an den Bund einen „Aussteuerungsbetrag“ in Höhe von fast 10.000 Euro für jeden (Langzeit-) Erwerbslosen zahlen, der nicht mehr von ihr das beitragsfinanzierte Alg (I), sondern das steuerfinanzierte Alg II vom Staat erhielt. Ab 1. Januar 2008 hieß diese Art „Geldstrafe“ für unterlassene bzw. fehlgeschlagene Vermittlungsversuche „Eingliederungsbeitrag“, nach dem *Haushaltsbegleitgesetz 2013* entfiel sie am 31. Dezember 2012 ersatzlos. In einer kapitalistischen Marktgesellschaft, die immer mehr Bereiche der ökonomischen Verwertungslogik unterwirft, mag es „normal“ sein, sogar die Vermittlung von Erwerbslosen zwischen dem Staat und seiner dafür zuständigen Agentur auf der Basis monetärer Steuerungsmechanismen zu regeln. Fehlanreize entstanden jedoch insofern, als sich die Bundesagentur für Arbeit nunmehr auf *vorübergehend* Erwerbslose konzentrierte, während die ohnehin schwierigere Vermittlung von *Langzeit*erwerbslosen auch finanziell weniger „lohnend“ erschien. Um das für die Strafzahlung benötigte Geld aufzubringen, kürzte man noch mehr als bisher im Arbeitsförderungsbereich, etwa bei Maßnahmen der beruflichen Weiterbildung. Letztlich bedeutete die Aussteuerung den „Abschied von der Idee der Solidarität“, wie Gabriele Gillen anmerkte: „Jeder Einzelne erfährt, dass ihn die Gemeinschaft nicht mehr schützt.“[33]

Durch die umfassende Organisationsreform der Arbeitsverwaltung änderte sich das Verhältnis zwischen dieser und den Erwerbslosen grundlegend. Waren die Bezieher/innen der Arbeitslosenhilfe noch Sozialstaatsbürger/innen gewesen, denen man überwiegend mit Respekt begegnete, so ist es an Zynismus kaum zu überbieten, dass Hartz-IV-Betroffene im Jobcenter-Jargon zwar als „Kunden“ bezeichnet, von ihren Fallmanager(inne)n aber nicht selten wie Bettler/innen oder lästige Bittsteller/innen behandelt werden.[34] „Aktivierung“ vollzieht sich im Hartz-Regime als technokratischer Akt, welcher von der Leitungsebene dirigistisch gesteuert, penibel kontrolliert und permanent evaluiert wird. Wolfgang Ludwig-Mayerhofer, Olaf Behrend und Ariadne Sondermann weisen auf die Gefahr hin, „dass diese Praxis tendenziell (nicht zuletzt mentale) Abwärtsmobilität erzeugt, bestehende Ungleichheiten zwischen den Arbeitslosen dabei eher noch verstärkt, und dass sie schließlich durch Einkleidung ihres herrschaftlichen Charakters in

33 Gabriele Gillen, Hartz IV, a.a.O., S. 113

34 Vgl. dazu: Wolfgang Gern/Franz Segbers (Hg.), Als Kunde bezeichnet, als Bettler behandelt. Erfahrungen aus der Hartz IV-Welt, Hamburg 2009

ökonomische Rationalität, aber auch durch die Willkür, die sich auf Ebene der Organisation wie einzelner Fachkräfte zeigen lässt, deautonomisierend wirken kann."[35]

Der österreichische Sozialwissenschaftler Markus Griesser vertritt die These, dass Hartz IV die Ambivalenz des Aktivierungskonzepts – Autonomie vs. Zwang – weitgehend zugunsten des Letzteren aufgelöst hat.[36] Er beobachtet Veränderungen in drei Dimensionen: die Ausgestaltung des passiven Leistungsgefüges, der systemspezifischen Reziprozitätsnorm sowie von aktivierenden Vermittlungs- und Eingliederungsleistungen. Arbeitsförderung i.e.S., die Erwerbslosen mehrere Wahl- und Entwicklungsmöglichkeiten zu eröffnen sucht, wird heute kaum noch oder nur unter Androhung und/oder Anwendung von Sanktionen betrieben. Walter Hanesch und Imke Jung-Kroh hoben den Strafcharakter der „Aktivierung" nach dem SGB II hervor und betonten darüber hinaus, dass „eine Eingliederung um jeden Preis erzwungen werden soll, unabhängig davon, ob dadurch eine reale Verbesserung der materiellen Lage für die Betroffenen erreicht werden kann. Die restriktiv-punitive Ausrichtung dieses Aktivierungskonzepts ist jedoch wenig geeignet, eine nachhaltige Eingliederung in das Beschäftigungssystem zu erreichen."[37]

Aufgrund der gesetzlichen Grundlagen, die Jobcenter-Mitarbeiter/innen beachten müssen, und der Beweislastumkehr im SGB II, die ihnen keine bedingungslose Unterstützung der Hilfebedürftigen erlaubt, sondern ihnen eine heimliche Schuldzuweisung diesen gegenüber auferlegt, wehren sie legitime Rechtsansprüche ihrer „Kund(inn)en" oft routinemäßig ab.[38] Manchmal fehlt im Alltagsstress vermutlich auch der Wille, die Leistungsbezieher/innen korrekt zu behandeln und ihnen den gebührenden Respekt entgegenzubringen. Dafür spricht die hohe Zahl der wegen Pflichtverletzungen und Meldeversäumnissen ausgesprochenen Sanktionen, im Falle der Ersteren vor allem gegen Unter-25-Jährige. Da sich (gerade junge) Menschen – wie jede Erzieherin und jeder Lehrer weiß – eher durch positive Anreize als durch

35 Siehe Wolfgang Ludwig-Mayerhofer/Olaf Behrend/Ariadne Sondermann, Auf der Suche nach der verlorenen Arbeit. Arbeitslose und Arbeitsvermittler im neuen Arbeitsmarktregime, Konstanz 2009, S. 11 f.

36 Vgl. Markus Griesser, Zwischen Zwang und Autonomie. Hartz IV und der Ansatz einer aktivierenden Sozialhilfe- und Arbeitsmarktpolitik in Deutschland, in: Christine Stelzer-Orthofer/Josef Weidenholzer (Hg.), Aktivierung und Mindestsicherung. Nationale und europäische Strategien gegen Armut und Arbeitslosigkeit, Wien 2011, S. 112

37 Walter Hanesch/Imke Jung-Kroh, Anspruch und Wirklichkeit der „Aktivierung" im Kontext der „Sozialen Stadt", in: Walter Hanesch/Kirsten Krüger-Conrad (Hg.), Lokale Beschäftigung und Ökonomie. Herausforderung für die „Soziale Stadt", Wiesbaden 2004, S. 233

38 Vgl. H.-Dieter Kantel, Grundsicherungsarbeit, a.a.O., S. 72 f.

massiven Druck motivieren lassen und dieser meistens Gegendruck erzeugt, mussten die Sanktionen verpuffen, ohne die beabsichtigte Wirkung zu erzielen.

Wann die Jobcenter welche Sanktionen verhängen und wie diese auf betroffene Leistungsbedürftige wirken, welche Folgen solche „Strafmaßnahmen" haben und was für Möglichkeiten der Sanktionsabwehr existieren, hat die Berliner Kampagne gegen Hartz IV in einer Broschüre dokumentiert.[39] Ein besonders drastischer Fall ereignete sich in Passau, wo das Jobcenter einer 21-jährigen Frau für drei Monate die Regelleistung, das Geld für ihre Miete und die Schwangerschaftszulage sperrte, weil sie den ihr zugewiesenen 1-Euro-Job in einer Großküche wegen Blutungen nicht angetreten, es aber versäumt hatte, die Krankmeldung ihres Arztes einzureichen.[40] Eine solche Totalsanktion, bei der Betroffene – wohlgemerkt: nur auf Antrag – Essensgutscheine vom Jobcenter erhalten, aber nicht etwa Sozialhilfe beziehen können, traf auch manche andere Schwangere, wie das Erwerbslosenforum Deutschland der *Süddeutschen Zeitung* mitteilte. Wie das Bremer Institut für Arbeitsmarktforschung und Jugendberufshilfe (BIAJ) feststellte, erreichten die von den Jobcentern neu verhängten Hartz-IV-Sanktionen nach der Bundestagswahl 2013 ein Rekordniveau. In den zwölf Monaten vom Mai 2013 bis April 2014 stieg die Zahl der neuen Sanktionen auf 1.030.405, verhängt gegen 468.895 Arbeitslosengeld-II-Bezieher/innen.[41]

5.3 Der parlamentarische Schulterschluss von Koalition und Opposition

Noch weiter als der Koalitionsentwurf des *Vierten Gesetzes für moderne Dienstleistungen am Arbeitsmarkt* ging in dieser und manch anderer Beziehung der von Hessen in den Bundesrat eingebrachte Entwurf eines „Exis-

---

39 Vgl. Claudia Daseking u. a., Wer nicht spurt, kriegt kein Geld. Sanktionen gegen Hartz-IV-Beziehende. Erfahrungen, Analysen, Schlußfolgerungen, 2. Aufl., Berlin, Juni 2009 (ergänzend: www.hartzkampagne.de)

40 Vgl. Thomas Öchsner, Sanktionen gegen Ungeborene. Mit einer Schwangerschaft beginnt für Hartz-IV-Empfängerinnen oft eine Odyssee durch den deutschen Sozialstaat, in: SZ v. 28.1.2011

41 Vgl. Bremer Institut für Arbeitsmarktforschung und Jugendberufshilfe (BIAJ), Hartz-IV: Neu festgestellte Sanktionen steigen nach Bundestagswahl 2013 auf Rekordniveau. BIAJ-Kurzmitteilung vom 19. August 2014 (http://biaj.de/archiv-kurzmitteilungen/36-texte-biaj-kurzmitteilungen/528-hartz-iv-neu-festgestellte-sanktionen-steigen-nach-bundestagswahl-2013-auf-rekordniveau.html; 6.9.2014)

tenzgrundlagengesetzes", das die (Re-)Kommunalisierung der Arbeitsmarktpolitik, eine starke Ausweitung des staatlich subventionierten Niedriglohnsektors sowie den Übergang vom Welfare- zum Workfare-Modell eines US-Bundesstaates („W 2: Wisconsin Works") bezweckte, den Ministerpräsident Roland Koch (CDU) kurz nach der Jahrtausendwende bereist hatte. Langzeiterwerbslosen, die ein kommunales Beschäftigungsangebot ablehnen, sollte jegliche Unterstützung – auch für Unterbringung und Heizung – versagt werden.[42] Koch profilierte sich im monatelangen Ringen um die konkrete inhaltliche Ausgestaltung wie die organisatorische Umsetzung (Frage der Trägerschaft) von Hartz IV als Wortführer und Scharfmacher der Union.

CDU, CSU und FDP hatten zwar keine Mehrheit für ihren Alternativentwurf und vermochten seine Maximalpositionen deshalb nicht durchzusetzen, sie erreichten über den von ihnen dominierten Bundesrat sowie den Vermittlungsausschuss zwischen diesem und dem Bundestag im Laufe des Gesetzgebungsverfahrens zu den Arbeitsmarktreformen jedoch eine Verschärfung so mancher von SPD und Bündnisgrünen geplanten Regelung. Vorsitzender des Vermittlungsausschusses, der besonders im Streit um die konkrete Ausgestaltung von Hartz IV eine Schlüsselrolle spielte, war Henning Scherf, damals Bürgermeister und Präsident des Senats der Freien Hansestadt Bremen. Als einziger Sozialdemokrat in einem Minister- bzw. Ministerpräsidentenamt übte Scherf später glaubwürdig Selbstkritik und distanzierte sich wenigstens nachträglich von der „neoliberalen Modernisierungspolitik" seiner Partei: „Auch ich war im Sog der neoliberalen Reformpolitik. (…) Wir haben den Neoliberalen geglaubt, und sie haben uns Jahrzehnte lang verladen mit ihren Ankündigungen über den Segen spekulationsgetriebenen Wachstums."[43]

Um das letzte und wichtigste Hartz-Gesetz mehrheitsfähig zu machen, formierte sich in monatelangen Debatten eine sozialpolitische Allparteienkoalition, die aus den meisten SPD- und bündnisgrünen Abgeordneten (mit Ausnahme weniger „Abweichler") sowie der Unionsfraktion und der FDP-Fraktion bestand. Dem hatten die zwei fraktionslosen PDS-Bundestagsabgeordneten Gesine Lötzsch und Petra Pau wenig entgegenzusetzen. Die linken SPD-Angeordneten, von denen sechs (Klaus Bartels, Ottmar Schreiner, Sigrid Skarpelis-Sperk, Horst Schmidbauer, Fritz Schösser und Rüdiger Veit) trotz drohender Sanktionen ihrer Fraktionsspitze im Bundestag kurz

---

42 Vgl. Alexander Graser, Aufgewärmtes aus der Armenküche. Roland Kochs Rezepte aus Wisconsin, in: Blätter für deutsche und internationale Politik 10/2001, S. 1250 ff.; Wilhelm Adamy, Zum Existenzgrundlagengesetz von CDU/CSU: Arbeit zu jedem Preis im Niedriglohnsektor, in: Soziale Sicherheit 11/2003, S. 388 ff.

43 Henning Scherf, Gemeinsam statt einsam. Meine Erfahrung für die Zukunft, Freiburg im Breisgau/Basel/Wien 2009, S. 22 f.

vorher gegen die Gesundheitsreform gestimmt hatten, erreichten durch ihre Drohung, Hartz IV ebenfalls im Plenum abzulehnen, auf stürmisch verlaufenden Sitzungen und in zahlreichen Hintergrundgesprächen einzelne Korrekturen des Gesetzentwurfs. Bei der namentlichen Abstimmung am Ende der 3. Lesung des rot-grünen Gesetzentwurfes stimmten daher am 17. Oktober 2003 alle SPD-Abgeordneten der modifizierten Vorlage zu. 16 sozialdemokratische Parlamentarier/innen gaben jedoch eine persönliche Erklärung zu Protokoll, in der sie ihren „großen Bedenken" hinsichtlich der Art, wie Arbeitslosen- und Sozialhilfe für Erwerbsfähige zusammengeführt wurden, Ausdruck verliehen und konstatierten, dass Hartz IV durch drei Änderungen für sie „etwas erträglicher" geworden sei: die Festlegung, dass Beschäftigung für Erwerbslose nur dann zumutbar sei, wenn das tarifliche bzw. ortsübliche Entgelt gezahlt werde; die gesetzliche Klarstellung, dass Unterhaltsansprüche zwischen Eltern und ihren erwachsenen Kindern grundsätzlich ausgeschlossen blieben; die Regelung, wonach Erwerbslose ihre Alterssicherungsersparnisse nicht bis auf geringe Ausnahmen aufbrauchen mussten, bevor sie einen Anspruch auf Arbeitslosengeld II geltend machen könnten.[44] Während sich der ostdeutsche Bundestagsabgeordnete Werner Schulz der Stimme enthielt, begründeten zehn andere bündnisgrüne Mandatsträger/innen ihr positives Votum in einer persönlichen Erklärung ähnlich wie die linken Sozialdemokrat(inn)en.[45]

Was der damalige AfA-Vorsitzende Ottmar Schreiner, die sozialdemokratische Wirtschaftspolitikerin Sigrid Skarpelis-Sperk, der damalige bayerische DGB-Landesvorsitzende Fritz Schösser, die beiden damaligen stellvertretenden Fraktionsvorsitzenden der Bündnisgrünen Hans-Christian Ströbele und Winfried Nachtwei sowie die langjährige Parteivorsitzende Claudia Roth und ihre Mitstreiter/innen mühsam aus dem ursprünglichen Gesetzentwurf herausbekommen hatten, verhandelten CDU/CSU und FDP in den Sitzungen des Vermittlungsausschusses wieder hinein. In der Nacht vom 14. auf

44 Siehe Erklärung nach § 31 GO der Abgeordneten Ottmar Schreiner, Rüdiger Veit, Florian Pronold, Willi Brase, Peter Dreßen, Reinhold Hemker, Gabriele Hiller-Ohm, Horst Kubatschka, Götz-Peter Lohmann, Dr. Christine Lucyga, Lothar Mark, René Röspel, Horst Schmidbauer (Nürnberg), Fritz Schösser, Dr. Sigrid Skarpelis-Sperk und Waltraud Wolff Wolmirstedt) (alle SPD) zur Abstimmung über den Entwurf eines Vierten Gesetzes für moderne Dienstleistungen am Arbeitsmarkt, in: Deutscher Bundestag, Stenografischer Bericht, 67. Sitzung, Berlin, Freitag, den 17. Oktober 2003, S. 5830 f.

45 Vgl. Erklärung nach § 31 GO der Abgeordneten Hans-Christian Ströbele, Thilo Hoppe, Friedrich Ostendorff, Peter Hettlich, Winfried Nachtwei, Claudia Roth (Augsburg), Winfried Hermann, Jutta Dümpe-Krüger, Irmingard Schewe-Gerigk und Petra Selg (BÜNDNIS 90/DIE GRÜNEN) zu den Abstimmungen über die Entwürfe eines Dritten und eines Vierten Gesetzes für moderne Dienstleistungen am Arbeitsmarkt, in: ebd., S. 5828 f.

den 15. Dezember 2003 erzielte der Vermittlungsausschuss einen Durchbruch und beschloss ein ganzes Paket an Regelungen, darunter Hartz III und Hartz IV, über die hinter verschlossenen Türen unter enormem Zeitdruck gestritten worden war. Während der Bundesrat dem Kompromissvorschlag des Vermittlungsausschusses am 19. Dezember 2003 geschlossen zustimmte, lehnten bei der namentlichen Schlussabstimmung des Bundestages am selben Tag immerhin zwölf Parlamentarier der Koalitionfraktionen – von jeder Regierungspartei sechs (Hans Büttner, Horst Schmidbauer, Ottmar Schreiner, Sigrid Skarpelis-Sperk, Rüdiger Veit und Waltraud Wolff bei der SPD sowie Jutta Dümpe-Krüger, Winfried Hermann, Peter Hettlich, Markus Kurth, Werner Schulz und Hans-Christian Ströbele bei den Bündnisgrünen) – Hartz IV in der Endfassung ab, weshalb SPD und Bündnis 90/Die Grünen keine eigene Mehrheit hatten. Dagegen stimmten auch die beiden PDS-Abgeordneten sowie mit Robert Hochbaum und Manfred Kolbe zwei ostdeutsche Unionsabgeordnete, die durch Hartz IV mehr Armut unter den zahlreichen Erwerbslosen ihrer Region befürchteten.

Da die übrigen Bundestagsabgeordneten von CDU und CSU sowie die FDP-Fraktion geschlossen für Hartz IV votierten, wurde das epochale Reformprojekt letztlich im Schulterschluss aller etablierten Parteien realisiert. Aufgrund des Kurswechsels der SPD und ihrer Kollaboration mit CDU, CSU und FDP hatten diese in der Opposition erreicht, was ihnen als Regierungsparteien jahrzehntelang nicht gelungen war – die Abschaffung der Arbeitslosenhilfe als eines für den (west)deutschen Wohlfahrtsstaat typischen Unterstützungssystems, das den sozialen Totalabsturz von Arbeitnehmer(inne)n nach ihrer „Freisetzung" und Auslaufen des Arbeitslosengeldes fast 50 Jahre lang verhindert hatte. Was auf friedenspolitischem Gebiet die Zustimmung der SPD-Reichstagsfraktion zu den Kriegskrediten am 4. August 1914 bedeutet hatte – eine bedingungslose Kapitulation vor dem deutschen Militarismus und den ihn tragenden Eliten –, war ungefähr 90 Jahre später im sozialpolitischen Bereich die Verabschiedung von Hartz IV: eine bedingungslose Kapitulation vor dem Neoliberalismus und den ihn tragenden Wirtschaftseliten samt einer Demontage des nach 1945 maßgeblich von Sozialdemokrat(inn)en mitgestalteten und weiter ausgebauten Wohlfahrtsstaates durch die nun auch im Kernbereich der sozialen Gerechtigkeit von ihren programmatischen Grundwerten abgerückte Partei.

Wesentlich erleichtert, begünstigt und vielleicht sogar überhaupt ermöglicht wurde diese Entwicklung von einer kurz nach der Jahrtausendwende wie nie zuvor marktradikal gestimmten (Medien-)Öffentlichkeit, die Gegner/innen solcher Reformen als „Bedenkenträger", „Betonköpfe" oder „Besitzstandswahrer" verunglimpfte. Letztere saßen jedoch viel eher in den Vorstandsetagen der Banken, Versicherungskonzerne und großen Industrieunternehmen, wo sie die „neuen Kampfbegriffe der Privilegierten“ wie „Sozialneid“ mit Erfolg dafür nutzten, der Bevölkerung ihre neoliberale Weltsicht zu vermitteln.[46]

Wegen der erneut verschärften Zumutbarkeit im SGB II blieb bei Hartz IV neben dem Berufs- und Qualifikationsschutz auch die Würde der Betroffenen auf der Strecke: Alg-II-Bezieher/innen müssen nunmehr auch Stellen annehmen, die weder tarifgerecht noch ortsüblich entlohnt werden. Da nur die Gesetz- und die Sittenwidrigkeit als Barrieren gegen extremes Lohndumping übrig blieben – junge Frauen wurden von einzelnen Fachvermittlern gleichwohl auch schon mal auf Beschäftigungsmöglichkeiten im Rotlichtmilieu verwiesen –, steht den Sachbearbeiter(inne)n im Jobcenter seither ein umfassendes Druck- bzw. Drohpotenzial gegenüber ihren „Kund(inn)en“ zur Verfügung.[47]

Unter der Sittenwidrigkeit eines Lohns versteht die deutsche Arbeitsrechtsprechung, dass dieser mehr als 30 Prozent unter dem ortsüblichen (Tarif-)Lohn liegt. Gewerkschafter/innen trieb deshalb verstärkt die Furcht um, dass Arbeit in Zukunft „billig wie Dreck“ werden könnte. Tatsächlich zwangen teils drastische Leistungskürzungen sowie die strengeren Zumutbarkeitsklauseln bei Hartz IV davon Betroffene, ihre Arbeitskraft zu Dumpingpreisen zu verkaufen. Dem hätte durch einen allgemeinen gesetzlichen Mindestlohn, den einzelne DGB-Gewerkschaften wie die NGG unter ihrem langjährigen Vorsitzenden Franz-Josef Möllenberg schon damals forderten, während sich andere aus Sorge um die Tarifautonomie noch reserviert verhielten, vielleicht entgegengewirkt werden können. In der (Medien-)Öffentlichkeit wurde auch kontrovers darüber diskutiert, ob man Hartz IV gewissermaßen nach unten sozial abfedern und auf diese Weise dafür sorgen sollte, dass die den Alg-II-Empfänger(inne)n laut Gesetzestext „zumutbare Arbeit“ wenigstens halbwegs menschenwürdig entlohnt wird. In der *Zeit* (v. 26.8.2004) beispielsweise wiegelte der zuständige Wirtschaftsredakteur Kolja Rudzio jedoch ab und suchte die aufgebrachten Gemüter mit dem Argument zu beruhigen, der von Gewerkschafter(inne)n befürchtete Lohnsturz sei ein „Mythos“ und ein staatlich festgesetzter Mindestlohn die „falsche Antwort“ auf Hartz IV.[48]

---

46 Siehe Ulrich Schneider, Mehr Mensch! – Gegen die Ökonomisierung des Sozialen, Frankfurt am Main 2014, S. 57

47 Vgl. Frank Oschmiansky, Reform der Arbeitsvermittlung (Erhöhung der Geschwindigkeit, einschließlich neue Zumutbarkeit und PSA), in: Werner Jann/Günther Schmid (Hg.), Eins zu Eins?, Eine Zwischenbilanz der Hartz-Reformen am Arbeitsmarkt, Berlin 2004, S. 27

48 Siehe Kolja Rudzio, Mythos vom Absturz. Ein staatlicher Mindestlohn ist die falsche Antwort auf Hartz IV, in: Die Zeit 36/2004

Zwar verfügten die meisten EU-Mitgliedsländer im Unterschied zur Bundesrepublik längst über einen solchen Mindestlohn und hatten damit auch gute Erfahrungen gemacht, wie Gabriele Peter belegte,[49] ein Mindestlohn hätte jedoch den Sinn und Zweck des Hartz-IV-Systems konterkariert, das ja gerade darauf gerichtet war, einen möglichst breiten Niedriglohnsektor zu schaffen. Man zwingt die erwerbsfähigen Hilfebedürftigen mittels Leistungskürzungen, rigiden Zumutbarkeitsklauseln und Maßnahmen zur Überprüfung der „Arbeitsbereitschaft", fast jede Stelle anzunehmen und ihre Arbeitskraft zu Dumpingpreisen zu verkaufen. „Arbeitslosengeld II ist ganz klar als ergänzende Sozialleistung zum Niedriglohn konzipiert."[50] Dies hat gravierende Auswirkungen auf die (noch) Beschäftigten: „Wenn Millionen Arbeitslose endlich so wenig Geld bekommen, dass sie für jeden Lohn alles machen, wenn also das Heer der Niedriglöhner (Marx sprach noch von der ‚industriellen Reservearmee') groß und gefügig genug ist, wird es den erhofften Lohndruck auf die geben, die noch für einen Mehrwert tätig sind."[51]

Dass es sich dabei nicht bloß um unsoziale Nebenwirkungen eines in Wahrheit auf Einkommenssteigerungen der Arbeitnehmer/innen und hohe Tarifabschlüsse der Gewerkschaften zielenden Beschäftigungsprogramms handelte, zeigt die Tatsache, dass es Bundeskanzler Schröder auf dem Weltwirtschaftsforum in Davos am 28. Januar 2005 als großen Erfolg seiner Koalitionsregierung feierte, „einen der besten Niedriglohnsektoren" in Europa geschaffen zu haben: „Wir haben einen funktionierenden Niedriglohnsektor aufgebaut, und wir haben bei der Unterstützungszahlung Anreize dafür, Arbeit aufzunehmen, sehr stark in den Vordergrund gestellt."[52] Offenbar verfolgte die rot-grüne Bundesregierung mit ihrer „Agenda"-Politik und Hartz IV eine arbeitsmarkt- und finanzpolitische Doppelstrategie: Einerseits sollte die Abschaffung der Arbeitslosenhilfe bzw. die Abschiebung der Langzeiterwerbslosen in die Fürsorge den stark defizitären Staatshaushalt entlasten, andererseits wollte man durch materiellen Druck und Einschüchterung der Betroffenen mehr bzw. wirksamere „Beschäftigungsanreize" schaffen. Dabei fehlte es gar nicht daran, sondern an geeigneten Arbeitsplätzen, die durch Hartz IV jedoch in keiner Weise geschaffen wurden.

---

49 Vgl. z.B. Gabriele Peter, Gesetzlicher Mindestlohn. Eine Maßnahme gegen Niedriglöhne von Frauen, Baden-Baden 1995, S. 146 ff.; dies., Gesetzlicher Mindestlohn für die Bundesrepublik?, in: Gewerkschaftliche Monatshefte 2/1998, S. 96 f.

50 Martin Bongards, Hartz IV – Realität des neuen Gesetzes, a.a.O., S. 63

51 Gabriele Gillen, Hartz IV, a.a.O., S. 19

52 Rede von Bundeskanzler Gerhard Schröder vor dem World Economic Forum in Davos, 28. Januar 2005 (http://archiv.bundesregierung.de/bpaexport/rede/91/780791/multi.htm; 15.10.2010)

Hartz IV war zwar kurz vor Weihnachten 2003 auf den Weg gebracht worden, wer der Träger dieses neuen Leistungssystems sein würde – ob die Bundesagentur für Arbeit oder die Städte und Gemeinden –, damit aber noch längst nicht entschieden. Vielmehr wiederholten sich im Vorfeld der Verabschiedung des *Gesetzes zur optionalen Trägerschaft von Kommunen nach dem Zweiten Buch Sozialgesetzbuch (SGB II)* die scharfen Auseinandersetzungen zwischen der rot-grünen Koalition und der bürgerlichen Opposition. Erst am 30. Juni 2004 fand der Vermittlungsausschuss auch einen Kompromiss zwischen Rot-Grün und Schwarz-Gelb zur organisatorischen Umsetzung von Hartz IV. Am 2. Juli 2004 übernahm der Bundestag diesen Vorschlag, und der Bundesrat setzte eine Woche später den vorläufigen Schlusspunkt im Hartz-IV-Streit zwischen Regierung und Opposition, als er das *Kommunale Optionsgesetz* verabschiedete, welches 69 Landkreisen und kreisfreien Städte im Rahmen einer Experimentierklausel auf sechs Jahre befristet die Möglichkeit eröffnete, ab 1. Januar 2005 die Betreuung und Vermittlung der Alg-II-Bezieher/innen bzw. SGB-II-Bedarfsgemeinschaften ohne unmittelbare Beteiligung der örtlichen Agentur für Arbeit zu übernehmen.

Damit wurde das Prinzip der einheitlichen Arbeitsverwaltung aufgegeben – ein Rückfall hinter das AVAVG von 1927. Die organisatorische Zersplitterung der Arbeitsverwaltung, welche die Hartz-Reformen laut Kommissionsbericht und regierungsoffiziellen Darstellungen gerade beheben sollten, wurde dadurch eher noch verstärkt, womit die Gefahr eines landesweiten Unterbietungswettbewerbs zulasten der Grundsicherungsbezieher/innen und einer Preisgabe des Verfassungsgebotes zur Herstellung gleichwertiger Lebensverhältnisse einherging. Statt der Arbeits- bzw. der Sozialämter waren fortan je nach Leistungsart (Alg bzw. Alg II) und Wohnort der Erwerbslosen unterschiedliche Einrichtungen für sie zuständig: die lokalen Arbeitsagenturen unter dem BA-Dach für Bezieher/innen von Arbeitslosengeld (SGB III), die zur einen Hälfte von Kommunen und zur anderen Hälfte von lokalen Arbeitsagenturen getragenen Jobcenter sowie rein kommunale Einrichtungen, welche auch die Vermittlungs- bzw. Eingliederungsaufgaben selbst erfüllen.

Die kommunalen Sozialämter und die örtlichen Arbeitsagenturen bildeten in den Jobcentern „Arbeitsgemeinschaften" (ARGEn), die ab 1. Januar 2005 alle Grundsicherungsbedürftigen arbeitsteilig beraten, betreuen und vermitteln sollten. Wenn sich beide Träger wegen der lokalen Gegebenheiten nicht auf die in einem öffentlich-rechtlichen oder privatrechtlichen Vertrag geregelte Partnerschaft einigen konnten, bestand zusätzlich die Möglichkeit einer getrennten Aufgabenwahrnehmung. Aus dem relativ kleinen Verschiebebahnhof ohne getrennten Gleisanschluss zwischen Kommunen und Bundesanstalt für Arbeit vor dem Reformprozess war somit ein riesiger Verschiebebahnhof zwischen den Rechtskreisen des SGB III (Arbeitslosenversicherung) und des SGB II (Grundsicherung) geworden. Hilfebedürftige mit den schwerwiegendsten bzw. multiplen Vermittlungshemmnissen stehen dort am Ende weit häufiger als früher auf dem beruflichen und sozialen Abstellgleis.

Hartz IV zog die komplizierteste Verwaltungsreform seit 1945 nach sich, bei der aus zwei Quellverwaltungen (Agentur für Arbeit und Sozialamt) mit eigener Struktur und spezifischer Kultur unter schmerzhaften Geburtswehen für alle Betroffenen eine komplexe Mischverwaltung entstand, gegen die es von Anfang an verfassungsrechtliche Bedenken gab. Elf Landkreise aus Bayern, Nordrhein-Westfalen, Sachsen und Schleswig-Holstein legten denn auch kommunale Verfassungsbeschwerde ein, die sich nicht gegen das neue Leistungsrecht, sondern gegen die organisationsrechtlichen Bestimmungen und die Finanzierungsfolgen des SGB II für sie selbst richtete.[53] Obwohl H.-Dieter Kantel den Verwaltungsmitarbeiter(inne)n bescheinigt, im Gründungsprozess der ARGEn einen „Pioniergeist“ versprüht zu haben und mit viel Engagement sowie in Nacht- und Wochenendschichten an den organisatorischen Neuaufbau herangegangen zu sein, waren sie angesichts der extrem kurzen Vorlaufzeit und eines rapiden Anstiegs von SGB-II-Bedarfsgemeinschaften im Verlauf des „Startjahres“ 2005 hoffnungslos überfordert.[54]

Etwas mehr als drei Monate vor dem Inkrafttreten von Hartz IV wies Helmut Rudolph in einem IAB-Kurzbericht auf Haushaltsrisiken wegen Kostensteigerungen bei der Grundsicherung für Arbeitsuchende hin: „Die Ausgangsbelastung Anfang 2005 beim Start der neuen Leistung wird sich gegenüber den bisherigen Erwartungen erhöhen.“[55] Der wissenschaftliche Mitarbeiter des Instituts für Arbeitsmarkt- und Berufsforschung schätzte, dass die Grundsicherungsleistungen im 1. Quartal 2004 ca. 5,97 Mio. Personen in 2,86 Mio. Haushalten zugestanden und 3,44 Mio. erwerbsfähige Personen auf Eingliederungshilfen zugegriffen hätten, wenn das Reformgesetz bereits Gültigkeit besäße. Tatsächlich gab es zum Hartz-IV-Start am 1. Januar 2005 sogar 6,12 Mio. Personen, die Arbeitslosengeld II bzw. Sozialgeld erhielten und in 3,29 Mio. Bedarfsgemeinschaften lebten.

53 Vgl. Hans-Günter Henneke, Kommunale Verfassungsbeschwerden von elf Landkreisen gegen die Hartz-IV-Regelung, in: Christiane Büchner/Olaf Gründel (Hg.), Hartz IV und die Kommunen. Konzepte, Umsetzungsstrategien und erste Ergebnisse, KWI-Arbeitsheft 8 (2005), S. 41

54 Siehe H.-Dieter Kantel, Grundsicherungsarbeit. Armuts- und Arbeitsmarktpolitik nach Hartz IV, Wiesbaden 2008, S. 139 und S. 113

55 Helmut Rudolph, Arbeitsmarkt-Reformen 2005: Aktualisierte Schätzungen zum Start von ALG II. Bei der Zusammenlegung von Arbeitslosenhilfe und Sozialhilfe muss mit höheren Belastungen gerechnet werden, IAB-Kurzbericht 11/2004, S. 5

Bis zum Jahresende stieg die Anzahl der Leistungsbezieher/innen auf 7,10 Mio. in 3,93 Mio. Bedarfsgemeinschaften. Obwohl diese Zahlen im Grunde kaum überraschten, sondern vorhersehbar waren, sprachen Medienberichte damals von einer „Welle der Neukunden", die manche Jobcenter förmlich überrollt habe und in erster Linie durch Sozialämter der Kommunen ausgelöst worden sei, die „selbst Schwerstbehinderte(n), entmündigte(n) Heiminsassen und Koma-Patienten" bescheinigt hätten, dass sie drei Stunden am Tag erwerbstätig sein könnten, um sie in die Grundsicherung für Arbeitsuchende zu entlassen.[56] Dabei hatten zahlreiche Landkreise und kreisfreie Städte offenbar nur den neuen, viel wirksameren „Verschiebebahnhof" zum Jahreswechsel 2004/05 benutzt, um teilweise über 90 Prozent ihrer Sozialhilfeempfänger/innen, d.h. auch zahlreiche nichterwerbsfähige – diesmal auf Dauer – dem Bund zuzuweisen.

Wie bei den mit Hartz IV vergleichbaren Arbeitsmarktreformen im Frühstadium der Weimarer Republik (Einführung der Erwerbslosenfürsorge) überstiegen die Ausgaben für das Arbeitslosengeld II, das Sozialgeld und die Kosten der Unterkunft schon im ersten halben Jahr nach Inkrafttreten des Gesetzespaketes die entsprechenden Budgetansätze bei Weitem. Wenn jungen Leuten unterstellt wurde, dass sie in großer Zahl nur deshalb bei ihren Eltern ausgezogen seien, um eine eigene Bedarfsgemeinschaft zu gründen, stimmten entweder die Anlässe für Kostensteigerungen oder die verwendeten Argumentationsmuster zu deren Erklärung damals und heute überein.

Die eigentlichen Gründe für den scheinbaren Kostensprung von 26 Mrd. Euro auf 38,5 Mrd. Euro im Jahr 2005 dürften eine höhere als die zuvor angenommene Zahl von sog. Bedarfsgemeinschaften, die steigende Erwerbslosigkeit, die gesunkene Zahl von Personen, die noch Anspruch auf Arbeitslosengeld (I) hatten, der „Umstieg" von bisherigen Wohngeldbezieher(inne)n auf Hartz IV, die Tatsache, dass auch viele (Solo-)Selbstständige, die sich von den ersten Hartz-Gesetzen zur Gründung einer Kümmerexistenz hatten motivieren lassen, Arbeitslosengeld II in Anspruch nahmen, sowie die ansteigende Zahl von Geringverdiener(inne)n gewesen sein, die ihren SGB-II-Aufstockungsanspruch geltend machten. Nach weniger als 750.000 erwerbstätigen Alg-II-Bezieher(inne)n im Januar 2005 gab es zum Jahresausklang bereits fast 1 Mio. erwerbstätige Leistungsempfänger/innen, und mehr als

56 Siehe Matthias Bartsch u.a., Alltägliche Selbstbedienung. Hartz IV ist außer Kontrolle geraten und reißt ein riesiges Loch in den Bundeshaushalt: Das Gesetz zum Arbeitslosengeld II, als Abbau des Sozialstaats gebrandmarkt, verteilt die Staatsknete allzu großzügig, es lädt zum Missbrauch geradezu ein. Eine Reform der Reform scheint unumgänglich, in: Der Spiegel v. 24.10.2005, S. 32

2 Mio. verschiedene Erwerbsaufstocker/innen zählte die Bundesagentur für Arbeit im Hartz-IV-Auftaktjahr insgesamt.[57]

Anna Ringbeck bemerkt allerdings, dass der ohnehin dramatisierte Kostenanstieg bei Hartz IV durch sinkende Ausgaben im Rechtskreis des SGB III (Alg I) „mehr als kompensiert“ wurde.[58] Während die Grundsicherungsausgaben stiegen, sanken die Kosten im Bereich der Arbeitslosenversicherung so stark, dass der Beitragssatz in den Folgejahren von 6,5 Prozent sukzessive bis auf 2,8 Prozent reduziert werden konnte, was der Ursprungsintention wirtschaftsfreundlicher Reformer entsprach, die „Lohnnebenkosten“ herabzudrücken und damit vor allem die Unternehmen finanziell zu entlasten. Kontraproduktiv war in dieser Hinsicht der Aussteuerungsbetrag, den die BA an den Bund entrichten musste und der diesem im ersten Jahr bereits Einnahmen in Höhe von 4,6 Mrd. Euro aus Beitragsmitteln der Arbeitslosenversicherung brachte.[59]

Am 2. Februar 2005 verkündete BA-Vorstandsvorsitzender Frank-Jürgen Weise für den ersten Monat seit Inkrafttreten von Hartz IV die bis dahin höchste Nachkriegsarbeitslosenzahl von 5,037 Mio. Es gab 573.000 mehr offiziell registrierte Betroffene als im Dezember 2004 und fast 440.000 mehr als im Vergleichsmonat des Vorjahres. Neben den jahreszeitlich bedingten Witterungseinflüssen, die regelmäßig zur Erklärung bzw. zur Entschuldigung der Verantwortlichen herhalten müssen, wenn die Erwerbslosigkeit gestiegen ist, wurde eine unerwartet hohe Anzahl erwerbsfähiger Sozialhilfeempfänger/innen, die nunmehr Arbeitslosengeld II bezogen und zusätzlich arbeitslos gemeldet waren, für den enormen Anstieg verantwortlich gemacht. Eine weitere Rekordzahl wurde im Folgemonat mit 5.216.434 Arbeitslosen erreicht – mehr als je zuvor seit der Zwischenkriegszeit.

Als sich der Arbeitsmarkt auch im Frühjahr/Sommer 2005 nicht entspannte, die Massenerwerbslosigkeit vielmehr zunächst sogar weiter zunahm und die Kosten des Hartz-IV-Systems erheblich höher als von Rot-Grün zunächst veranschlagt ausfielen, gerieten das Gesetzespaket und mit ihm die Koalition einmal mehr ins Kreuzfeuer der öffentlichen Kritik. Diese verschob sich dabei jedoch fast unmerklich von links nach rechts: Nicht mehr der so-

---

57 Vgl. Kerstin Bruckmeier/Tobias Graf/Helmut Rudolph, Erwerbstätige Leistungsbezieher im SGB II: Aufstocker – bedürftig trotz Arbeit, IAB-Kurzbericht 22/2007, S. 2

58 Siehe Anna Ringbeck, Ausgrenzung vom Arbeitsmarkt und von gesellschaftlicher Teilhabe – Folgen von „Hartz IV“, in: Norbert Wenning/Martin Spetsmann-Kunkel/Susanne Winnerling (Hg.), Strategien der Ausgrenzung. Exkludierende Effekte staatlicher Politik und alltäglicher Praktiken in Bildung und Gesellschaft, Münster 2010, S. 80

59 Vgl. Wilfried Herz, Hans Eichels ominöse Milliardenquelle. Der Bundesfinanzminister lässt sich seine Haushaltslöcher jetzt auch von der Bundesagentur für Arbeit stopfen, in: Die Zeit v. 17.3.2005

ziale Kahlschlag, sondern der mit Hartz IV verbundene Kostenanstieg stand jetzt im Vordergrund. In der (Medien-)Öffentlichkeit setzte sich die Metapher einer „Kostenexplosion" durch, obwohl davon überhaupt keine Rede sein konnte, weil die Bundesregierung offenbar extrem niedrige Haushaltsansätze gewählt hatte, um keinen „blauen Brief" aus Brüssel (wegen absehbarer Verletzung des Euro-Stabilitätspakts bzw. der Maastricht-Kriterien) zu erhalten, und es lange unterließ, die erwartbaren Ausgabensteigerungen offen auszuweisen.

Wie stark die Bundesregierung seinerzeit aufgrund für sie ungünstiger Zahlen bzw. der mangelnden Akzeptanz von Hartz IV unter Druck stand und mit welch fragwürdigen Mitteln sie versuchte, wieder in die Offensive zu gelangen, zeigte ein 33-seitiger „Report vom Arbeitsmarkt", mit dem das zuständige Ministerium ein gutes halbes Jahr nach Einführung der Reform zu belegen suchte, dass diese nur durch die „Mitnahmementalität" der Bürger/innen und massenhaften „Sozialbetrug" der Leistungsempfänger/innen am Erfolg gehindert werde. Wolfgang Clement wies die öffentliche Kritik an Hartz IV in seinem Vorwort zu der Broschüre zurück: „Die Arbeitsmarktreform ist alles andere als ‚sozialer Kahlschlag' oder ‚Armut per Gesetz'. Im Gegenteil: Das Arbeitslosengeld II und das neue Sozialgeld bieten den Betroffenen eine faire materielle Grundsicherung. Viele Empfänger von Arbeitslosengeld II stehen deutlich besser da als zuvor. Durch die Arbeitsmarktreform wird die Bundeskasse im Jahr 2005 voraussichtlich um mehrere Milliarden Euro stärker belastet als angenommen – Geld, das bei den Arbeitslosen und ihren Familien ankommt."[60]

Anschließend thematisierte die Dokumentation ausgewählte Betrugsfälle bei den Bedarfsgemeinschaften, Falschangaben der Antragsteller/innen, die sich auf sog. Phantomwohnungen, verdunkeltes Vermögen und verschwiegene Einkünfte bezogen, und Formen der „Abzocke", zu denen sich Manipulationen durch Unternehmen und Selbstständige („Bilanzaufbesserung durch Betrug") gesellten, die an Hartz IV unrechtmäßig verdienen wollten. Dass kriminelle Machenschaften aufgedeckt, polizeilich verfolgt und strafrechtlich geahndet werden müssen, versteht sich von selbst. Perfide war jedoch die Art, wie das Wirtschafts- und Arbeitsministerium missbräuchlich Transferleistungen beziehende Personen in seiner Publikation mit Schmarotzern verglich: „Biologen verwenden für ‚Organismen, die zeitweise oder dauerhaft zur Befriedigung ihrer Nahrungsbedingungen auf Kosten anderer

60 Vorwort von Bundesminister Wolfgang Clement, in: Bundesministerium für Wirtschaft und Arbeit, Vorrang für die Anständigen – gegen Missbrauch, „Abzocke" und Selbstbedienung im Sozialstaat. Ein Report vom Arbeitsmarkt im Sommer 2005, August 2005, S. 2

Lebewesen – ihren Wirten – leben', übereinstimmend die Bezeichnung ,Parasiten'. Natürlich ist es völlig unstatthaft, Begriffe aus dem Tierreich auf Menschen zu übertragen. Schließlich ist Sozialbetrug nicht durch die Natur bestimmt, sondern vom Willen des Einzelnen gesteuert."[61]

Durch an den NS-Jargon erinnernde Bezeichnungen sollte offenbar davon abgelenkt werden, dass sich im Gefolge der Hartz-Gesetze ein breiter Niedriglohnsektor herausbildete. Da trotz des irreführenden Namens „Grundsicherung für Arbeit*suchende*" auch immer mehr (teilweise sogar voll) Erwerbstätige das Arbeitslosengeld II als sog. Aufstocker/innen, d.h. im Sinne eines „Kombilohns" in Anspruch nahmen bzw. nehmen mussten, um leben zu können, etablierte Hartz IV ein Anreizsystem zur Senkung des Lohnniveaus durch die Kapitalseite.

5.4 Protestbewegung und Widerstand gegen Hartz IV

Solange sich Hartz IV im Gesetzgebungsprozess befand, konzentrierte sich der Widerstand gegen die Sozialreform auf den parlamentarischen Raum. Außerparlamentarisch machte sich negativ bemerkbar, dass die SPD als treibende Kraft der Reformpolitik auftrat und die Gewerkschaften als größte und handlungsfähigste Organisationen auch personell eng mit dieser Partei verbunden waren, wie der Koalitionspartner Bündnis 90/Die Grünen umgekehrt einen Teil der Friedens-, Frauen- und Ökologiebewegung einband. Unter dem Motto „Es reicht! Alle gemeinsam gegen Sozialkahlschlag" fand am 1. November 2003 in Berlin eine Massendemonstration gegen die Agenda 2010, Hartz III und IV sowie die Renten- und die Gesundheitsreform statt, an der sich überraschenderweise ca. 100.000 Menschen – darunter neben vielen anderen Gewerkschaftsmitgliedern als wohl prominentestes der ver.di-Vorsitzende Frank Bsirske – beteiligten, obwohl weder die Spitzengremien des DGB noch die seiner Einzelgewerkschaften dazu aufgerufen hatten. Kurz bevor es am 3. April 2004 in Berlin, Stuttgart und Köln endlich zu drei von den Gewerkschaften veranstalteten Großdemonstrationen gegen Hartz IV kam, setzte sich der *Stern* mit ihrem Kernargument auseinander, das rot-grüne Reformprogramm verletze das Gebot der sozialen Gerechtigkeit. In seinem Artikel zu diesem Thema behauptete Stefan Schmitz mit folgender Begründung, dass die Demonstrant(inn)en nicht gegen das Richtige protestierten: „Nichts ist ungerechter als

61 Bundesministerium für Wirtschaft und Arbeit, Vorrang für die Anständigen – gegen Missbrauch, „Abzocke" und Selbstbedienung im Sozialstaat, a.a.O., S. 10

unser über Jahrzehnte aufgeblähter Abgabenstaat, der fast allen nimmt und oft den Falschen gibt. Sein Umbau ist ein Gebot der Fairness."[62]

Hartz, aber fair? Das geht nicht, fanden mehrere hunderttausend Demonstrationsteilnehmer/innen, die mit ihrem verspäteten Massenprotest aber nicht einmal mehr den Gesetzgebungsprozess hinsichtlich der organisatorischen Hartz-IV-Umsetzung als legislativen Schlusspunkt dieses Reformzyklus beeinflussen konnten. Während sich fast überall in der Bundesrepublik örtliche Erwerbsloseninitiativen, einzelne Gewerkschaftsgliederungen, Wohlfahrtsverbände, Kirchengemeinden, globalisierungskritische Netzwerke und linke Splitterparteien zu Anti-Agenda- bzw. Anti-Hartz-Bündnissen, Runden Tischen oder Sozialforen vereinigten, spielte der DGB unter seinem damaligen Vorsitzenden Michael Sommer in den weiteren Auseinandersetzungen keine Rolle mehr: „Die Gewerkschaftsführung befürchtete eine Eskalation der Konfrontation mit der SPD und damit eine Gefährdung der Einheit der Gewerkschaftsbewegung."[63] Ebenso wie Bsirske (Mitglied von Bündnis 90/Die Grünen) kritischer als Sommer gegenüber der Arbeitsmarktreform äußerte sich dessen Stellvertreterin Ursula Engelen-Kefer, die jedoch im SPD-Vorstand saß und daraus resultierenden parteipolitischen Loyalitätszwängen unterlag.

Arme und stark von Kürzungen sozialer Leistungen betroffene Menschen steigen eher selten auf die Barrikaden, zumal sie die Bewältigung des Alltags so viel Zeit und Kraft kostet, dass ihnen für politisches Engagement, Protest und Widerstand kaum genug übrig bleibt. Wegen der neoliberalen Hegemonie, mit der meritokratische Überzeugungen von Leistungsgerechtigkeit verbunden sind,[64] zeitigt Armut hierzulande eher Wirkungen, die als Entsolidarisierung, Entkollektivierung und Entpolitisierung charakterisiert werden können. Da die Betroffenen als „Leistungsverweigerer" gelten, selbst für ihre soziale Misere verantwortlich gemacht werden und diese Fremdzuschreibung sogar teilweise übernehmen, ziehen sie sich häufig voller Scham aus dem öffentlichen Raum zurück, was die Gefahr ihrer sozialen Ausgrenzung, Vereinsamung und Isolation verstärkt. „Nicht Protest und Engagement, sondern Resignation und Apathie gehen mit prekären Lebenslagen einher, wenn diese dem individualisierten Zeitgeist entsprechend als Schicksalsschläge persönlich verantwortet werden und immer weniger einer gesellschaftlichen und politischen Gestaltung zugänglich erscheinen."[65]

---

62 Stefan Schmitz, Die Lüge von der sozialen Gerechtigkeit, in: Stern v. 1.4.2004, S. 30

63 Christian Lahusen/Britta Baumgarten, Das Ende des sozialen Friedens?, a.a.O., S. 87

64 Vgl. dazu: Andreas Hadjar, Meritokratie als Legitimationsprinzip. Die Entwicklung der Akzeptanz sozialer Ungleichheit im Zuge der Bildungsexpansion, Wiesbaden 2008

65 Petra Böhnke, Ungleiche Verteilung politischer und zivilgesellschaftlicher Partizipation, in: APuZ 1-2/2011, S. 21

Obwohl die Großdemonstrationen das Gesetzespaket nicht verhindert hatten, gab es im unmittelbaren Vorfeld der Hartz-IV-Einführung einen heißen, wenn auch nur kurzen Spätsommer des Protests. Dabei konnte sich der Widerstand aktiver Kleingruppen gegen die rot-grüne Arbeitsmarktreform auf eine breite Grundstimmung in der Gesellschaft stützen. Denn nie war die „Angst vor der Armut" (*Spiegel*-Titel v. 16.8.2004) bis dahin im Nachkriegsdeutschland verbreiteter als zu jener Zeit. Wie das Hamburger Nachrichtenmagazin im Untertitel des dazugehörigen Artikels „Das verunsicherte Volk" diagnostizierte, sahen zumindest die Betroffenen in dem Gesetz einen „Sozialabbau ohne Beispiel", dem man entgegentreten müsse.[66] Daher schob der *Spiegel* an gleicher Stelle die potenziell Betroffene demobilisierende Regierungsbotschaft hinterher, dass es dazu „trotz aller Fehler keine Alternative" gebe.

Damals ließen die Reformmaßnahmen der rot-grünen Koalition niemanden kalt. Vielmehr waren große Teile der Öffentlichkeit durch das riesige Medienecho geradezu elektrisiert, also politisch und emotional aufgewühlt wie selten. So entstand ungefähr ein Vierteljahrhundert nach den Massendemonstrationen gegen die Stationierung der US-amerikanischen Mittelstreckenraketen Pershing II und Cruise Missiles in Westdeutschland einerseits und 15 Jahre nach den sog. Montagsdemonstrationen vor und während der „Wende" in Ostdeutschland andererseits die eindrucksvollste Protestbewegung gegen die Sozialstaatsdemontage im vereinten Deutschland.

Am Montag, dem 26. Juli 2004, trafen sich auf Initiative von mehrheitlich weder (partei)politisch noch gewerkschaftlich organisierten Erwerbslosen zum ersten Mal mit ihrem Anliegen sympathisierende Kräfte in Magdeburg zu einer Demonstration gegen Hartz IV. Was als kleiner Protestzug mit ein paar hundert Teilnehmer(inne)n in der sachsen-anhaltinischen Landeshauptstadt begann, griff blitzartig auf viele andere Städte über und entwickelte sich vor allem in Ostdeutschland zu wöchentlich stattfindenden Demonstrationen mit anschließenden Kundgebungen.[67] Die als „Montagsdemonstrationen" gegen Hartz IV bekannt gewordenen Protestaktionen fanden in den Massenmedien erheblichen Widerhall. „Sie erregten wohl auch deshalb so großes öffentliches Interesse, weil sie von Erwerbslosen, prekär Beschäftigten und ihren Angehörigen mitgetragen wurden, die gemeinhin als

---

66 Vgl. Das verunsicherte Volk. Deutschland im Hartz-Fieber: Was die Regierung als „größte Sozialreform" der Bundesrepublik preist, empfinden die Betroffenen als Sozialabbau ohne Beispiel. Die Angst vor dem Absturz treibt die Menschen auf die Straße – doch zu den Reformen gibt es trotz aller Fehler keine Alternative, in: Der Spiegel 34/2004, S. 22

67 Vgl. Christian Lahusen/Britta Baumgarten, Das Ende des sozialen Friedens?, Politik und Protest in Zeiten der Hartz-Reformen, Frankfurt am Main/New York 2010, S. 51

wenig politisch aktiv und somit als schwer mobilisierbar gelten."[68] Allerdings konzentrierte sich der Teilnehmerkreis keineswegs auf direkt von den Arbeitsmarktreformen tangierte Menschen, sondern reichte weit darüber hinaus. Dieter Rucht und Mundo Yang haben seinerzeit die soziale Zusammensetzung der Montagsdemonstrant(inn)en erforscht und dabei festgestellt, „dass viele und insbesondere politisch ohnehin engagierte Personen aus Solidarität und nicht aufgrund persönlicher Betroffenheit an den Protesten teilgenommen haben."[69]

Unter zum Teil aus der „Wende"-Zeit stammenden und dem tagespolitischen Anlass entsprechend modifizierten Parolen wie „Weg mit Hartz IV – das Volk sind wir!" protestierten Zehntausende wochenlang gegen die rot-grünen Reformen. Hinsichtlich der Teilnehmerzahlen erreichten die Montagsdemonstrationen ihren Höhepunkt am 23. August 2004, als auch wieder in zahlreichen Städten Westdeutschlands gegen Hartz IV protestiert wurde. Aysel Yollu-Tok betont, dass die Montagsdemonstrationen über den Widerstand gegen die „Zusammenlegung von Arbeitslosen- und Sozialhilfe" hinausgingen, indem sie mit Forderungen wie „Schröder muss weg!" die Ausrichtung der Regierungspolitik grundsätzlich in Frage stellten, welche aus Sicht vieler Demonstrationsteilnehmer/innen zu stark auf Marktmechanismen setzte, soziale Aspekte vernachlässigte und höhere Armutsrisiken ebenso in Kauf nahm wie Niedriglöhne.[70]

Dass die ostdeutschen Initiator(inn)en für Protestaktionen gegen eine Arbeitsmarktreform der rot-grünen Bundesregierung die Bezeichnung „Montagsdemonstrationen" gewählt und sich damit in die Tradition der DDR-Bürgerrechtsbewegung gestellt hatten, störte die verantwortlichen Politiker wie Wolfgang Clement und Gerhard Schröder erheblich. Der damalige Bundeskanzler sprach in seinen Memoiren von einer „dreiste(n) Vereinnahmung", weil es 1989 um Freiheit und Demokratie, beim Hartz-IV-Protest hingegen bloß um materielle Forderungen gegangen sei.[71] Als ob der Protest gegen Armut – nichts anderes bedeutete schließlich der Ostregelsatz von 331 Euro für Alleinstehende – kein Kampf für ein Menschenrecht, nämlich das auf Leben und körperliche Unversehrtheit (physische und psychische Gesundheit), wäre! An gleicher Stelle bekannte Schröder, von Ausmaßen und Heftigkeit der Protestwelle überrascht worden zu sein, was dafür spricht, dass

---

68 Ebd., S. 208

69 Siehe Dieter Rucht/Mundo Yang, Wer demonstrierte gegen Hartz IV?, in: Forschungsjournal NSB 4/2004, S. 27

70 Vgl. Aysel Yollu-Tok, Die fehlende Akzeptanz von Hartz IV. Eine Realanalyse individuellen Verhaltens jenseits des Homo-oeconomicus-Modells, Baden-Baden 2010, S. 65

71 Siehe Gerhard Schröder, Entscheidungen. Mein Leben in der Politik, Hamburg 2006, S. 417

er als Regierungschef die Bedeutung der sozialen Sicherheit für das Leben seiner Mitmenschen signifikant unterschätzte. Was nützte einem Transferleistungsempfänger in Rostock, Magdeburg oder Leipzig aber die im vereinten Deutschland vielfach zum Supergrundrecht emporstilisierte Reisefreiheit, wenn ihm das nötige Geld für eine Auslandsreise und damit die Möglichkeit fehlte, von ihr Gebrauch zu machen?

Vermutlich ging die Implementation einer Sozialreform nie mit größeren technischen Schwierigkeiten und mehr organisatorischen Pannen einher. Zuerst tauchte das Problem der „Zahlungslücke" für die bisherigen Alh-Bezieher/innen auf: Da diese ihre Abschlusszahlung wie immer zum Monatsende und damit kurz vor der Jahreswende erhielten, waren sie zu dem Zeitpunkt, als das Arbeitslosengeld II erstmals im Januar 2005 – und zwar am Monatsanfang – zur Auszahlung gelangen sollte, nach der Fünf-Tage-Regel eines Verordnungsentwurfs von Wirtschafts- und Arbeitsminister Wolfgang Clement nicht bedürftig und hätten die neue Leistungsart daher erst im Folgemonat erhalten können.

Für enormen Ärger sorgten auch die umfangreichen Antragspapiere, welche die Bundesagentur für Arbeit den Alhi-Empfänger(inne)n bereits im Juli 2004 zustellte: „Sozialverbände hielten die 20 bis 30 Seiten, die je nach Familiensituation mit all den Anlagen zusammenkommen konnten, für eine Zumutung."[72] Der damalige Bundesdatenschutzbeauftrage Peter Schaar kritisierte öffentlich, dass er nicht an der Formulierung des Antrages auf Leistungen zur Sicherung des Lebensunterhaltes nach dem Zweiten Buch Sozialgesetzbuch (SGB II) – Arbeitslosengeld II/Sozialgeld beteiligt worden sei, rügte einzelne Details wie die Frage nach der Bankverbindung des Vermieters oder die Tatsache, dass Angehörige eines Antragstellers ihrem Arbeitgeber ein Formular vorlegen, also die Hilfebedürftigkeit des Betreffenden offenbaren mussten, und meldete grundsätzliche Bedenken hinsichtlich der „umfangreiche(n) datenmäßige(n) Entblößung großer Bevölkerungsteile" an, auf die der Staat im Rahmen seiner Sozialreformen durchaus hätte verzichten können: „Wer Sozialleistungen beantragt, wird viel intensiver durchleuchtet als ein Unternehmer, der irgendwelche Subventionen haben will. Dabei hat ein Arbeitsloser das gleiche Recht auf informationelle Selbstbestimmung wie ein Vorstandsvorsitzender."[73]

---

72 Ulrich Schneider, Armes Deutschland. Neue Perspektiven für einen anderen Wohlstand, Frankfurt am Main 2010, S. 144

73 „Verstoß gegen das Sozialgeheimnis". Peter Schaar, Bundesbeauftragter für den Datenschutz, über die Formulare zum Arbeitslosengeld II und „Big Brother" in der Amtsstube, in: Die Zeit v. 29.7.2004

Nach dem Hinweis, dass als Einkommen „alle Einnahmen in Geld oder Geldeswert“ zu berücksichtigen seien, wurde nach den Einkommensverhältnissen des Antragstellers/der Antragstellerin und der im Haushalt lebenden weiteren Personen gefragt: „Haben Sie und/oder die mit Ihnen im Haushalt lebenden Angehörigen Einnahmen aus

- nichtselbständiger oder selbständiger Arbeit, Vermietung oder Verpachtung, Land- und Forstwirtschaft,
- Kindergeld, Entgeltersatzleistungen wie Arbeitslosengeld, Übergangsgeld, Krankengeld,
- Renten aus der Sozialversicherung, Betriebsrenten oder Pensionen,
- Unterhaltszahlungen, Leistungen nach dem Unterhaltsvorschussgesetz,
- Zinsen, Kapitalerträge, Wohngeld, Sozialhilfe nach dem SGB XII,
- sonstige laufende oder einmalige Einnahmen gleich welcher Art?“

Nach dem Hinweis, dass „alle verwertbaren Vermögensgegenstände“ zu berücksichtigen seien, wurde nach den Vermögensverhältnissen des Antragstellers/der Antragstellerin und der im Haushalt lebenden weiteren Personen gefragt: „Haben Sie und/oder die mit Ihnen im Haushalt lebenden Angehörigen Vermögen, z. B.

- Bank- und Sparguthaben, Bargeld usw.
- Kraftfahrzeug, Wertpapiere, Aktien, Aktienfonds,
- Kapitallebensversicherungen, private Rentenversicherungen, ‚Riester-Rente‘, Bausparverträge usw.
- bebaute oder unbebaute Grundstücke, Hausbesitz (z. B. ein Ein- oder Mehrfamilienhaus), Eigentumswohnung, sonstige Immobilien
- sonstige Vermögensgegenstände, wie z. B. Wertsachen, Gemälde?“

Auf diese Weise wurden Antragsteller/innen dazu verleitet, viel mehr über sich und ihr häusliches Umfeld preiszugeben, als der Gesetzgeber vorsah. Außerdem mussten sämtliche Angaben belegt, zahlreiche Unterlagen herausgesucht und verlegte oder verloren gegangene Dokumente wiederbeschafft werden, was viele Betroffene zusätzlich überforderte. Wer mit dem Fragebogen nicht klarkomme, solle ihn einfach anrufen, bemerkte Wolfgang Clement – wie immer völlig unsensibel gegenüber den Problemen sozial Benachteiligter und bedürftiger Mitbürger/innen – flapsig. Als mehrere Zeitungen diese Bemerkung zusammen mit den Kontaktdaten seines Ministeriums veröffentlichten, kollabierten dessen Leitungen unter einer Fülle wütender

Telefonanrufe. Es gab auch lokale Arbeitsagenturen, die 1-Euro-Jobber/innen für einen „Antragsausfüll- und Beratungs-Service" anheuerten.[74]

Da die Jobcenter bei der Berechnung von Hartz-IV-Leistungen sogar Sparbücher der Kinder über 750 Euro und für sie abgeschlossene Ausbildungsversicherungen berücksichtigten und den Zahlbetrag entsprechend verringerten, waren die Empörung der Betroffenen wie die Befremdung der mittels einer Flut von Medienberichten informierten Öffentlichkeit groß. Als die Wogen der Entrüstung über SPD und Bündnisgrünen zusammenschlugen, wohingegen die PDS mit ihrem Slogan „Armut per Gesetz" die Massenstimmung in Ostdeutschland exakt traf, gab die Regierung auf den sozialpolitischen Nebenkriegsschauplätzen ein wenig nach. Gerhard Schröder lud die mit Hartz IV befassten Minister (Wolfgang Clement und Hans Eichel mussten ihren Urlaub unterbrechen) sowie die Partei- und Fraktionsspitzen der Koalition zu einem Krisengipfel am 11. August 2004 ins Kanzleramt ein, nach dem die aufgebrachten Bürger/innen mit folgenden Zugeständnissen beruhigt wurden: Alh-Empfänger/innen sollten ihre erste Zahlung pünktlich zum Jahresbeginn 2005 bekommen und die Sparbücher der Kinder bis zu einem Höchstbetrag von 4.100 Euro, der auch für Jugendliche galt, ebenso unangetastet bleiben wie die Ausbildungsversicherungen. Die nötige Einsicht, die Empathie gegenüber den Betroffenen und die Konzessionsbereitschaft gingen bei Schröder und Clement, dem jedes Verständnis für die „Hartz-Hysterie" ebenso fehlte wie das Gespür für politische Stimmungsumschwünge, aber nicht so weit, dass sie einen Verzicht auf die oder eine neuerliche Verschiebung der Reform, die ursprünglich ohnehin ein Jahr vorher hatte in Kraft treten sollen, auch nur erwogen hätten.

In den ostdeutschen Bundesländern empfand man Hartz IV vielfach als gegen die ehemaligen DDR-Bürger/innen gerichteten Willkürakt, obwohl Gerhard Schröder den fünf Ministerpräsidenten kurz nach ihrer Ablehnung der Arbeitsmarktreform im Bundesrat bei einem Treffen im Kanzleramt am 12. Juli 2004 höhere Geldzuweisungen für Maßnahmen zur Förderung der öffentlichen Beschäftigung versprochen hatte. Noch immer war die Verbitterung über das Artikelgesetz so groß, dass es der NPD teilweise gelang, sich als Sprachrohr der Opfer dieser Regierungspolitik, als Kümmererpartei und als Interessenvertretung der „kleinen Leute" zu profilieren.[75] Rechtsextreme

---

74 Vgl. T. Maron/V. Gaserow, Mit Fragebögen beginnt der Einschnitt. Bundesagentur für Arbeit startet Einführung des Arbeitslosengeldes/Komplizierte Datenerhebung gilt bei Experten als Stolperstein, in: FR v. 20.7.2004

75 Vgl. dazu: Henrik Steglich, Die NPD in Sachsen. Organisatorische Voraussetzungen ihres Wahlerfolgs 2004, Göttingen 2005; Kerstin Köditz, Und morgen? – Extreme Rechte in Sachsen, Berlin 2009

mischten sich unter die Montagsdemonstant(inn)en und benutzten „offene Mikrofone", an denen die Teilnehmer/innen der Protestaktion ihren Unmut zum Ausdruck bringen konnten, um sich als Teil der Protestbewegung zu etablieren. Der soziale Klimawandel, für den Hartz IV als Höhe- bzw. Tiefpunkt der rot-grünen Reformpolitik steht, hat die Wirkungsmöglichkeiten für Rechtsextremisten erheblich verbessert. Wut und Verzweiflung unter den direkt davon Betroffenen ermöglichten es sogar einzelnen Gliederungen der NPD, als Mitveranstalter örtlicher Montagsdemonstrationen aufzutreten.[76]

Der organisierte Rechtsextremismus profitierte von der abgrundtiefen Enttäuschung vieler Ostdeutscher über die Arbeitsmarktreform sowie über die etablierten Parteien, deren „Reformeifer" sich Hartz IV verdankte. Gerhard Schröder wäre 1998 nicht Bundeskanzler geworden und 2002 nicht wiedergewählt worden, wenn die SPD nicht gerade in Ostdeutschland viele Stimmen gewonnen hätte. Nachdem die NPD mit der Parole „Quittung für Hartz IV" auf ihren Wahlplakaten um Proteststimmen geworben hatte, errang sie bei der sächsischen Landtagswahl am 19. September 2004 mit 9,2 Prozent der Zweitstimmen zwölf Mandate – nur eins weniger als die auf 9,8 Prozent eingebrochene SPD. Dank der rot-grünen Arbeitsmarktreform waren die Nationaldemokraten zum ersten Mal seit 1968 wieder in einem Landesparlament der Bundesrepublik vertreten, wo sie jedoch nichts gegen Hartz IV unternahmen. Statt mit Hartz IV und seinen unsozialen Folgen beschäftigte sich die rechtsextreme Landtagsfraktion – ideologisch verbohrt, wie sie war – lieber mit dem 60. Jahrestag der Zerstörung Dresdens durch alliierte Kampfflugzeuge, die Jürgen W. Gansel, eines ihrer führenden Mitglieder, am 21. Januar 2005 im Plenum als „Bomben-Holocaust" bezeichnete. Die sächsische NPD-Landtagsfraktion machte – anders als im Wahlkampf versprochen – keine Politik für sozial Benachteiligte, Langzeiterwerbslose und Modernisierungsverlierer/innen, kümmerte sich vielmehr monatelang nicht um „ihr" Erfolgsthema und schwieg auch in den Fachausschüssen dazu: „Keinen einzigen Antrag zum Thema brachte die NPD zustande, und für drei Kleine Anfragen brauchte sie ein halbes Jahr – sie bezeugten dann auch noch Inkompetenz, weil darin Fachbegriffe verwechselt wurden."[77]

Am 6. November 2004 fand eine letzte größere Protestkundgebung vor der Bundesagentur für Arbeit in Nürnberg statt, bevor die Anti-Hartz-Bewe-

---

76 Vgl. Anton Maegerle, Rechte und Rechtsextreme im Protest gegen Hartz IV, Braunschweig 2006 (Bildungsvereinigung „Arbeit und Leben" Niedersachsen Ost, Arbeitsstelle Rechtsextremismus und Gewalt), S. 16 ff.

77 Toralf Staud, Moderne Nazis. Die neuen Rechten und der Aufstieg der NPD, Köln 2005, S. 117

gung auseinanderbrach. Zwar gab es in einzelnen Städten weiterhin Mahnwachen und spontane, teilweise ausgesprochen kreative Aktionen gegen die Arbeitsmarktreformen, die Protestwelle ebbte jedoch schon vor Inkrafttreten des letzten Artikelgesetzes wieder ab. Da die Gewerkschaftsspitzen keinen Sinn in einem Dauerprotest sahen, die Wohlfahrtsverbände selbst von der Maßnahmenkostenpauschale für Beschäftigung und Qualifizierung „ihrer" 1-Euro-Jobber/innen profitierten und auch keine widerstandsfähigen Organisationen existierten, die Langzeiterwerbslose und andere (potenziell) Betroffene dauerhaft für ihre ureigenen Interessen hätten mobilisieren können, war der Bewegung gegen Hartz IV – sieht man von bisweilen linkssektiererischen Ausläufern ab – keine Nachhaltigkeit beschieden.

Während sich die meisten Gewerkschafter/innen aus der Protestbewegung zurückzogen, griff ein anderer Teil der Hartz-IV-Kritiker/innen zu militanteren Aktionsformen. Weder der Appell, nach historischen Vorbildern der Weimarer Republik an sämtlichen Niederlassungen der BA unabhängige Erwerbslosenräte zu gründen, noch die Aktion „Agenturschluss", mit der Erwerbslosengruppen und Anti-Hartz-Initiativen am 3. Januar 2005, dem ersten Werktag nach Inkrafttreten des Artikelgesetzes zur Besetzung, Blockade bzw. Umzingelung von Jobcentern aufriefen, trafen jedoch auf große Resonanz. Peter Nowak weist gleichwohl darauf hin, dass „Agenturschluss" der Auftakt zu einem neuen Protestzyklus gewesen sei: „Erstmals wurde bundesweit der Fokus des Protestes auf die Behörden gerichtet, die für die Umsetzung von Hartz IV verantwortlich waren: die Arbeitsagenturen und Jobcenter."[78] Während sich die entschlossensten Aktivist(inn)en bei ihren Protesten gegen Hartz IV seither auf die ARGEn konzentrierten, gingen die Widerstandsaktionen verzweifelter Alg-II-Bedürftiger bis zu Hungerstreiks, die bei fast allen Erwerbslosengruppen auf Kritik stießen.[79]

Wie nach schweren politischen Niederlagen üblich, zerfiel die Anti-Hartz-Bewegung in unterschiedliche Strömungen. Der harte Kern rekrutierte sich fortan noch stärker aus direkt Betroffenen, die sich mitsamt ihren politischen Sympathisant(inn)en radikalisierten. So gewannen Gegenmaßnahmen, die zum „Tatort Jobcenter" verlegt wurden, unter den Alg-II-Bezieher(inne)n an Akzeptanz. Zuerst versuchten Anti-Hartz-Aktivist(inn)en, die für sie zuständigen Jobcenter im Rahmen einer „Agenturschluss" genannten Kampagne

---

78 Peter Nowak, Von den Montagsdemonstrationen zum Agenturschluss, in: ders. (Hg.), Zahltag. Zwang und Widerstand: Erwerbslose in Hartz IV, Münster 2009, S. 15

79 Vgl. dazu und zum Folgenden: Peter Nowak, Vom Agenturschluss zum Zahltag, in: ders. (Hg.), Zahltag, a.a.O., S. 16 ff.; Peter Nowak, Niemand muss allein zum Amt – die solidarische Begleitung, in: ebd., S. 26 ff.; ders., Tatort Jobcenter, in: ebd., S. 36 ff.; ders., Gegen die Vertafelung der Gesellschaft, in: ebd., S. 51 ff.

überfallartig zu besetzen. Am 1./2. Oktober 2007 fand in und vor der Kölner ARGE der erste überregionale „Zahltag“ statt, bei dem Betroffene trotz eines massiven Polizeiaufgebots teilweise mit Erfolg versuchten, die Barauszahlung bisher verweigerter Transferleistungen, die Herausgabe angeblich unauffindbarer Belege, die Neuberechnung falscher Bescheide und die Bedienung vorher mehrfach „abgewimmelter“ Antragsteller/innen zu erzwingen. Es ging um die Herstellung von (Medien-)Öffentlichkeit, um die Selbstermächtigung der Erwerbslosen, die aus ihrer Isolation herausgeholt werden sollten und denen man ein Gefühl kollektiver Stärke vermitteln wollte, sowie um die Beeinflussung der ARGE-Mitarbeiter/innen. Letzteres gelang in manchem Einzelfall auch der Aktion „Niemand muss allein zum Amt“, mit der erfahrene Aktivist(inn)en verunsicherten Hilfebedürftigen beistanden, um deren Vereinzelung zu überwinden sowie Einschüchterungs- und Überrumpelungsversuche von Fallmanager(inne)n zu verhindern. Durch eine „solidarische Massenbegleitung“ wollte man den Spieß umdrehen und (Gegen-)Druck auf die Jobcenter-Mitarbeiter/innen ausüben.

Bis heute richten sich zahllose Aktionen der Anti-Hartz-Initiativen und Erwerbslosengruppen gegen Schikanen der Jobcenter sowie gegen Verletzungen der Privat- und Intimsphäre von Leistungsbedürftigen, ganz besonders jedoch gegen Maßnahmen, die sie als „Verfolgungsbetreuung“ bezeichnen. „Gemeint ist damit, zielgerichtet und absichtlich erwerbslose Menschen durch überzogene Anforderungen, z.B. an den Umfang ihrer Bewerbungsbemühungen, an ihre Flexibilität oder durch verschärfte Kontrollen, aus dem Leistungsbezug auszugrenzen bzw. ihnen die Leistungen zu kürzen.“[80] Mittels einer Kampagne gegen Zwangsumzüge aufgrund „unangemessen“ großer bzw. teurer Wohnungen wurde – ähnlich wie in der Weimarer Republik – außerdem versucht, die Vollstreckung von Räumungsbescheiden und die Erwerbslosen drohende Obdachlosigkeit durch kollektive Gegenwehr der Mieter/innen zu verhindern.[81]

Zieht man eine vorläufige Bilanz der außerparlamentarischen Bewegung gegen Hartz IV, so ergibt sich, dass diese weder ihr Hauptziel, die Verabschiedung des Gesetzespaketes zu verhindern, noch erreicht hat, dass seine Umsetzung wirksam behindert wurde. Noch am ehesten gelang es ihr, die Betroffenen für mit der rot-grünen Arbeitsmarktreform verbundene Gefah-

80 Dorothee Fetzer, Verfolgungsbetreuung, Schikanen und Verletzungen der Privat- und Intimsphäre, in: Agenturschluss (Hg.), Schwarzbuch Hartz IV, a.a.O., S. 31

81 Vgl. Peter Nowak, Kein Umzug unter dieser Nummer. Von den Chancen und Schwierigkeiten, den Kampf um die eigene Wohnung zu politisieren, in: ders. (Hg.), Zahltag, a.a.O., S. 55 ff.

ren zu sensibilisieren, sie zu organisieren und auch andere Teile der Bevölkerung punktuell zu mobilisieren. Christian Lahusen und Britta Baumgarten betonen zu Recht, dass es durchaus anhaltende Erfolge der Protestbewegung gegen die Reformpolitik gab, und nennen in diesem Zusammenhang die Gründung von Erwerbslosengruppen, die Politisierung bestehender Initiativen sowie deren verstärkte Allianz- und Netzwerkbildung.[82] Ihre größten Triumphe feierten die Hartz-IV-Gegner/innen aber gar nicht auf Straßen und Plätzen, sondern im Gerichtssaal.

5.5 Jobcenter-Chaos, politische Reaktionen und Sozialgerichtsklagen der Betroffenen

Noch größer als die Verwirrung im Vorfeld der Arbeitsmarktreform war das organisatorische Durcheinander in den Jobcentern nach dem Inkrafttreten von Hartz IV. Dort herrschte besonders während des ersten Halbjahres 2005 totales Chaos, weshalb Ulrich Schneider von einem „sozialpolitischen Albtraum“ sprach.[83] Informationsdefizite, Einarbeitungsschwierigkeiten und Softwareprobleme bereiteten den Mitarbeiter(inne)n der von Arbeitsagentur und Kommunen in den Jobcentern betriebenen ARGEn noch die wenigsten Sorgen. Die schlechte Personalsituation innerhalb der Hybridverwaltung wurde durch zahlreiche Befristungen und eine hohe Fluktuation der Mitarbeiter/innen verschärft. Viele von ihnen waren den Anforderungen, die das überaus komplizierte Hartz-IV-System stellte, sowie der anschwellenden Weisungsflut weder kognitiv noch psychisch gewachsen.

Restlos überfordert fühlten sich Agenturkräfte, aus denen möglichst über Nacht mit der Aufgabe betraute „Fallmanager/innen“ werden sollten, mehrere hundert „Kund(inn)en“ – angestrebt waren ursprünglich 150 erwachsene bzw. 75 jüngere Leistungsberechtigte pro „Persönlichem Ansprechpartner“ (PAP) – ganzheitlich zu betreuen. Schließlich waren den Hartz-IV-Betroffenen vollmundig „Hilfen aus einer Hand“ versprochen worden, durch sie ggf. unter Einbeziehung von kommunalen Fachberater(inne)n und -betreuer(inne)n im selben Haus aus der Schuldenfalle geführt, ihre Suchtprobleme gelöst und eventuelle Familienstreitigkeiten geschlichtet würden.

Die praktische Umsetzung der Hartz-IV-Reform schwankte zwischen einem „unkoordinierten Aktivismus“, den Berndt Keller am Werk sah, und einem „funktionalen Dilettantismus“, wie Achim Trube die „Kombination aus

82 Vgl. Christian Lahusen/Britta Baumgarten, Das Ende des sozialen Friedens?, a.a.O., S. 212

83 Ulrich Schneider, Armes Deutschland, a.a.O., S. 146

tendenziell desintegrativer Arbeitspflicht in einem Sonderarbeitsmarkt und aus systematischer Sanktionierung der Betroffenen" im Anschluss an den Konstanzer Verwaltungswissenschaftler Wolfgang Seibel genannt hat.[84] In den ARGEn, die teilweise Jahre brauchten, bis sie wirklich handlungsfähig waren, lebten die Kompetenzstreitigkeiten zwischen den Kommunen und ihren Spitzenverbänden einerseits sowie der Arbeitsverwaltung bzw. ihren örtlichen Vertreter(inne)n wieder auf, die es so ähnlich schon in der Weimarer Republik gegeben hatte.

Was die Jobcenter ebenso wie die meisten darüber berichtenden Journalist(inn)en oft mit Hinweis auf die neue EDV als bloße Übergangsschwierigkeiten, Kommunikationsprobleme oder Kinderkrankheiten des Reformwerks abtaten, waren größtenteils systemimmanente Mängel, unter denen die Opfer des Aktivierungsregimes dauerhaft litten. Ein kritischer Beobachter wusste überhaupt nicht, wer unter einem stärkeren Anpassungszwang und einem höheren Konformitätsdruck stand: Grundsicherungsempfänger/innen, denen die Transferleistung mittels Sanktionen gekürzt bzw. im Extremfall gestrichen und damit die materielle Existenzgrundlage entzogen werden kann, oder Jobcenter-Mitarbeiter/innen, Teamleiter/innen und Standortleiter/innen, die permanent evaluiert und, da oft auch nur befristet eingegestellt, mit der unerfreulichen Aussicht, sich bald „auf der anderen Seite des Tisches" wiederzufinden, entlassen werden konnten. „Während die Betroffenen in ihren elementaren Grund- und Menschenrechten verletzt werden, bringen der gesetzliche Rahmen, die politische Intention und eine von der allgemeinen Ethik abweichende Kultur die Mitarbeiter der Jobcenter in bedrohliche seelisch-emotionale Konflikte."[85]

Helga Spindler vermutete, dass die kaum mehr zu leugnende Überforderung der Jobcenter im Hinblick auf die administrative Umsetzung von Hartz IV nicht bloß Teil einer Zermürbungstaktik gegenüber den Hilfebedürftigen, sondern auch einer politischen Strategie zur Beschneidung individueller Rechte und zur Entwicklung eines durch Zielvereinbarungen und Kontraktmanagement gesteuerten Sozialstaatsmodells war: „Schlecht ausgebildete und gewollt unerreichbare Sachbearbeiter, unleserliche und rechtswidrige Bescheide, fehlerhafte Software, überlange Verfahrensdauer und zögerliche Beachtung der Rechtsprechung bestimmen die Verwaltungspraxis in

84 Siehe Berndt Keller, Unkoordinierter Aktivismus. Zur Umsetzung der Hartz-Vorschläge, in: Blätter für deutsche und internationale Politik 4/2003, S. 475; Achim Trube, Moderne Dienstleistungen am Arbeitsmarkt oder funktionaler Dilettantismus?, in: NP 1/2006, S. 76 (unter Bezug auf: Wolfgang Seibel, Funktionaler Dilettantismus, Baden-Baden 1992)

85 Norbert Wiersbin, Das Hartz-Desaster. Auf dem Weg in den Unrechtsstaat, o.O., S. 2013, S. 104 f.

einem solchen Ausmaß, dass sowohl Betroffene als auch Sozialberater und Gerichte aufgerieben werden."[86] Jobcenter und ARGEn wurden ihrem Anspruch, die erwerbsfähigen Hilfebedürftigen zu fördern (und zu fordern), nicht im Mindesten gerecht, sondern erzeugten statt deren (Re-)Integration strukturell die soziale Exklusion von Hartz-IV-Betroffenen. Aus der hohen personellen Fluktuation in den genannten Einrichtungen schloss Thomas Münch, Hochschullehrer für Sozial- und Kulturwissenschaften an der FH Düsseldorf, dass dieses Dilemma auch den Beschäftigten durchaus bewusst war.[87]

Die einzelnen Jobcenter müssen sich aufgrund entsprechender Zielvereinbarungen einem bundesweiten „Benchmarking"-Prozess nach zum Teil fragwürdigen Kriterien, etwa der (Wieder-)Eingliederungsquote und der Zahl von ihnen verhängter Sanktionen, stellen und in Rankings an höherer Stelle behaupten, was dazu führt, dass die Vorgesetzten den auf ihnen lastenden Erfolgsdruck „1:1" nach unten weitergeben. Da der individuelle Ermessensspielraum von Jobcenter-Mitarbeiter(inne)n durch restriktive Vorgaben des Gesetzgebers wie der Arbeitsverwaltung und der Dienstvorgesetzten im Laufe der Zeit weiter eingeengt wurde, trafen die Hartz-IV-Betroffenen auf immer weniger Generosität der für sie zuständigen Fallmanager/innen. In den meisten Jobcentern, von denen einzelne so aufmunternde Namen wie „Junges Mannheim" tragen, herrscht vielmehr ein Klima der Angst und des gegenseitigen Misstrauens, und zwar sowohl unter den Leistungsbedürftigen, die oft unter dem Generalverdacht stehen, sich staatliche Mittel erschleichen zu wollen, wie auch unter den Mitarbeiter(inne)n, die inzwischen durch Überwachungskameras, Alarmanlagen und private Sicherheitsdienste vor Handgreiflichkeiten ihrer „Kundschaft" geschützt werden müssen. Dies ist nötig, weil sich gewalttätige Übergriffe auf Fallmanager/innen und Arbeitsvermittler/innen häuften. Ein besonders tragischer Fall ereignete sich am 26. September 2012 im Neusser Jobcenter, wo ein sich offenbar ungerecht behandelt fühlender Alg-II-Empfänger immer wieder mit einem Fleischermesser auf seine Ansprechpartnerin einstach und sie tödlich verletzte.

Leistungsbescheide der Jobcenter hielten einer genauen Prüfung oft nicht stand, weshalb sich die Widersprüche von Antragsteller(inne)n häuften, denen jedoch nur teilweise stattgegeben wurde. Da immer mehr Betroffene gegen Entscheidungen der Grundsicherungsträger klagten, ergoss sich über die

86 Helga Spindler, Kleine Schritte verändern den Sozialstaat, in: Wolfgang Gern/Franz Segbers (Hg.), Als Kunde bezeichnet, als Bettler behandelt, a.a.O., S. 108

87 Vgl. Thomas Münch, Die ARGE als Exklusionsmaschine, in: Werner Rügemer (Hg.), Arbeits-Unrecht, a.a.O., S. 48

deutsche Justiz eine „Prozesslawine“, wie sie die auf Konsens und Konfliktvermeidung im gesellschaftlichen Leben orientierte Bundesrepublik vorher nie erlebt hatte. Aufgrund des im Justizbereich herrschenden Personalmangels zogen sich die Gerichtsverfahren immer länger hin, die Erfolgschancen der Kläger/innen, die meist Bescheide der Jobcenter zur Regelleistung, zu den Wohnkosten (Übernahme der Aufwendungen für Unterkunft und Heizung), zur Anrechnung von Einkommen und Vermögen sowie zu Sanktionen anfochten, stiegen aber im Laufe der Jahre sogar.[88] Wenn die Grundsicherungsträger dem Widerspruch gegen einen Bescheid nicht selbst stattgaben, hatten betroffene Alg-II-Bedürftige oft Erfolg mit ihren Klagen vor den Sozialgerichten. Bis zuletzt hielt dieser für das Hartz-IV-System unerfreuliche Trend an: 2013 gingen 36 Prozent der Widersprüche zugunsten der Antragsteller/innen aus, die von den Gerichtsverfahren sogar 42 Prozent gewannen, wie die FAZ am 17. Juni 2014 berichtete, nicht ohne dafür statt der offensichtlichen Mängel im System oder der fehlerhaften Arbeit von Mitarbeiter(inne)n in den Jobcentern die „Gebührenschneiderei von Rechtsanwälten“ verantwortlich zu machen, welche aus der Prozessflut inzwischen ein für sie lukratives Geschäftsmodell gemacht hätten.[89]

Hartz-IV-Kritiker/innen, die „aus den eigenen Reihen“ stammen und aufgrund intimer Kenntnis der skandalösen Zustände in den Jobcentern die bestehenden Missstände anprangern, werden von ihren Vorgesetzten besonders hart angefasst und häufig mit rüdesten Methoden, darunter öffentliche Diffamierungskampagnen, Mobbing und Arbeitsgerichtsprozesse, zur Räson gebracht, niedergemacht oder ruhiggestellt. Der wohl prominenteste Fall dieser Art betraf Inge Hannemann, die als Mitarbeiterin eines Jobcenters für Jugendliche in Hamburg-Altona zunächst passiven Widerstand bei der Hartz-IV-Umsetzung leistete, bevor sie im April 2011 anfing, nach Feierabend zu bloggen, und sich dann mit Hilfe ihrer Netzseite „altonabloggt“ gezielt an die interessierte Öffentlichkeit wandte. Am 30. Mai 2013 postete Hannemann einen Offenen Brief an den Vorstand der Bundesagentur für Arbeit, in dem sie das Widerstandsrecht von Art. 20 Abs. 1 Satz 4 GG für sich reklamierte und erklärte, dass sie nicht gegen, sondern für etwas kämpfe: „Für den Versuch des Erhalts unserer Demokratie, für den Versuch des Erhalts von Menschenrechten und der Menschenwürde sowie für die Einhaltung unseres Grundgesetzes

---

88 Vgl. Antwort des Parlamentarischen Staatssekretärs Dr. Ralf Brauksiepe vom 13. Januar 2011 auf eine Kleine Anfrage der Abgeordneten Sabine Zimmermann (DIE LINKE), BT-Drs. 17/4407, S. 25 ff.

89 Siehe Erfolgreiche Klageflut von Hartz-IV-Empfängern. Manche Anwälte leben auf Staatskosten von Prozessen gegen die Jobcenter, in: FAZ v. 17.6.2014

in den Jobcentern."[90] Seit die frühere Jobcenter-Mitarbeiterin als kämpferische „Hartz-Rebellin" gilt und bundesweit bekannt geworden ist, legt man ihr noch mehr Steine in den Weg. Anfänglich nur suspendiert, bemühte sich Hannemann später mit Hilfe eines Arbeitsgerichtsverfahrens über mehrere Instanzen ihre Weiterbeschäftigung zu erzwingen.

90 Inge Hannemann, Offener Brief an den Vorstand der Bundesagentur für Arbeit (http://altonabloggt.com/2013/05/30/offener-brief-an-den-vorstand-der-bundesagentur-fur-arbeit; 25.8.2014)

Kapitel 6
Auf dem Weg zu „Hartz V" bzw. zu einem noch rigideren Armutsregime?

Die bisherige Geschichte der sog. Hartz-Reformen ähnelt der Echternacher Springprozession, weil sie aufgrund des wachsenden Problemdrucks sowie sich verändernder politischer Macht- und parlamentarischer Mehrheitsverhältnisse ständig modifiziert bzw. vor- und zurückkorrigiert wurden. Das gilt sowohl hinsichtlich der *inhaltlichen* Ausgestaltung des Gesetzespaketes wie auch in Bezug auf die *Organisationsstruktur* der Jobcenter. Kaum war am 1. Januar 2005 mit Hartz IV das letzte der vier Reformgesetze in Kraft getreten, schon wurden die ersten „Nachjustierungen" nötig, von denen es bis heute mehr als ein Dutzend gab. Die rot-grüne Koalition zollte der Urheberschaft für das einschneidendste Gesetzespaket ihrer Regierungszeit jedoch insofern Tribut, als sie es nur um wenige Monate überlebte. Seither ist die öffentliche Erörterung der Möglichkeit bzw. Notwendigkeit, Hartz IV „fortzuentwickeln", den sich wandelnden Gegebenheiten auf dem Arbeitsmarkt durch entsprechende Gesetzesnovellierungen „anzupassen" oder „Rechtsvereinfachungen" vorzunehmen, in vollem Gange. Hier soll der Verlauf dieser Debatte in groben Zügen nachgezeichnet, das Bündel der jüngsten Novellierungsvorschläge kritisiert und die Frage beantwortet werden, ob sich das Gesetzespaket „optimieren" oder gar nicht verbessern lässt.

6.1 Hartz-IV-Kontinuität und Modifikationen der Reform durch die zweite Große Koalition

Kurz nach dem Inkrafttreten von Hartz IV erlitt die SPD bei zwei wichtigen Landtagswahlen empfindliche Niederlagen. In Schleswig-Holstein wurde Heide Simonis trotz einer rechnerischen Mehrheit für das sozialdemokratische Urgestein in vier Wahlgängen nicht wieder zur Ministerpräsidentin, sondern der vorher weitgehend unbekannte CDU-Politiker Carstensen am 27. April 2005 zu ihrem Nachfolger als Regierungschef einer Großen Koalition gewählt, wodurch sich das Stimmenverhältnis im Bundesrat weiter zugunsten seiner Partei verschob. Ein noch größeres Fiasko erlebten SPD und Bündnis 90/Die Grünen bei der nordrhein-westfälischen Landtagswahl am 22. Mai 2005. Durch die Wahl von Jürgen Rüttgers zum Ministerpräsidenten einer schwarz-gelben Koalition verlor die Berliner Regierung mit der letzten rot-grünen Bastion in einem Bundesland überhaupt ihren bis dahin wichtigsten Rückhalt, während die CDU/CSU-geführten Landesregierungen im Bundesrat nunmehr fast über eine Zweidrittelmehrheit verfügten.

Durch ein Vorziehen der erst im Herbst 2006 anstehenden Bundestagswahl hofften der SPD-Vorsitzende Franz Müntefering und Kanzler Gerhard Schröder, wieder in die Offensive gelangen zu können. Offenbar glaubten sie, der sich langsam formierenden Linkspartei, die im Kampf gegen Hartz IV arbeitsmarkt- und sozialpolitisches Profil gewonnen hatte, auf diese Weise den Wind aus den Segeln nehmen zu können. Ob die Wahlalternative „Arbeit und soziale Gerechtigkeit" (ASG), welche hauptsächlich von (ehemaligen) SPD-Mitgliedern aus dem Gewerkschaftsbereich gegründet worden war und sich aufgrund einer Namensgleichheit in „Wahlalternative Arbeit und soziale Gerechtigkeit" (WASG) umbenennen musste, bei einer Bundestagswahl überhaupt bestehen konnte, erschien nach ihrem eher mäßigen Abschneiden mit 2,2 Prozent bei der Landtagswahl in Nordrhein-Westfalen fraglich. Denn ihr fehlten sowohl eine bundesweite Präsenz wie auch eine prominente Führungsfigur. Taktisch geschickt erklärte der frühere SPD-Vorsitzende Oskar Lafontaine am Tag nach der NRW-Wahl seinen Parteiaustritt und sich unter der Voraussetzung zur Übernahme der Spitzenkandidatur im Bund bereit, dass PDS und WASG gemeinsam als linke Alternative antreten würden. Mit Oskar Lafontaine im Westen bzw. Gregor Gysi im Osten hatte „Die Linkspartei. PDS", wie Letztere sich jetzt nannte, überall einen bekannten Spitzenkandidaten und mit den Hartz-Gesetzen ein massenwirksames Wahlkampfthema. Daher ging die Strategie der SPD-Führung, durch eine frühere Neuwahl des Bundestages die Bildung einer schlagkräftigen Linkspartei zu verhindern, nicht auf.[1]

Bei der vorgezogenen Bundestagswahl am 18. September 2005 erreichten CDU und CSU mit 35,2 Prozent der Zweitstimmen zusammen rund 1 Prozent mehr als die SPD, während die FDP aufgrund einer Zweitstimmenkampagne zulasten der Union mit 9,8 Prozent, aber auch die Linkspartei.PDS mit 8,7 Prozent relativ gut abschnitten. Hingegen bekamen die Bündnisgrünen nur 6,8 Prozent der Zweitstimmen und belegten damit den letzten Platz unter

---

1 Vgl. Reimut Zohlnhöfer/Christoph Egle, Der Episode zweiter Teil – ein Überblick über die 15. Legislaturperiode, in: Christoph Egle/Reimut Zohlnhöfer (Hg.), Ende des rot-grünen Projektes. Eine Bilanz der Regierung Schröder 2002-2005, Wiesbaden 2007, S. 22

den (wieder) im Parlament vertretenen Gruppierungen. Weder vermochten die bisherigen Regierungsparteien SPD und Bündnis 90/Die Grünen ihre absolute Mehrheit der Mandate zu behaupten, noch errangen die in einem Lagerwahlkampf als Herausforderer angetretenen CDU/CSU und FDP eine solche. Vielmehr verhinderte die neue Linksfraktion im Bundestag durch ihre bloße Existenz, dass es für eines der beiden Lager zur Stimmenmajorität reichte, ohne dass sie selbst stark genug war, um einen (sozial)politischen Kurswechsel zu bewirken.

Obwohl es im 16. Deutschen Bundestag eine „Mehrheit diesseits der Union" (Willy Brandt) gab, bildete die SPD mit CDU und CSU eine zweite Große Koalition unter Angela Merkel als erster Kanzlerin. In der am 18. November 2005 von den Parteispitzen unterzeichneten Koalitionsvereinbarung „Gemeinsam für Deutschland – mit Mut und Menschlichkeit" bekannten sich CDU, CSU und SPD „nachdrücklich" zu Hartz IV, stellten eine Optimierung der Umsetzungspraxis dieser Sozialreform in Aussicht und kündigten Einsparungen durch „Verbesserungen bei Hartz IV" an.[2] Tatsächlich war die Gesetzgebungspraxis im Arbeitsmarkt- und Sozialbereich durch mehrere SGB-II-Novellierungen geprägt, mit denen die Regierungskoalition sofort nach ihrer Bildung begann.

Nach dem *Zweiten Gesetz zur Änderung des Zweiten Buches Sozialgesetzbuch und anderer Gesetze* stieg der Regelsatz für (alleinstehende bzw. alleinerziehende) Erwachsene in Ostdeutschland von 331 auf 345 Euro, allerdings erst zum 1. Juli 2006, was mit Softwareproblemen bei der Bundesagentur für Arbeit begründet wurde.[3] Gleichzeitig wurden Leistungskürzungen für Jugendliche, Heranwachsende und junge Erwachsene beschlossen, die von zu Hause auszogen und als Arbeitsuchende mittels der Grundsicherung lieber eine *eigene* Bedarfsgemeinschaft gründeten, als im Haushalt ihrer Eltern zu verbleiben.

Mit dem *Zweiten SGB-II-Änderungsgesetz* wurden Kinder, die das 25. Lebensjahr noch nicht vollendet hatten, zur Bedarfsgemeinschaft ihrer Eltern gerechnet und der Regelsatzbedarf für sie vom 1. April 2006 an auf 80 Prozent reduziert. Damit ging man weit über zivilrechtliche Unterhaltsverpflichtungen der Eltern für ihre erwachsenen Kinder hinaus: „Gerade noch verhindert werden konnte die Einstandspflicht des Stiefelternteils für Kinder des Part-

---

2 Siehe CDU Deutschlands/CSU Landesleitung/SPD Deutschlands (Hg.), Gemeinsam für Deutschland. Mit Mut und Menschlichkeit. Koalitionsvertrag von CDU, CSU und SPD, Rheinbach o.J., S. 34 und S. 37

3 Vgl. hierzu und zum Folgenden: Rolf Winkel, SGB-II-Änderungsgesetz: Angleichung der Regelsätze in Ost und West – Kürzung der Leistungen für junge Erwachsene, in: Soziale Sicherheit 3/2006, S. 103 ff.

ners in einer Lebensgemeinschaft."[4] Wenn die jungen Menschen einen eigenen Hausstand gründen wollten, mussten sie nunmehr vorher die Zustimmung des kommunalen Leistungsträgers einholen. Zogen sie ohne dessen Einwilligung bei ihren Eltern aus, erhielten sie bis zur Vollendung des 25. Lebensjahres gleichfalls nur 80 Prozent der Regelleistung. Heranwachsende und junge Erwachsene wieder in der Abhängigkeit von ihren Eltern zu belassen und ihnen per Mittelentzug die Möglichkeit der Gründung eines eigenen Hausstandes zu nehmen, ist einer wohlhabenden und hochgradig individualisierten Gesellschaft, die im Zeichen der Globalisierung berufliche Flexibilität und geografische Mobilität von ihren Mitgliedern verlangt, jedoch unwürdig.

Je länger Hartz IV in Kraft war, umso deutlicher stiegen die Ausgaben für das Arbeitslosengeld II über den vom damaligen Wirtschafts- und Arbeitsminister Wolfgang Clement bewusst niedrig veranschlagten Haushaltsansatz für das Jahr 2005 hinaus – ein Trend, der sich 2006 fortsetzte und Debatten über die „Optimierung" oder gar eine „Generalrevision" von Hartz IV beflügelte, obwohl von einer „Kostenexplosion" gar keine Rede sein konnte, wenn man die früher im Bereich der Arbeitslosenhilfe, der Sozialhilfe für Erwerbsfähige und des Wohngeldes anfallenden Summen addierte und berücksichtigte, dass die Ausgaben für das Arbeitslosengeld (I) durch die Verkürzung der Bezugsdauer einerseits und die Verfestigung der Langzeit- bzw. Dauererwerbslosigkeit andererseits tendenziell sanken.

Mit dem *Gesetz zur Fortentwicklung der Grundsicherung für Arbeitsuchende* wurde die Beweislast bei eheähnlichen Gemeinschaften umgekehrt: Musste vorher der Leistungsträger nachweisen, dass eine solche bestand, wenn der Antragsteller und eine weitere Person länger als ein Jahr in einer Wohnung zusammen lebten, hat dieser seit dem 1. August 2006 im Zweifelsfall den Verdacht zu widerlegen, dass es sich bei ihm und dem Mitbewohner bzw. der Mitbewohnerin um eine Bedarfsgemeinschaft handelt. Flächendeckend prüfen nunmehr verharmlosend „Außendienst" genannte Sozialdetektive, ob die Anspruchsvoraussetzungen gegeben sind, um Missbrauch vorbeugen oder zu begegnen. Zum selben Zweck kann die Agentur für Arbeit seither Daten aus dem Kraftfahrzeugbundesamt, dem Melderegister und dem Ausländerzentralregister abrufen.

Gleichzeitig wurde die Höhe der Vermögensfreibeträge verändert: Während der Freibetrag für die Altersvorsorge von 200 auf 250 Euro pro Lebensjahr stieg, sank der Grundfreibetrag von 200 auf 150 Euro pro Lebensjahr bei entsprechender Anpassung der Höchstgrenzen, woraus Kostensenkungen für den Bund resultiert haben dürften, weil nur relativ geringe Sparsummen

---

4 Reiner Sans, Änderungen am SGB II werfen neue Probleme auf, in: Neue Caritas 6/2006, S. 30

einer Zweckbindung zugunsten der Alterssicherung unterlagen. Erstantragsteller(inne)n sollte künftig sofort ein Job oder eine Fortbildung angeboten werden, um ihre Arbeitswilligkeit zu testen. Auch diese Regelung erinnert an die produktive Erwerbslosenfürsorge der Zwischenkriegszeit, wobei die Abschreckungswirkung solcher Maßnahmen und nicht etwa das Bemühen im Vordergrund stand, den Betreffenden eine sinnvolle Arbeit zu verschaffen. Lehnte ein Antragsteller das Angebot ab oder verletzte er drei Mal seine Mitwirkungspflicht während eines Jahres, drohte ihm seit dem 1. Januar 2007 ein vollständiger Leistungsentzug.

Bei den Leistungsbezieher(inne)n unter 25 Jahren erstreckte sich diese Sanktion nach dem *SGB-II-Fortentwicklungsgesetz* im Fall einer wiederholten „Pflichtverletzung" sogar auf die Kosten von Unterkunft und Heizung. Diese besondere Strenge ist weder in vergleichbaren Ländern noch auf anderen Rechtsgebieten üblich, wie Susanne Götz, Wolfgang Ludwig-Mayerhofer und Franziska Schreyer hervorhoben: „Während das Jugendstrafrecht – auch aus pädagogischen Gründen – beansprucht, milder zu sein als das Erwachsenenstrafrecht, ist dieses Prinzip im SGB II umgedreht."[5] Zweifel, ob ein vollständiger Entzug von Regelleistungen (sowie Miet- und Heizkosten bei Heranwachsenden) bzw. die Drohung damit überhaupt verfassungskonform sind, drängten sich geradezu auf.[6] Umso berechtigter war die von einem breiten Bündnis unterschiedlicher Organisationen erhobene und auch von zahlreichen Einzelpersonen unterstützte Forderung nach einem Sanktionsmoratorium (http://www.sanktionsmoratorium.de).

Am 1. August 2006 wurden der Existenzgründungszuschuss („Ich-AG") und das Überbrückungsgeld für Arbeitslose, die sich selbstständig machen wollen, durch einen „Gründungszuschuss" ersetzt, der die Schwierigkeiten beim Einstieg in die unternehmerische Tätigkeit überwinden helfen, gleichzeitig jedoch Mitnahme- bzw. Missbrauchseffekte und den dafür nötigen finanziellen Aufwand verringern sollte. Nunmehr bekamen Existenzgründer/innen ein Dreivierteljahr lang einen Zuschuss in Höhe ihres zuletzt bezogenen Arbeitslosengeldes und einen Zuschlag in Höhe von 300 Euro monatlich, der ihnen die freiwillige Mitgliedschaft in den Sozialversicherungen ermöglichen sollte. Dieser konnte nach Auslaufen der Förderung weitere sechs Monate lang gezahlt werden.

---

5 Susanne Götz/Wolfgang Ludwig-Mayerhofer/Franziska Schreyer, Sanktionen im SGB II: Unter dem Existenzminimum, in: IAB-Kurzbericht 10/2010, S. 7

6 Vgl. Annett Wunder/Alexander Diehm: SGB-II-Fortentwicklungsgesetz verschärft die Sanktionen: Sind Kürzungen des Arbeitslosengeldes II um bis zu 100 Prozent verfassungswidrig?, in: Soziale Sicherheit, 6/2006, S. 195 ff.

Die im *Ersten SGB-II-Änderungsgesetz*, im *Zweiten SGB-II-Änderungsgesetz* und im *Hartz-IV-Fortentwicklungsgesetz*, das zuerst großspurig „Optimierungsgesetz“ heißen sollte, enthaltenen „Korrekturen“ an der rot-grünen Arbeitsmarktreform liefen trotz einzelner Verbesserungen für die Langzeiterwerbslosen größtenteils auf eine Kürzung des Leistungsumfangs, wenn auch nicht der Regelsätze, sowie auf eine Ausweitung der Kontrollmaßnahmen hinaus. Damit wollte man Leistungsmissbrauch aufdecken und die Kosten für den Staat senken. Die zwischen dem 1. April 2006 und dem 1. Januar 2007 wirksam gewordenen Regelungen erhöhten den Druck auf Arbeitsuchende massiv. Innerhalb des regierungsoffiziellen Leitmotivs „Fördern und Fordern“ wurde also „die letztere Komponente gestärkt“, wie es Kathrin Dümig sehr zurückhaltend formuliert.[7]

Das am 1. Januar 2009 in Kraft getretene *Gesetz zur Neuausrichtung der arbeitsmarktpolitischen Instrumente* wickelte mit den Personal-Service-Agenturen das ursprüngliche Herzstück des Reformkonzepts sang- und klanglos ab. Gleichzeitig wurden ein „Vermittlungs-“ und ein „Experimentierbudget“ sowie Möglichkeiten geschaffen, Maßnahmen mit dem Ziel eines nachträglichen Erwerbs des Hauptschulabschlusses zu fördern. Für deren Finanzierung durch die Arbeitsagentur hatte sich der zuständige Fachminister Olaf Scholz (SPD) gegen Widerstand aus der Union stark gemacht. Indem das Gesetz bei den SGB-II-Eingliederungsleistungen den Gestaltungsspielraum für die Grundsicherungsträger vergrößerte, wurde die Rechtsposition der Fördermaßnahmen beanspruchenden Hilfebedürftigen im Zweifelsfall eher geschwächt.

Neben der unvorhergesehenen Kostenentwicklung und den damit begründeten Leistungskürzungen bildeten die organisatorischen Schwierigkeiten bei der Umsetzung von Hartz IV eine weitere Parallele zur Weimarer Republik. Verantwortlich für die Probleme machte der noch von Wolfgang Clement berufene Ombudsrat die seinerzeit durch Kompromissbildung im Vermittlungsausschuss entstandene Mischverwaltung von Bund (Agentur für Arbeit) und Kommune (Sozialamt): „Unklare Zuständigkeiten in Bezug auf das Personal, das Budget und das Sachvermögen behindern wesentlich Teile der Aufgabenerledigung.“[8] Tatsächlich bildeten 354 ARGEn als Verbund von Agentur für Arbeit und Sozialamt der Kommune, 69 Optionskommunen als einzige Träger der Grundsicherung und 19 Kommunen, in

---

7 Kathrin Dümig, Ruhe nach und vor dem Sturm: Die Arbeitsmarkt- und Beschäftigungspolitik der Großen Koalition, in: Christoph Egle/Reimut Zohlnhöfer (Hg.), Die zweite Große Koalition. Eine Bilanz der Regierung Merkel 2005-2009, Wiesbaden 2010, S. 286

8 Ombudsrat Grundsicherung für Arbeitsuchende, Schlussbericht, Berlin, 23. Juni 2006, S. 18 (https://www.bmas.de/SharedDocs/Downloads/DE/ombudsrat-schlussbericht.pdf__blob=publicationFile; 1.9.2014)

denen eine strikte Arbeitsteilung zwischen Agentur und Kommune bestand, im Hinblick auf die Beratung, Betreuung und Vermittlung von Arbeit suchenden „Kunden" eine buntscheckige Mosaikstruktur. Obwohl das Bundesverfassungsgericht die Mischverwaltung von Arbeitsagentur und kommunalen Trägern in einem am 20. Dezember 2007 verkündeten Urteil (Az.: 2 BVR 2433/04 und 2434/04) für nicht mit dem *Grundgesetz* vereinbar erklärt und bis zum 31. Dezember 2010 eine Organisationsreform verlangt hatte, konnten sich CDU, CSU und SPD bis zum Ende der Legislaturperiode nicht darauf verständigen. Vielmehr brachte die CDU/CSU-Bundestagsfraktion einen vom damaligen Arbeitsminister Scholz mit den beiden wichtigsten Landespolitikern Jürgen Rüttgers und Kurt Beck gefundenen und auch von Angela Merkel gebilligten Kompromiss, der eine Grundgesetzänderung zur Bestandserhaltung der Jobcenter als „Zentren für Arbeit und Grundsicherung" (ZAG) vorsah, am 17. März 2009 überraschend zu Fall.[9]

Um das durch die Hartz-Gesetze erleichterte Lohndumping einzudämmen, wurde der Geltungsbereich des bisher vor allem in der Bauindustrie wirksamen *Arbeitnehmer-Entsendegesetzes* auf die Gebäudereinigungsbranche ausgedehnt. Dagegen lehnten CDU und CSU die Einbeziehung des perspektivisch weitaus wichtigeren Leiharbeitssektors ab. Vermutlich spielte hierbei die Tatsache eine Rolle, dass der höhere Tarifabschluss des DGB und nicht der geringere des Christlichen Gewerkschaftsbundes in diesem Bereich für allgemein verbindlich erklärt worden wäre.[10] Aber selbst Arbeits- und Sozialminister Franz Müntefering, der die Debatte angestoßen hatte, rang sich nicht zur Forderung nach Einführung eines allgemeinen gesetzlichen Mindestlohnes durch.

CDU, CSU und SPD hatten im Koalitionsabkommen vereinbart, den Kündigungsschutz „weiterzuentwickeln" und auf diesem Gebiet größere Transparenz und Rechtssicherheit sowohl für Beschäftigte wie auch für Arbeitgeber zu schaffen: „Wir werden daher auf der einen Seite die Möglichkeit streichen, Arbeitsverträge in den ersten 24 Monaten für denselben Zeitraum sachgrundlos zu befristen. Gleichzeitig geben wir den Arbeitgebern bei der Neueinstellung die Option an die Hand, anstelle der gesetzlichen Regelwartezeit von 6 Monaten bei der Begründung des Arbeitsverhältnisses mit dem Einzustellenden eine Wartezeit von bis zu 24 Monaten zu vereinbaren."[11] Der

9 Vgl. Hans Nakielski, Die Neuorganisation der Grundsicherungs-Verwaltung. Bleiben Hartz-IV-Berechtigte auf der Strecke?, Neues Wirrwarr von Abstimmungen und Zuständigkeiten, in: Soziale Sicherheit 5/2010, S. 168

10 Vgl. Markus Sievers, Der schwierige Kampf gegen Armutslöhne, in: FR v. 18.8.2006

11 CDU Deutschlands/CSU Landesleitung/SPD Deutschlands (Hg.), Gemeinsam für Deutschland, a.a.O., S. 37

gesetzliche Kündigungsschutz sollte weiter gelockert und die Probezeit, in der er nicht greift, von sechs Monaten auf zwei Jahre verlängert werden. Dafür wäre im Gegenzug die Möglichkeit der Unternehmen entfallen, Arbeitsverhältnisse ohne sachlichen Grund zu befristen.

Die französische Nationalversammlung verabschiedete wenige Wochen später, im Februar 2006, ein neues Arbeitsgesetz, das mittels des „Vertrages zur Ersteinstellung" (Contrat Première Embauche, CPE) für Arbeitnehmer/innen unter 26 Jahren in Unternehmen mit mehr als 20 Beschäftigten den Kündigungsschutz für zwei Jahre aufhob. Dagegen demonstrierten nicht nur Hunderttausende junger Leute, vor allem Schüler/innen und Studierende, sondern auch die Richtungsgewerkschaften und die Kulturschaffenden in einem breiten Bündnis. Aufgrund der massenhaften Proteste, die bis zu Universitätsbesetzungen und Straßenblockaden gingen, nahm die bürgerliche Regierung von Premierminister Dominique de Villepin das umstrittene Gesetz am 7. April 2006 zurück. Man darf vermuten, dass die zweite Große Koalition ihren Plan, der dieser Regelung bis aufs Haar glich, aber nicht bloß die Entrechtung *jüngerer* Arbeitnehmer/innen vorsah, auch deshalb nicht weiter verfolgte, zumal selbst die Wirtschaftsverbände wenig Sympathien dafür erkennen ließen.

Nicht zuletzt wegen überraschender Erfolge der am 16. Juni 2007 durch Fusion von Linkspartei.PDS und WASG entstandenen Partei DIE LINKE bei mehreren Kommunal- und Landtagswahlen auch in Westdeutschland standen beschäftigungs- und sozialpolitische Forderungen, etwa nach einer bedarfsorientierten Grundsicherung, die den Namen im Unterschied zum Arbeitslosengeld II und zum Sozialgeld wirklich verdient, sowie einem gesetzlichen Mindestlohn 2006/07 (wieder) stärker auf der parlamentarischen Tagesordnung. Dadurch sah sich insbesondere die SPD genötigt, ihre (frühere) Regierungspolitik selbstkritisch zu reflektieren und ihr soziales Profil zu schärfen, wenngleich die meisten Versuche einer Distanzierung gegenüber der „Ära Schröder" nur symbolischer Art waren, wie Christoph Egle feststellt.[12] Nach zähem Ringen mit der Union, privaten Postdienstleistern wie TNT oder PIN AG und daran beteiligten Zeitungsverlegern wie der Axel Springer AG gelang es ihr zwar im Dezember 2007, einen Mindestlohn für Briefzusteller/innen durchzusetzen, den Gerichte aber wieder kippten.

Der vom damaligen Bundesarbeitsminister Franz Müntefering und von seinem Amtsnachfolger Olaf Scholz eingeschlagene Weg, nach entsprechen-

---

12 Vgl. Christoph Egle, Im Schatten der Linkspartei. Die Entwicklung des Parteienwettbewerbs während der 16. Legislaturperiode, in: ders./Reimut Zohlnhöfer (Hg.), Die zweite Große Koalition, a.a.O., S. 105

den Novellierungen des über zehn Jahre alten *Arbeitnehmer-Entsendegesetzes* sowie des aus dem Jahr 1952 stammenden und auch später nie angewendeten *Mindestarbeitsbedingungsgesetzes* für immer mehr Branchen sukzessive Lohnuntergrenzen festzulegen, war infolge der geringen Nachfrage auf der Kapitalseite zum Scheitern verurteilt. Bis zum Ende der von CDU, CSU und SPD vereinbarten Meldefrist (31. März 2008) hatten nur der Leih- bzw. Zeitarbeitssektor, das Wach- und Sicherheitsgewerbe sowie einige Nischenbranchen, aber nicht – wie von der SPD insgeheim erhofft – Schlüsselbranchen wie der Einzelhandel, die Gastronomie und die Landwirtschaft ihr Interesse an der Aufnahme ins *Entsendegesetz* bekundet.

Die sozialdemokratische Strategie branchenspezifischer Mindestlöhne, die auf der Basis wirksamer und die Mehrheit der Beschäftigten erfassender Tarifverträge per Allgemeinverbindlichkeitserklärung durch das Bundeskabinett zustande kommen, stieß an ihre Grenze, weil sie starke Gewerkschaften dort voraussetzt, wo diese den Mindestlohn gerade aufgrund ihrer Schwäche brauchen. Das novellierte *Gesetz über die Festsetzung von Mindestarbeitsbedingungen* reichte nicht aus, Lohnuntergrenzen auch in Wirtschaftszweigen einzuziehen, wo (flächendeckende) Tarifverträge fehlen. Die ausgesprochen wichtige Leih- bzw. Zeitarbeit wurde nicht in das *Entsendegesetz* aufgenommen, weil sich die Union sogar weigerte, den niedrigsten, von einer „christlichen" (Schein-)Gewerkschaft ausgehandelten Tariflohn der Branche für allgemein verbindlich zu erklären. Stattdessen sollte eine Lohnuntergrenze für Leiharbeiter/innen im *Arbeitnehmerüberlassungsgesetz* verhindern, dass deren Löhne zu stark von den Tariflöhnen der Stammbelegschaften abweichen (Equal-pay-Prinzip). Für diesen Kompromiss mit der Union verzichtete die SPD im Januar 2009 bei den Verhandlungen über das „Konjunkturpaket II" auf eine zunächst von ihr geforderte Erhöhung der „Reichensteuer", die eigentlich mit zu dessen Finanzierung beitragen sollte.

Kurt Beck versuchte als SPD-Vorsitzender, seine Partei durch vorsichtige Korrekturen an der „Agenda"-Politik einerseits zu befrieden und andererseits mit ihrer Regierungspraxis zu versöhnen. In den Blickpunkt rückte das *Gesetz zu Reformen am Arbeitsmarkt*, nach dem ab 1. Februar 2006 generell eine auf maximal 12 bzw. 18 Monate (früher: 32 Monate) für ältere Beschäftigte verkürzte Höchstbezugsdauer von Arbeitslosengeld (I) galt. Becks Versuch, diese Frist unter Hinweis auf die Lebensleistung älterer Leistungsbezieher/innen wieder auszudehnen, war ebenso symbol- wie konfliktträchtig, weil die Modernisierer in seiner Partei fürchteten, hier solle eine Bresche für weiterreichende Revisionen in die Hartz-Reformen geschlagen werden.

Gegen den Widerstand von Bundesarbeitsminister Franz Müntefering setzte Beck auf dem Hamburger SPD-Parteitag vom 26. bis zum 28. Oktober 2007 in einem „Reformen für ein soziales Deutschland" überschriebenen

9-Punkte-Papier die Forderung durch, das Arbeitslosengeld nach Vollendung des 45. Lebensjahres bei 30 Monaten sozialversicherungspflichtiger Beschäftigungsdauer in den fünf Jahren vor Eintritt der Arbeitslosigkeit 15 Monate lang, nach Vollendung des 50. Lebensjahres bei 36 Monaten sozialversicherungspflichtiger Beschäftigungsdauer in den fünf Jahren vor der Kündigung 18 Monate lang und nach Vollendung des 50. Lebensjahres bei 42 Monaten sozialversicherungspflichtiger Beschäftigungsdauer in den fünf Jahren vor Eintritt der Arbeitslosigkeit 24 Monate lang zu zahlen.

Folgt man Wolfgang Schroeder, vorübergehend Staatssekretär im Arbeits- und Sozialministerium des Landes Brandenburg, hat Beck durch seine Initiative nicht bloß die Parteilinie mit dem gesellschaftlichen Gerechtigkeitsgefühl (Anerkennung von Lebensleistung) versöhnt, sondern auch seine Machtposition und Reputation innerhalb der SPD gefestigt, während diese ihren Markenkern als „Schutzmacht der kleinen Leute“ stärkte und wieder zum inhaltlichen Streit zurückfand, ohne dass am Ende ein Machtwort von oben gesprochen wurde.[13] Der Duisburger Parteienforscher Karl-Rudolf Korte wertete die Initiative hingegen als Teil einer „multifunktionalen“ Machttaktik, mit der Beck die SPD zu einem „neuen Schulterschluss“ mit den Gewerkschaften geführt und die LINKE ihres Alleinstellungsmerkmals als „Anti-Hartz-Partei“ beraubt habe.[14]

Obwohl einflussreiche Unionspolitiker wie Nordrhein-Westfalens damaliger Ministerpräsident Jürgen Rüttgers und Horst Seehofer, seinerzeit Bundesminister für Ernährung, Landwirtschaft und Verbraucherschutz, zum Teil nach vergleichbaren eigenen Vorstößen das Beck'sche Anliegen im Prinzip unterstützten, trug ihm die Große Koalition mit dem *Siebten Gesetz zur Änderung des Dritten Buches Sozialgesetzbuch und anderer Gesetze* nur abgeschwächt Rechnung: So erhöhte sich die maximale Bezugsdauer des Arbeitslosengeldes (I) für Personen im Alter von 50 bis 54 Jahren auf 15 Monate, wenn sie eine Vorversicherungszeit von mindestens 30 Monaten haben. Haben die Erwerbslosen das 55. Lebensjahr vollendet, verlängert sich ihr Höchstanspruch um weitere drei Monate, wenn sie in den letzten fünf Jahren mindestens 36 Monate lang sozialversicherungspflichtig beschäftigt waren. Nur jenen Personen, die das 58. Lebensjahr vollendet haben und in den fünf Jahren vor der Entlassung mindestens 48 Monate lang sozialversicherungspflichtig beschäftigt waren, wird nunmehr 24 Monate lang Arbeitslosengeld gezahlt. Nicht durchsetzen konnten sich CDU und CSU allerdings mit ihrer

13 Vgl. Wolfgang Schroeder, Stärkung des „Identitätskern“, in: NG/FH 12/2007, S. 59 f.

14 Vgl. Karl-Rudolf Korte, Linkskonservativ mitfühlend. Kurt Beck als Anwalt der Verunsicherten?, in: ebd., S. 50

Forderung, quasi im Gegenzug eine Kürzung der Bezugsdauer von Arbeitslosengeld (I) bei Unter-25-Jährigen vorzunehmen.

Durch eine „63er-Regelung", die ebenfalls zwischen den Koalitionsparteien umstritten war und letztlich eine Kompromisslösung darstellte, blieb es Bezieher(inne)n von Arbeitslosengeld II erspart, bereits mit 60 Jahren und 18-prozentigen Rentenabschlägen zwangsverrentet zu werden. Diese betrugen aber immer noch 7,2 Prozent lebenslang und steigen aufgrund der schrittweisen Anhebung des gesetzlichen Renteneintrittsalters seit 2012 jährlich um 0,3 Prozentpunkte, später um 0,6 Prozentpunkte bis auf 14,4 Prozent an. Wenn die Betroffenen die vorgezogene Altersrente nicht selbst beantragen, stellt das Jobcenter für sie einen Rentenantrag. Da die dritte Große Koalition von der abschlagsfreien „Rente ab 63" für besonders langjährig Versicherte seit dem 1. Juli 2014 die Personen mit einem mehrjährigen Alg-II-Bezug ausgeschlossen hat, müssen die Betroffenen bis zur Regelsaltersgrenze aufstockende SGB-XII-Leistungen und anschließend Grundsicherung im Alter in Anspruch nehmen, was letztlich Hartz IV bis zum Tod bedeutet.

Unter den skizzierten Rahmenbedingungen hatte es die SPD-Linke schwer, sich innerparteilich zu behaupten. Statt für einen arbeitsmarktpolitischen Kurswechsel zu kämpfen, arrangierte sich die sozialdemokratische Regierungslinke während der zweiten Großen Koalition weitgehend mit den Hartz-Gesetzen. Karl Lauterbach, der sich als Kölner Direktkandidat bereits im Bundestagswahlkampf 2005 zu den Arbeitsmarktreformen bekannt hatte, warb beispielsweise in der *Zeit* (v. 25.9.2008) unter dem provokativen Titel „Ein Hartz für Arme" um mehr Unterstützung seitens der SPD-Linken. Er glaubte offenbar, die LINKE bei der nächsten Bundestagswahl durch einen flügelübergreifen Schulterschluss aller Sozialdemokrat(inn)en hinsichtlich der Hartz-Gesetze marginalisieren zu können.

Der vor allem in der Medienöffentlichkeit ausgesprochen präsente Gesundheitsexperte der SPD-Bundestagsfraktion verglich die Arbeitsmarktreformen mit einer Notoperation, die gelungen sei, wie man an der sinkenden Arbeitslosigkeit und einer dadurch abnehmenden Armutsbetroffenheit von Familien sehen könne. Lauterbach argumentierte unter Berufung auf den US-amerikanischen Sozialphilosophen John Rawls („Gerechtigkeit als Fairness"), dass es primär um das Wohl der Ärmsten im Lande gehen müsse und sogar große gesellschaftliche Opfer geboten seien, wenn sich dadurch die Lage der am stärksten Benachteiligten verbessern lasse. Da aber die Auswirkungen von Arbeitslosigkeit schlimmer seien als die Auswirkungen von Armut auf die jeweils Betroffenen, hätten SPD und Bündnisgrüne seinerzeit der richtigen Gruppe geholfen: „Die rot-grünen Arbeitsmarktreformen waren im Kern eine Umverteilung von Chancen im unteren Drittel der Gesellschaft. Für viele Menschen mit Arbeit sanken die Löhne. Gleichzeitig entstand Arbeit für viele, die ohne die Reform keine Chance gehabt hätten."[15] Lauterbachs kurioser Versuch, die Arbeitslosen gegen die Armen auszuspielen, musste schon wegen der vielfachen personellen Überschneidungen zwischen beiden Gruppen misslingen, war aber auch deshalb zum Scheitern verurteilt, weil die Entscheidung der Betroffenen für eines dieser Schicksale der Wahl zwischen Pest und Cholera glich. Insgesamt, resümierte Lauterbach, seien die Reformen „alles andere als neoliberal" gewesen, was er ausgerechnet daran festmachte, dass man viele Erwerbslose zur Arbeit und damit indirekt auch zu ihrem „Glück" (auch bei ihm in Anführungszeichen) gezwungen habe. Abschließend plädierte Lauterbach für eine Fortentwicklung der Arbeitsmarktreformen, womit in erster Linie die Einführung eines Mindestlohns gemeint war, der ein weiteres Anwachsen des Niedriglohnsektors verhindern sollte.

6.2 Die schwarz-gelbe Koalition und das Karlsruher Regelsatz-Urteil

Die elektorale Quittung für ihre unbeliebten Arbeitsmarkt-, Gesundheits- und Rentenreformen erhielt die SPD bei der Bundestagswahl am 27. September 2009. Während CDU, CSU und FDP nicht zuletzt aufgrund zahlreicher Überhangmandate der Unionsparteien eine klare Mehrheit der Sitze gewannen, kamen die Sozialdemokrat(inn)en mit ihrem Kanzlerkandidaten Frank-Walter Steinmeier, einem „Agenda"-Wegbereiter und energischen Hartz-IV-Befürworter, nur auf 23 Prozent der Zweitstimmen, ohne jedoch aus dem schlechtesten Wahlergebnis der Partei seit 1949 die Konsequenzen zu ziehen. Vielmehr erklärte Steinmeier unmittelbar nach Bekanntgabe der ersten Hochrechnungen, mehr Verantwortung übernehmen und im Bundestag als Oppositionsführer fungieren zu wollen.

Sowohl die LINKE (von 8,7 auf 11,9 Prozent) wie auch Bündnis 90/Die Grünen (von 8,1 auf 10,7 Prozent) legten stimmenmäßig deutlich zu und errangen zusammen beinahe genauso viele Mandate wie die SPD. Aufgrund ihrer erdrutschartigen Niederlage nahm die SPD einen Personalwechsel an der Parteispitze vor: Der ehemalige niedersächsische Ministerpräsident Sigmar Gabriel löste Franz Müntefering als Vorsitzender ab, und mit Andrea Nahles wurde ihm auf dem Dresdener Parteitag am 13. November 2009 eine frühere Juso-Bundesvorsitzende als Generalsekretärin zur Seite gestellt.

Noch bevor CDU, CSU und FDP ihre „Wunschkoalition" bildeten, ver-

15 Karl Lauterbach, Ein Hartz für Arme. Warum die rot-grünen Arbeitsmarktreformen richtig waren und die Linken in der SPD darüber reden sollten, in: Die Zeit 40/2008

kündeten sie als ersten gemeinsamen Beschluss, das Altersvorsorge-Schonvermögen für Alg-II-Bezieher/innen von bisher 250 Euro auf 750 Euro pro Lebensjahr zu verdreifachen. Dies geschah im Rahmen des *Sozialversicherungs-Stabilisierungsgesetzes* vom 14. April 2010, das die Folgen der weltweiten Wirtschaftskrise für den deutschen Wohlfahrtsstaat abmildern helfen sollte. Gleichzeitig wurde durch Einfügung des Wortes „unwiderruflich" in Paragraf 12 Abs. 2 Satz 1 Nr. 3 SGB II sowie eine analoge Änderung im *Versicherungsvertragsgesetz* eine Rücknahme des zwischen Lebensversicherern und Versicherungsnehmer(inne)n vereinbarten Verwertungsausschlusses definitiv ausgeschlossen, was auf den ersten Blick für Langzeiterwerbslose, bei genauerem Hinsehen allerdings vielleicht noch mehr für die Verkäufer/innen bzw. Vermittler/innen solcher Policen von Interesse war.

Entfallen sollte die Klausel, wonach eine selbstgenutzte Immobilie nur dann zum Schonvermögen gehört, wenn sie eine „angemessene Größe" hat. Schließlich sollten die Zuverdienstgrenzen bei Hartz IV erhöht werden, um Transferleistungsbezieher(inne)n auf diese Weise mehr „Arbeitsanreize" zu geben. Über die genaue Ausgestaltung dieses Punktes stritten CDU, CSU und FDP eine längere Zeit, bis sie im Oktober 2010 einen Minimalkonsens erzielten, der Aufnahme in das *Gesetz zur Ermittlung von Regelbedarfen und zur Änderung des Zweiten und Zwölften Buches Sozialgesetzbuch* (EGRBEG) fand. Mit ihrem ersten Maßnahmenpaket zum Hartz-IV-Komplex betrieb die CDU/CSU/FDP-Koalition – sehr publikumswirksam inszeniert – politische Imagepflege, um den ihr vorauseilenden Ruf sozialer Eiseskälte zu entkräften. Darüber hinaus wurden soziale Trostpflaster an Transferleistungsempfänger/innen verteilt, denen es noch verhältnismäßig gut geht: Beispielsweise hat in Ostdeutschland nur etwa die Hälfte der Betroffenen überhaupt Vermögen, das geschont werden kann. Höchstens eine winzige Minderheit nennt eine Immobilie ihr Eigen. Und auch die Möglichkeit des Zuverdienstes haben längst nicht alle Bezieher/innen von Arbeitslosengeld II.

Neben den unmittelbar Begünstigten, die überwiegend aus der Mittelschicht stammen dürften, weil deren Angehörige vor einer länger währenden Arbeitslosigkeit noch am ehesten private Altersvorsorge etwa mittels einer Kapitallebensversicherung betreiben können, profitierten hauptsächlich Versicherungskonzerne und Banken von den Gesetzesänderungen, denn es handelt sich natürlich um ein schlagendes Verkaufsargument, wenn ein Finanzprodukt vor der Anrechnung bei Hartz IV geschützt ist. (War es bloß Zufall, dass die FDP, die sich wie keine andere Partei für ein höheres Schonvermögen bei der Altersvorsorge eingesetzt hat, mit Abstand die höchsten Großspenden aus eben dieser Branche erhielt?) Begünstigt wurden auch die Bauindustrie und der Immobilienhandel. Noch anderen Branchen, deren Unternehmen mehr Hartz-IV-Betroffene im Sinne einer staatlichen Subventionierung von Niedriglöhnen als preiswerte Arbeitskräfte rekrutieren konnten, kamen die höheren Zuverdienstmöglichkeiten zupass.

Die beiden einschneidendsten Gesetzesänderungen der Hartz-Reformen durch CDU, CSU und FDP resultierten unmittelbar aus Gerichtsurteilen. Zuerst mussten die laut Bundesverfassungsurteil vom 20. Dezember 2007 nicht mit dem *Grundgesetz* vereinbaren ARGEn in einer von Karlsruhe gesetzten Dreijahresfrist abgewickelt oder auf eine neue Rechtsgrundlage gestellt werden. Ursula von der Leyen bevorzugte eine freiwillige Zusammenarbeit zwischen der Agentur für Arbeit und den Kommunen mit klarer Aufgabentrennung. Da sich die getrennte Wahrnehmung der Aufgaben nach dem SGB II aber in der Verwaltungspraxis vor Ort nicht bewährt, sondern eher zu noch größeren Problemen als die Organisationsformen der ARGE und der Optionskommune geführt hatte,[16] konnte sich die Bundesarbeitsministerin damit in ihrer eigenen Partei jedoch nicht gegenüber Roland Koch durchsetzen. Schließlich verständigten sich CDU, CSU und FDP mit der SPD doch noch – wie von Koch verlangt – auf eine Grundgesetzänderung, der auch die Bündnisgrünen im Juni/Juli 2010 zustimmten.

Während die Bundesagentur für Arbeit und die Kommunen ab 1. Januar 2012 unter der Aufsicht neuer Koordinationsgremien seither „gemeinsame Einrichtungen" – der Begriff „Arbeitsgemeinschaft" entfiel damit – betreiben und auch jene Landkreise bzw. kreisfreien Städte solche bildeten, die bisher eine getrennte Aufgabenwahrnehmung praktiziert hatten, können neben den seit 2005 bestehenden 69 Optionskommunen seither weitere 41 Landkreise bzw. kreisfreie Städte das Jobcenter auf Kosten des Bundes in Eigenregie führen. Mit dem *Gesetz zur Weiterentwicklung der Organisation der Grundsicherung für Arbeitsuchende* (GrSiWEntG) wurde das ursprüngliche Organisationsmodell noch komplexer und bürokratischer. Hans Nakielski moniert, dass dem neuen Leitbild einer „dezentralen Arbeitsmarktpolitik" der Verfassungsauftrag zur Schaffung gleichwertiger Lebensverhältnisse geopfert worden sei.[17] Wie schon zwischen den beiden Weltkriegen verlagerte man noch mehr Kompetenzen auf Landkreise und kreisfreie Städte. Was im Rückblick auf Weimar als Erosion der zentralstaatlichen Verantwortung für die Arbeitslosenunterstützung charakterisiert wird,[18] droht damit auch der Bundesrepublik. Eine weitere Kommunalisierung – das lehrt die historische Erfah-

16 Vgl. Johannes Kirsch u.a., Der Abschied von der Dienstleistung aus einer Hand. Die getrennte Wahrnehmung nach dem Sozialgesetzbuch II, Berlin 2010

17 Vgl. Hans Nakielski, Die Neuordnung der Grundsicherungs-Verwaltung, a.a.O., S. 173

18 Vgl. Christian Berringer, Sozialpolitik in der Weltwirtschaftskrise. Die Arbeitslosenversicherungspolitik in Deutschland und Großbritannien im Vergleich 1928-1934, Berlin 1999, S. 478

rung – führt jedoch nicht bloß zur Ungleichbehandlung der Erwerbslosen von Gemeinde zu Gemeinde, sondern erhöht auch den auf ihnen lastenden Druck massiv. Grundsicherungsempfänger/innen, die man zum Umzug in eine billigere Wohnung zwingt und/oder deren steigende Heizkosten man nicht erstatten will, können ein Lied davon singen.

Am 27. Januar 2009 erklärte das Bundessozialgericht in Kassel den Hartz-IV-Kinderregelsatz für nicht grundgesetzkonform und legte die Angelegenheit dem Bundesverfassungsgericht in Karlsruhe zur höchstrichterlichen Entscheidung vor. Das hessische Landessozialgericht befasste das höchste deutsche Gericht auch mit dem sog. Eckregelsatz (für alleinstehende bzw. alleinerziehende Erwachsene). Ungefähr zur selben Zeit, als das Bundesverfassungsgericht darüber verhandelte, ob die Bedarfe der Kinder in „Hartz-IV-Familien" bei der Regelsatzbemessung adäquat berücksichtigt wurden oder zumindest die *Kinder*regelsätze das Sozialstaatsgebot des *Grundgesetzes* verletzten, trieb CDU, CSU und FDP in den Koalitionsverhandlungen sehr viel stärker die Sorge um, „Leistungsträger" der Gesellschaft und Besserverdienende könnten – auch für ihre Kinder – zu viel Steuern zahlen. Sie stimmten darin überein, nicht etwa die Armut von Kindern und Jugendlichen aus sozial benachteiligten Familien zu verringern, sondern den steuerlichen Kinderfreibetrag zunächst von 6.024 Euro auf 7.008 Euro und später auf die damals für Erwachsene geltende Höhe von 8.004 Euro anzuheben sowie das Normal- und Geringverdiener(inne)n kompensatorisch gezahlte Kindergeld von 164 Euro auf 184 Euro monatlich zu erhöhen. Beim steuerlichen Freibetrag sollten die Kinder den Erwachsenen möglichst bald gleichgestellt werden. Beim Hartz-IV-Regelsatz wehrte sich die schwarz-gelbe Bundesregierung jedoch gegen eine solche Gleichbehandlung, obwohl die Kinder von Arbeitslosengeld-II-Bezieher(inne)n darauf viel eher angewiesen wären als die Kinder von Einkommensteuerzahler(inne)n, und man fragt sich, wie beides unter sozialen und Menschenrechtsgesichtspunkten miteinander vereinbar war.

Um eine Entlastung „der" Familien, wie die Regierungsparteien behaupteten, handelte es sich bei der Anhebung des steuerlichen Kinderfreibetrages und der Erhöhung des Kindergeldes schon deshalb nicht, weil man etwa die Not mehrerer hunderttausend alleinerziehender Mütter im Hartz-IV-Bezug, die keine Einkommensteuer zahlen und denen die Kindergelderhöhung auf die Transferleistung angerechnet wird, kein bisschen gelindert hat. Ganz im Gegenteil: Aufgrund der Ländern und Kommunen zugemuteten Steuerausfälle schränkten Landkreise und kreisfreie Städte nicht per Gesetz verpflichtend vorgesehene Beratungs-, Betreuungs-, Kultur- und Bildungsangebote gerade für solche Familien noch weiter ein, schlossen (Schul-)Bibliotheken, Museen und Theater, aber auch öffentliche Schwimmbäder, auf die nicht angewiesen ist, wer über seinen eigenen Swimmingpool verfügt.

Am 9. Februar 2010 verkündete das Bundesverfassungsgericht in Karlsruhe sein Aufsehen erregendes Urteil zu den Regelsätzen beim Arbeitslosengeld II und beim Sozialgeld (Az. 1 BvL 1/09, 1 BvL 3/09 und 1 BvL 4/09), die es für nicht mit dem *Grundgesetz* vereinbar erklärte. Zwar hielten die Richter/innen des Ersten Senats den Hartz-IV-Regelsatz keineswegs für „evident unzureichend", sie verpflichteten die Bundesregierung jedoch, noch im selben Jahr eine Neuberechnung/-regelung vorzunehmen und bis dahin nötigenfalls einmalige Beihilfen zu gewähren, um Hilfebedürftigen durch Deckung ihrer Sonderbedarfe eine menschenwürdige Existenz zu sichern. Korrigiert werden musste nach dem Urteil, dass Kinder mit 60 Prozent des Eckregelsatzes (215 Euro) abgefunden wurden, wenn sie jünger als sechs Jahre waren, mit 70 Prozent (251 Euro), wenn sie sechs bis 13 Jahre alt waren, und mit 80 Prozent (287 Euro), wenn sie 14 Jahre und älter waren. Die Karlsruher Richter/innen erkannten im Unterschied zur Bundesregierung explizit an, dass Kinder gerade keine Erwachsenen „im Miniformat" sind, sondern altersspezifische Bedarfe haben. Diese waren so lange unberücksichtigt geblieben, wie man vom Regelsatz für (alleinstehende) Erwachsene einfach bloß einen bestimmten Prozentsatz für Kinder und Jugendliche vorsah.

Einerseits kann man die Entscheidung des Bundesverfassungsgerichts als Meilenstein im Kampf gegen Hartz IV bezeichnen, zumal die Gewährleistung eines „menschenwürdigen Existenzminimums" als Aufgabe und Auftrag des Sozialstaates aus Art. 1 Abs. 1 und Art. 20 Abs. 1 GG hergeleitet wurde.[19] Sie bestätigte höchstrichterlich, dass die Regelsätze nach vorgegebenen politischen Kriterien und damit willkürlich festgelegt worden waren, ohne die Interessen der Hilfebedürftigen an einer menschenwürdigen Existenz ausreichend zu berücksichtigen. Andererseits argumentierte das höchste deutsche Gericht im Wesentlichen rein formaljuristisch und äußerte vor allem *Methoden*kritik, statt Hartz IV substanziell in Frage zu stellen, was man aus Gerechtigkeitsgründen und mit überzeugenden Argumenten kritisieren kann.[20] Zudem nützte das BVerfG-Urteil nicht bloß den erfolgreichen Kläger(inne)n wenig, die längst keine Grundsicherung für Arbeitsuchende mehr bezogen, als das EGRBEG verspätet, aber teils rückwirkend zum 1. Januar 2011 in Kraft trat,[21] der Karlsruher Richterspruch erwies sich vielmehr auch

19 Vgl. dazu: Heiner Adamski, Sozialstaat und Hartz IV, in: GWP 2/2010, S. 257 ff.; Martin Staiger, Hartz IV oder Menschenwürde, in: Blätter für deutsche und internationale Politik 3/2010, S. 9 ff.

20 Vgl. z. B. Georg Rammer, Bloß nicht verhungern, in: Blätter für deutsche und internationale Politik 5/2010, S. 31 ff.

21 Vgl. Kolja Rudzio, Traurige Sieger. Was aus den Familien wurde, die Hartz IV vor das Bundesverfassungsgericht brachten, in: Die Zeit v. 17.2.2011

für die Anti-Hartz-Bewegung als sozialpolitischer Pyrrhussieg, weil die prinzipielle Vereinbarkeit des Gesetzespaketes mit den tragenden Grundgesetznormen nunmehr schwerer zu bestreiten war als vorher.

Zwar hat das Bundesverfassungsgericht ein „neues Grundrecht für die Armen" geschaffen, im Urteilstext fehlen aber klare, über die Fragen der Bemessung von Regelleistungen für Hartz-IV-Bezieher/innen hinausgehende Antworten, wie Volker Neumann konstatiert, der die inhaltlichen Leerstellen und argumentativen Schwachpunkte des Richterspruchs markiert: „Weder das von den Verwaltungsgerichten aus der Würdenorm abgeleitete Gebot, gesellschaftliche Ausgrenzung zu verhindern, noch die mit dem Sozialstaatsprinzip begründete Pflicht zur Herstellung sozialer Gerechtigkeit und damit zu Umverteilung werden auch nur angesprochen."[22] Nicht zuletzt aufgrund dieser Ambivalenz löste das Gerichtsurteil eine breite, zum Teil ins Grundsätzliche gehende politische Debatte aus.

Bereits am übernächsten Tag meldete sich der damalige FDP-Vorsitzende, Bundesaußenminister und Vizekanzler Guido Westerwelle in einer überregionalen Tageszeitung zu Wort. Er kommentierte das Urteil selbst zwar nicht, kritisierte die „sozialistischen Züge" der Diskussion darüber jedoch umso vehementer: „Gerufen wird nach dem Staat, die Rechnung begleicht der Steuerzahler. Es scheint in Deutschland nur noch Bezieher von Steuergeld zu geben, aber niemanden, der das alles erarbeitet."[23] Westerwelle beklagte eine Vernachlässigung der Mittelschicht durch die Politik und setzte den Bezug von Hartz-IV-Leistungen implizit mit „anstrengungslosem Wohlstand" gleich. Ein knappes halbes Jahr später behauptete Westerwelle übrigens, dieses böse Wort habe gar nicht den Langzeiterwerbslosen gegolten: „Mir ging es um eine Kritik an der mangelnden Treffsicherheit der Sozialstaatsbürokratie, nicht aber um Kritik an Hartz-IV-Empfängern."[24] Westerwelles Versuch, die Leistungsempfänger/innen als materiell benachteiligte Minderheit im Namen der Gerechtigkeit gegen die (Einkommen-)Steuern zahlende Mehrheit der „Leistungsträger" auszuspielen, kehrte sich am Ende gegen ihn selbst und die FDP, denn natürlich haben Millionen hart arbeitende Menschen in der Bundesrepublik sehr viel weniger Geld zur Verfügung als reiche Müßiggänger, die von Kapitalerträgen, Dividenden, Zinsen oder Mieteinnahmen leben.

---

22 Volker Neumann, Ein neues Grundrecht für die Armen. Was das Bundesverfassungsgericht zum Anspruch auf ein Existenzminimum sagt, in: Vorgänge 191 (2010), S. 108

23 Guido Westerwelle, Hartz IV und die Frage, wer das alles zahlt: Vergesst die Mitte nicht!, in: Die Welt v. 11.2.2010

24 „Ja, ich hatte schlaflose Nächte ..." – FDP-Chef Guido Westerwelle spricht über sein schweres erstes Jahr als Außenminister, in: BamS v. 15.8.2010

6.3 Das „Zukunftspaket“ von CDU, CSU und FDP: „Sparen“ auf dem Rücken der Armen

Bei Westerwelles Ausfällen gegenüber den „faulen Armen“ und dem bestehenden Wohlfahrtsstaat handelte es sich nicht bloß um den Versuch, von der Klientelpolitik seiner Partei, d.h. bereits erfolgten und geplanten Steuersenkungen der CDU/CSU/FDP-Koalition für Begüterte und Besserverdienende wie Hotelbesitzer, kinderreiche Millionäre oder Firmenerben bzw. anderen Fördermaßnahmen für die vier großen Energiekonzerne (z.B. die nach der japanischen Reaktorkatastrophe wieder zurückgenommene Verlängerung der Restlaufzeiten für Atomkraftwerke), Ärzte und Zahnärzte, die Pharmaindustrie, die privaten Krankenversicherungen, Vermieter (Erleichterung der Umlegung von Kosten der energetischen Gebäudesanierung auf die Mieter/innen) und Spediteure (Aussetzung der schon beschlossenen Erhöhung der Lkw-Maut) abzulenken und die FDP aus ihrem damaligen Umfragetief herauszukatapultieren, sondern auch um die Vorbereitung einer weiteren Runde des Sozialabbaus.

Auf einer Klausurtagung am 6./7. Juni 2010 im Kanzleramt verabredeten die Regierungsparteien ein „Spar-“ bzw. „Zukunftspaket 2011–2014“, das die Konsolidierung des Staatshaushalts vorantreiben und der „Schuldenbremse“ genannten Kreditsperre laut Art. 115 GG Rechnung tragen sollte. Entgegen ihren wiederholten Bekenntnissen im vorangegangenen Bundestagswahlkampf, nicht für eine Politik des Sozialabbaus zu stehen, und ihren gleichzeitig abgegebenen Versprechungen, im Falle einer gemeinsamen Regierungsbildung keine weiteren Kürzungen in diesem Bereich vorzunehmen, beschlossen die Koalitionsparteien CDU, CSU und FDP auf ihrer „Sparklausur“, die erst vier Wochen nach der wichtigen Landtagswahl in Nordrhein-Westfalen am 9. Mai 2010 stattfand, mehrere zum Teil gravierende Leistungsreduktionen und Streichungen von Transferleistungen für Hartz-IV-Betroffene.

In dem Ergebnispapier der o.g. Klausurtagung mit dem Titel „Die Grundpfeiler unserer Zukunft stärken“ fanden sich die massivsten Kürzungsabsichten in dem „Stärkung von Beschäftigungsanreizen und Neujustierung von Sozialleistungen“ überschriebenen Kapitel.[25] Während die geplanten Maßnahmen zur Erhöhung/Erhebung von Steuern bzw. Abgaben im Unterneh-

---

25 Siehe dazu: Die Grundpfeiler unserer Zukunft stärken. Acht Punkte für solide Finanzen, neues Wachstum und Beschäftigung und Vorfahrt für Bildung, Ergebnispapier der „Sparklausur“ der Bundesregierung, 6./7. Juni 2010 (http://www.bundesregierung.de/Content/DE/_Anlagen/2010/2010-06-07-eckpunkte-kabinett,property=publicationFile.pdf; 3.8.2010)

mens- und Finanzmarktbereich entweder bloße Luftbuchungen darstellten, weil sie – wie Bankenabgabe und Brennelementesteuer – im Rahmen eines „Restrukturierungsfonds" den zu Belastenden selbst zugute kommen bzw. nicht realisiert wurden, ausgesprochen vage klingende Versprechungen – wie die durch eine Strukturreform der Bundeswehr angeblich frei werdenden Mittel – darstellten oder – wie eine Verschiebung des Baubeginns für das Berliner Stadtschloss – unter dem Strich finanziell kaum ins Gewicht fielen, waren Alg-II-Bezieher/innen von drastischen Leistungskürzungen betroffen. „Gespart" wurde demnach primär auf Kosten der (Langzeit-)Erwerbslosen, der Armen und ihrer Familien, was unsozial und weder gerecht noch ökonomisch sinnvoll war. Zweckmäßig und nötig wäre es gewesen, die Binnenkonjunktur dadurch zu beleben, dass man gezielt die (Transfer-)Einkommen derjenigen Menschen erhöhte, denen das Geld fehlt, um ihren Lebensunterhalt zu sichern, und die es deshalb weder auf ein Sparkonto legen noch damit Finanzspekulationen tätigen würden.

Das größte Aufsehen im „Sparpaket" erregte die Absicht, Alg-II-Bezieher(inne)n ohne Zuverdienst das Elterngeld zu streichen bzw. auf die Transferleistung anzurechnen. Durch die zusätzliche Gewährung von Elterngeld für die Empfänger/innen von Arbeitslosengeld II werde der Lohnabstand zu sehr verringert, hieß es in Regierungskreisen. Da es sich bei der Grundsicherung für Arbeitsuchende um eine Lohnersatzleistung handle, sei die Gewährung des Elterngeldes analog der Regelung beim Kindergeld systemwidrig, lautete ein weiteres Argument, das gleichfalls vorgeschoben wirkte, nachdem mit den Unionsparteien zwei der drei Koalitionspartner das Elterngeld anstelle des – für Transferleistungsbezieher/innen übrigens günstigeren – Erziehungsgeldes in der ab 1. Januar 2007 geltenden Form selbst eingeführt hatten. Das kurz nach der Geburt eines Kindes die finanzielle Lage von Hartz-IV-Familien ein Jahr lang verbessernde Elterngeld dürfte bis dahin überwiegend zur Einrichtung des Kinderzimmers benutzt worden sein, sofern sich die Bezieher/innen von Arbeitslosengeld II ein solches überhaupt leisten können. Deshalb verschlechterte sich die Lebenssituation der betroffenen Kinder weiter.

Gleichzeitig wurde die Lohnersatzrate beim Elterngeld ab einem Monatsnettoeinkommen von mehr als 1.240 Euro von 67 Prozent auf 65 Prozent abgesenkt, der Höchstbetrag von 1.800 Euro im Monat blieb hingegen bestehen. Dies bedeutete, dass Einkommensbezieher/innen im mittleren Bereich geringe, ausgerechnet die Bestverdienenden jedoch keinerlei Einbußen gegenüber dem Status quo zu verzeichnen gehabt hätten. Um dem Vorwurf der sozialen Schieflage ihres „Sparpaketes" zu begegnen, beschloss die schwarzgelbe Koalition nachträglich, d.h. erst während des Gesetzgebungsverfahrens im Oktober 2010, das Elterngeld auch „Reichensteuerzahler(inne)n" vorzuenthalten, also den sehr wenigen Menschen mit einem zu versteuernden Jahreseinkommen von mehr als 250.000 Euro bzw. 500.000 Euro bei gemeinsam veranlagten Ehepaaren.

Ersatzlos gestrichen wurde im *Haushaltbegleitgesetz 2011* der Zuschlag, den es beim Übergang vom Bezug des Arbeitslosengeldes (I) zum Bezug von Arbeitslosengeld II gab. Von Christian Brütt als „Schwundform der früheren Arbeitslosenhilfe" bezeichnet,[26] gewährleistete dieser Zuschlag wenigstens einen partiellen, wenn auch nur temporären Statusschutz. Er betrug zwei Drittel der Differenz zwischen dem Alg (I) plus Wohngeld und dem Alg-II-Anspruch, wurde allerdings bei 160 Euro für Alleinstehende, bei 320 Euro für (Ehe-)Paare und bei 60 Euro pro Kind gedeckelt sowie im zweiten Jahr halbiert. Auf diese Weise wurde der Abstieg auf das Sozialhilfeniveau bisher hinausgezögert, was die Bundesregierung inzwischen für einen Fehlanreiz zur Aufnahme einer sozialversicherungspflichtigen Beschäftigung hielt, weshalb sie lapidar und ohne jede Begründung erklärte: „Die Notwendigkeit des befristeten Zuschlages beim Arbeitslosengeld II ist überholt."[27] Durch seine Abschaffung wurde die sozialrechtliche Rutsche in die Armut für Hartz-IV-Betroffene noch steiler, als sie es ohnehin schon war. Wilhelm Adamy hat darauf hingewiesen, dass mit dem ohnehin auf zwei Jahre befristeten Zuschlag beim Übergang vom Alg-(I)- zum Alg-II-Bezug die letzte Leistungskomponente wegfiel, die im Hartz-IV-System noch an einen vormaligen Erwerbs- und Einkommensverlauf anknüpfte.[28] Nunmehr gab es sofort die gleichen Regelsätze wie im Sozialhilfebereich, ebenfalls um den zur Begleichung der Miet- und Heizkosten notwendigen Betrag ergänzt.

Größtenteils wurde durch Umsetzung der Regierungsbeschlüsse überhaupt nicht gespart, sondern die Finanzlast nur umverteilt, d.h. von der Bundesebene zu den Ländern und Kommunen, von der Solidargemeinschaft auf jeden Einzelnen oder von der Gegenwart in die Zukunft verschoben. So wollte die Bundesregierung jährlich 1,8 Mrd. Euro „einsparen", indem für Alg-II-Bezieher/innen keine Beiträge mehr an die Gesetzliche Rentenversicherung entrichtet werden. Zwar war die Höhe der Beitragszahlungen in den vergangenen Jahren und Jahrzehnten von unterschiedlichen Koalitionsregierungen sukzessive bereits so weit gesenkt worden, dass die seitens der Betroffenen pro Jahr erworbenen Rentenansprüche am Ende bloß noch einer

26 Siehe Christian Brütt, Workfare als Mindestsicherung. Von der Sozialhilfe zu Hartz IV. Deutsche Sozialpolitik 1962 bis 2005, Bielefeld 2011, S. 310

27 Die Grundpfeiler unserer Zukunft stärken, a.a.O., S. 4

28 Vgl. Wilhelm Adamy, Auswirkungen des Haushalts-Kürzungspakets: Hartz IV wird quasi zur Sozialhilfe, in: Soziale Sicherheit 10/2010, S. 327

Monatsrente in Höhe von 2,09 Euro entsprachen. Damit war die in Etappen betriebene Transformation der früheren Arbeitslosen- zur Sozialhilfe abgeschlossen. Seither unterscheidet sich Hartz IV kaum mehr von dieser, und es ist daher nicht übertrieben, von ihnen als siamesischen Zwillingen zu sprechen. Mit seiner Kürzung drehte der Bund das Rad zurück in die Zeiten des BSHG, als die Sozialhilfebezieher/innen meist nicht rentenversichert und massiv von Altersarmut bedroht waren: „Zugleich wird der betroffene Personenkreis jetzt wesentlich erweitert um diejenigen, die früher einen Anspruch auf Arbeitslosenhilfe gehabt hätten. Im Vergleich zu den Zeiten vor Hartz IV sind die Einschnitte bei der Rente für diesen Personenkreis (der vormalig Erwerbstätigen) massiv."[29]

Ausgerechnet im Europäischen Jahr gegen Armut und soziale Ausgrenzung, dem bezeichnenderweise das Europäische Jahr der Freiwilligentätigkeit 2011 folgte, fassten CDU, CSU und FDP den Entschluss, Langzeiterwerbslose aus der Gesetzlichen Rentenversicherung auszustoßen. Dadurch vermittelte die Regierungspolitik jenen Menschen, die ihren Arbeitsplatz verloren haben und kaum mehr auf den ersten Arbeitsmarkt zurückfinden, das Gefühl, auch nicht mehr zur „guten Gesellschaft" zu gehören. Gleichzeitig förderte sie die Altersarmut und tat genau das Gegenteil dessen, was das erklärte Ziel des „Sparpaketes" war – die öffentlichen Kassen im Sinne der „Generationengerechtigkeit" zu schonen. Die absehbaren Folgen haben nämlich später die Kommunen in Form höherer Aufwendungen für die öffentliche Daseinsvorsorge, damit allerdings auch künftige Generationen als Steuerzahler/innen zu tragen.

Den höchsten Betrag (2011: 2 Mrd. Euro; 2012: 4 Mrd. Euro; 2013 und 2014: jeweils 5 Mrd. Euro) wollte die schwarz-gelbe Koalition im Bereich der aktiven Arbeitsmarktpolitik „einsparen". Maßnahmen der beruflichen Weiterbildung für Erwerbslose, die bisher Pflichtleistungen waren, wurden gestrichen oder zu bloßen Ermessensleistungen der Jobcenter. Damit zeigte die Bundesregierung, dass sich ihr Bekenntnis zur „Bildungsrepublik Deutschland" und das Versprechen der Kanzlerin, „Bildung für alle" zu ermöglichen, auf Exzellenzbereiche und die Elitebildung von Privilegierten beschränken, Alg-II-Empfänger/innen jedoch nicht einbeziehen, obwohl diese angeblich „*gefördert* und gefordert" werden sollen, wie sich dadurch auch die (Langzeit-)Erwerbslosigkeit noch erhöht, was wiederum mit Mehrkosten im Bereich der passiven Arbeitsmarktpolitik verbunden sein dürfte.

29 Ebd., S. 329

6.4 Umsetzung des Bundesverfassungsgerichtsurteils oder Verschärfung von Hartz IV?

Anstatt die Regelsätze, wie vom Bundesverfassungsgericht gefordert, bis zum 31. Dezember 2010 in einem transparenten Verfahren für alle nachvollziehbar mittels einer schlüssigen Methodik neu zu berechnen und per Gesetz festzulegen, ließ sich Arbeits- und Sozialministerin Ursula von der Leyen nicht bloß sehr viel Zeit, bis ihr Ministerium den Referentenentwurf für ein *Regelbedarfs-Ermittlungsgesetz* vorlegte, sondern nutzte die durch das Urteil entstandene Lage auch, um – von der Öffentlichkeit weitgehend unbemerkt – im Rahmen des Gesetzentwurfes eine umfassende Novellierung des SGB II (Grundsicherung für Arbeitsuchende) und des SGB XII (Sozialhilfe) im Sinne der CDU/CSU/FDP-Koalition vorzunehmen. Dabei wurden die Regelsätze in „Regelbedarfe" umbenannt, andere Schlüsselbegriffe im bisherigen Gesetzestext modernisiert – so heißen die früheren Hilfebedürftigen jetzt „Leistungsberechtigte", was sich zwar schöner anhört, aber den Eindruck erweckt, als gäbe es keine Dunkelziffer verdeckt Armer, die schließlich auch leistungsberechtigt sind – und durchgehend geschlechtersensible Bezeichnungen für die betroffenen Personen eingeführt. Außer solchen eher kosmetischen bzw. semantischen Korrekturen, die größtenteils zu begrüßen waren, gab es zahlreiche inhaltliche Veränderungen. Diese betrafen neben sinnvollen Präzisierungen des Gesetzestextes und partiellen Verbesserungen für Hartz-IV-Bezieher/innen (z.B. Übernahme der Kosten für die Warmwasserbereitung sowie der Anschaffungs- und Reparaturkosten für orthopädische Schuhe, Ermöglichung einer großzügigeren Ausgestaltung der Residenzpflicht von Leistungsberechtigten und Teilschließung der temporären Zahlungslücke beim Übergang von Langzeiterwerbslosen zur Altersrente), die sich hauptsächlich der Urteilspraxis von Sozialgerichten verdankten, auch gravierende Verschärfungen der für sie geltenden Bestimmungen.

Musste der Grundsicherungsträger bisher vor einer Verhängung von Sanktionen die Alg-II-Bezieher/innen per Rechtsbehelfsbelehrung über damit für sie verbundene Konsequenzen aufklären, reichte nunmehr die Annahme, dass Betroffene die Folgen kannten. Darlehen sind grundsätzlich als Einkommen leistungsmindernd anzurechnen, sofern sie nicht explizit einem anderen Zweck als der Sicherung des Lebensunterhalts dienen. Bestimmte Leistungen, die bisher vom Grundantrag mit erfasst waren, wie z.B. die Erstausstattung der Wohnung oder Sonderbedarfe bei Schwangerschaft und Geburt, müssen nunmehr zusätzlich beantragt werden, was dazu führen sollte, dass die staatlichen Ausgaben sinken. Geld für (Schul-)Ausflüge und eintägige Klassenfahrten gab es genauso wie finanzielle Unterstützung für Lernförderung und Zuschüsse für die Mittagsverpflegung der Kinder bloß noch auf Antrag.

Nur unbedeutende Modifikationen gab es bei den Erwerbstätigenfreibeträgen, welche die FDP im unteren Einkommensbereich deutlich stärker hatte anheben wollen, um die Aufnahme einer sozialversicherungspflichtigen Beschäftigung für Alg-II-Empfänger/innen attraktiver zu machen und solche Jobs staatlicherseits noch mehr im Sinne von Kombilöhnen zu subventionieren. Der bisher geltende Grundfreibetrag in Höhe von 100 Euro blieb erhalten, und auch für Leistungsbezieher/innen mit einem Monatseinkommen bis zu 800 Euro änderte sich nichts. Zwischen 800 und 1.000 Euro durften sie nunmehr 20 statt 10 Prozent ihres Zuverdienstes behalten. Leistungsberechtigte mit einem höheren Zuverdienst standen sich fortan hingegen schlechter, weil ihr Einkommen seither in voller Höhe bedarfsmindernd auf das Arbeitslosengeld II angerechnet wurde. Früher galt der 10-prozentige Erwerbstätigenfreibetrag bis zu einem Monatseinkommen von 1.200 Euro.

Unter den sechs im Gesetz fixierten Regelbedarfsstufen der Sozialhilfe, die von 364 Euro für alleinstehende bzw. alleinerziehende Leistungsberechtigte (Regelbedarfsstufe 1 – der frühere Eckregelsatz) bis zu 215 Euro für Kinder unter sechs Jahren (Regelbedarfsstufe 6) reichten, war die Regelbedarfsstufe 3 mit 291 Euro für erwachsene Leistungsberechtigte, die keinen eigenen Haushalt führen, von besonderem Interesse. Durch ihre Einführung drohten Menschen mit Behinderung, die im Haushalt ihrer Eltern oder in einer Wohngemeinschaft leben, nämlich eine Kürzung der ihnen bislang zustehenden Transferleistungen um 20 Prozent, weil sie weder als eigene Bedarfsgemeinschaft anerkannt noch mit dem vollen Regelsatz bedacht wurden. In den anschließenden Verhandlungen der SPD und der Bündnisgrünen mit den Regierungsparteien erklärten sich diese zwar bereit, eine Lösung des Problems herbeizuführen, eine verbindliche Frist wurde ihnen dafür aber nicht gesetzt. Am 23. Juli 2014 urteilte das Bundessozialgericht in Kassel (Az.: B 8 SO 14/13 R, B 8 SO 31/12 R und B 8 SO 12/13 R), es sei weder mit dem *Grundgesetz* noch mit der UN-Behindertenrechtskonvention vereinbar, dass Sozialhilfeleistungen von den individuellen Fähigkeiten im Rahmen einer Haushaltsgemeinschaft abhängig gemacht und Menschen mit Behinderungen vorenthalten würden, nur weil sie keinen eigenen Haushalt führten und nicht in einer Ehe oder einer festen Partnerschaft lebten.

Wenig befriedigen konnte auch die Art und Weise, wie das Arbeits- und Sozialministerium die neu-alten Regelbedarfe ermittelt hatte. Maßstab für das „menschenwürdige Existenzminimum" von Erwachsenen ist das Ausgabeverhalten einer Referenzgruppe, die bisher 20 Prozent von der jüngsten Einkommens- und Verbrauchsstichprobe (EVS) des Statistischen Bundesamtes erfasster Einpersonenhaushalte mit den geringsten Einkommen umfasste und vorwiegend aus Rentner(inne)n und anderen Nichterwerbstätigen besteht. Durch die ohne Begründung erfolgte Verkleinerung der genannten

Referenzgruppe auf 15 Prozent, die Vernachlässigung des Problems der Erwerbsaufstocker/innen bzw. Zuverdiener/innen und der verdeckt Armen (Referenzhaushalte, deren Einkommen unter dem Sozialhilfeniveau liegen) – beide Personengruppen hätten nach dem Verfassungsgerichtsurteil eigentlich herausgerechnet werden müssen, um Zirkelschlüsse von den Konsumausgaben der Armen auf deren Bedarf zu vermeiden – sowie willkürliche Abschläge auf zahlreiche im Rahmen der EVS 2008 ermittelte Einzelposten wurde das Existenzminimum regelrecht nach unten manipuliert.

Rudolf Martens, Forschungsleiter beim Paritätischen Gesamtverband und einer der sachkundigsten Experten auf diesem Gebiet, kam zu dem Schluss, „dass die Bundesregierung verschiedene Varianten durchgerechnet hat, um sich dann für die ‚preiswerteste' Variante zu entscheiden."[30] Um diesen Vorwurf zu belegen, entlarvte Martens mehrere Tricks des Arbeits- und Sozialministeriums im Umgang mit den statistischen Daten, beispielsweise die Abqualifizierung alkoholischer Getränke und von Tabakwaren sowie der Inanspruchnahme von Beherbungs- und Gaststättendienstleistungen als nicht (mehr) regelbedarfsrelevant. „Mit Geist und Wortlaut des Urteils des Bundesverfassungsgerichts sind die willkürlichen Änderungen der Bezugsgruppe von 20 auf 15 Prozent und bei der Herausnahme der Position ‚Alkoholische Getränke und Tabakwaren' nicht zu vereinbaren. Gleiches gilt für die Reduktion des Bedarfs auf das ‚physische Existenzminimum' beim Gaststättenbesuch."[31] Ein deutliches Indiz dafür, dass der Bundesregierung eine „statistische Punktlandung" bei genau jener Rechengröße gelang, die ihr politisch opportun erschien, bildet die Tatsache, dass schon ihr „Existenzminimumbericht" für das Jahr 2010, den sie im November 2008 dem Parlament vorgelegt hatte, ein Regelsatzniveau bei Alleinstehenden von 364 Euro prognostizierte.[32]

Das am 3. Dezember 2010 vom Bundestag in seiner ersten Fassung beschlossene *Gesetz zur Ermittlung von Regelbedarfen und zur Änderung des Zweiten und Zwölften Buches Sozialgesetzbuch* entsprach den Vorgaben des Bundesverfassungsgerichts nicht einmal ansatzweise. So war die geplante Erhöhung des Regelbedarfs für alleinstehende Erwachsene (Eckregelsatz) um 5 Euro pro Monat kaum mehr als ein Almosen und weniger als der berühmte Tropfen auf den heißen Stein. Weder mit 359 Euro noch mit 364 Euro konnte

---

30 Siehe Rudolf Martens, Die Hartz-IV-Abrechnung, in: Blätter für deutsche und internationale Politik 11/2010, S. 7

31 Ebd.

32 Vgl. Unterrichtung durch die Bundesregierung: Bericht über die Höhe des Existenzminimums von Erwachsenen und Kindern für das Jahr 2010 (Siebenter Existenzminimumbericht), BT-Drs. 16/11065 v. 21.11.2008, S. 3

man in Deutschland menschenwürdig leben, sich gesund ernähren, sich anständig kleiden sowie am gesellschaftlichen, kulturellen und politischen Leben teilhaben.

Die zentrale Forderung des Bundesverfassungsgerichts, allen Grundsicherungsbezieher(inne)n ein „menschenwürdiges Existenzminimum" zu gewährleisten, wurde zwar in das SGB II hineingeschrieben, aber nicht erfüllt. Wieder entsprangen die von der Regierungskoalition getroffenen Entscheidungen reiner Willkür und waren vielleicht der Haushaltslage des Bundes angepasst, hatten aber mit der Lebenswirklichkeit der Armen nicht das Geringste zu tun. So strich man den Alg-II-Empfänger(inne)n nicht bloß die Ausgaben für Haustiere, Schnittblumen und Zimmerpflanzen, den Besitz eines Handys sowie Versicherungen aller Art, enthielt ihnen vielmehr auch die bisher für Tabakwaren und alkoholische Getränke gewährten 19,19 Euro pro Monat mit der Begründung vor, diese Güter gehörten nicht zum Grundbedarf, und bewilligte ihnen als Ersatz 2,99 Euro für Mineralwasser. Hierdurch wuchs die Gefahr ihrer sozialen Ausgrenzung weiter, denn zu rauchen oder mit Freunden und Bekannten abends mal ein Bier zu trinken gehört nun einmal zur „Pflege zwischenmenschlicher Beziehungen" (Urteilstext) und zur Alltagsnormalität in unserer Gesellschaft.[33]

Arbeits- und Sozialministerin Ursula von der Leyen, die bei der Urteilsverkündung in Karlsruhe persönlich anwesend war, brachte unmittelbar danach statt einer notwendigen Erhöhung der Regelsätze für Kinder zusätzliche Sach- bzw. Dienstleistungen ins Gespräch. Gutscheine und eine Bildungschipkarte nach dem Muster schwedischer Kommunen bestimmten denn auch monatelang die öffentliche Debatte darüber. Dahinter steckte die Unterstellung, dass eine Regelsatzerhöhung bei vielen Kindern aus den landläufig „Hartz-IV-Familien" genannten SGB-II-Bedarfsgemeinschaften nicht ankomme, weil die Eltern das Geld für eigene Zwecke ausgäben. Es mag einzelne Väter geben, die sich den berühmt-berüchtigten Flachbildschirm kaufen würden, statt ihren Kindern zusätzliche Sozialtransfers zugute kommen zu lassen. Untersuchungen zeigen jedoch, dass sich die meisten Eltern lieber das letzte Hemd ausziehen, als ihre Kinder spüren zu lassen, wie arm die Fa-

33 Ralf Rothkegel, Hartz-IV-Regelsätze und gesellschaftliche Teilhabe – die geplanten Änderungen im Lichte des Urteils des Bundesverfassungsgerichts, in: ZFSH SGB 2/2011, S. 76, weist darauf hin, dass der Gesetzgeber sozialer Ausgrenzung von Bedürftigen entgegenzuwirken hat und es diesen aus Sicht des Hartz-IV-Urteils auch nicht zumuten darf, sich zur Führung eines menschenwürdigen Lebens unerlässliche Ausgaben gewissermaßen vom Munde abzusparen.

milie ist.[34] Mit den seltenen Ausnahmefällen „vergnügungssüchtiger" Familienväter zu begründen, dass keine Erhöhung der Kinderregelsätze stattfinden sollte, womit alle übrigen Eltern und Kinder völlig schuldlos benachteiligt wurden, war nicht christlich, sondern perfide.

Gemäß der Neuberechnung überhaupt nicht erhöht, vielmehr möglicherweise für mehrere Jahre eingefroren werden sollten die Hartz-IV-Regelbedarfe für Kinder und Jugendliche, was im Grunde auf ihre reale Kürzung hinauslief. Ähnliches gilt auch für die Erwachsenen-Regelbedarfe, deren jährliche Anpassung künftig statt von der Rentenentwicklung zu 70 Prozent von der Preis- und zu 30 Prozent von der Nettolohnentwicklung abhängt, weil sie nicht mehr zum 1. Juli, sondern bereits zum 1. Januar erfolgt und 2010/11 ganz entfiel. Nur den Kindern, Jugendlichen und wenigen Heranwachsenden bzw. jungen Erwachsenen wurde ein „Bildungs- und Teilhabepaket" im Wert von 250 Euro pro Jahr zugestanden. Hierin eingeschlossen waren aber 100 Euro des bisherigen „Schulbedarfspakets", das nunmehr als „Schulbasispaket" eigens beantragt werden muss und in zwei Raten (zu Beginn des Schuljahres am 1. August 70 Euro und zu Beginn des zweiten Halbjahres am 1. Februar noch einmal 30 Euro) ausgezahlt wird, sowie 30 Euro, die für eintägige Klassenfahrten und Ausflüge vorgesehen sind und früher im Regelsatz enthalten waren.

Das von der zuständigen Bundesministerin gefeierte Bildungs- und Teilhabepaket stellte nicht bloß ein soziales Placebo, sondern auch eine politische Mogelpackung dar. Von den 250 Euro, die es real wert ist, waren nur 120 Euro pro Jahr tatsächlich neu, und was sind schon 10 Euro im Monat mehr für ein Kind? Lässt sich damit sein „Bedarf zur Teilhabe am sozialen und kulturellen Leben in der Gemeinschaft" (Gesetzestext) wirklich erfüllen? Gemeint sind „Mitgliedsbeiträge in den Bereichen Sport, Spiel, Kultur und Geselligkeit", der „Unterricht in künstlerischen Fächern (zum Beispiel Musikunterricht) und vergleichbare angeleitete Aktivitäten der kulturellen Bildung" sowie die Teilnahme an Ferienfreizeiten. Man kann mit dem genannten Geldbetrag zwar z.B. Mitglied in einem Sportverein werden, sich von den im Regelbedarf enthaltenen dürftigen Mitteln aber kaum die dafür nötigen Ausrüstungsgegenstände (z.B. Trainingsanzug, Fußballschuhe und Trikot) kaufen. „Im Ergebnis führt (...) das Bildungs- und Teilhabepaket nicht zu einer besseren Versorgung der Kinder mit notwendigen Leistungen,

34 Vgl. Karl August Chassé/Margherita Zander/Konstanze Rasch, Meine Familie ist arm. Wie Kinder im Grundschulalter Armut erleben und bewältigen, 4. Aufl. Wiesbaden 2010, S. 238 ff.

sondern nur zu einer finanziellen Entlastung der unteren staatlichen Ebenen zulasten des Bundeshaushalts."[35]

Auch die Ausgabe von „personalisierten Gutscheinen" für Bildungs- und Teilhabebedarfe, etwa künstlerischen oder Nachhilfeunterricht, ermöglichte keine Lösung der Probleme, sondern schuf höchstens weitere: Gutscheine diskriminieren Alg-II-Bezieher/innen bzw. deren Kinder nicht bloß, weil sie diese als solche bei jedem Kino-, Theater- oder Schwimmbadbesuch kenntlich machen, sondern disziplinieren Betroffene auch und diktieren ihnen, wofür sie ihre Transfers zu verwenden haben – falls das nicht sogar der heimliche Kardinalzweck des besagten Gutscheinsystems für seine Hauptprotagonist(inn)en gewesen ist. Warum soll eine alleinerziehende Mutter im Alg-II-Bezug, die am 20. eines Monats kein warmes Essen mehr auf den Tisch bringt, weil das Geld für den Supermarkteinkauf nicht reicht oder ihr aufgrund unbezahlter Rechnungen der Strom bzw. das Gas abgestellt wurde, das ihren Kindern zugedachte Geld eigentlich nicht für Nahrungsmittel oder für die Begleichung ihrer Schulden bei den Stadtwerken, sondern für Museumsbesuche oder die Musikschule ausgeben? Wenigstens diese Entscheidung selbst treffen zu können, macht doch ihre Menschenwürde aus und ist der Inbegriff von Eigenverantwortung!

6.5 Der Parteienkompromiss zur Hartz-IV-Neuordnung als politischer Kuhhandel auf Kosten der Betroffenen

Aufgrund des Regierungswechsels in Nordrhein-Westfalen, wo die SPD-Politikerin Hannelore Kraft bei Stimmenthaltung der LINKEN am 14. Juli 2010 zur ersten Ministerpräsidentin des Landes gewählt worden war und anschließend ein rot-grünes Minderheitskabinett gebildet hatte, fand das EGRBEG am 17. Dezember 2010 im Bundesrat keine Mehrheit. Über drei Problemkreise beriet anschließend der Vermittlungsausschuss: die Höhe des Regelbedarfs, das Bildungs- und Teilhabepaket sowie Mindestlöhne für einzelne Branchen. Über die zahlreichen Verschärfungen für Hartz-IV-Betroffene im Gesetzestext wurde mit Ausnahme der geplanten finanziellen Schlechterstellung von bei ihren Eltern oder in einer Wohngemeinschaft lebenden Behinderten und von Menschen, die bürgerschaftliches Engagement zeigen bzw. sich ehrenamtlich betätigen, hingegen offenbar gar nicht gesprochen. So können die Bundesländer kreisfreie Städte und Landkreise seither

35 Brigitte Steck/Michael Kossens, Hartz IV – Reform 2011. Regelsatzsystem, Bildungspaket, Leistungen für Unterkunft und Heizung, 3. Aufl. München 2011, S. 6

ermächtigen oder verpflichten, die „angemessenen" Kosten für Unterkunft und Heizung per Satzung auf ihrem Gebiet festzulegen. Dies gilt für Mietpauschalen, wenn auf dem kommunalen Wohnungsmarkt ausreichend freier Wohnraum zur Verfügung steht, sowie für „Gesamtangemessenheitsgrenzen", die Unterkunft und Heizung betreffen. Durch eine solche Pauschalierung der Unterkunftskosten, wie sie Hessen seinen Kommunen im Juni 2011 als erstes Bundesland ermöglicht hat, sind nicht bloß weitere Kürzungen des Existenzminimums von Transferleistungsbezieher(inne)n realisierbar,[36] sondern werden viele Hartz-IV-Empfänger/innen auch gezwungen, ihre bisher vom zuständigen Grundsicherungsträger bezahlte Wohnung in einem gutbürgerlichen Stadtviertel aufzugeben und in eine Hochhaussiedlung am Stadtrand zu ziehen, wo die Mieten niedriger sind. Dadurch leistet man einer Gettoisierung bzw. einer sozialräumlichen Segregation der Armutspopulation, die sich in Großstädten ansatzweise bereits seit geraumer Zeit erkennen lässt, politisch zusätzlich Vorschub.

Gleich zu Beginn der Verhandlungen gab die Regierungsseite unmissverständlich zu erkennen, dass sie an der geplanten Höhe des Alg-II-Regelbedarfs von 364 Euro für alleinstehende Erwachsene nicht rütteln lassen wollte. Sehr viel kompromissbereiter zeigte man sich beim Bildungs- und Teilhabepaket für Kinder. Zwar umfasst das Bildungs- und Teilhabepaket einen staatlichen Zuschuss zum gemeinschaftlichen Mittagessen in einer Kindertagesstätte, einer Schule oder einem Hort, aber nur für den Fall, dass diese ein solches Angebot machen. Lernförderung (Nachhilfeunterricht) erhalten anspruchsberechtigte Kinder nur, wenn dadurch die Versetzung erreicht werden kann und keine entsprechenden Schulangebote bestehen. Ähnliches gilt für die Fahrt zur Schule. Relativ großzügig war man auch bei der Frage, wie die Kommunen für ihren Verwaltungsaufwand zur Umsetzung des Bildungs- und Teilhabepaketes vom Bund finanziell entschädigt werden sollen. Hier stellte sich nicht einmal die FDP quer, deren Vertreter/innen allerdings bei den Mindestlöhnen lange und bei der Forderung nach gleichen Löhnen für Leiharbeitnehmer/innen und Stammbelegschaften sogar bis zuletzt mauerten.

Während der Gespräche einigten sich die Teilnehmer/innen von CDU, CSU, FDP, SPD und Bündnis 90/Die Grünen, den Empfängerkreis des Bildungs- und Teilhabepaketes nicht bloß auf die Kinder der Bezieher/innen des Kinderzuschlags, sondern auch auf jene von Wohngeldbezieher(inne)n auszuweiten und seine Organisation – wie von der SPD und den Bündnisgrünen seit

36 Vgl. Ingo Kolf, Pauschalierung von Unterkunftskosten bei Hartz IV: Einfallstor für Kürzungen des Existenzminimums, in: Soziale Sicherheit 1/2011, S. 4

Beginn verlangt – den Kommunen zu übertragen. Näher kam man sich auch bei der Frage nach seiner Finanzierung, die der Bund am Ende über Umwege (stärkere Beteiligung an den Unterkunftskosten) vollständig übernahm.

Zu fragen bleibt, warum sich die Bundesregierung so schwer mit der Regelsatz- bzw. Regelbedarfserhöhung tat. Einer der Gründe dafür liegt in dem Umstand, dass jede Erhöhung des Regelbedarfs die Zahl der Leistungsberechtigten und damit die Sozialausgaben des Staates nach oben treibt. Ein zweiter Grund ist das sog. Lohnabstandsgebot, welches die etablierten Parteien seit jeher hochhalten und so interpretieren, dass die Transferleistungen für Familien niedrig bleiben müssen, damit die Einkommen von Beschäftigten mit mehreren Kindern darüber liegen. Deshalb werden Sozialleistungen den steigenden Lebenshaltungskosten möglichst gar nicht oder nur sehr zögerlich angepasst. Umgekehrt müssten indes die Löhne wieder steigen, damit die Sozialleistungen nicht sinken. Die einzig richtige Konsequenz aus dem Karlsruher Urteil wäre deshalb ein allgemeiner gesetzlicher Mindestlohn gewesen, wollte man dem Lohnabstandsgebot, das aus einer Zeit ohne breiten Niedriglohnsektor stammt, Genüge tun, obwohl es für das Bundesverfassungsgericht offenbar gar kein Thema war.[37] Denn nur wenn das Lohn- und Gehaltsniveau stabilisiert wird, macht ein solches Postulat überhaupt Sinn, ohne dass die Menschenwürde der Transferleistungsbezieher/innen auf der Strecke bleibt. „Die Tatsache, dass rund eine Million Menschen in Deutschland Erwerbsarbeit und Leistungsbezug kombinieren müssen, spricht jedenfalls eindrucksvoll gegen das sogenannte Lohnabstandsgebot, das einen zwingenden Mindestabstand zwischen Grundsicherung und Löhnen fordert, weil ansonsten der Arbeitsanreiz für die Betroffenen zu gering sei.“[38]

Wenn die neoliberale Standardargumentation fehlender Arbeitsanreize bei kinderreichen Familien im Leistungsbezug stimmen würde, müssten solche Haushalte vom Hartz-IV-System wie Motten vom Licht angezogen werden. Wilhelm Adamy hat die These, dass der zu niedrige Lohnabstand gerade Hilfebedürftige mit vielen Kindern veranlasse, keine Stelle anzunehmen, durch Aufschlüsselung der einschlägigen BA-Statistiken nach Erwerbsformen und Haushaltszusammenhang widerlegt: Gerade unter Singles ist der Lohnabstand, also der – von den meisten Wirtschaftswissenschaftlern unterstellte – Anreiz zur Aufnahme einer Erwerbstätigkeit immens. Erstaunlicherweise dominiert unter den SGB-II-Bedarfsgemeinschaften jedoch gerade die-

37 Vgl. Ralf Rothkegel, Hartz-IV-Regelsätze und gesellschaftliche Teilhabe – die geplanten Änderungen im Lichte des Urteils des Bundesverfassungsgerichts, a.a.O., S. 73

38 Markus Promberger, Hartz IV im sechsten Jahr, in: APuZ 48/2010, S. 11

ser Haushaltstyp und weist eine viel höhere Hartz-IV-Quote als große Familien auf.[39]

In der Nacht vom 8. auf den 9. Februar 2011, also genau ein Jahr nach der Urteilsverkündung, wurden die Verhandlungen ergebnislos abgebrochen, weil sich CDU, CSU und FDP einerseits sowie SPD und Bündnis 90/Die Grünen andererseits nicht einigen konnten. Angesichts der minimalen Differenz zwischen Regierungs- und Oppositionsparteien bei der symbolträchtigen Regelbedarfshöhe (5 bzw. 11 Euro) war das Scheitern öffentlich kaum vermittelbar. Entsprechend katastrophal fiel das Medienecho aus. Die meisten Kommentator(inn)en stimmten in der Vermutung überein, dass durch den Abbruch der Gespräche die Parteienverdrossenheit gefördert und der Demokratie ein Bärendienst erwiesen worden sei.

Statt das „unechte", d.h. nur von der knappen CDU/CSU/FDP-Mehrheit im Vermittlungsausschuss getragene Ergebnis aufgrund der dieser Koalition im Bundesrat für eine Beschlussfassung fehlenden Stimme durchfallen zu lassen, einigte sich der rheinland-pfälzische Ministerpräsident Kurt Beck als Verhandlungsführer der A-Länder daher mit seinen beiden Amtskollegen Wolfgang Böhmer (Sachsen-Anhalt) und Horst Seehofer (Bayern) für die B-Länder am 11. Februar 2011 kurzfristig auf eine zweite Anrufung des Vermittlungsausschusses. Dessen neuerliche Verhandlungen standen unter einem noch höheren Einigungsdruck, fanden diesmal unter weitgehendem Ausschluss der Öffentlichkeit statt und endeten in der Nacht vom 20. auf den 21. Februar 2011 mit einem von den Massenmedien erleichtert aufgenommenen, wenngleich äußerst widersprüchlichen Resultat.

Trotz der Vorgabe des Bundesrates, eine Regelung für spezifische Sonderbedarfe zu treffen, wurden weder Mobilitätshilfen noch einmalige Beihilfen für die Beschaffung oder Reparatur „weißer Ware" (Kühlschrank, Waschmaschine, Geschirrspüler Elektro- oder Gasherd usw.) in den Gesetzestext aufgenommen. Auch den ursprünglichen Kompromissvorschlag der genannten Ministerpräsidenten zur Regelsatzerhöhung akzeptierten Bundesregierung und Regierungsfraktionen nicht: CDU, CSU und FDP lehnten es ab, sich beim Regelbedarf gewissermaßen in der Mitte zu treffen und ihn rückwirkend zum 1. Januar 2010 um 8 Euro zu erhöhen. Während die Bündnisgrünen den Verhandlungstisch gegen Mitternacht wegen dieses zentralen Streitpunktes verließen, gab die SPD ein weiteres Mal nach und akzeptierte die Minimalerhöhung des früheren Eckregelsatzes, der eine zusätzliche Anhe-

39 Vgl. Wilhelm Adamy, Familiäre Situation von arbeitslosen und erwerbstätigen Hartz-IV-Empfängern. Zur These eines zu niedrigen Lohnabstands bei Hilfebedürftigen mit Kindern, in: Soziale Sicherheit 5/2010, S. 180

bung des Regelbedarfs für alleinstehende Erwachsene um 3 Euro zum 1. Januar 2012 folgte. So glaubten zwar beide Seiten ihr Gesicht zu wahren. Gerechtigkeit auf Raten gibt es allerdings nicht: Entweder war die Anhebung des Hartz-IV-Regelsatzes um 5 Euro, wie von CDU, CSU und FDP behauptet, in einem transparenten Verfahren ermittelt, (nachprüfbar) „realitätsgerecht" und daher verfassungskonform, oder sie war es nicht. Weder konnte ein zwölf Monate später gewährter „Nachschlag" die Verfassungswidrigkeit des Regelbedarfs im Nachhinein heilen, noch genügte eine offenbar erneut politisch motivierte Sonderanpassung den strengen Kriterien des Urteils vom 9. Februar 2010.

Die der schwarz-gelben Regierungskoalition in den Verhandlungen des Vermittlungsausschusses bzw. der ihm vorgeschalteten Bund-Länder-Arbeitsgruppe von den Oppositionsparteien (SPD, Bündnis 90/Die Grünen und kurzzeitig DIE LINKE) abgetrotzten Zugeständnisse blieben marginal. Ungefähr 40.000 zusätzliche Stellen für Schulsozialarbeiter/innen hatte die SPD anfänglich gefordert, aber nur ca. 3.000 davon war der Bund am Ende bereit – ebenso wie das außerschulische Hortmittagessen bis zum 31. Dezember 2013 befristet – zu finanzieren. Aufwandsentschädigungen für ehrenamtliche Tätigkeiten bzw. für bürgerschaftliches Engagement blieben, sofern sie die im Einkommensteuerrecht gültigen Freigrenzen nicht überschreiten, bei Grundsicherungsempfänger(inne)n anrechnungsfrei.

Nicht unwesentliche Korrekturen gab es nur beim Bildungs- und Teilhabepaket, das mehr Kindern als ursprünglich geplant zugute kommt, nämlich auch jenen aus Geringverdienerfamilien, dessen Gesamtvolumen vergrößert und dessen administrative Umsetzung durch die alleinige Zuständigkeit und finanzielle Entschädigung der Kommunen erleichtert wurde. Schrittweise übernimmt der Bund außerdem die vermutlich bereits in naher Zukunft stark steigenden Kosten der Grundsicherung im Alter und bei Erwerbsminderung. Gleichwohl trug das EGRBEG auch in seiner am 25. Februar 2011 von Bundestag und Bundesrat endgültig verabschiedeten Fassung dem BVerfG-Urteil kaum Rechnung. Wenngleich der Regelbedarf für alleinstehende Erwachsene bei Hartz IV rückwirkend zum 1. Januar 2011 geringfügig erhöht und für den Nachwuchs von Arbeitslosengeld II, Sozialhilfe, Kinderzuschlag und/oder Wohngeld erhaltenden Personen ein Bildungs- und Teilhabepaket geschnürt wurde, hat die Weiterentwicklung mancher Teile des Gesetzespaketes dieses keineswegs akzeptabel gemacht. Besonders im Hinblick auf die Möglichkeit der Pauschalierung von Unterkunftskosten durch die Kommunen, die Anrechnung von Darlehen als Einkommen und die Aufrechnung von behördlichen Ansprüchen war Hartz IV jetzt sogar noch unerbittlicher als früher.

Der zwischen CDU/CSU, FDP und SPD geschlossene Kompromiss war ein parteipolitischer Kuhhandel auf Kosten der Hartz-IV-Bezieher/innen, welcher diesen kein „menschenwürdiges Existenzminimum" garantiert. Holdger Platta sieht in der Kleinrechnerei des Regelbedarfs einen Doppelverstoß gegen die Vorgaben des Bundesverfassungsgerichts: Weder war man der Bestimmung gefolgt, jedes Zirkelschlussverfahren zu vermeiden, noch ausgeschlossen worden, dass die Ausgaben von Transferleistungsempfänger(inne)n in die Ermittlung der Regelbedarfe eingingen.[40]

Nimmt man die Kernaussagen des Karlsruher Urteils vom 9. Februar 2010 ernst, kann das sog. Statistikmodell trotz seiner Tolerierung durch die Verfassungsrichter/innen eigentlich nicht mehr die Basis der Regelbedarfsermittlung bilden, weil sich dabei die Katze in den Schwanz beißt: Selbst wenn Einkommen aus Sozialtransfers nicht in die Berechnung der Transferleistungen einfließen, schließt man fälschlicherweise von per EVS erhobenen Konsumausgaben einkommensschwacher Haushalte (der Geringverdiener/innen) auf jene Bedarfe, die es Transferleistungsempfänger(inne)n ermöglichen, ein menschenwürdiges Leben zu führen. Lohndumping für den „Standort D" hat die Einkommen der untersten Gehaltsgruppen aber zuletzt so weit sinken lassen, dass sie das „menschenwürdige Existenzminimum" kaum noch decken, wodurch es natürlich für Transferleistungsbezieher/innen erst recht nicht mehr gewährleistet ist. Platta veranschaulicht die Paradoxie des Statistikmodells folgendermaßen: „Man schaut (…) auf den Küchentisch der Armen, um festzustellen, was ausreichende Ernährung ist; man sucht in ‚Zilles Milljöh' den vierten Hinterhof auf, um herauszufinden, was menschenwürdiges Wohnen ist."[41] Auf diese Weise wird die Armut zementiert und die Unterversorgung der davon Betroffenen mit lebensnotwendigen Gütern pseudowissenschaftlich legitimiert. Die durch Hartz IV perpetuierte Mischform beider Konzepte birgt die Gefahr sozialer Ausgrenzung in sich, der das Statistikmodell gerade entgegenwirken sollte: „Werden die statistisch belegten Konsumausgaben der Referenzhaushalte um angeblich nicht existenznotwendige Ausgaben ‚bereinigt', werden Leistungsberechtigte von statistisch belegtem Konsumverhalten ausgeschlossen, das selbst in unteren Einkommensgruppen allgemein üblich ist."[42]

40 Vgl. Holdger Platta, Kleinrechnerei als Großbetrug, in: Rudolph Bauer/Holdger Platta (Hg.), Kaltes Land. Gegen die Verrohung der Bundesrepublik – für eine humane Demokratie, Hamburg 2012, S. 160

41 Ebd., S. 159

42 Ralf Rothkegel, Hartz-IV-Regelsätze und gesellschaftliche Teilhabe – die geplanten Änderungen im Lichte des Urteils des Bundesverfassungsgerichts, a.a.O., S. 75

Aufgrund der Verfassungsbeschwerde einer Familie aus Niedersachsen und des Vorlagebeschlusses einer Kammer des Sozialgerichts Berlin musste sich der Erste Senat des Bundesverfassungsgerichts erneut mit der Berechnung und der Höhe von Hartz-IV-Regelbedarfen befassen. In ihrer Entscheidung vom 23. Juli 2014 (Az.: 1 BvL 10/12, 1 BvL 12/12 und 1 Bvl 1691/13) billigten die Karlsruher Richter zwar das methodische Vorgehen der Bundesregierung (Beschränkung der EVS-Referenzgruppe auf die 15 Prozent der Haushalte mit den niedrigsten Einkommen zur statistischen Berechnung der existenzsichernden Leistungen und Herausnahme einzelner Positionen aus dem Warenkorb), mahnten jedoch Verbesserungen für die Betroffenen hinsichtlich der Finanzierung von Haushaltsgeräten, über die Baby- und Wohnungserstausstattung hinausgehender Zuschüsse in Einzelfällen sowie einer zeitnahen Berücksichtigung der steigenden Strom- und Mobilitätskosten an.[43]

Grundsätzlicher müsste erörtert werden, ob eine „objektive" Ermittlung der menschlichen Grundbedürfnisse überhaupt möglich ist, was Markus Promberger verneint: „Einen für alle gleichen objektiven, quasi-naturwissenschaftlich ermittelbaren Bedarf gibt es nicht, die Menschenwürde ist eine kulturell-soziale und damit politische Tatsache – und dies gilt auch für die Größen, die aus ihr abgeleitet sind, wie den Regelsatz."[44] Wenn der Leiter des IAB-Forschungsbereichs „Erwerbslosigkeit und Teilhabe" recht hat, wäre zumindest eine Beteiligung der Hartz-IV-Betroffenen und ihrer Interessenverbände am Verfahren zur Festlegung der Regelbedarfe nötig, die bisher verweigert wird, obwohl es für die Bundesregierung selbstverständlich war, Vertreter der Großbanken und des Bankenverbandes an der Formulierung eines Gesetzentwurfes zur Finanzmarktstabilisierung zu beteiligen. Da galt keineswegs der von Spitzenpolitiker(inne)n sonst immer gern zitierte Grundsatz: Wer den Teich trocken legen will, darf nicht die Frösche fragen.

Obwohl der damalige Bundesfinanzminister Wolfgang Schäuble wegen des Bundesverfassungsgerichtsurteils für Mehrausgaben bei Hartz IV in den Haushaltsentwurf 2011 ursprünglich nur 480 *Mio.* Euro (wohlgemerkt: nicht 480 *Mrd.* Euro, wie für den „Bankenrettungsschirm" praktisch über Nacht als Kreditrahmen und Bürgschaftssumme zur Verfügung standen) eingestellt

43 Vgl. BVerfG, 1 BvL 10/12 vom 23.7.2014, Absatz-Nr. (1 - 149), http://www.bverfg.de/entscheidungen/ls20140723_1bvl001012.html (9.9.2014); Note Vier für Hartz IV. Verfassungsgericht hält Höhe der Leistungen für „noch" ausreichend, in: SZ v. 10.9.2014; Verfassungsgericht hält Höhe von Hartz IV „noch" für ausreichend. Bei Anstieg der Strompreise schnelle Anpassung nötig, in: FAZ v. 10.9.2014; Christian Rath, Verfassungsgericht fordert Nachbesserung bei Sozialleistungen, in: KSt-A v. 10.9.2014

44 Markus Promberger, Hartz IV im sechsten Jahr, a.a.O., S. 17

hatte, verpflichteten sich die Regierungsparteien am Ende, den Kommunen für das Bildungs- und Teilhabepaket eine mehr als drei Mal so hohe Summe zu erstatten. Allerdings mussten sämtliche Mehraufwendungen, die durch den Hartz-IV-Kompromiss anfielen, aus dem Sozialetat (Einzelplan 11) bestritten werden und führten deshalb an anderer Stelle zwangsläufig zu weiteren Kürzungen, denn die Beiträge zur Arbeitslosenversicherung anzuheben erschien nicht opportun, wenn man die hohen Lohnnebenkosten für die Massenerwerbslosigkeit verantwortlich macht. Als finanzieller Steinbruch dienten CDU, CSU und FDP die Eingliederungsmaßnahmen im Bereich der Arbeitsförderung – und damit als Hauptopfer wiederum besonders länger Erwerbslose –, weil die Bundesregierung der BA künftig bloß noch einen halben statt eines ganzen Prozentpunktes aus dem Aufkommen der Mehrwertsteuererhöhung 2007 zufließen lassen wollte. Durch die Kürzungen im BA-Haushalt drohte Zehntausenden (eine längere Dauer der) Arbeitslosigkeit und den Kindern davon Betroffener mehr Armut, was auch die Art der Finanzierung des Parteienkompromisses bei Hartz IV höchst fragwürdig erscheinen ließ.

Aufgrund seiner bürokratischen Struktur gibt es große Schwierigkeiten bei der Umsetzung des Bildungs- und Teilhabepaketes. Immer noch wird mancherorts von den zur Verfügung stehenden Mitteln dieses aufwändigen antragsabhängigen Sach- und Dienstleistungssystems nur ein Drittel abgerufen, weil keine andere Sozialleistung mit einem derartigen Verwaltungsaufwand verbunden ist, was sich in schwer überwindbaren Hürden für die Betroffenen niederschlägt.[45] Teilweise ist es durch das Bildungs- und Teilhabepaket sogar zu Verschlechterungen bei der Mittagsverpflegung und/oder der Vereinsmitgliedschaft von Kindern aus SGB-II-Bedarfsgemeinschaften gekommen, weil bisherige, großzügiger bemessene Programme in einzelnen Kommunen aufgrund der Bundesregelung eingestellt werden mussten.

6.6 Peter Hartz in Paris: Lohndumping als Exportschlager und Armut trotz Mindestlohn?

Über die Mängel der von CDU, CSU und SPD ausgehandelten Hartz-IV-Neuregelung 2010/11 konnten auch die trotz beharrlichen Widerstandes der FDP vereinbarten Mindestlöhne in der Leih- bzw. Zeitarbeit, dem Wach-

45 Vgl. Deutscher Paritätischer Wohlfahrtsverband – Gesamtverband (Hg.), Kinder verdienen mehr. Erweitertes Konzept zur Sicherung des Existenzminimums und der Teilhabe junger Menschen, Berlin, Mai 2014, S. 3

und Sicherheitsgewerbe sowie der Weiterbildung nicht hinwegtäuschen. Selbst wenn es mit ihrer Hilfe gelungen wäre, den seit Inkrafttreten der Hartz-Gesetze gewachsenen Niedriglohnsektor etwas zurückzudrängen, hätte das den Langzeiterwerbslosen ohne Zuverdienst, den Sozialhilfebezieher(inne)n sowie den auf die Grundsicherung im Alter und bei Erwerbsminderung angewiesenen Rentner(inne)n wenig genützt. Für sie alle wäre eine nennenswerte Regelsatzerhöhung besser gewesen, die es ihnen ermöglichen würde, ein menschenwürdiges Leben zu führen.

Der in erster Linie für die Hartz-Gesetze verantwortlichen SPD fiel es schwer, ihre Regierungspolitik kritisch aufzuarbeiten und sich inhaltlich weiterzuentwickeln. Um die soziale Balance in Deutschland wiederherzustellen, hielt der Parteivorsitzende Sigmar Gabriel eine „Stärkung des Solidarprinzips" ebenso für nötig wie eine „Neuformierung des sozialstaatlichen Handelns" und ein größeres Maß an Vorsorge, ohne dass die Nachsorge entbehrlich wäre: „Der Sozialstaat muss in Zukunft drei Ziele gleichwertig erfüllen: Er muss mehr Gerechtigkeit schaffen, mehr Solidarität ermöglichen und mehr Konsens stiften."[46] Konkreter wurden weder die SPD noch Gabriel in seinem programmatischen Text zu einem Fortschrittsprogramm, das nie verabschiedet wurde. Vielmehr blieb es hier wie auch sonst bei vagen Andeutungen, durch welche Vorschläge und Maßnahmen zur Weiterentwicklung des bestehenden Sozialstaates die SPD das Vertrauen ihrer früheren Wähler/innen zurückgewinnen wollte.

Mit der Ernennung Peer Steinbrücks zum Kanzlerkandidaten fiel die deutsche Sozialdemokratie im September/Oktober 2012 wieder hinter moderate Ansätze einer Linksentwicklung zurück, nachdem sie bei der Bewältigung ihrer Regierungsvergangenheit wenigstens ein kleines Stück vorangekommen war. Alle innerparteilichen Bemühungen um eine Öffnung der SPD für alternative Politikmodelle, die es nach ihrem niederschmetternden Ergebnis bei der Bundestagswahl im September 2009 gegeben hatte, wurden durch Steinbrücks überfallartige Nominierung zunichte gemacht. Dass sich die SPD ohne nennenswerten Widerstand seitens ihrer Basisgliederungen auf Steinbrück einschwören ließ, zeigte nur zu deutlich, wie wenig diese Partei aus den Erfahrungen mit ihren Altkanzlern Helmut Schmidt und Gerhard Schröder sowie ihrem eigenen Niedergang seit dessen Agenda 2010 und den Hartz-Gesetzen gelernt hatte. Seit dem Parteiaustritt von Wolfgang Clement am 25. November 2008 standen die beiden „Stones" (Frank-Walter Steinmeier und Peer Steinbrück)

---

46 Sigmar Gabriel, Dem Fortschritt eine neue Richtung geben, in: Matthias Machnig (Hg.), Welchen Fortschritt wollen wir? – Neue Wege zu Wachstum und sozialem Wohlstand, Frankfurt am Main 2011, S. 30

mehr als jeder andere prominente SPD-Politiker für die Agenda 2010, auf die sie immer noch stolz waren. Höchstens konzedierte der als Kanzlerkandidat um ein sozialeres Profil bemühte Steinbrück, dass es „Auswüchse" im Niedriglohnbereich gegeben habe, weshalb es „Nachjustierungen" bei Hartz IV geben müsse.

Bei der Bundestagswahl am 22. September 2013 blieb die SPD mit für sie abermals enttäuschenden 25,7 Prozent der Zweitstimmen weit hinter der Union zurück, die mit 41,5 Prozent wieder zu einer „Volkspartei" aufstieg. Angela Merkel, die ihre CDU/CSU/FDP-Koalition im Wahlkampf zur „erfolgreichsten Regierung seit der Wiedervereinigung" emporstilisiert hatte, feierte aber einen Pyrrhussieg, weil sie nicht bloß die absolute Mehrheit der Mandate verfehlt, sondern auch ihren freidemokratischen Koalitionspartner verloren und nur die Auswahl zwischen einer dritten Großen und einer schwarz-grünen Koalition (ohne Basis im Bundesrat) hatte, wenn sie keine Neuwahl riskieren wollte.

Wiewohl die Sozialdemokratie aufgrund des überraschenden Scheiterns der FDP mit 4,8 Prozent und des bloßen Achtungserfolges der im Februar 2013 gegründeten Alternative für Deutschland (AfD) mit 4,7 Prozent gemeinsam mit Bündnis 90/Die Grünen (8,4 Prozent) und der LINKEN (8,6 Prozent) mehr Sitze als CDU und CSU errungen hatte und damit ein Regierungs-, Kanzler- und Politikwechsel möglich war, wurde sie zum dritten Mal die Juniorpartnerin in einer Koalition mit der Union. Schon die letzte CDU/CSU/SPD-Regierung hatte jedoch arbeitsmarkt- und sozialpolitisch weitgehenden Rückschritt bedeutet, Stagnation auf vielen anderen Gebieten mit sich gebracht und zur Resignation von zahlreichen (jungen) Menschen geführt, die gesellschaftlichen Fortschritt ersehnten.

Peter Hartz war aufgrund seiner Verurteilung durch das Landgericht Braunschweig für die Spitzenpolitiker/innen aller Parteien zu einer Persona non grata geworden. Persönlich diskreditiert, hatte er sich vorübergehend ganz aus der Öffentlichkeit zurückgezogen. Wer allerdings glaubt, das mit seinem Namen verbundene Konzept zur Gesellschaftsentwicklung sei nicht mehr aktuell, irrt gewaltig. Hartz bedauert zwar, dass die Transferleistung und die Arbeitsmarktreformen heißen wie er, ist aber immer noch stolz auf sein Lebenswerk und erfuhr insofern eine kaum mehr für möglich gehaltene Rehabilitation, als ihnen von der etablierten Politik und Publizistik die relativ gute Beschäftigungslage der Bundesrepublik zugeschrieben, die Flexibilität des deutschen Arbeitsmarktes hervorgehoben und den Krisenländern der südlichen EU-Peripherie zu einer Rosskur mit vergleichbaren Reformschritten geraten wurde.

Durch das nach Peter Hartz benannte Aktivierungsregime war Deutschland zum Vorreiter des Sozialabbaus in Europa geworden. Mit „deutscher

Gründlichkeit" hatte die Regierung Schröder/Fischer den Arbeitsmarkt flexibilisiert und die Beschäftigungsverhältnisse dereguliert, wodurch die Bundesrepublik, mittlerweile noch konkurrenzfähiger auf den Weltmärkten, zur europäischen „Wachstumslokomotive" avancierte. Aus dieser Position der wirtschaftlichen Stärke wird „Hartz" den Ländern im Euroraum, die am schwersten von der Banken-, Währungs- und Schuldenkrise betroffen sind, gleichfalls als Patentrezept empfohlen, wenn nicht per Fiskalpakt aufoktroyiert. Ebenso wie die Absenkung des Rentenniveaus à la Walter Riester (Teilprivatisierung der Altersvorsorge), Bert Rürup (Einführung des „Nachhaltigkeitsfaktors") und Franz Müntefering (Verlängerung der Lebensarbeitszeit durch Erhöhung des Renteneintrittsalters) ist das Lohndumping à la Hartz gewissermaßen zum Exportschlager der Regierung Merkel geworden. Michael Dauderstädt und Julian Dederke befürchten eine Neuauflage der sozialen Schieflage, in die Deutschland durch Verwirklichung der Reformen geraten ist, wenn diese imitiert werden: „Die Verschlechterung der Einkommensverteilung, die Expansion des Niedriglohnsektors und der Abbau sozialstaatlicher Leistungen lassen sich auf ganz Europa ausdehnen."[47] Aus einer Nachahmung der Reformmaßnahmen erwächst zudem die Gefahr eines Reimports der „Agenda"-Politik, wenn diese in den EU-Krisenstaaten bewirkt hat, dass deren Sozialsystem ruiniert, ihre Wettbewerbsfähigkeit aber rekonstruiert worden ist.

François Hollande, der seinen konservativen Widersacher Nicolas Sarkozy bei der französischen Präsidentschaftswahl im April/Mai 2012 mit Forderungen nach einer stärkeren Belastung der Reichen und Maßnahmen einer neokeynesianischen Konjunkturpolitik bezwungen hatte, vollzog kaum anderthalb Jahre später unter dem Druck steigender Arbeitslosenzahlen, einer mächtigen Unternehmerlobby und nach Sozialreformen rufender Massenmedien eine wirtschaftsliberale Wende. Peter Hartz, der eine Stiftung „SHS – Saarländer helfen Saarländern" gegründet hat und inzwischen eine Beratungsfirma betreibt, entwirft Konzepte gegen die in Griechenland, Spanien und Frankreich extrem hohe Jugenderwerbslosigkeit, die er auf Fachtagungen präsentiert: „Es dürfte der letzte große Versuch des ewig Missverstandenen sein, als Reformer doch noch ins rechte Licht gerückt zu werden."[48] Was lag da näher, als nach Paris zu fahren, dort Vorträge zu halten und sich, einer offiziellen

47 Michael Dauderstädt/Julian Dederke, Reformen und Wachstum. Die deutsche Agenda 2010 als Vorbild für Europa?, WISO direkt, Juni 2012, S. 4

48 Sven Astheimer, Herr Hartz entdeckt Europas Jugend. Was macht eigentlich der Namensgeber von Deutschlands größter Arbeitsmarktreform? Er kümmert sich im Rentenalter um die Zukunft des Kontinents und sammelt dafür Milliarden ein, in: FAZ v. 25.6.2014

Einladung aus dem Élysée-Palast folgend, im November 2013 vertraulich zu einem Gespräch mit Frankreichs glücklosem Präsidenten Hollande zu treffen?

Hierzulande versucht die SPD dagegen, mit dem von ihr durchgesetzten Mindestlohn ein Grundübel der Hartz-Gesetze im Nachhinein zu heilen. Da der ausufernde Niedriglohnsektor, in dem hierzulande mittlerweile fast ein Viertel aller Beschäftigten tätig waren, das Haupteinfallstor für Erwerbs- und spätere Altersarmut bildet, wäre ein flächendeckender, zumindest Vollzeitkräften das soziokulturelle Existenzminimum tatsächlich sichernder gesetzlicher Mindestlohn das wirksamste Instrument der Armutsbekämpfung. Ob der am 3. Juli 2014 vom Bundestag beschlossene und am 11. Juli 2014 vom Bundesrat gebilligte Mindestlohn die notwendigen Voraussetzungen dafür erfüllt, erscheint allerdings fraglich.

Die dem ab 1. Januar 2015, für alle Branchen jedoch erst ab 1. Januar 2017 geltenden Mindestlohn zugrunde liegende Marke von 8,50 Euro brutto pro Stunde geht auf eine Forderung zurück, die der DGB – nicht ohne Widerstand aus den eigenen Reihen – schon Jahre vorher erhoben hat. Alle westeuropäischen Staaten bis auf Großbritannien haben einen höheren Mindestlohn als Deutschland. 2017 wird er vermutlich auch dort über 8,50 Euro pro Stunde betragen. Die für Rekordexportüberschüsse der Bundesrepublik verantwortliche Strategie eines Lohndumpings auf Kosten anderer lässt sich also auch unter den neuen Gesetzesbestimmungen fortsetzen. Durch den zuletzt erfolgten Preisauftrieb bei Mieten, Energie und Nahrungsmitteln genügen 8,50 Euro im Jahr 2017 selbst bei Vollzeiterwerbstätigkeit nicht mehr zur Deckung des soziokulturellen Existenzminimums.

Dass die SPD in der dritten Großen Koalition auf Bundesebene einen solchen Mindestlohn durchgesetzt hat, macht ihre Arbeitsmarktreformen zudem weder rückgängig noch wirkungslos. Wenngleich dieser Mindestlohn trotz seiner umfangreichen Ausnahmen und mehreren Sonder- bzw. Übergangsregelungen das Gewissen der Sozialdemokratie bzw. ihrer für die rot-grüne Reformpolitik verantwortlichen Politiker/innen beruhigen mag, ist er kaum geeignet, die „Agenda"-Politik und die Hartz-Gesetze vergessen zu machen, ihre negativen Konsequenzen zu beseitigen oder ihre unsozialen Folgewirkungen zu lindern. Vielmehr kann das Wachstum des nach dem US-amerikanischen breitesten Niedriglohnsektors eines entwickelten Industrielandes überhaupt bestenfalls gestoppt, nicht aber verhindert werden, dass ausgerechnet die schutzbedürftigsten Gruppen, etwa Langzeiterwerbslose, Jugendliche ohne Berufsausbildung, Praktikant(inn)en, Saisonarbeiter/innen und Zeitungsausträger/innen, nach wie vor zu Dumpinglöhnen beschäftigt werden. Ohne dass Hartz IV in zentralen Punkten revidiert und eine bedarfsgerechte, armutsfeste und repressionsfreie Grundsicherung für Langzeiterwerbslose geschaffen wird, lässt sich die Würde der Arbeit nicht wieder herstellen.

War das Arbeitslosengeld II nach dem „Kombilohn"-Muster so konstruiert, dass seine Bezieher/innen zusätzlich erwerbstätig sein müssen, um halbwegs menschenwürdig leben zu können, ist der Mindestlohn analog so konstruiert, dass ergänzend Arbeitslosengeld II bezogen werden muss, weil seine Höhe kaum zur Deckung des Lebensunterhalts ausreichen dürfte. Da er Langzeiterwerbslosen im ersten halben Jahr verwehrt bleibt, deren Lohndiskriminierung aber Tarifverträgen fremd ist, profitieren von dieser Ausnahme tarifungebundene Betriebe, also Unternehmer, die sich Zusatzgewinne durch Lohndumping und Schmutzkonkurrenz verschaffen. Insoweit honoriert und forciert das *Tarifautonomiestärkungsgesetz* der dritten Großen Koalition paradoxerweise die Tarifflucht.

Mittels entsprechender IAB-Simulationsrechnungen haben Kerstin Bruckmeier und Jürgen Wiemers die Auswirkungen des gesetzlichen Mindestlohns auf die künftige Einkommenssituation von Aufstocker(inne)n untersucht. Sie wollten herausfinden, wie viele erwerbstätige Leistungsempfänger/innen infolge einer flächendeckenden Lohnuntergrenze dem Alg-II-Bezug entkommen. Selbst unter Alleinstehenden – so ihr Ergebnis – gelingt es kurzfristig nur einem kleinen Teil der erwerbstätigen Leistungsberechtigten, sich durch einen auf 8,50 Euro brutto angehobenen Stundenlohn von ihrer Transferabhängigkeit zu befreien.[49] Bruckmeier und Wiemers kamen auf eine Anzahl von 57.000 bis 64.000 Personen unter den ca. 1,3 Mio. Erwerbsaufstocker(inne)n – das wären nur ca. 5 Prozent, die der großkoalitionäre Mindestlohn sofort aus dem Alg-II-Bezug herausführen würde. Demnach könnten Veränderungen bei Löhnen und Güterpreisen, Güternachfrage und/oder Arbeitsangebot bzw. -nachfrage erst auf längere Sicht zu größeren Auswirkungen auf das verfügbare Einkommen und die Bedürftigkeit der Aufstocker/innen führen.

6.7 Die dritte Große Koalition: Rechtsvereinfachung oder Verschlimmbesserung von Hartz IV?

Der am 16. Dezember 2013 unterzeichnete Koalitionsvertrag „Deutschlands Zukunft gestalten" enthielt das Unwort „Hartz" bezeichnenderweise nicht mehr. Weder mochten die Großkoalitionäre mit dem früheren arbeitsmarktpolitischen Hoffnungsträger Peter Hartz in Verbindung gebracht werden, noch glaubten sie, bei ihren Wähler(inne)n mit den nach ihm benannten

49 Vgl. Kerstin Bruckmeier/Jürgen Wiemers, Begrenzte Reichweite: Die meisten Aufstocker bleiben trotz Mindestlohn bedürftig, IAB-Kurzbericht 7/2014, S. 6 f.

Gesetzen punkten zu können. (Die neoliberalen Schlüsselbegriffe „Wettbewerbsfähigkeit“ kamen in dem Regierungsprogramm für die laufende Legislaturperiode hingegen fast 50 Mal und „Wettbewerb“ sogar über 100 Mal vor.) Stattdessen war jetzt von einer Vereinfachung des Leistungs- und Verfahrensrechts der Grundsicherung für Arbeitsuchende sowie einer Überprüfung der „weit gehenden“ Sanktionierungsregelung und -praxis für Unter-25-Jährige die Rede.[50]

Dabei konnte sich die Bundesregierung auf Vorarbeiten einer von den Arbeits- und Sozialminister(inne)n im November 2012 eingerichteten Bund-Länder-Arbeitsgruppe zur Vereinfachung des passiven Leistungsrechts – einschließlich des Verfahrensrechts – im SGB II (AG Rechtsvereinfachung im SGB II) stützen, der neben Ministerialbeamt(inn)en die Repräsentant(inn)en der kommunalen Spitzenverbände, der Bundesagentur für Arbeit sowie des Deutschen Vereins für öffentliche und private Fürsorge, aber weder Betroffeneninitiativen noch Wohlfahrtsverbände oder Gewerkschaften angehörten. Während eines Jahres hatte die Bund-Länder-Arbeitsgruppe acht Workshops zu den Themen „Einkommen und Vermögen“, „Verfahrensrecht“, „Kosten der Unterkunft und Heizung/Bedarfsgemeinschaft“, „Mehrbedarfe/Leistungen nach § 24 SGB II/Bildung und Teilhabe/Kosten der Unterkunft und gemischte Bedarfsgemeinschaft“, „Anspruchsvoraussetzungen“, „Angemessenheit der Kosten der Unterkunft und Heizung sowie Satzungen nach §§ 22aff.“, „Sanktionen“ sowie „Leistungsausschluss Ausländer und Angemessenheit der Kosten der Unterkunft und Heizung“ veranstaltet, vier Mal getagt und mehr als 120 Änderungsvorschläge diskutiert. Ihr am 4. September 2013 vorgelegter Zwischenbericht war hinsichtlich mehrerer Punkte, die im Grunde keine Rechtsvereinfachung bedeuteten, sondern auf eine weitere Verschärfung von Hartz IV hinausliefen, heftig kritisiert worden.[51]

Häppchenweise wurden einzelne Vorschläge in die Öffentlichkeit lanciert, politische Versuchsballons gestartet und das mediale Echo abgewartet, ganz offenbar mit dem Ziel, daraus Schlüsse für die Durchsetzbarkeit besonders heikler Gesetzesänderungen zu ziehen. Exemplarisch angeführt sei die Forderung nach „Schaffung einer gesetzlichen Grundlage für die Erhebung von Daten im Internet“ durch die Träger der Grundsicherung. Zur Begrün-

---

50 Siehe Deutschlands Zukunft gestalten. Koalitionsvertrag zwischen CDU, CSU und SPD, 18. Legislaturperiode (des Deutschen Bundestages), S. 66 und S. 101 (https://www.cdu.de/sites/default/files/media/dokumente/koalitionsvertrag.pdf; 12.1.2014)

51 Vgl. hierzu: Christoph Butterwegge, „Rechtsvereinfachungen im SGB II“: Von Hartz IV zu Hartz V?, in: Soziale Sicherheit 6/2014, S. 233 ff.

dung wies die Bundesagentur für Arbeit auf die wachsende Bedeutung des Internets für Handel und Dienstleistungen hin. Es sei davon auszugehen, hieß es, dass „in nennenswertem Umfang" auch Leistungsberechtigte auf diese Weise computergestützt Einkünfte erzielten, ohne sie dem für sie zuständigen Jobcenter zu melden.[52] Die von der Bundesagentur für Arbeit geplante „automatisierte Beobachtung des Internets zur Feststellung von Leistungsmissbrauch" erregte im Frühherbst 2013 wahrscheinlich aufgrund der zeitlichen Nähe zum NSA-Skandal größeres Aufsehen, wurde überwiegend als „Ausweitung der Schnüffelpraxis" kritisiert und nicht bloß von den potenziell Betroffenen, Arbeitsloseninitiativen, Gewerkschaften, Kirchen und Wohlfahrtsverbänden zurückgewiesen.

Von der BA wurde zudem vorgeschlagen, Alg-II-Bezieher/innen nach dreimaliger Nichtbefolgung der Einladung ihres Jobcenters durch eine „umgehende Einstellung der Geldleistung" zu bestrafen,[53] statt diese – wie bislang möglich – um höchstens 30 Prozent zu kürzen. Das hätte eine qualitative Veränderung der ursprünglichen Regelung bedeutet. Kritiker/innen befürchteten denn auch, dass gewissermaßen durch die Hintertür der Verwaltungsvereinfachung ein noch rigideres Armutsregime errichtet werden sollte: Hartz IV wäre am Ende womöglich zu „Hartz V" mutiert. Vorgesehen waren offenbar auch versteckte Leistungskürzungen: Selbstständigen, die nach zwei Jahren ihren Lebensunterhalt noch nicht selbst erwirtschaften, sollte das Arbeitslosengeld II gestrichen werden. Dabei waren Anlaufschwierigkeiten beim Aufbau eines tragfähigen Geschäftsmodells normal, ganz abgesehen von psychosozialen Problemen jener Menschen, die es mit Hilfe der Jobcenter versuchten.

Im Abschlussbericht der Bund-Länder-Arbeitsgruppe vom 2. Juli 2014 waren über 30 konsentierte Vorschläge enthalten,[54] die der neuen Fachministerin und früheren „Agenda"- und Hartz-IV-Kritikerin Andrea Nahles als Grundlage für ihren Entwurf eines *Neunten Gesetzes zur Änderung des Zweiten Buches Sozialgesetzbuch* dienten. Neben teilweise durchaus sinnvollen

---

52 Siehe Bundesagentur für Arbeit, Bund-Länder-Arbeitsgruppe „Rechtsvereinfachung im SGB II" – Änderungsvorschläge der BA, S. 40 (http://www.harald-thome.de/media/files/ 2013-06-12_Vorschl-ge_TOP_B-L-AG_inkl_4-Nachtr-gen.pdf; 20.9.2014)

53 Siehe Bundesagentur für Arbeit, Vorschläge zur Rechts- und Verfahrensvereinfachung – Übersicht, Stand: 3.2.2014, S. 11 (http://www.harald-thome.de/media/files/BA_Mitarbeiter_Vorschlaege_Aenderungen_Hartz_2014.pdf; 20.9.2014)

54 Vgl. Bundesministerium für Arbeit und Soziales/ASMK 2013, Bericht über die Ergebnisse der Bund-Länder-Arbeitsgruppe zur Vereinfachung des passiven Leistungsrechts – einschließlich des Verfahrensrechts – im SGB II (AG Rechtsvereinfachung im SGB II) vom 2. Juli 2014 (http://www.harald-thome.de/media/files/ASMK-Schlussbericht-02.07.2014.pdf; 9.9.2014)

Vereinfachungen für die Jobcenter – genannt seien nur die Verlängerung des Bewilligungszeitraums von in der Regel sechs auf zwölf Monate und die Einführung einer Bagatellgrenze, bis zu der versehentlich zu viel gezahltes Alg II nicht an das Jobcenter bzw. die Agentur für Arbeit zurücküberwiesen werden muss – sollte es auch spürbare Verbesserungen für die Betroffenen geben.

Das gilt insbesondere für harte Sanktionen, denen vor allem Jugendliche, Heranwachsende und junge Erwachsene ausgesetzt sind, was eine klare Verletzung des Gleichheitsgrundsatzes dargestellt und vor dem Bundesverfassungsgericht auf Dauer kaum Bestand hätte. Nachdem das zuständige Arbeits- und Sozialministerium am 10. September 2014 ein Konzept zur Weiterentwicklung des Sanktionenrechts in der Grundsicherung für Arbeitsuchende vorgelegt und die *Süddeutsche Zeitung* ein paar Tage später über seine Absicht berichtet hatte, die Sanktionen für junge Menschen und Erwachsene anzugleichen und sie nicht mehr als Abzüge in Prozent vom Regelsatz, sondern als Pauschalen festzusetzen, machte *Bild* mit der Schlagzeile „Neuer Hartz-IV-Plan: weniger Strafen für Drückeberger!" auf, sprach von einem „Geheimpapier" und kündigte energischen Widerstand seitens der Union an.[55]

Hartz IV bleibt auch nach der neuerlichen SGB-II-Novellierung ein ständiger Konfliktherd. Auf dieser Dauerbaustelle der Arbeitsmarkt- und Sozialpolitik dürfte es auch künftig zu heftigen Streitigkeiten zwischen den Parteien und gesellschaftlichen Interessengruppen kommen. Aufgrund seiner inneren Widersprüche und der gravierenden Nachteile eines rigiden Armutsregimes für die Betroffenen muss Hartz IV rückabgewickelt, das Arbeitslosengeld II durch eine lebensstandardsichernde Transferleistung nach dem Vorbild der Arbeitslosenhilfe ersetzt und das bestehende Sicherungssystem zu einem inklusiven Sozialstaat fortentwickelt werden. Hans-Jürgen Urban plädiert für eine ganz neue Arbeitsmarktverfassung, die einen flächendeckenden gesetzlichen Mindestlohn in angemessener Höhe ebenso einschließen müsse wie die umfassende Regulierung der Leiharbeit und eine Totalrevision der Hartz-Gesetze: „Hartz IV ist eine Zumutung nicht nur für die Betroffenen, sondern auch für die Belegschaften, die dadurch mehr und mehr erpressbar gemacht werden."[56]

---

55 Vgl. Bundesministerium für Arbeit und Soziales, Konzept zur Weiterentwicklung des Sanktionenrechts in der Grundsicherung für Arbeitsuchende, 10.9.2014 (http://www.harald-thome.de/media/files/Konzept-Weiterentwicklung-Sanktionen-SGB-II.pdf; 20.9.2014); Thomas Öchsner, Nahles will Hartz-IV-Sanktionen entschärfen. Vor allem junge Langzeit-Arbeitslose, die Termine versäumen oder Jobs ablehnen, sollen weniger hart bestraft werden, in: SZ v. 16.9.2014; Dirk Hoeren, CDU empört über Hartz-Plan, in: Bild v. 17.9.2014

56 Hans-Jürgen Urban, Hartz IV: Lohndumping mit System, in: Blätter für deutsche und internationale Politik 1/2011, S. 22

Kapitel 7
Individuelle und gesellschaftliche Auswirkungen der Hartz-Gesetze

Einigkeit herrscht bei Unterstützer(inne)n wie entschiedenen Gegner(inne)n der „Agenda"-Politik im Allgemeinen und der Hartz-Gesetze im Besonderen hinsichtlich der Tatsache, dass die rot-grünen Reformmaßnahmen gravierende Folgen für die unmittelbar Betroffenen (frühere Alh- und HLU-Empfänger/innen, Alg-II-Bezieher/innen und Empfänger/innen von Sozialgeld) wie für die Gesellschaft insgesamt hatten. Hier sollen zunächst die von unterschiedlichen Bevölkerungsgruppen, Politiker(inne)n und Journalist(inn)en mit den Arbeitsmarktreformen verknüpften Hoffnungen, Erwartungen und Befürchtungen skizziert werden, bevor wir uns den Auswirkungen für die davon Betroffenen zuwenden und die längerfristigen Konsequenzen für das soziale Klima und die politische Kultur der Bundesrepublik untersuchen.

7.1 Mit den Arbeitsmarktreformen verbundene Hoffnungen, Erwartungen und Befürchtungen

Wenn man heute Stellungnahmen von Hartz-IV-Kritiker(inne)n aus der Zeit vor bzw. unmittelbar nach Verabschiedung und Inkrafttreten des Gesetzespaketes liest, fällt auf, dass sie bereits damals in großer Weitsicht vor den negativen Folgen warnten, die später eingetreten sind, und dass es keineswegs bloß unsoziale „Kollateralschäden" waren, die niemand vorhergesehen oder vorausgesagt hätte. Vielmehr waren die sozialen Verwerfungen und tiefgreifenden Gesellschaftsveränderungen, zu denen es dann auch kam, sowohl den Urhebern und maßgeblichen Protagonisten des Reformprozesses im rot-grünen Regierungslager wie den Gegner(inne)n der geplanten Arbeitsmarktreformen offenbar zumindest in Grundzügen von Anfang an bewusst.

So hatten Kritiker/innen der Hartz-Gesetze bereits im Anfangsstadium des Reformprozesses darauf hingewiesen, dass kein einziger der Kommissionsvorschläge radikal im Wortsinn – das Problem der Massenerwerbslosigkeit an der Wurzel zu packen – war und auch nur einen zusätzlichen sozialversicherungspflichtigen Arbeitsplatz schaffen würde. Vielmehr zielten die 13 Innovationsmodule – ebenso wie die vermeintlichen *Alternativ*vorschläge der Unionsparteien und der FDP, die bei der Ausweitung atypischer und insbesondere prekärer Beschäftigungsverhältnisse (Mini- und Midijobs, Leiharbeit etc.) sowie der Verschärfung geltender Zumutbarkeitsregelungen noch über „Hartz" hinausgingen – bloß auf eine effizientere Verwaltung der bestehenden Arbeitsmarktstrukturen und der Erwerbslosigkeit.[1]

Klar war auch, dass nach der Hartz-IV-Reform noch mehr Personen in Niedriglohnsegmente des Arbeitsmarktes abgedrängt würden, was sich negativ auf die Einkommenssituation von Millionen dort und anderweitig Beschäftigter auswirken musste.[2] Zu den Hauptbetroffenen gehörten die Mitglieder besonders vulnerabler Personengruppen, etwa Ausländer/innen und Menschen mit Migrationshintergrund, die bis heute im Grundsicherungsbezug ebenso deutlich überrepräsentiert sind wie in dem von den Hartz-Gesetzen beförderten Niedriglohnsektor. Marco Tullney vermutete, „dass die Schlechterstellung und Benachteiligung von Nicht-Deutschen und die Prekarisierung ihrer Erwerbsverhältnisse auf dem Arbeitsmarkt zunehmen werden."[3]

Roland Bunzenthal stützte sich auf eine Analyse der ING-BHF-Bank, als er im September 2004 warnte, dass die Zahl der offiziell registrierten Arbeitslosen durch Hartz IV vorübergehend steigen könne. Höchstens mittelfristig werde sich dieser Reformschritt positiv auf den Arbeitsmarkt auswirken, glaubte der langjährige FR-Wirtschaftsredakteur. Auch die vorangegangenen Arbeitsmarktreformen hatten seiner Meinung nach viele der an sie gekoppelten Erwartungen nicht erfüllt. Kritisch äußerte sich Bunzenthal etwa zu den geringfügigen Beschäftigungsverhältnissen, die als größter Erfolg des Hartz'schen Reformkonzepts galten: „Die Mini-Jobs haben wahrscheinlich die Schwarzarbeit verringert, aber die Arbeitslosigkeit kaum, denn überwiegend dürften Hausfrauen, Rentner, Schüler und Studenten diese Jobs einnehmen oder es handelt sich um Nebenjobs von Arbeitnehmern."[4]

Mini- und Midijobs übernahmen größtenteils Frauen, die „haushaltsnahe Dienstleistungen" erbringen sollten, ohne dass ihnen Möglichkeiten eröffnet wurden, eine wirklich existenzsichernde Beschäftigung aufzunehmen. Wenn

---

1 Vgl. Jürgen Karasch, Die Hartz-Vorschläge – cui bono?, in: Sozialer Fortschritt 9/2002, S. 228

2 Vgl. Thomas Hummel, Die Billig-Jobber kommen. Hartz IV und die Folgen: „Dann muss ich etwas anderes finden, was tragbar ist", in: SZ v. 11./12.9.2004

3 Siehe Marco Tullney, Anmerkungen zur besonderen Bedeutung der Agenda 2010 für MigrantInnen, in: Holger Kindler/Ada-Charlotte Regelmann/Marco Tullney (Hg.), Die Folgen der Agenda 2010. Alte und neue Zwänge des Sozialstaats, Hamburg 2004, S. 165

4 Roland Bunzenthal, Hartz ist kein Jobmotor, in: FR v. 3.9.2004

eine Minijobberin mit einem sozialversicherungspflichtig Beschäftigten verheiratet war, brauchte sie wegen der kostenfreien Familienmitversicherung keine Krankenkassenbeiträge zu entrichten. Um die vollen Leistungen der Rentenversicherung in Anspruch nehmen zu können, musste eine (Putz-)Frau jedoch ergänzende Beiträge zahlen. Dadurch seien Altersarmut und Grundsicherungsbedürftigkeit vorprogrammiert, prognostizierte Gisela Notz.[5] Außerdem dürfte sich der Abstand zwischen den Altersrenten von Männern und den Altersrenten von Frauen weiter zu Lasten der Letzteren vergrößert haben.

Nicht bloß die materielle Situation, sondern auch die Position von Frauen und (alleinerziehenden) Müttern auf dem Arbeitsmarkt würde sich durch Hartz IV erheblich verschlechtern, warnten kritische Wissenschaftler/innen. „Niedrig qualifizierten Frauen droht, verstärkt aus dem Arbeitsmarkt herausgedrängt zu werden, da sie aufgrund der veränderten Anrechnung des Partnereinkommens aus dem Bezug des Arbeitslosengeldes II und den Leistungen der Arbeitsämter herausfallen."[6] Dass man zwischen nach ihrer Marktnähe klassifizierten Kundengruppen differenzierte, musste zu einer stärkeren sozialen Selektion führen. Christel Degen, Christine Fuchsloch und Karin Kirschner fürchteten, dass vor allem Frauen zu den Verlierer(inne)n dieser Prozedur gehören, also gegenüber leichter vermittelbaren Männern benachteiligt und von Qualifizierungs- bzw. Fördermaßnahmen der aktiven Arbeitsmarktpolitik ausgeschlossen würden. Deshalb forderten sie die verantwortlichen Politiker im Rahmen des Vermittlungsverfahrens zu Hartz III und Hartz IV auf, die Frauen nicht zu vergessen: „Es fehlt ein deutliches Signal für Frauen und Familien, dass sie sich unabhängig davon, wie ihre Lebensumstände künftig sein werden, darauf verlassen können, Unterstützung beim Wiedereinstieg in eine qualifizierte Berufstätigkeit zu erhalten."[7]

Das nach Peter Hartz benannte Reformwerk markierte eine historische Zäsur für die Entwicklung des Wohlfahrtsstaates, aber auch von Armut bzw. Unterversorgung in der Bundesrepublik. Besonders mit dem „Hartz IV" genannten Artikelgesetz waren gravierende Änderungen im Arbeits- und Sozialrecht verbunden, die zu einer sozialen Spaltung führen und das gesellschaftliche Klima der Bundesrepublik über Jahrzehnte hinweg belasten dürften. Gerhard Bäcker und Angelika Koch bemerkten denn auch schon früh, „dass hier ein Weg eingeschlagen worden ist, der die gewachsenen

---

5 Vgl. Gisela Notz, Familien. Lebensformen zwischen Tradition und Utopie, Neu-Ulm 2003, S. 38

6 Anneli Rüling/Karsten Kassner/Peter Grottian, Geschlechterdemokratie leben. Junge Eltern zwischen Familienpolitik und Alltagserfahrungen, in: APuZ 19/2004, S. 13

7 Christel Degen/Christine Fuchsloch/Karin Kirschner, Die Frauen nicht vergessen! – Forderungen für das Vermittlungsverfahren der Hartzgesetze III und IV, in: FR v. 26.11.2003

Grundlagen und Prinzipien des Systems der sozialen Sicherung und der Arbeitsmarktpolitik radikal in Frage stellt und zu einem Richtungswechsel führt."[8]

Vermutlich hatte seit Bestehen der Bundesrepublik kein anderes Gesetz für die von ihm Betroffenen, aber auch deren Angehörige so einschneidende Folgen. „Mit Hartz IV wird gerade am unteren Rand der Gesellschaft und bei den insbesondere langfristig Arbeitslosen bis hin zur Mittelschicht ein klarer Schlussstrich gegenüber einer wohlfahrtsstaatlichen Vergangenheit gezogen."[9] Tatsächlich gehörten auch Personengruppen, die bisher durch sozialstaatliche Sicherungsmechanismen vor Armut und Ausgrenzung weitgehend geschützt waren, zum Kreis der Entrechteten. „Hartz IV unterwirft die chronisch Armen und die gerade erst Abgestürzten den drakonischen Regeln erzwungener Gleichheit, trifft nicht nur jene, deren Alltagsgewohnheiten davon bestimmt waren, mit knappem Geld über die Runden zu kommen, sondern auch solche, die bessere Zeiten gesehen haben."[10]

Barbara Stolterfoht, damals Vorsitzende des Deutschen Paritätischen Wohlfahrtsverbandes (DPWV), hob zwei Wirkungen besonders hervor, die sie als Kritikerin der Arbeitsmarktreform für die Zukunft erwartete: „Hartz IV erhöht die soziale Fallhöhe massiv und weitet gleichzeitig den Kreis der potentiell von Armut betroffenen Menschen erheblich aus."[11] Peter Wahl, Gründungsmitglied von Attac Deutschland, prognostizierte seinerzeit, dass Hartz IV neue Armut hervorbringen werde, wiewohl zum Teil mit zeitlicher Verzögerung. Während der soziale Absturz bei Paaren sofort stattfinden werde, trete er bei Alleinstehenden zwei Jahre später auf. „Das trifft vor allem die älteren über 50 Jahre, von denen die wenigsten noch eine Chance auf dem Arbeitsmarkt haben."[12]

Schon vor der Hartz-IV-Einführung erschienen Medienberichte über die wahrscheinlichen Folgen für Menschen, denen durch das Reformwerk ein

---

8 Siehe Gerhard Bäcker/Angelika Koch, Absicherung bei Langzeitarbeitslosigkeit: Unterschiede zwischen zukünftigem Arbeitslosengeld II und bisheriger Arbeitslosen- und Sozialhilfe, in: Soziale Sicherheit 3/2004, S. 88

9 Hans-Uwe Otto, Ein Bermuda-Dreieck der Sozialen Arbeit, in: NP 5/2004, S. 499

10 Norbert Preußer, Schädliche Neigungen: Bilder vom neuen Sozialstaat, in: Klaus Störch (Hg.), Soziale Arbeit in der Krise. Perspektiven fortschrittlicher Sozialarbeit, Hamburg 2005, S. 105

11 Barbara Stolterfoht, Abkehr vom Sozialversicherungsstaat?, Sozial- und armutspolitische Schlussfolgerungen aus Anlass von Hartz IV, in: spw – Zeitschrift für Sozialistische Politik und Wirtschaft 140 (2004), S. 42

12 Peter Wahl, Hartz macht arm. Vor allem Paare und ältere Erwerbslose sinken durch die Arbeitsmarktreformen unter die von der EU gezogenen Einkommensgrenzen, in: FR v. 16.9.2004

sozialer Absturz drohte.[13] Traf die Zusammenlegung der Arbeitslosen- und der Sozialhilfe für Erwerbsfähige vornehmlich ältere Menschen, die bis zum Renteneintritt eine an ihrem momentanen Lohn bzw. Gehalt orientierte Entgeltersatzleistung beziehen wollten, waren Familien, Kinder und Jugendliche die Hauptleidtragenden der relativ niedrigen Pauschalierung früher zusätzlich gewährter und nunmehr in einem zwar etwas höheren, aber mitnichten bedarfsdeckenden Regelsatz aufgegangener Beihilfen: „Während dadurch alleinstehende Erwerbslose und Menschen, die die Einzelantragstellung scheuten, nicht wesentlich verlieren oder zum Teil sogar zu den Gewinnern der Reform zählen, gehören Familien mit Kindern zu den Verlierern der Reform. Ihr besonderer Mehrbedarf wird in den pauschalierten Regelsätzen nicht genügend berücksichtigt."[14]

Insbesondere für Familien, Eltern und Kinder hatten die Hartz-Gesetze auch noch andere Konsequenzen. Da die Zumutbarkeitsregelungen mit Hartz IV erneut verschärft und die Mobilitätsanforderungen für Langzeiterwerbslose und Geringverdiener/innen noch einmal erhöht wurden, verschlechterten sich die Möglichkeiten für Familien, ein geregeltes, nicht durch permanenten Zeitdruck, Stress und/oder räumliche Trennung von Eltern und Kindern beeinträchtigtes Leben zu führen. Zwar gelten für Mütter und Väter kleiner Kinder günstigere Regelungen hinsichtlich der Verfügbarkeit, die dafür sorgen, dass sie von den Jocenter-Mitarbeiter(inne)n weniger rücksichtslos behandelt werden als Singles. Müssen sie trotzdem einen 1-Euro-Job, einen weit entfernt gelegenen Arbeitsplatz oder eine Beschäftigungsmöglichkeit mit ungünstigen Arbeitszeiten annehmen, heißt das jedoch für den Nachwuchs, dass er seine Eltern kaum noch zu Gesicht bekommt, und für diese, dass sie ihre Kinder wohl oder übel vernachlässigen müssen. Zeitarmut ist eine Armutsform, die ernster genommen werden sollte als bisher. Dass die Bundesregierung am 16. Februar 2005, also unmittelbar nach Abschluss ihres Reformprogramms, einen Nationalen Aktionsplan „Für ein kindergerechtes Deutschland 2005-2010" verabschiedete, nützte hingegen wenig.

Johannes Giesecke und Martin Groß befürchteten infolge der Hartz-Gesetze sowohl eine Entstrukturierung wie auch eine Verschärfung der sozialen Ungleichheit, die an Statusunterschieden und der Streuung monetärer Ressourcen zwischen den Bevölkerungsgruppen festgemacht werden kann:

13 Vgl. z.B. Mark Spörrle, Abstieg nach Plan. Der IT-Berater Helmut Pfeiffer verdiente gut, vor zwei Jahren verlor er seine Arbeit. Die Hartz-Reformen treffen ihn und seine Frau besonders hart, in: Die Zeit v. 5.8.2004

14 Barbara Stolterfoht, Abkehr vom Sozialversicherungsstaat?, a.a.O.

„Verschärfung bedeutet zum einen, dass der Abstand zwischen Kapitalerträgen und Löhnen zunimmt. (...) Zugleich wird sich aber auch der Einkommensabstand zwischen unterschiedlichen Arbeitnehmergruppen vergrößern. Denn die generelle Lohnsenkung betrifft nicht alle Arbeitnehmer gleichermaßen. Vielmehr dürften vor allem jene am stärksten betroffen sein, die vom rigiden Arbeitsmarkt am meisten profitierten: die gering Qualifizierten beziehungsweise Arbeitnehmer in Branchen mit überwiegend geringen Qualifikationsanforderungen."[15]

Da es den rot-grünen Sozialreformern nicht um mehr Verteilungs-, sondern um eine ominöse „Teilhabegerechtigkeit" ging, beinhalteten die Hartz-Gesetze ihrer ganzen Konstruktionslogik nach eine Akzeptanz größerer Unterschiede in der Einkommensverteilung: „Aus der Überordnung des arbeitsmarktlichen Integrationsziels resultiert eine Befürwortung bzw. zumindest Hinnahme wachsender, wie weit auch immer ‚begrenzter' sozialer Ungleichheiten und die Relativierung der gerechtigkeitspolitisch motivierten staatlichen Umverteilung materieller Ressourcen."[16] Gleichwohl vermochten Anke Hassel und Christof Schiller bei der Hartz-IV-Reform „kaum Einkommenseffekte" zu erkennen: „Wenn überhaupt hat sie die Einkommensungleichheit eher reduziert als erhöht."[17]

Hier wird einfach ignoriert, dass – übrigens keineswegs zufällig – am selben Tag wie Hartz IV die letzte Stufe der rot-grünen Einkommensteuerreform in Kraft trat, bei welcher der Eingangssteuersatz von 16 Prozent auf 15 Prozent und der Spitzensteuersatz von 45 Prozent auf 42 Prozent sanken. Während die Haushalte mit einem sehr niedrigen Einkommen jetzt kaum mehr Geld zur Verfügung hatten als fünf Jahre vorher, mussten ledige und kinderlose Einkommensmillionäre nun über 90.000 Euro pro Jahr weniger Steuern zahlen. Auch prozentual stieg das Nettoeinkommen gerade von Hocheinkommensbezieher(inne)n zwischen den Jahren 2000 und 2005 überproportional.[18] Wenn die Arbeitsmarktreform nach Art eines Wohlfahrtsstaates herkömmlicher Art und gemäß unserer Verfassung (Art. 20 Abs. 1 GG

---

15 Johannes Giesecke/Martin Groß, Arbeitsmarktreformen und Ungleichheit, in: APuZ 16/2005, S. 28

16 Sigrid Gronbach, Soziale Gerechtigkeitsleitbilder in der Arbeitsmarktpolitik – von der Verteilung zur Teilhabe, in: Silke Bothfeld/Werner Sesselmeier/Claudia Bogdan (Hg.), Arbeitsmarktpolitik in der sozialen Marktwirtschaft. Vom Arbeitsförderungsgesetz zum Sozialgesetzbuch II und III, Wiesbaden 2009, S. 42

17 Anke Hassel/Christof Schiller, Der Fall Hartz IV. Wie es zur Agenda 2010 kam und wie es weitergeht, Frankfurt am Main/New York 2010, S. 41

18 Vgl. Kai Eicker-Wolf, (Um-)Steuern für Arbeit und soziale Gerechtigkeit. Alternativen zu leeren Kassen und zur Umverteilung von unten nach oben, in: Holger Kindler/Ada-Charlotte Regelmann/Marco Tullney (Hg.), Die Folgen der Agenda 2010, a.a.O., S. 195

und Art. 28 Abs. 1 GG) sozial ausgleichend gewirkt hätte, dann höchstens im Sinne einer Nivellierung nach unten.

Was üblicherweise mit dem Zwittercharakter der Arbeitslosenhilfe – sie war einerseits durch Beitragszahlungen begründet und von der früheren Höhe des Nettoarbeitsentgelts ihrer Bezieher/innen abhängig, andererseits steuerfinanziert und bedürftigkeitsgeprüft – begründet wurde, nämlich ihre Fusion mit der Sozialhilfe für Erwerbsfähige, führte beim Umstieg auf das Arbeitslosengeld II zu einer finanziellen Schlechterstellung von mehreren hunderttausend Menschen, die Arbeitslosenhilfe nach einer jahrelang gut bezahlten Beschäftigung erhalten hatten und nun de facto auf das Sozialhilfeniveau herabgedrückt wurden bzw. aufgrund der stärkeren Berücksichtigung des Partnereinkommens ganz leer ausgingen. Zu den Hauptverlier(inne)n der Reform gehörten aber nicht bloß „ehemalige Bezieher von Arbeitslosenhilfe, die relativ hohe Transfers (bei relativ schwacher Bedürftigkeitsprüfung) bezogen haben."[19] Genauso betroffen sind Menschen, die damals noch oder noch gar nicht beschäftigt waren, bei Fortexistenz der Arbeitslosenhilfe aber nach ihrer Entlassung heute, statt „Hartz IV" beziehen zu müssen, vielleicht bis zum Ruhestand eine statussichernde Lohnersatzleistung hätten beanspruchen können.

Nach neoliberaler Lesart war die Abschaffung der Arbeitslosenhilfe ohnehin nur der Anfang eines Prozesses, in dessen weiterem Verlauf auch die übrigen Lohnersatzleistungen wie das Arbeitslosengeld, die staatliche Arbeitsvermittlung sowie die Maßnahmen der aktiven Arbeitsmarktpolitik und auf der Finanzierungsseite zwecks Entlastung der Unternehmen von (gesetzlichen) Lohnnebenkosten die Beiträge zur Arbeitslosenversicherung entfallen sollten: „Dem Einwand, diese Einschnitte seien radikal, weil es in allen entwickelten Staaten eine Arbeitslosenunterstützung gibt, ist entgegenzuhalten, daß viele Staaten keine Sozialhilfe kennen und die dortigen (restriktiven) Arbeitslosenversicherungen de facto die Funktion der deutschen Sozialhilfe übernehmen."[20]

Mit der Dualisierung des Arbeitsmarktes wie der Arbeitsmarktpolitik, die Irene Dingeldey nachgezeichnet hat,[21] ging auch eine Dualisierung der Armut einher: Den armen Erwerbslosen traten die erwerbstätigen Armen zur Seite. Man kann auch von einer Doppelstruktur der Armut sprechen: Einer-

19 Siehe Melanie Arntz u. a., Arbeitsangebotseffekte und Verteilungswirkungen der Hartz-IV-Reform, IAB-Forschungsbericht 10/2007, S. 68

20 Friedrich Breyer u. a., Reform der sozialen Sicherung, Berlin/Heidelberg/New York 2004, S. 3

21 Vgl. Irene Dingeldey, Der aktivierende Wohlfahrtsstaat. Governance der Arbeitsmarktpolitik in Dänemark, Großbritannien und Deutschland, Frankfurt am Main/New York 2011, S. 283 ff.

seits sind (bis in die Mittelschicht hinein) mehr Personen betroffen, und zwar auch solche Bevölkerungsgruppen, die früher – weil meist voll erwerbstätig und sozialversicherungspflichtig beschäftigt – im relativen Wohlstand des „Wirtschaftswunderlandes" lebten, sich jetzt aber mit schlecht bezahlten „McJobs" begnügen müssen. Andererseits verfestigen sich die Mehrfach- und die Langzeit- zur Dauerarbeitslosigkeit, sodass eine Unterschichtung der Gesellschaft stattfindet, im Hinblick auf die Betroffenen, Arbeitsmigrant(in-n)en der ersten, zweiten bzw. dritten Generation, Aussiedler/innen und Flüchtlinge, mit ethnischen Zügen. Im ersten Fall handelt es sich um die Schicht der „working poor", wie Niedriglöhner/innen in den angelsächsischen Ländern genannt werden, im zweiten Fall um die „underclass", von der man in Deutschland als Unterschicht spricht.[22]

Hartz IV brach im Erwerbslosenbereich mit dem Prinzip der Lebensstandardsicherung, das den deutschen Sozial(versicherungs)staat bis zur sog. Riester-Reform (Teilprivatisierung der Altersvorsorge) um die Jahrtausendwende über alle Versicherungszweige hinweg ausgezeichnet hatte. „Im Ergebnis verliert die untere Mittelschicht, die bisher von einer eher ‚statusorientierten' Sozialpolitik profitiert hat und sich nun stärker in Richtung kulturelles Existenzminimum bewegt."[23] Hartz IV löste daher schon vor der Einführung aus, was Elisabeth Niejahr in der *Zeit* (v. 8.7.2004) treffend als „Panik in der Mittelschicht" – so lautete auch der Titel ihres Artikels – bezeichnete, wiewohl sie darin zugleich so tat, als sei die bei Älteren verbreitete Befürchtung, vor einem möglichen Alg-II-Bezug ihre Lebensversicherung auflösen zu müssen, illegitim und ein Sozialstaat nicht für alle Erwerbslosen, vielmehr nur für die ärmsten da: „Man muss sich eine Lebensversicherung überhaupt erst leisten können, um ihren Verlust durch Hartz IV zu fürchten. Andere, die ärger dran sind, wissen nicht einmal, wie man ‚Lebensversicherung' schreibt." Man kann den Kampf gegen die Rücknahme sozialer Errungenschaften natürlich auch delegitimieren, indem man Gruppen, denen es noch schlechter als den hiervon Betroffenen geht, in den Blick nimmt und ihre Missgunst gegenüber etwas besser als sie selbst Gestellten weckt.

Ein weiteres Beispiel für diese Ablenkungsmethode bot sich im Rahmen einer Kontroverse zwischen dem international anerkannten Soziologen Ulrich Beck und Gert G. Wagner, seinerzeit Forschungsdirektor am DIW und Mitglied des Wissenschaftsrates. Beck konstatierte in einem Gastbeitrag für

22 Vgl. dazu: Karl August Chassé, Unterschichten in Deutschland. Materialien zu einer kritischen Debatte, Wiesbaden 2010

23 Susanne Koch/Ulrich Walwei, Hartz IV: neue Perspektiven für Langzeitarbeitslose?, in: APuZ 16/2005, S. 11

die *Süddeutsche Zeitung* (v. 3.2.2005) unter dem Titel „Die Gesellschaft des Weniger. Arbeitslosigkeit, Hartz IV: ein Land steigt ab", das Gesetzespaket komme einer Verfassungsänderung gleich, weil die Verschärfung der Zumutbarkeitsregeln den kollektiven Abstieg und die Spaltung der Gesellschaft programmiere: „Allen Ausbildungs- und Einkommensgruppen droht spätestens nach einem Jahr Arbeitslosigkeit die neue Gleichheit der Armut, der Fall in die Sozialhilfe, vorausgesetzt, man überwindet die Scham, sich selbst im bürokratischen Röntgenblick vor aller Welt als arm zu entblößen." Wagners Replik erschien unter dem Titel „Adieu Tristesse. Mit Hartz IV ist der Aufstieg möglich" ebenfalls in der *Süddeutschen Zeitung* (v. 15.2.2005), wo Gerhard Schröders „Agenda"-Politik mit der Behauptung gerechtfertigt wurde, *kein* tiefer Eingriff in die deutsche Sozialverfassung gewesen zu sein: „Sie vergrößert nicht die Spaltung der Gesellschaft, vielmehr besteht durch sie wenigstens die Chance, dass der Spaltpilz der Langzeitarbeitslosigkeit Kraft verliert." Programmatisch gehe es dabei, meinte Wagner beschwichtigend, nämlich „weder um den Triumph neoliberalen Denkens noch um die Zementierung von dauernder Armut. Selbst das unterste Sicherungsniveau, die Sozialhilfe, ist international gesehen noch eine beachtlich hohe Transferleistung."

Wer könnte dies angesichts des massenhaften Elends in weiten Teilen der sog. Dritten bzw. Vierten Welt, aber auch der zusammenbrechenden Sozialsysteme in den südeuropäischen Krisenstaaten ernsthaft bestreiten? Das bedauerliche Schicksal von Obdachlosen, Hungernden und Darbenden irgendwo auf der Erde ändert jedoch überhaupt nichts an der Tatsache, dass sich hierzulande Millionen (potenzielle) Bezieher/innen von Arbeitslosenhilfe, die Hartz IV abgeschafft und durch das in aller Regel niedrigere, im Wesentlichen der früheren Sozialhilfe entsprechende Arbeitslosengeld II ersetzt hatte, nunmehr zum Teil erheblich schlechter gestellt sahen. Der angeblich ständig wiederholten These, die Reichen würden immer reicher und die Armen immer ärmer, widersprach Wagner. Zumindest für Deutschland zeigten repräsentative Statistiken seiner Ansicht nach, dass die Ungleichheit im konjunkturellen Abschwung zwar wächst, weil es mehr Arbeitslose mit niedrigem Einkommen gibt, im Aufschwung aber zurückgeht: „Die Reichen profitieren im Aufschwung ohne Zweifel durch steigende Aktienerträge – aber im Abschwung verlieren sie auch wieder Vermögen, wenn die Aktienkurse fallen." Abgesehen davon, dass es an den Börsen auch Krisengewinnler gibt, deren Vermögen gerade in Depressionsphasen wächst, dürften sich besonders ganz Reiche aufgrund ihres breiteren Anlagespektrums, größerer Möglichkeiten zur Diversifikation des Portefeuilles und professioneller Unterstützung von dem geschilderten Mechanismus weitgehend abkoppeln können.

7.2 Verringerung der Arbeitslosigkeit und/oder Vermehrung der Erwerbsarmut?

Hartz IV war nur durchsetzbar, weil das Gesetzespaket mit drei Erwartungen der Öffentlichkeit verknüpft wurde: Man glaubte den Reformern, dass sie die (Langzeit-)Erwerbslosigkeit zurückdrängen und jedem Betroffenen die Chance eröffnen würden, nach einer kürzeren Leidenszeit (und damit einer entsprechend kürzeren Verweildauer im Leistungsbezug) als bisher wieder in Arbeit und Brot zu gelangen. Zudem hoffte man, dass nebenbei die Sozialausgaben reduziert, die Staatsschulden verringert und die öffentlichen Haushalte konsolidiert werden könnten.

Politik, Publizistik und (Fach-)Öffentlichkeit hierzulande betrachten die Entwicklung der Arbeitslosenquote seit jeher als die entscheidende Messlatte für den Erfolg oder Misserfolg der Hartz-Gesetze, obwohl eine differenzierte Betrachtungsweise zahlreiche weitere Indikatoren heranziehen muss, will man zu einem fundierten Urteil gelangen. Aber selbst wenn man nach dem Motto „Hauptsache Arbeit“ unterstellt, dass die in einer Konsumgesellschaft mögliche Lebensqualität ebenso wie der Lebensstandard jedes ihrer Mitglieder primär vom erreichten Beschäftigungsgrad abhängt, müssten neben solchen quantitativen Maßen auch qualitative Aspekte berücksichtigt werden. Denn ob die Beschäftigungsverhältnisse hochwertig, Lohn oder Gehalt angemessen und die Arbeitsbedingungen gut sind, ist keine nebensächliche, sondern eine letztlich ausschlaggebende Frage.

Wolfgang Clement, als Schröders treuer Gefolgsmann und „Superminister“ für Wirtschaft und Arbeit ein glühender Verfechter der rot-grünen Reformen, verfehlte das erklärte Ziel einer raschen Senkung der Erwerbslosigkeit bis zum Ende seiner Amtszeit ebenso wie das Ziel einer baldigen Senkung der dadurch bedingten Kosten des Staates. Auch danach hielten sich die ökonomische Stimulationswirkung und der volkswirtschaftliche Nutzeffekt von Hartz IV in Grenzen. Ernst Niemeier hat gezeigt, dass nicht etwa die „Aktivierung“ der Langzeiterwerbslosen für den Anstieg der Beschäftigung seit Inkrafttreten dieses Gesetzespaketes verantwortlich war, sondern die konjunkturell bedingte Zunahme der Arbeitsplatzangebote durch den bereits kurz nach dem Regierungswechsel im Herbst 2005 spürbaren Wirtschaftsaufschwung.[24] Tobias Müller bezweifelt ebenfalls, dass die Hartz-Reformen, die wie kein zweites Projekt für die „Modernisierung“ der Arbeitsmarkt- und

---

24 Vgl. Ernst Niemeier, Hat der Arbeitsmarkt wirklich von Hartz IV profitiert?, in: WSI-Mitteilungen 6/2010, S. 322

Sozialpolitik stehen, durchschlagende Wirkungen hinsichtlich einer Bekämpfung der Massenerwerbslosigkeit entfaltet haben.[25]

Trotz des Triumphgeschreis seiner Protagonisten gibt es zehn Jahre nach Abschluss des Reformprozesses keinen Grund zum Feiern, denn die Hartz-Gesetze haben das Kernübel der kapitalistischen Wirtschaftsordnung nicht beseitigt: Die Massenarbeitslosigkeit besteht auch jenseits der konjunkturellen Abschwünge praktisch unverändert fort. Noch immer werden fast 3 Mio. Arbeitslose registriert – in Wahrheit sind es inklusive der „Stillen Reserve" mehr als doppelt so viele –, aber nur ca. 1 Mio. offene Stellen. Obwohl jemand nach einer schweren Krankheit oder einer kurzen Beschäftigung nicht mehr als arbeitslos gilt, sondern in der BA-Statistik als „Neuarbeitsloser" gezählt wird, gibt es konstant ca. 1 Mio. Langzeitarbeitslose, d.h. Menschen, die länger als ein Jahr erwerbslos sind, sich beim Jobcenter gemeldet haben, dem Arbeitsmarkt zur Verfügung stehen und Eigenbemühungen unternehmen, um dort (wieder) Fuß zu fassen. „Sowohl vor wie auch nach Hartz IV ist die Langzeitarbeitslosigkeit in Deutschland im internationalen Vergleich überdurchschnittlich hoch."[26]

Erschrecken muss die Tatsache, dass von Beginn an ein Trend zum längeren SGB-II-Bezug vorherrschte, der sich während der Folgejahre immer stärker verfestigt hat: „So war etwa die Hälfte der Personen bzw. knapp die Hälfte der Bedarfsgemeinschaften, die im Januar 2005 in die neue Grundsicherung übergeleitet wurden, durchgehend in den Jahren 2005 bis 2007 hilfebedürftig."[27] Auch die Bundesregierung dokumentierte in Beantwortung einer Kleinen Anfrage der LINKEN-Vorsitzende Katja Kipping und weiterer Mitglieder ihrer Fraktion, dass die Verweildauer im Alg-II-Bezug gegenüber der Verweildauer im Alh-Bezug und der Erwerbsfähigen im HLU-Bezug eher angestiegen ist. Personen, die 2004, dem Jahr ihrer Abschaffung, den Bezug von Arbeitslosenhilfe beendeten, hatten diese Leistung durchschnittlich 48 Wochen lang erhalten: „69 Prozent beendeten ihren Arbeitslosenhilfebezug innerhalb eines Jahres, 27 Prozent nach einem und unter vier Jahren und 3 Prozent nach mehr als vier Jahren des Leistungsbezugs."[28] Selbst unter

---

25 Vgl. Tobias Müller, Was haben die Hartz-Reformen bewirkt?, Zu Ausmaß, Ursachen und Folgen der Arbeitslosigkeit in Deutschland, Berlin 2009, S. 248

26 Wilhelm Adamy, Zehn Jahre Hartz IV – kein Grund zum Feiern, in: Jochen Marquardt/Bianca Sonnenberg/Jan Sudhoff (Hg.), Es geht anders! – Neue Denkanstöße für politische Alternativen, Köln 2014, S. 135

27 Tobias Graf/Helmut Rudolph, Dynamik im SGB II 2005-2007: Viele Bedarfsgemeinschaften bleiben lange bedürftig, IAB-Kurzbericht 5/2009, S. 8

28 Antwort der Bundesregierung auf die Kleine Anfrage der Abgeordneten Katja Kipping, Diana

Einbeziehung der erwerbsunfähigen Sozialhilfebezieher/innen außerhalb von Einrichtungen betrug die durchschnittliche HLU-Bezugsdauer im selben Jahr knapp 28 Monate. Die entsprechende durchschnittliche Verweildauer aller Hartz-IV-Betroffenen lag im Dezember 2011 hingegen bei 44 Monaten (Median) bzw. 46 Monaten (arithmetisches Mittel), wie einem von der Bundesregierung in ihrer Antwort zitierten BA-Methodenbericht „Verweildauern von Leistungsberechtigten in der Grundsicherung für Arbeitsuchende" zu entnehmen war.[29]

Sonja Fehr, wissenschaftliche Mitarbeiterin des IAB, und Georg Vobruba, Professor für Sozialpolitik an der Universität Leipzig, haben untersucht, ob es mit der Hartz-IV-Reform gelungen ist, die „Arbeitslosigkeitsfalle" zwischen dem Arbeitsmarkt und dem System der sozialen Sicherung zu beseitigen und bessere Arbeitsanreize für die Bezieher/innen von Transferleistungen zu schaffen. Sie gelangten zu dem Schluss, dass es nicht gelungen ist, die Eingliederung durch „Fördern und Fordern" spürbar zu beschleunigen: „Trotz des Versuchs, mit Maßnahmen der Aktivierung und verschärften Zumutbarkeits- und Sanktionsregelungen den Übergang vom Sozialleistungsbezug in die Erwerbstätigkeit zu forcieren, trat keine wesentliche Veränderung der Verweildauern von Sozialtransferbeziehern in Arbeitslosigkeit ein."[30] Berücksichtigt man die soziodemografischen Effekte und die unterschiedliche Arbeitsmarktsituation vor und nach der Einführung von Hartz IV, blieben Alg-II-Bezieher/innen sogar eher länger erwerbslos als Sozial- und Arbeitslosenhilfeempfänger/innen.

Vielleicht waren auch gar keine stärkeren „Arbeitsanreize" nötig, weil Erwerbslose auch schon vor der Reform alles getan haben, um eine für sie geeignete Stelle zu finden. Karl Brenke, wissenschaftlicher Referent im Vorstand des DIW, hat empirisch nachgewiesen, dass sich das Suchverhalten und die Arbeitsbereitschaft der Erwerbslosen durch Hartz IV kaum verändert haben. Seiner Ansicht nach ist das Problem, wenn die Arbeitsuchenden keinen Erfolg haben, denn auch nicht die fehlende Arbeitsmoral. Sofern man die

---

Golze, Matthias W. Birkwald, weiterer Abgeordneter und der Fraktion DIE LINKE – Drucksache 17/14372 – Soziale Situation der Leistungsberechtigten beim Langzeitbezug von Hartz-IV-Leistungen, BT-Drs. 17/14464 v. 31.7.2013, S. 4

29 Vgl. Bundesagentur für Arbeit (Hg.), Verweildauern von Leistungsberechtigten in der Grundsicherung für Arbeitsuchende, Nürnberg, Juni 2013, S. 43 (http://statistik.arbeitsagentur.de/Statischer-Content/Grundlagen/Methodenberichte/Grundsicherung-Arbeitsuchende-SGBII/Generische-Publikationen/Methodenbericht-Verweildauern-von-Leistungsberechtigten-in-der-Grundsicherung-fuer-Arbeitssuchende.pdf, 15.9.2014)

30 Sonja Fehr/Georg Vobruba, Die Arbeitslosigkeitsfalle vor und nach der Hartz-IV-Reform, in: WSI-Mitteilungen 5/2011, S. 214

Über-55-Jährigen ausklammert, von denen viele für sich keine Chancen mehr auf dem allgemeinen Arbeitsmarkt sehen, ist nach Brenkes Forschungsergebnissen unter allen Erwerbslosen der Anteil jener, die eine passende Stelle ausschlagen würden, minimal.[31]

Fälschlicherweise setzt man die Langzeiterwerbslosen oft mit den Alg-II-Bezieher(inne)n gleich, obwohl weniger als die Hälfte der Leistungsempfänger/innen arbeitslos gemeldet sind. Unter den ca. 1,3 Mio. Erwerbsaufstockern befinden sich fast 500.000 sozialversicherungspflichtig Beschäftigte in Vollzeittätigkeit. Wilhelm Adamy weist darauf hin, „dass sich – trotz Rückgangs der offiziellen Arbeitslosenzahlen – der Umschlag im Hartz-IV-System eher erhöht hat. (…) Im Schnitt schlägt sich der Bestand an arbeitslosen Hilfeempfängern innerhalb eines Jahres gut zweimal um."[32] In dem nach Peter Hartz benannten Fürsorgesystem existiert gleichwohl der von ihm und seiner Kommission hinsichtlich der Aufnahme von Leiharbeiter(inne)n in die Stammbelegschaft erhoffte Klebeeffekt, weil es häufig zu einer dauerhaften Leistungsbedürftigkeit führt: 3 Mio. Personen sind Hartz-IV-Langzeitbezieher/innen, d.h. Menschen, die während der letzten 24 Monate mindestens 21 Monate lang Grundsicherungsleistungen erhalten haben. Rund die Hälfte der Hartz-IV-Bezieher/innen müssen sogar bereits mindestens vier Jahre lang (ohne eine Unterbrechung von mehr als 31 Tage) unterstützt werden. Inzwischen befinden sich mehr als zwei Drittel aller Erwerbslosen im Hartz-IV-System und bloß noch ein knappes Drittel im Versicherungssystem. Immer mehr Erwerbslose erhalten nie Arbeitslosengeld (I) nach dem SGB III, sondern fallen gleich in den nachgeordneten SGB-II-Rechtskreis.

Hat auf der individuellen Ebene eine Verfestigung des SGB-II-Leistungsbezugs und der Langzeiterwerbslosigkeit stattgefunden, sorgt ein Gewöhnungseffekt auf der gesellschaftlichen Ebene dafür, dass Hartz IV mittlerweile von einem Großteil der Bevölkerung akzeptiert wird. Von einer Kosteneinsparung durch Effektivierung der Vermittlung und der Verwaltung durch die Hartz-Gesetze kann aber keine Rede sein. Sogar in Jahren mit einer relativ niedrigen Arbeitslosenquote verschlingt die Mammutbürokratie der Jobcenter über 5 Mrd. Euro an reinen Verwaltungskosten. So teuer wie sie nach den Hartz-Reformen kommt, war die öffentliche Arbeitsverwaltung historisch betrachtet noch nie. Heute gibt der Bund für die Durchführung der Grundsicherung sogar deutlich mehr Geld als für Maßnahmen zur Eingliederung der Arbeitsuchenden aus.

---

31 Vgl. Karl Brenke, Fünf Jahre Hartz IV – Das Problem ist nicht die Arbeitsmoral, in: DIW-Wochenbericht 6/2010, S. 11

32 Wilhelm Adamy, Zehn Jahre Hartz IV – kein Grund zum Feiern, a.a.O., 134

Der Jenaer Politikwissenschaftler Klaus Dörre vertritt die These eines „erfolgreichen Scheiterns“ der Arbeitsmarktreformen, weil die rot-grünen Reformstrategen zwar – ihrer politischen Intention entsprechend – eine tiefgreifende Transformation des bestehenden Wirtschafts- und Gesellschaftssystems in Richtung eines rabiaten „Hartz-Kapitalismus“ erreicht hätten, den versprochenen Beschäftigungserfolg und den Sieg über die Massenerwerbslosigkeit aber schuldig geblieben seien. Ohne die Abschreckungswirkung der Hartz-Gesetze wäre die rasche Ausweitung des Niedriglohnsektors und irregulärer Beschäftigungsformen nach Dörres Meinung nicht möglich gewesen: „Sie disziplinieren für eine Produktionsweise, in der unternehmerische Flexibilität auf Kosten der Sicherheit und der Lebensqualität nicht nur, aber vor allem der prekär Beschäftigten und Arbeitslosen garantiert wird.“[33]

Gescheitert ist die rot-grüne Arbeitsmarktreform nur in Bezug darauf, was ihre geistigen Ahnherren wie Otto Graf Lambsdorff und ihre politischen Urheber wie die Bertelsmann Stiftung nie beabsichtigt hatten: die Beseitigung der (Langzeit-)Erwerbslosigkeit. Entscheidend ist nämlich gar nicht, ob Hartz IV ein politischer Erfolg oder ein Misserfolg war, vielmehr ausschließlich: für wen. Keine Steuerreform, welche vornehmlich die Senkung des Spitzensteuersatzes bezweckt, wird im öffentlichen Diskurs mit der Forderung „Mehr für den Milliardär!“ legitimiert, obwohl dieser ihr Hauptprofiteur ist, sondern entweder mit der Losung „Mehr Netto vom Brutto“ (Guido Westerwelle), die so tut, als ginge es um Einkommensverbesserungen für normale Arbeitnehmer/innen, oder sogar mit der noch kühneren Behauptung, aufgrund dieser Reformmaßnahmen würden Höchsteinkommensbezieher gemäß der neoliberalen „Trickle-down-“ bzw. Pferdeäpfeltheorie (wonach es auch den Spatzen gutgeht, wenn die Rösser mehr Hafer bekommen, weil sie dann viele Körner aus den Exkrementen dieser Vierbeiner herauspicken können) größere Summen investieren und mehr Arbeitsplätze schaffen, sodass am Ende gerade Erwerbslose den Nutzen davon hätten.

Arbeitsmarkt- und Sozialreformen, für die sich Wirtschaftslobbyisten einsetzen, nutzen zwar primär dem Profitinteresse ihrer Auftraggeber, werden von ihnen aber mit dem Kampf gegen Massenerwerbslosigkeit und -armut begründet. Angeblich dienten alle Hartz-Gesetze dem Ziel, mehr (Langzeit-)Erwerbslose schneller in Lohn und Brot zu bringen; in Wahrheit sollte der Druck auf Erwerbslose wie auf Beschäftigte erhöht, die Rentabilität der hiesigen Konzerne gesteigert und der „Standort D“ durch eine politisch abgesicherte Lohndumping-Strategie noch konkurrenzfähiger gemacht werden. So gesehen war

33 Klaus Dörre, Hartz-Kapitalismus. Vom erfolgreichen Scheitern der jüngsten Arbeitsmarktreformen, in: Wilhelm Heitmeyer (Hg.), Deutsche Zustände, Folge 9, Berlin 2010, S. 302

mit den Hartz-Reformen ein dreifacher Triumph der Kapitalseite verbunden: Erstens wurden die Erwerbslosen mehr als bisher drangsaliert, Belegschaften, Betriebsräte und Gewerkschaften noch stärker diszipliniert sowie prekäre Beschäftigungsverhältnisse ermöglicht, was den Unternehmern höhere Gewinne verschafft; zweitens wurde die große Bevölkerungsmehrheit genau darüber hinweggetäuscht, indem man ihr erfolgreich den Eindruck vermittelte, es gehe bei den Arbeitsmarktreformen um die Bekämpfung der (Langzeit-)Erwerbslosigkeit; drittens wurde die mehr oder weniger zufällige zeitliche Koinzidenz zwischen dem Ende des Reformprozesses 2005 und dem bald darauf einsetzenden Konjunkturaufschwung zu einer Kausalbeziehung uminterpretiert und als solche durch eine geschickte Presse- und Öffentlichkeitsarbeit im Alltagsbewusstsein der Bürger/innen verankert.

Für die meisten davon mittelbar oder unmittelbar Betroffenen brachte Hartz IV gravierende Verschlechterungen ihrer Arbeits- und Lebensbedingungen mit sich: „Die Verschlechterungen begannen bei der mangelnden Beratung, fehlender Transparenz der Behörden, falschen Bescheiden, schleppender Bearbeitung und gingen bis zu Sanktionen und dem Zwang zu ständigen Bewerbungen sowie der Teilnahme an Aktivierungsprogrammen, um nur einige Beispiele zu nennen.“[34] Noch schlimmer als Hartz IV ist für die meisten Leistungsbedürftigen eigentlich nur, kein Hartz IV zu erhalten. Daher waren strenge Sanktionsregelungen ein wirksames Druckmittel gegenüber Belegschaften, Betriebsräten und Gewerkschaften, um diese bei Lohnkämpfen oder Tarifverhandlungen konzessionsbereiter zu machen.

Achim Trube und Norbert Wohlfahrt werteten das Hartz-Konzept im Rahmen eines Vergleichs der Situation mehrerer OECD-Länder als deutsche Variante einer „nachholenden Modernisierung“ mit dem Ziel, die dort bereits vorexerzierte „Arbeitszwangpolitik“ zu imitieren: „Die Verschärfung von Zumutbarkeitskriterien bei der Arbeitsaufnahme und die unbedingte Verpflichtung zur Arbeit bei Sozialhilfebezug führt konsequent zum Auf- und Ausbau eines Niedriglohnsektors, in dem sich der Anteil der Beschäftigten absolut und relativ kontinuierlich erhöht.“[35] Durch die Umsetzung des im Vermittlungsausschuss von Bundestag und -rat zugespitzten Konzepts der sog. Hartz-Kommission mit einer Ausweitung nicht bloß „haushaltsnaher“ Mini-Jobs sowie der Leih- bzw. Zeitarbeit gewann dieses soziale Segment an Bedeutung. Da trotz des irreführenden Namens „Grundsicherung

34 Peter Nowak, Tatort Jobcenter, in: ders. (Hg.), Zahltag. Zwang und Widerstand: Erwerbslose in Hartz IV, Münster 2009, S. 36

35 Achim Trube/Norbert Wohlfahrt, Prämissen und Folgen des Hartz-Konzepts, in: WSI-Mitteilungen 2/2003, S. 120

für Arbeitsuchende“ auch immer mehr (zum Teil vollzeit) Erwerbstätige das Alg II als sog. Aufstocker/innen oder Zuverdiener/innen, d.h. im Sinne eines „Kombilohns“ in Anspruch nahmen bzw. nehmen mussten, um leben zu können, etablierte Hartz IV ein Anreizystem zur Senkung des Lohnniveaus durch die Kapitalseite. „Eine öffentliche Ausfallbürgschaft für Erwerbsarmut, wie die Grundsicherung sie darstellt, führt zur unbegrenzten Subventionierung von Lohndumping, solange es keine wirksame Regulierung der gesellschaftlich akzeptierten Untergrenze von Löhnen gibt.“[36]

Ein staatlich subventionierter Niedriglohnsektor vermehrt die Armut, statt auch nur ansatzweise zur Lösung dieses Kardinalproblems beizutragen. Mittlerweile hat die Bundesrepublik unter den entwickelten Industriestaaten den breitesten Niedriglohnkorridor nach den USA.[37] Werner Seppmann bezeichnet Hartz IV daher als „ein System sozialer Nötigung“, dessen rigide Bestimmungen nicht bloß auf die von Arbeitsplatzabbau und sozialer Rückstufung unmittelbar Betroffenen disziplinierend wirken: „Sie hinterlassen ihren Eindruck auch bei den noch Beschäftigten, die sich vor der Arbeitslosigkeit und der mit den Hartz-IV-Regeln installierten Abstiegsautomatik fürchten.“[38]

Durch die (Teil-)Privatisierung bzw. Effektivierung der Arbeitsvermittlung und Kürzung der Leistungen für Erwerbslose, wie sie das Hartz-Konzept enthielt, ließen sich längerfristig zwar die Ausgaben des Staates und die „Lohnnebenkosten“ der Unternehmen senken, Letztere aber kaum veranlassen, mehr Stellen zu schaffen. Oftmals betrieben sie höchstens eine Kosmetik der Arbeitsmarktstatistik: So spalteten etliche Firmen bisherige Voll- und Teilzeitarbeitsplätze in mehrere geringfügige Beschäftigungsverhältnisse auf und belasteten durch wegfallende Beiträge die Sozialversicherungen zusätzlich, ohne dass hieraus – wie von Peter Hartz und dem damaligen Bundeskanzler Schröder versprochen – ein deutlich spürbarer Rückgang der Erwerbslosigkeit resultierte.

---

36 Matthias Knuth, Zwischen Arbeitsmarktpolitik und Armenfürsorge. Spannungsverhältnisse und mögliche Entwicklungen der „Grundsicherung für Arbeitsuchende“, in: Clarissa Rudolph/Renate Niekant (Hg.), Hartz IV – Zwischenbilanz und Perspektiven, Münster 2007, S. 86

37 Vgl. dazu: Gerhard Bosch/Claudia Weinkopf (Hg.), Arbeiten für wenig Geld. Niedriglohnbeschäftigung in Deutschland, Frankfurt am Main/New York 2007; Klaus Pape (Hg.), Arbeit ohne Netz. Prekäre Arbeit und ihre Auswirkungen, Hannover 2007; Günter Wallraff/Frank Bsirske/Franz-Josef Möllenberg (Hg.), Leben ohne Mindestlohn. Arm wegen Arbeit: Niedriglöhner, Leiharbeiter und „Aufstocker“ erzählen, Hamburg 2011

38 Werner Seppmann, Ausgrenzung und Herrschaft. Prekarisierung als Klassenfrage, Hamburg 2013, S. 87

Durch die Hartz-IV-Reform belebte sich der Arbeitsmarkt nicht, sondern er geriet vollends aus dem Gleichgewicht. „Jobs statt Arbeitsplätze – so lässt sich die Prekarisierung durch den Boom bei Leiharbeit, (Schein-)Selbständigkeit, Mini- und Ein-Euro-Jobs zusammenfassen."[39] Unter dem anhaltenden Trend zur Verschlechterung der Arbeits- und Lebensbedingungen leidet die ganze Gesellschaft: Millionen Menschen haben kein sozialversicherungspflichtiges Arbeitsverhältnis, das ihnen Schutz vor elementaren Lebensrisiken bieten würde. Wenn dieser halbwegs gegeben ist, leisten sie vielfach Leiharbeit oder (Zwangs-)Teilzeit. In einer sich rapide wandelnden Arbeitswelt, die Prekarität einschließt, wird atypische Beschäftigung mehr und mehr zur Normalität.[40] Selbst im öffentlichen Dienst steigt der Anteil befristeter Arbeitsverhältnisse weiter. Sogar die Bundesregierung bietet in ihrem Verantwortungsbereich immer mehr Beschäftigten kein Dauerarbeitsverhältnis an.[41] Durch die Schaffung eines breiten Niedriglohnsektors ist der Druck auf die – häufig prekär und/oder atypisch – Beschäftigten gewachsen, verbunden mit gesundheitlichen Beeinträchtigungen und enormen psychosozialen Belastungen für sie und ihre Familien.[42] Ein steigender Leistungsdruck, Terminhetze und Dauerstress, die seither an der Tagesordnung sind, machen viele Menschen krank, sind aber nicht vom Himmel gefallen, sondern durch die Hartz-Gesetze mit herbeigeführt worden.

7.3 Hauptleidtragende und Profiteure der Reformpolitik

Nicht alle Menschen, die Arbeitslosengeld II bzw. Sozialgeld beziehen oder deren Antrag auf diese Transferleistungen des Staates abgelehnt wurden, sind in gleicher Weise von der nach Peter Hartz benannten Arbeitsmarktreform betroffen. Vielmehr gibt es Personengruppen, die zu den Hauptleidtragenden dieses Gesetzeswerkes gehören, und andere, die davon entweder überhaupt nicht tangiert sind oder davon sogar enorm profitiert haben, ohne dass

---

39 Annelie Buntenbach, Hartz-Reformen: Viel Bewegung – neue Probleme – wenig Fortschritt, in: Hartmut Seifert/Olaf Struck (Hg.), Arbeitsmarkt und Sozialpolitik. Kontroversen um Effizienz und soziale Sicherheit, Wiesbaden 2009, S. 249

40 Vgl. Berndt Keller/Hartmut Seifert, Atypische Beschäftigung zwischen Prekarität und Normalität. Entwicklung, Strukturen und Bestimmungsgründe im Überblick, Berlin 2013

41 Vgl. Bundesregierung treibt Zahl befristeter Arbeitsverträge hoch. Fast 10 Prozent mehr Zeitverträge binnen eines Jahres, in: FAZ v. 24.6.2014

42 Vgl. dazu: Rolf Haubl/Brigitte Hausinger/G. Günter Voß (Hg.), Riskante Arbeitswelten. Zu den Auswirkungen moderner Beschäftigungsverhältnisse auf die psychische Gesundheit und die Arbeitsqualität, Frankfurt am Main/New York 2013

dies in der Öffentlichkeit ausreichend thematisiert wird. Einigkeit herrscht unter den Kommentator(inn)en hinsichtlich der Tatsache, dass die Hartz-Reformen sowohl Gewinner als auch Verlierer/innen hervorgebracht haben. Umstrittener ist schon die Festellung, dass sich unter Grundsicherungsbezieher(inne)n deutlich mehr Verlierer/innen als Gewinner befanden: „Es gab zwar auch eine erhebliche Zahl von Gewinnern, die Zahl der Verlierer überwog aber. Dementsprechend ist der Anteil der von der Reform betroffenen Leistungsbezieher, die als einkommensarm gelten, deutlich gestiegen – von gut der Hälfte im Jahr 2004 auf zwei Drittel 2005."[43]

Vor allem durch das *Vierte Gesetz für moderne Dienstleistungen am Arbeitsmarkt* hat sich die finanzielle Situation von Millionen Langzeit- bzw. Dauererwerbslosen und ihren Familien spürbar verschlechtert. Hartz IV führte zu einer Verschärfung der sozialen Schieflage im Land, einer Ausweitung der (Kinder-)Armut bis in die Mitte der Gesellschaft hinein und vor allem zu einer Verbreiterung des Niedriglohnsektors. Ein staatlich geförderter Niedriglohnbereich, wie ihn die Hartz-Gesetze errichten halfen, verhindert weder Arbeitslosigkeit noch Armut, sondern vermehrt Letztere eher. Weil das Arbeitslosengeld II als ergänzende Sozialleistung zu einem sehr niedrigen Lohn konzipiert war, hebelte es die bisherige Mindestlohnfunktion der Sozialhilfe aus.[44] Armut war daher eine der negativen Folgewirkungen, die Hartz IV in einem Großteil der Fachliteratur zugeschrieben werden.[45]

Trotzdem behaupteten Anke Hassel und Christof Schiller in ihrem Buch über Hartz IV allen Ernstes, „dass mit der Reform die Armut nicht erhöht, sondern verdeckte Armut aufgedeckt und bekämpft wurde."[46] Armutspolitisch hatten die als „Grundsicherung für Arbeitsuchende" firmierenden Transferleistungen indes einen fatalen Doppeleffekt: Zwar machte Hartz IV zumindest einen Teil der vorher verdeckten Armut sichtbar, verstärkte aber zugleich vorhandene und erzeugte darüber hinaus neue Armut, wie es sie in dieser ausgrenzenden, erniedrigenden und entwürdigenden Form in der Bundesrepublik bis dahin kaum je gegeben hatte. Einerseits nehmen auch

---

43 Jan Goebel/Maria Richter, Nach der Einführung von Arbeitslosengeld II: deutlich mehr Verlierer als Gewinner unter den Hilfeempfängern, in: DIW-Wochenbericht 50/2007, S. 761

44 Vgl. Martin Bongards, Hartz IV – Realität des neuen Gesetzes, in: Holger Kindler/Ada-Charlotte Regelmann/Marco Tullney (Hg.), Die Folgen der Agenda 2010, a.a.O., S. 63; Rüdiger Bröhling, Vom zivilen Kriegsdienst zur allgemeinen Dienstpflicht? – Zur Funktion des Zivildienstes, in: ebd., S. 157

45 Vgl. dazu: Simon Jung, Die Hartz-Reformen und die Armutsentwicklung in Deutschland. Ursachen und armutsbeeinflussende Folgen (von) Deutschlands umfangreichster Sozialreform, Hamburg 2013

46 Siehe Anke Hassel/Christof Schiller, Der Fall Hartz IV, a.a.O., S. 53

viele Menschen, darunter vor allem Beschäftigte im Niedriglohnbereich und (Solo-)Selbstständige, das Arbeitslosengeld II in Anspruch, die vermutlich aus Scham nicht zum Sozialamt gegangen waren bzw. wären, um dort „Stütze“ für sich und ihre Angehörigen zu beantragen, andererseits erhalten Millionen Langzeiterwerbslose, die früher Empfänger/innen von Arbeitslosenhilfe waren oder geworden wären, seither weniger oder sogar überhaupt kein Geld vom Staat mehr, weil das Partnereinkommen (z.B. gut verdienender Ehemänner und Lebenspartner/innen) bei Hartz IV sehr viel strikter auf den Leistungsanspruch der Antragsteller/innen (überwiegend Frauen) angerechnet wird.

Aus den erwähnten Gründen zeitigte das Gesetzespaket per saldo negative Verteilungseffekte, wie Irene Becker und Richard Hauser per Simulationsanalyse nachwiesen: „Die Ersetzung der Alh durch das Alg II hat für einen Teil der Betroffenen zwar durchaus positive Effekte, da verdeckte Armut von früheren Alh-Empfängern vermutlich effektiv abgebaut wird. Dies geht aber zu Lasten derjenigen, die bisher mit der Alh knapp oberhalb des Existenzminimums gelebt haben. Die Reform führt also zu einer Umverteilung innerhalb des untersten Segments der Einkommensverteilung – wobei die Zahl der Verlierer dominiert – mit entsprechend fragwürdigen Ergebnissen insbesondere für arbeitslose Frauen und in den neuen Ländern.“[47]

Unter den Betroffenen waren überhaupt viele Ostdeutsche, weil der Kahlschlag der Arbeitsplätze im Beitrittsgebiet ein riesiges Heer an Langzeit- und Dauererwerbslosen schuf, dort kaum Flächentarifverträge existierten und das Lohn- bzw. Gehaltsniveau nach Jahrzehnten immer noch deutlich hinter dem westdeutschen zurückblieb. Außerdem waren Frauen in Ostdeutschland zu einem erheblich höheren Anteil als ihre westdeutschen Geschlechtsgenossinnen erwerbstätig, was im Falle der Arbeitslosigkeit dazu führte, dass ihnen das Partnereinkommen verstärkt auf das Alg II angerechnet und dieses entweder gestrichen oder der Zahlbetrag verringert wurde. Die soziale Ost-West-Spaltung des vereinten Deutschland wurde also durch Hartz IV nicht etwa eliminiert oder relativiert, sondern zementiert.

Zu den Hauptleidtragenden der Hartz-Gesetze gehören die Frauen, jedenfalls dann, wenn es sich um alleinerziehende Mütter handelt. Zwar sind Alleinerziehende, die Kinder unter drei Jahren zu betreuen haben, durch Hartz IV von der Erwerbspflicht freigestellt. Manuela Schwarzkopf beobachtete jedoch in der Jobcenter-Praxis, dass (alleinerziehenden) Frauen mit Kindern des besagten Alters eher standardisiert die Übernahme der Familien-

---

47 Irene Becker/Richard Hauser, Verteilungseffekte der Hartz-IV-Reform. Ergebnisse von Simulationsanalysen, Berlin 2006, S. 102

arbeit unterstellt bzw. zugewiesen wurde, als dass es sich um ihre bewusste und aktive Entscheidung gehandelt hätte.[48] Während die Erwerbsarbeit auch für Alleinerziehende (meist Mütter) mit Kindern höheren Alters eine Pflicht darstellt, ist die Betreuungsinfrastruktur der Bundesrepublik immer noch wenig entwickelt und die Übernahme entsprechender Kosten durch das Jobcenter eine Ermessensentscheidung. Schwarzkopf, die das Leben alleinerziehender Frauen im Grundsicherungsbezug untersucht hat, gelangte daher zu dem Ergebnis, „dass grundsätzlich weder individuelle Rechte auf Erwerbsteilhabe noch auf Familienarbeit im SGB II existieren und insofern auch keine Wahlfreiheit besteht. Selbst Hilfebedürftige mit Kindern unter drei Jahren können nicht wirklich zwischen den ihnen gesetzlich zugestandenen Rechten wählen, da die Rahmenbedingungen dies häufig nicht erlauben."[49] Eine mangelnde Geschlechtssensibilität bei der Hartz-IV-Umsetzung kritisiert auch Karin Lenhart. Sie kam durch Interviews mit weiblichen Betroffenen des Gesetzespaketes aus Berlin, einer Stadt, in der mehr als 20 Prozent der Gesamtbevölkerung „von Hartz IV leben" müssen, zu dem Resultat, „dass die sozialen Bürgerrechte von Frauen durch die jüngsten Arbeitsmarktreformen gerade nicht gestärkt, sondern massiv bedroht werden."[50]

Jüngere Menschen erhalten fast nur noch befristete Arbeitsverträge und schlagen sich als Scheinselbstständige, mit Honorarverträgen oder als schlecht bzw. gar nicht entlohnte Hilfskräfte („Generation Praktikum") durch. Hartz IV prägt seit dem Inkrafttreten dieses Gesetzespaketes das Schicksal von Millionen jungen Menschen, deren Lebensperspektiven davon ebenso maßgeblich bestimmt werden wie ihr Alltag. So lebten im Jahresdurchschnitt 2013 hierzulande 777.000 (8,9 Prozent) von insgesamt etwa 8,777 Mio. jungen Menschen im Alter von 15 bis 24 Jahren in SGB-II-Bedarfsgemeinschaften. Jugendliche, Heranwachsende und junge Erwachsene, die weder einen Arbeits- noch einen Ausbildungsplatz fanden, gehörten insofern zu den Hauptleidtragenden der Hartz-IV-Gesetzgebung, als sie von den Jobcentern häufiger und (außer bei Meldeversäumnissen) auch schärfer sanktioniert wurden als ältere Leistungsberechtigte.

Migrant(inn)en waren im Allgemeinen stärker als Einheimische von einer sozialen Marginalisierung durch die Hartz-Gesetze bedroht. Dies betraf

48 Vgl. Manuela Schwarzkopf, Doppelt gefordert, wenig gefördert. Alleinerziehende Frauen in der Grundsicherung für Arbeitsuchende, Berlin 2009, S. 75

49 Ebd.

50 Siehe Karin Lenhart, Soziale Bürgerrechte unter Druck. Die Auswirkungen von Hartz IV auf Frauen, Wiesbaden 2009, S. 136

vor allem Gruppen mit einem prekären Aufenthaltsstatus und ihre Kinder.[51] Zeitgleich mit Hartz IV trat am 1. Januar 2005 das *Zuwanderungsgesetz* in Kraft, welches die Folgen der Arbeitsmarktreformen für Migrant(inn)en stark beeinflusste. Unabhängig von zum Teil auch bei Deutschen vorhandenen Qualifikationsdefiziten wirkten bei Migrant(inn)en weitere Zugangsbarrieren, die einer gleichberechtigten Inanspruchnahme von Eingliederungsmaßnahmen der Jobcenter entgegenstanden. Die neuen Zumutbarkeits regeln für Arbeit suchende Transferleistungsbezieher/innen führten dazu, dass mehr Niedriglohnjobs, die bisher für Deutsche nicht attraktiv genug und deshalb Migrant(inn)en vorbehalten waren, nunmehr von deutschen und bevorrechtigten EU-Ausländer(inne)n übernommen wurden. Dadurch verengte sich der Sektor potenzieller Beschäftigungsmöglichkeiten für Migrant(inn)en mit nachrangigem Arbeitsmarktzugang weiter und stieg die Erwerbslosigkeit unter ihnen tendenziell stärker an.

Annelie Buntenbach, Mitglied des Geschäftsführenden DGB-Bundesvorstandes, sieht in den Hartz-Gesetzen die Entwicklung zum „Bedürftigkeitsstaat" angelegt und für die nächsten Jahrzehnte eine schwere soziale Hypothek der Bundesrepublik: „Hartz IV droht zum Lebensalltag für immer mehr Menschen zu werden. Ein gefährlicher Trend, der sich – zumindest mit Blick auf die Zukunft – im Alter verfestigen könnte, weil auf Lohnarmut und Langzeitarbeitslosigkeit unweigerlich Altersarmut folgt und – wenn die Politik nicht umsteuert – immer mehr Menschen auf die Grundsicherung im Alter angewiesen sein werden."[52] Da die Deregulierung des Arbeitsmarktes mit einer Demontage des Sozialstaates im Allgemeinen und der Gesetzlichen Rentenversicherung im Besonderen einherging, war zunehmende Altersarmut durch die „Agenda"-Politik geradezu vorprogrammiert.[53] Während die Prekarisierung der Beschäftigungsverhältnisse zu einer Verringerung der individuellen Rentenansprüche führte, sorgte die (Teil-)Privatisierung der Altersvorsorge für ein Absinken des allgemeinen Rentenniveaus, wodurch sich die sozialen Probleme der Senior(inn)en kumulieren.

---

51 Vgl. hierzu: Christoph Butterwegge/Carolin Reißlandt, Armut, Ausgrenzung und Abschiebung per Gesetz?, Die Folgen der so genannten Hartz-Gesetze für Migranten und Migrantinnen, in: Migration und Soziale Arbeit 1/2005, S. 3 ff.; Carolin Butterwegge, Armut von Kindern mit Migrationshintergrund. Ausmaß, Erscheinungsformen und Ursachen, Wiesbaden 2010

52 Annelie Buntenbach, Sozialpolitik am Wendepunkt: Vom Sozialstaat zum Sozialhilfestaat?, in: Soziale Sicherheit 4/2010, S. 126

53 Vgl. hierzu: Christoph Butterwegge/Gerd Bosbach/Matthias W. Birkwald (Hg.), Armut im Alter. Probleme und Perspektiven der sozialen Sicherung, Frankfurt am Main/New York 2012

Man muss kein Prophet sein, um vorhersagen zu können, dass sich als eine Spätfolge der Hartz-Gesetze bei langjährigen Alg-II-Bezieher(inne)n, prekär Beschäftigten und Niedriglöhner(inne)n im Alter vermehrt Armut einstellen wird. Bei einem Blick auf die Entwicklung der Rentenversicherungsbeiträge, die der Bund für Langzeiterwerbslose gezahlt hat, offenbart sich eine Chronique scandaleuse: Bis zum *Haushaltbegleitgesetz 1983* entrichtete die BA für Personen, denen sie Arbeitslosenhilfe zahlte, Rentenversicherungsbeiträge auf der Grundlage (von 100 Prozent!) ihres früheren Bruttolohns bzw. -gehalts. Seither richteten sich die Rentenversicherungsbeiträge für Empfänger/innen von Arbeitslosenhilfe nach deren Höhe. Durch das *Haushaltssanierungsgesetz,* welches die Neuverschuldung des Bundes zurückführen helfen sollte, wurde die Bemessungsgrundlage der RV-Beiträge für Alh-Empfänger/innen ab 1. Januar 2000 von 80 Prozent des dieser Transferleistung zugrunde liegenden Arbeitsentgelts auf den tatsächlichen Alh-Zahlbetrag reduziert, und zwar auch dann, wenn der Sozialtransfer bereits vor der Neuregelung bewilligt worden war. Durch die Abschaffung der Arbeitslosenhilfe und die Einführung des Arbeitslosengeldes II zum 1. Januar 2005 sanken die für Langzeiterwerbslose entrichteten Rentenversicherungsbeiträge erneut: Hartz IV fixierte die Bemessungsgrundlage auf 400 Euro. Mit dem (Ersten) *Gesetz zur Änderung des SGB II und anderer Gesetze* wurde die Bemessungsgrundlage der Rentenversicherungsbeiträge von Alg-II-Empfänger(inne)n auf 205 Euro gesenkt, wodurch sich das Armutsrisiko weiter erhöhte: Ab 1. Januar 2007 sank der für Alg-II-Empfänger/innen abgeführte Rentenversicherungsbeitrag von 78 auf 40,80 Euro pro Monat, wodurch sich die Leistungsansprüche im Alter entsprechend verringerten. Seit dem 1. Januar 2011 entrichtet die BA für Alg-II-Empfänger/innen überhaupt keine RV-Beiträge mehr.

Da die Rentenversicherungsbeiträge der Alh- bzw. Alg-II-Bezieher/innen scheibchenweise auf null zurückgefahren wurden, spricht Martin Staiger von einer „geradezu klassischen Salamitaktik", die angewendet worden sei, um das Ziel einer Schwächung der Rentenversicherung zu erreichen.[54] Unabhängig davon, ob maßgebliche (Regierungs-)Politiker tatsächlich über Jahrzehnte hinweg so strategisch gehandelt haben, wie Staiger ihnen unterstellt, waren die Folgen für manche Betroffene verheerend. Durch die Streichung der Beiträge zur Rentenversicherung, welche die BA im Falle der Langzeit- bzw. Dauererwerbslosigkeit zum Teil jahrzehntelang entrichtete, ist das Armutsrisiko für Senior(inn)en mit brüchigen Erwerbsbiografien jedenfalls drastisch gestiegen.

54 Siehe Martin Staiger, Rettet die Rente! – Wie sie ruiniert wurde und wie sie wieder sicher wird, Oberursel 2013, S. S. 53

Problematisch wirkte sich das Reformpaket auch im Hinblick auf die Erwerbsminderungsrenten aus: Tatjana Mika, Janine Lange und Michael Stegmann weisen darauf hin, dass sich durch den Verzicht auf Beitragszahlungen während des Alg-II-Bezugs auch die Chancen verringerten, Rentenansprüche wegen der Erfüllung sog. Wartezeiten, d.h. einer Mindestversicherungszeit mit Zahlung von Pflichtbeiträgen in beliebiger Höhe zu erwerben. Dies gilt besonders für Erwerbsminderungsrenten, deren Zahlung davon abhängt, dass in den letzten (drei) Jahren unmittelbar vor dem Eintritt der ärztlicherseits bestätigten gesundheitlichen Einschränkungen die Wartezeit erfüllt wird: „Die aktuelle Regelung (keine Beitragszahlungen an die GRV) stellt deshalb hinsichtlich der Erfüllung von Wartezeiten für die Gewährung einer Rente für ALG-II-Bezieher eine deutliche Verschlechterung dar, während die ursprüngliche Hartz-IV-Reform für einige eine Verbesserung durch die Bewertung der Zeit als Beitragszeit in der Gesetzlichen Rentenversicherung gebracht hatte."[55]

In der Fachliteratur bleibt die Frage, ob Hartz IV arm macht oder ob damit erfolgreich Armutsprävention betrieben wird, weiterhin umstritten, was kaum verwundert, wenn man bedenkt, dass „Armut" ein politisch-normativer, sehr komplexer, mehrdimensionaler sowie moralisch und emotional aufgeladener Begriff ist.[56] Daraus resultieren ein unterschiedliches bis gegensätzliches Verständnis der Wissenschaftler/innen hinsichtlich ihres Forschungsgegenstandes und extrem stark differierende Interpretationen der Untersuchungsergebnisse. Während beispielsweise regierungsnahe Empiriker/innen das Bildungs- und Teilhabepaket der Bundesregierung für einen Etappen- oder gar den Endsieg im Kampf gegen die Kinderarmut halten, sehen Kritiker/innen darin einen Teil des Problems und nicht einen Teil der Lösung.

Obwohl die meisten vorliegenden Studien laut Joß Steinke nicht darauf hindeuten, dass die Reform zu einer systematischen Vergrößerung bzw. Vermehrung der Armut geführt hat, weil zumindest die Grundbedürfnisse durch das Arbeitslosengeld II und das Sozialgeld abgedeckt seien, verhehlte der Leiter der Abteilung Arbeit, Soziales, Europa im AWO-Bundesverband und damalige IAB-Mitarbeiter nicht, dass Familien kaum Möglichkeiten zur Rück-

---

55 Tatjana Mika/Janine Lange/Michael Stegmann, Erwerbsminderungsrente nach Bezug von ALG II: Auswirkungen der Reformen auf die Versicherungsbiografien, in: WSI-Mitteilungen 4/2014, S. 278

56 Vgl. hierzu und zum Folgenden: Christoph Butterwegge, Armut in einem reichen Land. Wie das Problem verharmlost und verdrängt wird, 3. Aufl. Frankfurt am Main/New York 2012, S. 12 ff.

lagenbildung haben: „Mangelwirtschaft ist Alltag."[57] In einem IAB-Forschungsbericht findet sich die Feststellung, dass Versorgungsengpässe zum Monatsende bei Hartz-IV-Betroffenen „ein weiter verbreitetes Phänomen" seien: „Bei den Hilfebeziehern geht es beispielsweise um Fragen wie die teilweise Substitution elektrischen Lichts durch Haushaltskerzen, das Abmelden von Telefonanschlüssen, die Ablehnung von Einladungen und den Verzicht auf Familienfeierlichkeiten wie Geburtstage und Weihnachtsfeste, aber auch um die Nichtanspruchnahme des Gesundheitssystems oder Abstriche bei Ernährung und medizinisch erforderlichen Diäten, um Probleme bei der Reparatur und/oder Wiederbeschaffung von Haushaltsgeräten oder Mobiliar."[58] Wenn das aber in einem reichen Land wie der Bundesrepublik vermeintlich (noch) keine „richtige" Armut ist, was dann?

Selbst wenn die Grundsicherung für Arbeitsuchende mit ihrem Regelbedarf von maximal 399 Euro (2015) für eine alleinstehende bzw. alleinerziehende Person sowie der Übernahme „angemessener" Wohnkosten das *soziokulturelle* Existenzminimum gerade noch sichert, was man trotz des o.g. Bundesverfassungsgerichtsurteils vom 23. Juli 2014 bezweifeln kann, bedeuten jede fehlerhafte Berechnung und jede Kürzung wegen einer Sanktionierung zumindest *relative* Armut für Leistungsberechtigte. Darunter versteht man eine Lebenslage, bei der zwar die Grundbedürfnisse – ausreichende Ernährung, eine den klimatischen Bedingungen angemessene Unterkunft und Kleidung sowie eine medizinische Basisversorgung – abgedeckt sind, aber weder die Teilhabe am sozialen und kulturellen Leben noch die Pflege der zwischenmenschlichen Beziehungen (zu Verwandten, Freunden und Bekannten) möglich ist. Im Falle einer Totalsanktion, die normalerweise zur völligen Mittellosigkeit und bei Unter-25-Jährigen manchmal sogar zur Wohnungslosigkeit des Leistungsbedürftigen führte, weil das Jobcenter die Übernahme seiner Miet- und Heizkosten vorübergehend beendete,[59] lag eindeutig *absolute*, *extreme* bzw. *existenzielle* Armut vor. Darunter versteht man den im Extremfall lebensbedrohlichen Zustand, dass ein Mensch seine Grundbedürfnisse nicht befriedigen kann und am *physischen* Existenzminimum lebt bzw. genauer: dahinvegetiert.

---

57 Joß Steinke, Macht „Hartz IV" arm? – Erkenntnisse aus Sicht der Wissenschaft, in: GWP 3/2011, S. 355

58 Andreas Hirseland/Philipp Ramos Lobato, Armutsdynamik und Arbeitsmarkt. Entstehung, Verfestigung und Überwindung von Hilfebedürftigkeit bei Erwerbsfähigen, IAB-Forschungsbericht 3/2010, S. 23 und S. 24

59 Vgl. dazu: Anne Ames, Mit Druck und Strafen auf den rechten Weg bringen? – Sanktionen nach dem SGB für Unter-25-Jährige, in: Yvonne Ploetz (Hg.), Jugendarmut. Beiträge zur Lage in Deutschland, Opladen/Berlin/Toronto 2013, S. 206 f.

Während Steinke die materielle Grundausstattung von Leistungsbedürftigen offenbar für hinreichend ansah, um Armut zu vermeiden, wies er auf die Schwächen des SGB II in Bezug auf die Teilhabe an Bildung und Kultur hin: „Für einen relevanten Teil der Leistungsempfänger fehlen die Mittel, Freunde zum Essen einzuladen, ins Kino zu gehen o.Ä. Offensichtlich besteht im Bereich der sozialen, gesellschaftlichen und kulturellen Teilhabe die Tendenz, sich aus dem sozialen Leben zurückzuziehen – mit der Gefahr von Marginalisierung und Isolation."[60] Steinke hielt die pauschale These einer Armutszunahme als Folge der Hartz-IV-Reform zwar für wissenschaftlich „nicht haltbar", deutete gegen Ende seines o.g. Artikels jedoch vorsichtig an, dass die Erwerbsarmut durch Ausweitung des Niedriglohnsektors vermehrt worden sein könnte.[61] Tatsächlich wirkt Hartz IV armutskonservierend und -produzierend: Während das Arbeitslosengeld II die Leistungsbedürftigen nicht aus ihrer finanziellen Notlage befreit, weil sie meistens selbst im günstigsten Fall, nämlich bei Zahlung der kompletten Regelleistung sowie der höchsten erstattungsfähigen Miet- und Heizkosten durch das Jobcenter, sowohl unterhalb der staatlichen Pfändungsfreigrenze (2014: 1.050 Euro), die eine akzeptable Armutsgrenze darstellt, wie auch unterhalb der EU-offiziellen „Armutsrisikoschwelle" von 60 Prozent des mittleren bedarfsgewichteten Nettoeinkommens (2012: 980 Euro) bleiben, führt Hartz IV aufgrund seiner rigiden Zumutbarkeitsregelungen dem Niedriglohnsektor immer wieder neue Arbeitskräfte zu, die aufgrund ihrer finanziellen Nöte gezwungen sind, als „Aufstocker/innen" für so wenig Geld zu arbeiten, dass sie die genannten Armutsgrenzen gleichfalls nicht hinter sich lassen können.

Armut, in der Bundesrepublik jahrzehntelang eher ein Rand(gruppen)phänomen, ist durch die Arbeitsmarktreformen selbst für Teile der unteren Mittelschicht zur Normalität geworden. Besonders früh und intensiv wurde über die Folgen der sog. Hartz-Gesetzgebung für Kinder diskutiert, weil diese seit Alters her als „würdige Arme" gelten, die ihre soziale Misere im Unterschied zu „arbeitsscheuen" Erwachsenen nicht selbst verschuldet haben.[62] Auf dem Höhepunkt des Konjunkturaufschwungs nach der rot-grünen Arbeitsmarktreform, im März 2007, lebten Angaben der Bundesagentur für Arbeit zufolge fast 1,929 Mio. Kinder unter 15 Jahren (von 11,44 Mio. dieser Altersgruppe insgesamt) in SGB-II-Bedarfsgemeinschaften. Verschärft wurde das Problem durch erhebliche regionale Disparitäten (Ost-West- und

60 Ebd., S. 353

61 Siehe ebd., S. 355

62 Vgl. hierzu: Christoph Butterwegge/Michael Klundt/Matthias Belke-Zeng, Kinderarmut in Ost- und Westdeutschland, 2. Aufl. Wiesbaden 2008

Nord-Süd-Gefälle). So lebten in Görlitz 44,1 Prozent aller Kinder unter 15 Jahren in SGB-II-Bedarfsgemeinschaften, während es im ausgesprochen wohlhabenden bayerischen Landkreis Starnberg nur 3,9 Prozent waren. Wie die traurige Rekordhöhe der Kinderarmut zu dem genannten Zeitpunkt vermuten lässt, gehören die jüngsten Gesellschaftsmitglieder zu den Hauptverlierer(inne)n von Hartz IV.

Bis zum Jahr 2013 sank die Anzahl der in SGB-II-Bedarfsgemeinschaften lebenden Kinder unter 15 Jahren zwar um ca. 300.000 auf 1,64 Mio.,[63] einen Stand, auf dem sie die nächsten zwei Jahre verharrte. Dies war jedoch weder der erfolgreichen Armutsbekämpfung durch die schwarz-gelbe Bundesregierung noch Vermittlungserfolgen der Jobcenter geschuldet, sondern Folge einer Bereinigung der Statistik und eine Begleiterscheinung des demografischen Wandels. Es gibt nämlich inzwischen weniger als 10,65 Mio. Kinder in dem besagten Alter, wodurch sich natürlich auch die Zahl der potenziellen Sozialgeld-Empfänger/innen verringerte. Außerdem hatte man vor allem Alleinerziehende im Alg-II-Bezug nach der Reform des Kinderzuschlages ab 1. Oktober 2008 gedrängt, diesen und Wohngeld für sich und ihren Nachwuchs in Anspruch zu nehmen, was sie meist nur knapp über den Regelsatz hievte, aber nichtsdestotrotz aus der leidigen Hartz-IV-Statistik katapultierte.

Die Hartz-Gesetze konterkarierten politische Bemühungen zur Armutsbekämpfung. Besonders Hartz IV trug durch das Abdrängen der Langzeiterwerbslosen samt ihren Familienangehörigen in den Fürsorgebereich dazu bei, dass Kinderarmut „normal" wurde, was sie schwerer skandalisierbar macht. Auf das Leben der ostdeutschen Kinder wirkte sich das Gesetz wegen der katastrophalen Lage des dortigen Arbeitsmarktes besonders verheerend aus. Die finanzielle Lage von Familien mit Alh-Empfänger(inne)n verschlechterte sich durch den Übergang zum Alg II, was erhebliche materielle Einschränkungen für Kinder einschloss. Betroffen waren auch diejenigen Kinder, deren Väter aufgrund ihres gegenüber der Arbeitslosenhilfe niedrigeren Arbeitslosengeldes II keinen oder weniger Unterhalt zahlen konnten, denn die Unterhaltsvorschusskassen bei den Jugendämtern treten nur maximal sechs Jahre lang und auch nur bis zum 12. Lebensjahr des Kindes ein: „Anschließend kann die Mutter für Sohn oder Tochter Sozialgeld beantragen, aber nur, wenn sie nicht genug verdient, um den Lebensunterhalt für sich und das Kind zu bestreiten."[64]

---

63 Vgl. Thomas Öchsner, Weniger Kinderarmut in Deutschland. Bundesweit ist die Zahl der jungen Hartz-IV-Empfänger seit dem Jahr 2006 um 13,5 Prozent zurückgegangen, in: SZ v. 26.1.2011

64 Katharina Sperber, Kein Unterhalt mehr vom Vater. Hartz IV lässt den Empfängern nicht genug Geld für die Zahlung – allein erziehende Mütter müssen dann aufs Amt, in: FR v. 27.7.2004

Die mit Hartz IV einhergehenden Leistungskürzungen trafen hauptsächlich Langzeiterwerbslose, ihre Familien und Kinder. „Ob die Absenkung der Transferleistungen an diesen Teil der Gesellschaft, der sowieso zu den Verlierern gehört, die soziale Kohärenz einer Gesellschaft erhöht, darf bezweifelt werden. Möglicherweise sind die Kosten, die sich aus potentiell höherer Kriminalität, geringeren Entwicklungschancen von Kindern aus diesem Segment der Gesellschaft etc. ergeben, höher als die Einsparungen – ganz abgesehen von immateriellen Schäden einer Gesellschaft."[65] Eine soziale Grundsicherung, wie sie Arbeitslosengeld II und Sozialgeld laut Gesetzestext sein möchten, muss vor Armut schützen, damit sie diesen Namen verdient. Das kann man in Anbetracht der äußerst niedrigen Zahlbeträge allerdings kaum behaupten.

Bedingt durch die mit Hartz I vorgenommene Herabsetzung der Vermögensfreigrenzen für Alh-Bezieher/innen ab 1. Januar 2003 und das ebenso geringe Schonvermögen für Alg-II-Empfänger/innen im SGB II fand im Zuge des rot-grünen Reformprogramms eine schleichende Enteignung der Langzeiterwerbslosen statt. Das nach Peter Hartz benannte Gesetzespaket hat diese Personengruppe offenbar noch ärmer gemacht, als sie es bereits war. Wie zwei Forscher des DIW, Markus M. Grabka und Christian Westermeier, herausgefunden haben, ist das durchschnittliche Nettovermögen von Arbeitslosen zwischen 2002 (30.000 Euro) und 2012 (18.000 Euro) drastisch gesunken.[66] Grabka und Westermeier nennen als einen Grund dafür die Hartz-Gesetzgebung bzw. den Umstand, dass leistungsberechtigt im Grundsicherungssystem jetzt nur mehr ist, wer vorher sein Vermögen bis auf einen kleinen Rest aufgebraucht hat. Fast zwei Drittel der Hilfeberechtigten hatten zum Zeitpunkt der Erhebung überhaupt kein Vermögen oder waren sogar verschuldet.

Neben den genannten Verlierergruppen gab es bei Hartz IV auch manche Nutznießer/innen und eine geringe Zahl an Gewinner(inne)n. Dazu gehörten bisherige Sozialhilfebezieher/innen, die erwerbsfähig waren und ab 1. Januar 2005 die Eingliederungsmaßnahmen nach dem SGB II in Anspruch nehmen konnten, sofern die Jobcenter sie in deren Genuss kommen ließen und ihre Fördermaßnahmen nicht auf Höherqualifizierte konzentrierten. Die eigentlichen Profiteure der rot-grünen Arbeitsmarktreformen waren jedoch Unternehmen auf der Suche nach Arbeitskräften, die möglichst billig,

65 Hansjörg Herr, Arbeitsmarktreformen und Beschäftigung. Über die ökonomietheoretischen Grundlagen der Vorschläge der Hartz-Kommission, in: PROKLA 129 (2002), S. 521

66 Vgl. Markus M. Grabka/Christian Westermeier, Anhaltend hohe Vermögensungleichheit in Deutschland, in: DIW-Wochenbericht 9/2014, S. 161

willig und wehrlos sind. „Getreu dem Grundsatz, wonach (nahezu) jede Arbeit besser ist als keine, zielt Hartz IV auf die möglichst umfassende Internalisierung eines allgemeinen Arbeitszwangs."[67] Hartz IV führt dem Niedriglohnsektor aufgrund der verschärften Zumutbarkeitsregeln und des enormen Sanktionsdrucks immer neuen Nachschub zu. Und sinkende Gehälter von Arbeitnehmer(inne)n bedeuten für deren Arbeitgeber ebenso höhere Gewinne wie die Abschaffung aus Beitragsmitteln der Sozialversicherung finanzierter Transferleistungen. Während die Bezieher/innen von Arbeitslosengeld II durch scharfe Zumutbarkeitsregeln und strenge Sanktionen einem Zwangsregime unterworfen wurden, stellten die Grundsicherungsleistungen für Unternehmer eine Möglichkeit dar, Hartz IV gewinnbringend als Kombilohnmodell zu nutzen. Für exzessives Lohndumping betreibende Unternehmer, die häufig aus der Leiharbeitsbranche stammen, bildet das Arbeitslosengeld II eine willkommene Subvention, deren Gesamtsumme sich inzwischen auf mehr als 75 Mrd. Euro beläuft, die Erwerbsaufstocker/innen seit dem 1. Januar 2005 ausgezahlt bekommen haben.

7.4 Lebensmitteltafeln, soziale Ausgrenzung und „neue Verhöhnung" in der Hartz-IV-Gesellschaft

Um die Mitte der 1960er-Jahre, genau vor einem halben Jahrhundert, gab es zusammen nicht einmal 1 Mio. Bezieher/innen von Arbeitslosengeld, Arbeitslosenhilfe und Sozialhilfe in der Bundesrepublik. Damals lebte nur jedes 75. Kind in einer HLU-empfangenden Familie. Bevor die Rezession 1966/67 mit der Illusion unkritischer Zeitgenoss(inn)en aufräumte, dass der Nachkriegskapitalismus weitgehend krisenfrei sei,[68] herrschte in der breiten Öffentlichkeit die Überzeugung vor, Erwerbslosigkeit und Armut würden schon bald einer vergangenen Epoche angehören, weil eine sozial gestaltete Marktwirtschaft ewiges Wachstum und „Wohlstand für alle" (Ludwig Erhard) gewährleisten könne.

Nachdem das *Vierte Gesetz für moderne Dienstleistungen am Arbeitsmarkt* am 1. Januar 2005 in Kraft getreten war, lebten zeitweilig fast 7,5 Mio. Personen, darunter etwa 5,5 Mio. Alg-II-Bezieher/innen und rund 2 Mio. Sozialgeld-

67 Klaus Dörre, Hartz-Kapitalismus. Vom erfolgreichen Scheitern der jüngsten Arbeitsmarktreformen, a.a.O., S. 295

68 Vgl. dazu: Burkart Lutz, Der kurze Traum immerwährender Prosperität. Eine Neuinterpretation der industriell-kapitalistischen Entwicklung im Europa des 20. Jahrhunderts, Frankfurt am Main/New York 1984

empfänger/innen – meistenteils Kinder unter 15 Jahren – in über 4 Mio. Bedarfsgemeinschaften. Das waren mehr als ein Zehntel der Gesamtbevölkerung unter 65 Jahren. Erst nach Verschärfungen des Hartz-IV-Gesetzes nahm die Anzahl der SGB-II-Bedarfsgemeinschaften ab Juni 2006 kontinuierlich ab, was auch für die Anzahl der unmittelbar von Hartz IV betroffenen Personen gilt, die jedoch im Gefolge der Banken-, Finanzmarkt- und Wirtschaftskrise erneut anstieg. Gegenüber dem statistischen Gipfel im Mai 2006 ist die Anzahl der Grundsicherungsempfänger/innen zwar um ca. 20 Prozent auf rund 6 Mio. gesunken, dafür mittlerweile allerdings fast jeder zweite von ihnen im Dauerbezug.

Lena Koller-Bösel, Torsten Lietzmann und Helmut Rudolph haben die Entwicklung des Leistungsbezugs anhand einschlägiger BA-Statistiken bis zum 31. Dezember 2012 untersucht und herausgefunden, dass sich diese Hilfebedürftigkeit einerseits bei einer großen Gruppe von Langzeitbezieher(inne)n verfestigt, im Grundsicherungssystem andererseits jedoch eine große Dynamik herrscht. Wie ihre Längsschnitt- und Fluktuationsanalysen ergaben, befanden sich insgesamt erheblich mehr Menschen vorübergehend im Hartz-IV-System, als die (relativ hohen) Bestandszahlen ohnehin vermuten lassen. „So haben seit Anfang 2005 insgesamt 10,2 Mio. verschiedene Bedarfsgemeinschaften und ca. 15,3 Mio. verschiedene Personen zumindest zeitweilig Leistungen bezogen.“[69]

Aufgrund der hohen personellen Fluktuation innerhalb des SGB-II-Systems haben also sehr viel mehr Bürger/innen ein Mal oder sogar wiederholt die deprimierende Erfahrung von Hartz-IV-Hilfebedürftigkeit gemacht. Außerdem dürfte die sog. Dunkelziffer, d.h. der Anteil jener Personen, die zwar leistungsberechtigt sind, aber aus unterschiedlichen Gründen (Informationsdefizite, Angst vor den staatlichen Behörden, Scheu vor dem bürokratischen Aufwand, Scham gegenüber Verwandten, Nachbarn oder Freunden, falscher Stolz usw.) keinen Antrag stellen, weiterhin recht hoch sein. Dass die Gesamtzahl der Transferleistungsempfänger/innen zuletzt ebenso abgenommen hat wie die relative Höhe der Zahlbeträge, liegt nicht etwa an einem Rückgang der materiellen Bedürftigkeit von Leistungsberechtigten, sondern primär an den durch die Hartz-Reformen drastisch verschärften Anspruchsvoraussetzungen, Kontrollmechanismen und Repressalien der für die Leistungsgewährung zuständigen Jobcenter und Sozial- bzw. Grundsicherungsämter.

Bei einem Vergleich der Anzahl von Transferleistungsbezieher(inne)n einst mit der Anzahl von Leistungsempfänger(inne)n jetzt bestätigt sich die

---

69 Lena Koller-Bösel/Torsten Lietzmann/Helmut Rudolph, Bestand und Turnover in der Grundsicherung, in: WSI-Mitteilungen 6/2014, S. 454

Binsenweisheit, dass Quantität an einem bestimmten Punkt in Qualität umschlägt: Heute sind nicht bloß viel mehr Personen als vor 50 Jahren hilfebedürftig, sondern durch die erheblich höhere Quote der von Sozialtransfers abhängigen Personen hat sich auch das Verhältnis von Staat und Leistungsberechtigten sowie von Bürger(inne)n zu Leistungsbezieher(inne)n gewandelt. Mehr noch: Die Hartz-Gesetzgebung hat Deutschland mitsamt seinem Wohlfahrtsstaat, seiner (sozial)politischen Kultur und seinem jahrzehntelang auf Konsens orientierten gesellschaftlichen Klima viel stärker verändert als manche parlamentarische Weichenstellung der Nachkriegszeit. Fragt man nach den immateriellen Schäden, seelischen Verwundungen und Veränderungen im Alltagsbewusstsein, die besonders Hartz IV unter den Betroffenen hervorgerufen bzw. hinterlassen hat, braucht das Gesetzespaket wahrscheinlich selbst einen Vergleich mit beiden Weltkriegen nicht zu scheuen.

Wer in Hartz IV nur eine Arbeitsmarktreform sieht, versteht das Gesetzespaket daher ebenso wenig wie die sehr viel weiter reichenden Intentionen und gesellschaftspolitischen Ambitionen seiner Urheber. Schließlich bilden die Hartz-Gesetze, vor allem deren viertes, den Kristallisationskern eines umfassenden Projekts zur Restrukturierung der Gesellschaft. Es ging dabei nicht bloß um Leistungskürzungen in einem Kernbereich des staatlichen Sicherungssystems, vielmehr um einen arbeitsmarkt- und sozialpolitischen Paradigmenwechsel, anders formuliert: um eine gesellschaftliche Richtungsentscheidung von grundsätzlicher Bedeutung, weil sie – dies war von Anfang an klar – das Gesicht der Bundesrepublik auf Jahrzehnte prägen wird. Die rotgrünen, durch eine Mehrheit der damaligen Oppositionsparteien CDU, CSU und FDP im Bundesrat, die Kompromissbereitschaft der Regierungsparteien und nachfolgende Bundesregierungen verschärften „Agenda"-Reformen haben den Wohlfahrtsstaat und Deutschland insgesamt so tiefgreifend verändert, dass man ohne Übertreibung von einer „Hartz-Gesellschaft", einem „Hartz-Kapitalismus" oder einer „Hartz-IV-Republik" sprechen kann.[70]

Feuilletonistisch ausgedrückt, haben Gerhard Schröders Agenda 2010 und die Hartz-Gesetze den Rheinischen Kapitalismus,[71] als dessen Synonym bzw. Kosename sich während des sog. Wirtschaftswunders hierzulande

70 Siehe Klaus Dörre, Hartz-Kapitalismus. Das „Gesetz für moderne Dienstleistungen am Arbeitsmarkt" und seine sozialen Folgen, in: Wilhelm Heitmeyer (Hg.), Deutsche Zustände, Folge 3, Frankfurt am Main 2005, S. 252 ff.; Martin Staiger, Die Hartz-IV-Republik. Demütigung statt Förderung, in: Blätter für deutsche und internationale Politik 10/2007, S. 1199 ff.; Christoph Butterwegge, Hartz-Gesellschaft und Sozialstaat, in: Johannes Rehm/Hans G. Ulrich (Hg.), Menschenrecht auf Arbeit? – Sozialethische Perspektiven, Stuttgart 2009, S. 69 ff.

71 Vgl. Michel Albert, Kapitalismus contra Kapitalismus, Frankfurt am Main/New York 1992, S. 25 und passim

„Soziale Marktwirtschaft“ eingebürgert hatte, in einen schweinischen Kapitalismus nach angelsächsischem Muster verwandelt. Ob es möglich ist, die angloamerikanische Form der „Ellenbogengesellschaft“ zu zähmen oder zu zivilisieren sowie den Rheinischen Kapitalismus in einem Anflug von Nostalgie als „Dritten Weg“ zu rekonstruieren, wie es Franz Meurer, Jochen Ott und Peter Sprong mit dem hehren Ziel proklamieren, wieder mehr soziale Gerechtigkeit zu schaffen,[72] sei dahingestellt. Es könnte sich auch bei diesem Dritten Weg um eine politische Sackgasse handeln, was Ulrich Schneider andeutet, wenn er bemerkt: „Auch in seiner ‚rheinischen Variante‘ bleibt der Kapitalismus eine Wirtschaftsform, die zuverlässig Arbeitslosigkeit produziert, Armut hervorruft, auch Wohnungsnot und sogar Obdachlosigkeit. Der gigantische Reichtum, den diese Wirtschaftsform ermöglicht, geht immer auch mit der Ausgrenzung von Menschen einher, die von diesem Kuchen nichts abbekommen.“[73]

Manches deutet ohnedies eher darauf hin, dass die „Neoliberalisierung“ des Rheinischen Kapitalismus, von welcher Bernd Röttger mit Blick auf die rot-grünen Arbeitsmarktreformen spricht,[74] bereits irreversibel geworden ist. Hartz IV hat die Bundesrepublik jedenfalls in kurzer Zeit tiefgreifend verändert: „Es beschäftigt Gerichte, formt Jugendsprache, es ist Thema in Predigten von Pfarrern in Kirchen und von Politikern in Bierzelten. Es hat dem Land einen Ruck gegeben. Betroffene gingen auf die Straße und gründeten eine Partei. Eine andere musste in die Opposition. Alles wegen Hartz IV.“[75]

Von einer Hartz-IV-Gesellschaft lässt sich nicht zuletzt deshalb sprechen, weil der SGB-II-Leistungsbezug eine große Reichweite hat, also bis in die Mittelschicht und das gesellschaftliche Gravitationszentrum ausgreift: „Das System wirkt weit über Langzeitarbeitslose hinaus und bildet eine Grundsicherung nicht nur für Arbeitsuchende, sondern für einen großen Teil der Bevölkerung im Erwerbsalter und ihre Kinder.“[76]

---

72 Vgl. Franz Meurer/Jochen Ott/Peter Sprong, Rheinischer Kapitalismus. Eine Streitschrift für mehr Gerechtigkeit, Köln 2014

73 Ulrich Schneider, Mehr Mensch! – Gegen die Ökonomisierung des Sozialen, Frankfurt am Main 2014, S. 149 f.

74 Siehe Bernd Röttger, Die Neoliberalisierung des „Rheinischen Kapitalismus“. Zur Politischen Ökonomie einer kapitalistischen Penetration, in: Christoph Butterwegge/Bettina Lösch/Ralf Ptak (Hg.), Neoliberalismus. Analysen und Alternativen, Wiesbaden 2008, S. 90 ff.

75 Thomas Schuler, Bertelsmannrepublik Deutschland. Eine Stiftung macht Politik, Frankfurt am Main/New York 2010, S. 119

76 Tobias Graf/Helmut Rudolph, Dynamik im SGB II 2005-2007: Viele Bedarfsgemeinschaften bleiben lange bedürftig, a.a.O., S. 8

Klaus Dörre betont, dass Hartz IV „einen gesellschaftlichen Status unterhalb einer Schwelle der Respektabilität geschaffen" habe.[77] Tatsächlich bezeichnet Hartz IV heute die Grenze eines akzeptierten Lebensstandards und der bürgerlichen Seriösität in einem sozial fragmentierten und polarisierten Land. Jenseits davon beginnt eine Zone der Verachtung gegenüber Transferleistungsbezieher(inne)n, mit denen die „Leistungsträger" der Gesellschaft nichts mehr zu tun haben wollen, wie sich die „Hartzer/innen" umgekehrt immer harscher von den „besseren Kreisen" absetzen.

Längst gibt es, was man „Hartz-IV-Welt" nennen kann und eine Armutsökonomie sowie eine ausgeprägte Subkultur im Bereich der nach Millionen zählenden Alg-II-Empfänger/innen samt ihren Familien bildet, die von Hartz-IV-Kochbüchern über Sozialkaufhäuser bis zu Hartz-IV-Kneipen reicht, wo Leistungsbedürftige unter sich bleiben und ihr Bier zu Niedrigpreisen trinken. Praktischerweise galt ab 1. Januar 2003 zusammen mit den ersten beiden Hartz-Gesetzen auch die Pfandpflicht, wodurch die rot-grüne Koalition dafür gesorgt hat, dass Transferleistungsbezieher/innen und Niedriglöhner/innen ebenso wie Altersrentner/innen ihr karges Haushaltseinkommen durch das Sammeln und die Rückgabe von Pfandflaschen und Getränkedosen aufbessern können. Seither gehören Dosen- und Flaschensammler/innen, die Mülltonnen und Abfalleimer durchwühlen, vielerorts zum normalen Stadtbild.

Die Sozialwissenschaftlerin Anne Ames hat im Auftrag des Zentrums Gesellschaftliche Verantwortung der Evangelischen Kirche in Hessen und Nassau untersucht, welche Erfahrungen die Betroffenen mit der Umsetzung und den Auswirkungen des SGB II gemacht haben. Selbst wenn man den Hilfebedürftigen das ihnen zustehende Geld rechtzeitig und in rechtmäßiger Höhe bewilligt, was nach Auffassung der meisten Betroffenen, die sich „verarmt, verunsichert, ausgegrenzt und ohne Perspektive" fühlen, sowie der Anlaufstellen, die ihnen mit Rat und Tat zur Seite stehen, immer noch viel zu selten geschieht, bietet Hartz IV keine hinreichende materielle Grundsicherung: „Die Regelleistung ist zu niedrig, um soziale Kontakte pflegen und am gesellschaftlichen Leben teilnehmen zu können, zu niedrig, um ein Leben zu führen, das nicht von ständigen Geldsorgen und fortwährender Angst vor selbst geringfügigen Missgeschicken überschattet ist."[78] Wer nachvollziehen

77 Siehe Klaus Dörre, Hartz-Kapitalismus. Vom erfolgreichen Scheitern der jüngsten Arbeitsmarktreformen, a.a.O., S. 300

78 Anne Ames, „Ich hab's mir nicht ausgesucht …" – Die Erfahrungen der Betroffenen mit der Umsetzung und den Auswirkungen des SGB II. Eine Studie im Auftrag des Zentrums Gesellschaftliche Verantwortung der Evangelischen Kirche in Hessen und Nassau, Mainz 2007, S. 107

möchte, wie viel menschliches Leid in der Hartz-IV-Welt bis hin zu Hunger, Dunkelheit und Kälte (Strom- bzw. Gassperren) sowie Depressionen und Suiziden aus purer Verzweiflung über die Schikanen der Jobcenter existiert, sei auf diese umfangreiche Dokumentation und persönliche Erfahrungsberichte, die es auch in Buchform gibt,[79] verwiesen.

Wer die brisante Mischung von berechtigter Empörung, ohnmächtiger Wut und blankem Hass auf „die Etablierten" kennt, wie sie wohl nur in Hartz-IV-Beratungsstellen und Versammlungen von Erwerbsloseninitiativen existiert, sofern die Betroffenen nicht schon resigniert und sich ganz aus der Öffentlichkeit zurückgezogen haben, kommt zu dem Schluss, dass innerhalb der Bundesrepublik zwei Welten oder „Parallelgesellschaften" existieren und die Brücken dazwischen abgebrochen worden sind. Auf der einen Seite entstehen Luxusquartiere, in denen sich die „Superreichen" hinter den hohen Mauern ihrer Villen verschanzen und von privaten Sicherheitsdiensten bewachen lassen; auf der anderen Seite konzentrieren sich die Armen in despektierlich als „soziale Brennpunkte" oder euphemistisch als „Stadtteile mit besonderem Erneuerungs-" bzw. „Entwicklungsbedarf" genannten Elendsquartieren der Großstädte.

Hier besuchen die „Abgehängten" jene Suppenküchen, die sich heute nobel „Lebensmitteltafeln" nennen, erhalten Wäsche in Kleiderkammern der Wohlfahrtsverbände, holen sich Einrichtungsgegenstände aus Möbellagern und beschaffen sich vieles, was sie darüber hinaus zum Leben benötigen, in Sozialkaufhäusern. „Besonders nach dem Inkrafttreten der Hartz-Gesetze 2005 stieg die Zahl der Tafeln rapide an."[80] Inzwischen gibt es über 1.000 Tafeln, die teilweise mehrere Ausgabestellen haben, der Hartz-IV-Armut jedoch schon deshalb nicht Herr werden können, weil sie oft gerade in den Regionen fehlen, wo man Hilfe am dringendsten braucht, sich aber weniger Sponsoren, Großspender/innen und Ehrenamtler/innen finden. „Der Versorgungsgrad ist gerade dort am schlechtesten, wo die Armut am größten ist, in weiten Teilen Ostdeutschlands etwa."[81]

Es soll nicht selten vorkommen, dass Arbeitslosengeld-II-Bezieher/innen, die sich im Jobcenter über Geldmangel aufgrund der Verweigerung ihnen

79 Vgl. z. B. Julia Friedrichs/Eva Müller/Boris Baumholt, Deutschland dritter Klasse. Leben in der Unterschicht, Hamburg 2009, S. 21 ff.; Björn Lange, Hartz IV und der Tag gehört dir. Über das Schicksal Langzeitarbeitsloser, den Zerfall unseres Sozialsystems und das Milliardengrab ARGEn/Jobcenter, 2. Aufl. Norderstedt 2011, S. 94 ff.; Nicole Glocke, Wir Kinder von Hartz IV. Drei Reportagen über Familien aus prekären Verhältnissen, Halle an der Saale 2012; Thomas Mahler, In der Schlange. Mein Jahr auf Hartz IV, München 2012

80 Stefan Selke, Schamland. Die Armut mitten unter uns, Berlin 2013, S. 231

81 Ebd.

eigentlich zustehender Leistungen beklagen, von den Sachbearbeiter(inne)n zur Lebensmitteltafel des betreffenden Ortes geschickt werden. Hier zeigt sich die ganze Ambivalenz der Tafelbewegung, die im Einzelfall sinnvolle Hilfe leisten mag, das Problem der sich hierzulande ausbreitenden Armut aber nicht lösen kann, sondern möglicherweise zementiert.[82] Ebenso wie die Hartz-Gesetze trägt sie dazu bei, dass der Sozialversicherungsstaat à la Bismarck allmählich zu einem Fürsorge-, Almosen- und Suppenküchenstaat verkommt, in dem Wohlhabende und Reiche darüber entscheiden, ob, welchen und wie Bedürftigen geholfen wird, aber damit auch, wohin sich unsere Gesellschaft entwickelt. Wenn aus dem „Land der Dichter und Denker" ein Land der Stifter und Schenker wird, die für Arme und Bedürftige sorgen, zieht sich der Staat mit Hinweis auf ihre karitative Tätigkeit und den expandierenden Markt der Barmherzigkeit am Ende ganz aus der Verantwortung für die soziale Sicherung seiner Bürger/innen zurück. Zivilgesellschaftliches bzw. bürgerschaftliches Engagement kann, so wichtig es sein mag, die im *Grundgesetz* verankerten sozialen (Staats-)Bürgerrechte aber nie vollwertig ersetzen.

Seit die rot-grüne Koalition den Arbeitsmarkt restrukturiert und stärker fragmentiert hat, nahm nicht bloß der Druck auf Löhne und Gehälter, sondern auch die Bereitschaft eines Teils der Bevölkerung zu, ein Anwachsen extremer Armut hinzunehmen, wenn dadurch nur für mehr Beschäftigung gesorgt würde. In weiten Bevölkerungskreisen überwog offenbar die Meinung, dass die Massenerwerbslosigkeit individuelle Ursachen habe und man bloß den Druck auf die Betroffenen erhöhen müsse, wiewohl besonders in Ostdeutschland mehreren Millionen Erwerbslosen nur ein Bruchteil offener Stellen gegenüberstanden. Außerdem gehört die Hoffnung, dass Menschen, die mit jeder Arbeit zufrieden sind, in Krisenzeiten „den Gürtel enger schnallen" und (zumindest vorübergehend) Verzicht üben, schlussendlich von allem Leid erlöst werden, seit Jahrhunderten zum Alltagsglauben des christlichen Abendlandes. Wenn nicht alles täuscht, haben die Hartz-Reformen einen gesamtgesellschaftlichen Mentalitätswandel in Richtung dieser Zumutungsmentalität gegenüber (Langzeit-)Erwerbslosen bewirkt, der sich als sozialdarwinistischer Schub im Massenbewusstsein niederschlug und dort auf unabsehbare Zeit spürbar sein dürfte.

82 Vgl. dazu: Stephan Lorenz (Hg.), TafelGesellschaft. Zum neuen Umgang mit Überfluss und Ausgrenzung, Bielefeld 2010; Stefan Selke (Hg.), Kritik der Tafeln in Deutschland. Standortbestimmungen zu einem ambivalenten sozialen Phänomen, Wiesbaden 2010; Stephan Lorenz, Tafeln im flexiblen Überfluss. Ambivalenzen sozialen und ökologischen Engagements, Bielefeld 2012

Die soziale Fallhöhe hat sich hierzulande erheblich vergrößert: Aufgrund der Lockerung des sozialen Netzes durch das Reformprogramm greift die Furcht vor dem materiellen Absturz in fast allen Bevölkerungsgruppen um sich. Die mit der Agenda 2010 und den Hartz-Reformen in Gang gesetzte soziale Abwärtsspirale erschwert den normalen Alltag vieler Durchschnittsbürger/innen, beeinträchtigt jedoch auch ihren aufrechten Gang. Ein „sozialer Fahrstuhleffekt" (Ulrich Beck), bei dem alle Gesellschaftsschichten entweder gemeinsam nach oben oder gemeinsam nach unten fahren, ist ausgeblieben. Stattdessen gibt es einen sozialen Paternostereffekt, den Hartz IV noch verstärkt hat: Während die einen nach oben fahren, fahren die anderen zur selben Zeit nach unten. Das führt, wenn dem nicht konsequent entgegengesteuert wird, zu einer tieferen Spaltung der Gesellschaft in Arm und Reich, zu einem Zerfall unserer Städte und zu einer Gefährdung der Demokratie.

Hartz IV, die „Mutter aller Reformen" (Wolfgang Clement), macht nicht bloß zahllose Menschen arm, sondern auch viele krank. Die gesundheitlichen, psychischen und soziokulturellen Folgewirkungen der Reformpolitik für die unmittelbar oder mittelbar Betroffenen werden jedoch meist unterschätzt. Hartz-IV-Betroffene werden sozial ausgegrenzt, fast in allen Lebensbereichen diskriminiert und tagtäglich zurückgesetzt. Das von Klaus Dörre und seiner Jenaer Forschungsgruppe als „Regime strenger Zumutbarkeit" charakterisierte Hartz-IV-System führt die Alg-II-Bezieher/innen in einen Teufelskreis aus Perspektivlosigkeit und Passivität hinein, in dem mit sich kumulierenden Frustrationserfahrungen, langsam Überhand nehmenden Resignationstendenzen und sinkendem Anspruchsniveau auch die Eigenaktivität nachlässt: „Wer sich nicht mehr intensiv um sich selbst sorgt, wer permanent Abstriche nicht nur bei der Job-, sondern auch bei der Lebensqualität macht, der verliert allmählich auch den Antrieb, seine individuelle Erwerbs- und Lebenslage aktiv zu verändern."[83]

Dass ob solcher Aussichten überall im Land die Angst umgeht, Millionen Menschen aufgrund der Furcht vor einem Arbeitsplatzverlust, aufgrund mangelnder Berufsperspektiven und aufgrund drohender Sanktionen ihres Jobcenters nicht schlafen können, gehört wegen des gleichzeitig wachsenden gesellschaftlichen Reichtums zu den großen Widersprüchen unserer Zeit. Während die gesundheitlichen Probleme und psychosozialen Beeinträchtigungen der unmittelbar oder mittelbar Betroffenen zunehmen, fehlen oft die finanziellen Ressourcen für eine fachgerechte Behandlung. In dieser Situation erhalten bürokratische Schikanen und juristische Drangsalierungen

---

83 Klaus Dörre u. a., Bewährungsproben für die Unterschicht? – Soziale Folgen aktivierender Arbeitsmarktpolitik, Frankfurt am Main/New York 2013, S. 366

geradezu eine kompensatorische Funktion, konstatiert Inge Hannemann: „Arbeitsmarktpolitik wird zu einer Form der medizinisch-psychologischen (Zwangs-)Therapie."[84] Hannemann, selbst jahrelang Mitarbeiterin eines Jobcenters, suchte die These empirisch zu untermauern, dass der Bezug von Arbeitslosengeld II negative Auswirkungen auf die Gesundheit hat. „Insbesondere die Zunahme von psychischen Erkrankungen wie Depressionen und psychosomatischen Störungen ist auffällig."[85]

Verschiedentlich als ein „Gesetz der Angst" bezeichnet,[86] bildet Hartz IV den sozialrechtlichen Humus einer Gesellschaft der Angst und macht die Bundesrepublik gleichzeitig zu einem Land, in welchem Teile der Mittelschicht durch Verachtung gegenüber sog. Randgruppen, sozialen Absteiger(inne)n und beruflichen Verlierer(inne)n ihre Furcht vor dem gleichen Schicksal zu bewältigen suchen. Wilhelm Heitmeyer, Leiter des Instituts für interdisziplinäre Konflikt- und Gewaltforschung der Universität Bielefeld (IKG), und sein Forschungsteam, die von 2002 bis 2011 eine Langzeituntersuchung „Gruppenbezogene Menschenfeindlichkeit" (GMF) durchgeführt haben, sprechen gar von einer „neuen Verhöhnung", die seit den Reformen in weiten Bevölkerungskreisen um sich begriffen habe, woraus der Journalist Bruno Schrep folgert, dass die Solidargemeinschaft der Bundesbürger/innen auseinandergebrochen sei: „Viele Arbeitsplatzbesitzer, viele Nichtbetroffene haben einen stillschweigenden Pakt geschlossen: Sie grenzen sich von den Hartz-IV-Empfängern ab, reißen Witze über sie, vermeiden Kontakte, brechen Freundschaften ab. Dahinter steckt die pure Angst, womöglich schon bald selbst betroffen zu sein."[87]

Neben materiellen Einbußen für Millionen Langzeiterwerbslose und ihre Familien durch die Arbeitsmarktreformen diagnostizierte Martin Staiger daher eine Verschlechterung des sozialen Klimas, die er als Folge der Hartz-Gesetze und dadurch gekennzeichnet sah, dass der in Art. 1 GG fixierte Kon-

---

84 Siehe Dirk Hauer, Law and Order auf die sanfte Tour. Der „aktivierende Sozialstaat" und sein autoritärer Charakter, in: Komitee für Grundrechte und Demokratie (Hg.), Eine Politik sozialer Menschenrechte in Zeiten von Verarmung und Repression. Dokumentation einer Tagung des Komitees für Grundrechte und Demokratie in Kooperation mit der Evangelischen Akademie Arnoldshain vom 12. Bis 14. September 2003 in Arnoldshain, Köln 2004, S. 93

85 Inge Hannemann, Negative psychische Auswirkungen durch Hartz IV, Norderstedt 2012, S. 20

86 Siehe Elisabeth Niejahr/Kolja Rudzio, Gesetz der Angst. Hartz IV hat den Arbeitsmarkt belebt – doch man verbindet die Reform mit Abstieg und Armut. Was muss geändert werden?, in: Die Zeit v. 28.1.2010

87 Bruno Schrep, Die neue Verhöhnung: „Bierdosen sind Hartz-IV-Stelzen", in: Wilhelm Heitmeyer (Hg.), Deutsche Zustände, Folge 6, Frankfurt am Main 2008, S. 222

sens, wonach jedem Menschen unabhängig von dem, was er zu leisten vermag, eine unveräußerliche Würde zukommt, aufgekündigt worden sei: „Eine kaum mehr gehemmte Wut auf langzeitarbeitslose Menschen und ihre Familien bricht sich Bahn, es grassiert der Sozialneid ausgerechnet gegenüber denjenigen, die zu einem großen Teil unter dem Existenzminimum leben."[88]

Wie es scheint, werden Langzeit- und Dauererwerbslose heute stärker als „Sozialschmarotzer/innen" etikettiert, stigmatisiert und diskriminiert als vor der Hartz-IV-Reform. Hierauf deuten auch Teilergebnisse der GMF-Studien hin. Wilhelm Heitmeyer nennt die Einführung von Hartz IV neben den Terroranschlägen am 11. September 2001 sowie der globalen Finanz-, Weltwirtschafts- und Fiskalkrise als weiteres „Signalereignis", mit dem sich für unterschiedliche Bevölkerungsgruppen ein zeitweiliger bzw. dauerhafter Statusverlust oder eine Statusbedrohung verband.[89] Hartz IV hat in erheblichem Ausmaß zur sozialen Entrechtung, Entsicherung und Entwertung eines wachsenden Bevölkerungsteils beigetragen, der besonders in einer wirtschaftlichen Krisensituation als „unproduktiv" und „unnütz" galt. Dass diesem Empathie und Solidarität entzogen wurde, führt Heitmeyer im Wesentlichen auf die Ökonomisierung des Sozialen zurück.

Die von 2002 bis 2004 dauernde Hartz-Gesetzgebung und die sich anschließende stärkere Abwertung von Transferleistungsbezieher(inne)n hingen insofern miteinander zusammen, als materielles Recht soziale Wirklichkeit und gesellschaftliches Bewusstsein schafft: „Mittels solcher Gesetze und politischer Maßnahmen wird der Druck erhöht, auf dem ‚Jedermann-Arbeitsmarkt' zur Verfügung zu stehen und auch Beschäftigungsverhältnisse einzugehen, für die man eigentlich überqualifiziert ist. Mit der Diskriminierung wird den Betroffenen signalisiert, sie sollten ihre Ansprüche an die Erwerbsarbeit zurücknehmen."[90]

Eva Gross, Julia Gundlach und Wilhelm Heitmeyer fanden die Abwertung von Langzeiterwerbslosen, als Element des GMF-Syndroms begriffen, hauptsächlich bei Menschen, die sich der Oberschicht zurechnen, was sich mit der Dominanz neoliberaler Überzeugungen erklären lässt.[91] Heitmeyer

---

88 Martin Staiger, Hartz IV oder Sozialneid nach unten, in: Blätter für deutsche und internationale Politik 7/2006, S. 782

89 Siehe Wilhelm Heitmeyer, Gruppenbezogene Menschenfeindlichkeit (GMF) in einem entsicherten Jahrzehnt, in: ders. (Hg.), Deutsche Zustände, Folge 10, Berlin 2012, S. 19

90 Wilhelm Heitmeyer/Kirsten Endrikat, Die Ökonomisierung des Sozialen. Folgen für „Überflüssige" und „Nutzlose", in: ders. (Hg.), Deutsche Zustände, Folge 6, a.a.O., S. 67

91 Vgl. Eva Gross/Julia Gundlach/Wilhelm Heitmeyer, Die Ökonomisierung der Gesellschaft. Ein Nährboden für Menschenfeindlichkeit in oberen Status- und Einkommensgruppen, in: ders. (Hg.), Deutsche Zustände, Folge 9, a.a.O., S. 145 ff.

spricht in diesem Zusammenhang von „rohe(r) Bürgerlichkeit“, die einen Rückzug aus der Solidargemeinschaft einschließt: „Die Entkultivierung des Bürgertums offenbart sich im Auftreten seiner Angehörigen und in der Art und Weise, wie sie versuchen, eigene Ziele mit rabiaten Mitteln durchzusetzen. Das zeigt sich nicht zuletzt in der Abwertung schwacher Gruppen.“[92]

Hatte man Bezieher/innen der Arbeitslosenhilfe vorwiegend als Sozialversicherte und ehemalige Beitragszahler/innen wahrgenommen, wurden Langzeiterwerbslose nach dem Inkrafttreten von Hartz IV und Medienberichten über die zeitweilig steigende Belastung des Bundeshaushalts durch das Arbeitslosengeld II, das Sozialgeld und die Übernahme eines Teils der Unterkunftskosten häufiger als faule Müßig- bzw. teure Kostgänger des Steuerstaates empfunden, was sich im Gefolge der globalen Banken-, Finanz- und Weltwirtschaftskrise 2008 ff. noch verstärkte. Michael Hartmann deckt jedoch die wahren Hintergründe für die damals rapide zunehmende Staatsverschuldung auf: „Wer angesichts der horrenden öffentlichen Verschuldung mit dem Finger auf die Hartz-IV-Empfänger zeigt, lenkt von den wirklichen Verursachern ab. Die staatlichen Unterstützungsmaßnahmen für den Finanzsektor, die sich weltweit auf mehrere Billionen Euro summieren und die sich allein in Deutschland auf mehrere hundert hundert Milliarden Euro belaufen (ein wesentlicher Grund für die enorme Zunahme der Staatsverschuldung), sind in erster Linie denen zugute gekommen, die bereits über nennenswerte Geldvermögen verfügten und/oder mit Finanzspekulationen Gewinne erzielt haben und weiter erzielen.“[93]

Durch die Agenda 2010 und die Hartz-Gesetze haben sich der Sozialstaat, wie man ihn bis dahin kannte, und die deutsche Gesellschaft insgesamt merklich verändert. Gleichwohl ist sie für den damit verbundenen Wertewandel und den massenhaften Verlust an Lebensqualität für sämtliche Bevölkerungsschichten kaum sensibel: Erwerbslose, Arme und ethnische Minderheiten stoßen auf noch größere Ressentiments, wohingegen Markt, Leistung und Konkurrenz zentrale Bezugspunkte der Gesellschaftsentwicklung geworden sind. Heute findet die Maxime „Wenn jeder für sich selbst sorgt, ist für alle gesorgt“ erheblich mehr Widerhall als zu einer Zeit, da man die SPD mit der sozialen Gerechtigkeit und der Solidarität als traditionellen Grundwerten im parteipolitischen Raum noch für die berufene Interessenvertreterin der „kleinen Leute“ hielt.

92 Wilhelm Heitmeyer, Gruppenbezogene Menschenfeindlichkeit (GMF) in einem entsicherten Jahrzehnt, a.a.O., S. 35

93 Michael Hartmann, Klassenkampf von oben. Die gezielte soziale Desintegration, in: Wilhelm Heitmeyer (Hg.), Deutsche Zustände, Folge 9, a.a.O., S. 274

Wie stark ökonomischer Utilitarismus, verbunden mit Biologismus und Sozialdarwinismus, beispielsweise unter liberalkonservativen Akademikern um sich griff, zeigt ein viel diskutierter FAZ-Artikel von Gunnar Heinsohn. Unter dem Titel „Hartz IV und die Politische Ökonomie" wies der frühere Bremer Hochschullehrer auf demografische Trends hin, die ihn eine übermäßige Vermehrung der „Bildungsfernen" und eine Überforderung Deutschlands befürchten ließen: „So besteht im Februar 2010 die Hartz-IV-Bevölkerung (sic!) von 6,53 Millionen Menschen zu 26 Prozent aus Kindern unter 15 Jahren (1,7 Millionen). Im leistenden Bevölkerungsteil (sic!) von 58 Millionen Bürgern unter 65 Jahren dagegen gibt es nur 16 Prozent Kinder (9,5 Millionen)."[94] Doch selbst dieser hohe Kinderanteil in Hartz IV werde noch wachsen und daher weit mehr als ein Viertel der Bevölkerung nicht in die Hightech-Gesellschaft der Zukunft passen. Heinsohn erinnerte an Bill Clintons im *Personal Responsibility and Work Opportunity Reconciliation Act* kodifizierte Sozialhilfereform und schlug in Analogie dazu vor, Arbeitslosengeld-II-Empfänger(inne)n nach einer Gesamtbezugszeit von fünf Jahren jegliche Transferleistung zu entziehen. Was aus den Betroffenen ohne staatliche Unterstützung werden soll, ließ Heinsohn im Dunkeln, wie er auch übersah, dass hierzulande – anders als in den Vereinigten Staaten von Amerika – das Sozialstaatsgebot des *Grundgesetzes* gilt. Mit unserer Verfassung stehen Heinsohns krude, an die Eugenik unseligen Angedenkens erinnernde Ideen jedenfalls auf Kriegsfuß.

7.5 Eine andere Republik: Demokratieabbau im Fürsorge-, Almosen- und Suppenküchenstaat

Spätestens mit den Hartz-Gesetzen hat sich der aktive in einen „aktivierenden Wohlfahrtsstaat" verwandelt, was nicht ohne Konsequenzen für die politische Repräsentation von Armen und (Langzeit-)Erwerbslosen bzw. ihre bürgerschaftliche Partizipation und die Qualität der parlamentarischen Demokratie bleibt. Denn die Demokratie und der Sozialstaat stehen in einem Wechselverhältnis zueinander: Ohne die demokratische Verfasstheit, eine lebendige Selbstverwaltung und konstruktive Kritik funktioniert das System der sozialen Sicherung nicht, und ohne einen Wohlfahrtsstaat, der seine Bür-

94 Gunnar Heinsohn, Hartz IV und die Politische Ökonomie. Mit viel Geld hat der Sozialstaat nicht verhindert, dass die Unterschicht wächst. Die Zahl der Sozialhilfemütter steigt. Amerika hat vorgemacht, welche Reform hilft, in: FAZ v. 15.3.2010

ger/innen durch Sicherung ihrer materiellen Existenz wie durch Gewährleistung eines Mindestmaßes an sozialer Sicherheit zur kontinuierlichen Teilnahme an politischen Willensbildungs- und Entscheidungsprozessen befähigt, stirbt auf Dauer die Demokratie. Daher müssen alle sozialpolitischen und Arbeitsmarktreformen nicht zuletzt im Sinne demokratietheoretischer Erwägungen auf ihre Wirkung hin überprüft werden, was hier für die Hartz-Gesetze und besonders für deren viertes geschehen soll.

Hartz IV war als bisheriger Höhepunkt einer Abkehr von der aktiven Arbeitsmarkt-, Beschäftigungs- und Sozialpolitik früherer Zeiten ein gesellschaftliches Menetekel. Gleichzeitig wiesen die Hartz-Gesetze quasi den Weg in eine andere Republik. „Der im 19. Jahrhundert erkämpfte und in der zweiten Hälfte des vergangenen Jahrhunderts etablierte Kompromiss zwischen Kapital und Arbeit gerät ins Wanken; Arbeitgeberbeiträge zu den sozialen Sicherungssystemen, Arbeitszeitregulierungen und das Prinzip der Mitbestimmung stehen zur Disposition.“[95] Neben den materiellen Einbußen, die Arbeitnehmer/innen (vor allem solche im Niedriglohnsektor) und Erwerbslose hinnehmen mussten, werden die mentalen Verletzungen, die man ihnen zufügte, oft übersehen oder ihrer Bedeutung nach unterschätzt. Noch stärker vernachlässigt man im Allgemeinen die aus Hartz IV resultierenden Gefahren für die Demokratie.

Dass sich unter dem Einfluss der „Agenda“-Politik und der Hartz-Gesetze sozialdarwinistische Stimmungen ausbreiteten, hatte auch unter demokratietheoretischen Gesichtspunkten negative Auswirkungen, was die Hartz-IV-Bezieher/innen überdeutlich zu spüren bekamen. Wie die *Bild*-Zeitung am 23. Mai 2008 auf ihrer Titelseite berichtete, hatte Gottfried Ludewig, damals Bundesvorsitzender des CDU-nahen Rings Christlich-Demokratischer Studenten (RCDS), ein „Drei Thesen zur Stärkung der Leistungsträger“ überschriebenes Diskussionspapier an sämtliche Gliederungen seiner Partei verschickt, das ohne Rücksicht auf die Verfassung und demokratische Grundrechte eine staatsbürgerrechtliche Privilegierung dieser Personengruppe ins Gespräch brachte, um durch Neuauflage des Mehrklassenwahlrechts zu verhindern, dass (Langzeit-)Erwerbslose und Rentner/innen weiter gleiche Mitentscheidungsmöglichkeiten haben: „Diejenigen, die den deutschen Wohlfahrtsstaat finanzieren und stützen, müssen in diesem Land wieder mehr Einfluss bekommen. Die Lösung könnte ein doppeltes Wahl- und Stimmrecht sein.“[96] Der damalige FDP-Vorsitzende Guido Westerwelle wies zwar

95 Ute Behning, Hartz IV und Europa, in: Blätter für deutsche und internationale Politik 2/2005, S. 217

96 Zit. nach: Jung-Politik (CDU) fordert: Doppeltes Wahlrecht für alle, die arbeiten!, in: Bild v.

in der ARD-Talkshow „Anne Will" am 25. Mai 2008 darauf hin, dass auch das Stimmrecht der Studierenden nach den RCDS-Plänen halbiert werden müsste – „Das wäre aber dumm gelaufen", sagte er zu Ludewig gewandt –, hatte aber seinerseits durch Tiraden gegen Arbeitslosengeld-II-Empfänger/innen das geistige Klima mit erzeugt, in dem solche Ideen gedeihen konnten.

Hartz IV bedeutete weniger Sozial-, gleichzeitig jedoch mehr Überwachungsstaat. Für erheblichen Unmut sorgte das 16-seitige Antragsformular, mit dem die Betroffenen nicht bloß ihre eigenen Wohn-, Einkommens- und Vermögensverhältnisse, sondern ggf. auch jene der mit ihnen zusammen in einer „Bedarfsgemeinschaft" lebenden Menschen darlegen müssen. Datenschutzbestimmungen wurden erst nach Kritik, wie sie etwa Rolf Gössner, Rechtsanwalt und Vizepräsident der Internationalen Liga für Menschenrechte übte,[97] ernster genommen. Bislang geltende Standards des Datenschutzes entfielen für Langzeiterwerbslose und andere Leistungsbedürftige ersatzlos. Werner Rügemer hat frühzeitig auf diesen stark vernachlässigten Aspekt der Reformpolitik hingewiesen, als er ihre Demokratiedefizite beklagte. Maßnahmen zur effektiveren Kontrolle der Bankguthaben und Zinseinnahmen von Arbeitslosengeld-II-/Sozialgeld-Bezieher(inne)n, die u.a. das am 1. April 2005 in Kraft getretene *Gesetz zur Förderung der Steuerehrlichkeit* ermöglichte, schränkten nach Rügemers Ansicht nicht bloß Grundrechte der unmittelbar davon Betroffenen, sondern aller Bewohner/innen der Bundesrepublik ein. „Durch Zentralisierung, einheitliche Identifikationsnummer und gegenseitige Amtshilfeverpflichtung entsteht ein tief gestaffeltes Schnüffel- und Meldesystem, das einen ‚gläsernen Bürger' Wirklichkeit werden lässt, wie es ihn in Deutschland bisher zu keiner Zeit gab – auch nicht im Nationalsozialismus."[98]

Wenn sich dieser Trend zur totalen Kontrolle im Zeichen des NSA-Skandals verfestigt, steht am Ende womöglich ein Sozialpolizeistaat, der keine faschistische Diktatur sein muss, um die Menschen-, Bürger- und Freiheitsrechte unserer Verfassung ad absurdum zu führen. Aufgrund der Hartz-Gesetze durchdringt die staatliche Kontrolle das gesamte Alltagsleben der Leistungsbedürftigen: „Eigentum, Schonvermögen, Größe der Wohnung, Formen des Zusammenlebens, Kindererziehung und selbst der Umfang eines

---

23.5.2008; Absurder Vorstoß: CDU-Verbands-Chef will Rentner zu Wählern zweiter Klasse degradieren, in: Spiegel Online v. 23.5.2008

97 Vgl. Rolf Gössner, Gläserne Leistungsempfänger. Die Bundesagentur für Arbeit verstößt mit ihren Fragebögen zum Arbeitslosengeld II massiv gegen den Sozialdatenschutz, in: FR v. 30.10.2004

98 Werner Rügemer, Hartz IV oder Der gläserne Mensch, in: Blätter für deutsche und internationale Politik 11/2004, S. 1289

Geburtstagsgeschenks – alles kann zum Gegenstand staatlicher Aufsicht und Reglementierung werden. Finanzen, Wohnverhältnisse und Lebensweise werden für die kontrollierende Instanz transparent. Wer so leben muß, der steht beständig unter dem Generalverdacht, die Gesellschaft als ‚Schmarotzer' zu belasten."[99]

Die rot-grünen Arbeitsmarktreformen haben daher nicht bloß das Leben der Erwerbslosen, der Geringverdiener/innen und ihrer Familien erschwert, sondern auch ihre demokratischen Rechte beeinträchtigt und die politische Kultur der Bundesrepublik beschädigt. Friedhelm Hengsbach, katholischer Sozialethiker und früher Professor an der Philosophisch-Theologischen Hochschule Sankt Georgen, nimmt einen „Bürgerkrieg der politischen Klasse gegen die arm Gemachten" wahr, denn Hartz IV sei mehr als ein Gesetz: „Es ist ein marktradikales, wirtschaftsliberales Denkmuster in arbeitsgesellschaftlichen Körperwelten, eine für die Demokratie destruktive Weltanschauung."[100]

Die extreme soziale Ungleichheit im Risikokapitalismus ist Gift für den Zusammenhalt der Gesellschaften und für die Demokratie. Zwar führt die sich vertiefende Kluft zwischen Arm und Reich nicht automatisch zu einer Krise des parlamentarischen Repräsentativsystems. Ursächlich dafür sind vielmehr Formen der Entpolitisierung, durch welche die etablierten Parteien sowohl Frustrationserlebnisse wie auch Abwehrreaktionen der Bürger/innen hervorrufen.[101] Sowohl das Ideal der politischen Gleichheit aller Staatsbürger/innen wie auch die Legitimationsbasis der Demokratie leiden unter wachsender sozialer Ungleichheit, weil diese in aller Regel mit einer schwindenden Partizipationsbereitschaft der Armen verbunden ist. „Möchte eine Gesellschaft das Ideal politischer Gleichheit verteidigen, muss sie sicherstellen, dass die soziale Ungleichheit nicht ausufert. Denn je ungleicher ein Land ist, desto weniger vertrauen die Bürger ihren Politikern und Parlamenten und desto unzufriedener sind sie mit der Demokratie."[102]

---

99 Klaus Dörre, Hartz-Kapitalismus. Vom erfolgreichen Scheitern der jüngsten Arbeitsmarktreformen, a.a.O., S. 301

100 Friedhelm Hengsbach, Bürgerkrieg der politischen Klasse gegen die arm Gemachten, in: Rudolph Bauer/Holdger Platta (Hg.), Kaltes Land. Gegen die Verrohung der Bundesrepublik – für eine humane Demokratie, Hamburg 2012, S. 57

101 Vgl. Winfried Thaa, Die Krise politischer Repräsentation – eine Folge der Auflösung gesellschaftlicher Großgruppen und sozio-kultureller Milieus?, in: Markus Linden/Winfried Thaa (Hg.), Krise und Reform politischer Repräsentation, Baden-Baden 2011, S. 126

102 Armin Schäfer, Alles halb so schlimm? – Warum eine sinkende Wahlbeteiligung der Demokratie schadet, in: Max-Planck-Institut für Gesellschaftsforschung (Hg.), MPIfG Jahrbuch 2009-2010, Köln 2009, S. 10

Der finanzmarktgetriebene Kapitalismus ist eine Gefahr für die Demokratie, weil er parlamentarische Entscheidungsmechanismen außer Kraft setzt sowie das Gemeinwohl und den Mehrheitswillen missachtet. Von einer angemessenen politischen Repräsentation der Armen kann in diesem System kaum die Rede sein, wohingegen die Interessen der Reichen, bedingt durch Lobbyismus und andere Einflussmöglichkeiten, signifikant überrepräsentiert sind: Großbanken, Versicherungsgesellschaften und Industriekonzerne bestimmen zusammen mit anderen Kapitaleignern maßgeblich die staatliche Politik und darüber, welche Entwicklungstrends sich durchsetzen. Ein moderner Staat, der Armen und Reichen unterschiedlich große Chancen der politischen Partizipation und der parlamentarischen Repräsentation einräumt, verliert auf diese Weise seine demokratische Legitimation. Wenn die Finanzmärkte im Gegenwartskapitalismus zum politischen Souverän avancieren, wird das durch Hartz IV auf den Verkauf seiner Arbeitskraft um fast jeden Preis zurückgeworfene Individuum entmündigt und die moderne Demokratie entkernt.

Das schwindende Vertrauen vieler Bürger/innen zu den etablierten Parteien und Politikern hängt stark von ihrer Schichtzugehörigkeit ab. Mangels besser geeigneter Indikatoren ist die Wahlbeteiligung ein aussagekräftiges Maß für die politische Partizipationsfähigkeit bzw. -bereitschaft der Bürger/innen eines Landes. In der Bundesrepublik ist sie bereits seit über zwei Jahrzehnten rückläufig. Armin Schäfer weist auf die soziale Verzerrung von Wahlergebnissen durch eine sinkende Beteiligung der Stimmbürger/innen hin: „Bei einer niedrigen Wahlbeteiligung wählen vorwiegend sozial Bessergestellte, während jene zu Hause bleiben, die mangels individueller Ressourcen auf kollektives Handeln angewiesen sind, um ihre Lebensumstände zu ändern. Lernen Politiker, dass bestimmte Gruppen ohnehin nicht wählen, richten sie ihr Augenmerk auf wahlrelevante Milieus. Durch die soziale Ungleichheit der Nichtwahl wird die politische Kommunikation zwischen Wählern und Volksvertretern zulasten der sozial Schwachen verzerrt.“[103]

Hauptopfer des schichtspezifischen Bias hinsichtlich der Wahlbeteiligung sind sozial Benachteiligte. Da die tiefere Spaltung unserer Gesellschaft in Arm und Reich mit einem sozialräumlichen Zerfallsprozess einhergeht, der besonders die (west)deutschen Großstädte trifft, fiel die Wahlbeteiligung in einzelnen Stadtteilen derselben Metropole zuletzt äußerst unterschiedlich aus. Zwar ist die Wahlbeteiligung am 22. September 2013 nach dem Negativrekord bei der Bundestagwahl 2009 (70,8 Prozent) nicht weiter gesunken, vielmehr sogar wieder leicht gestiegen. Schaut man genauer hin, konnten die 71,5 Prozent jedoch keineswegs beruhigen. Denn noch bei keiner Bundes-

---

103 Ebd., S. 7

tagswahl zuvor gab es im Vorfeld ähnlich viele gutgemeinte Werbekampagnen und Mobilisierungsaktionen mit dem Ziel einer Steigerung der Wahlbeteiligung. Vor allem hat sich jedoch die soziale Schieflage bei der Wahlabstinenz offenbar noch verschärft: Betrug die Wahlbeteiligung bei der Bundestagswahl 2009 etwa in Köln-Chorweiler, einer Hochhaussiedlung mit ganz wenigen Einfamilienhäusern, noch 43 Prozent, wurden dort 2013 nicht einmal mehr 42,5 Prozent erreicht. Dagegen stieg die Wahlbeteiligung in Köln-Hahnwald, einem noblen Villenviertel, sogar von immerhin schon 87 Prozent (2009) weiter auf fast 89 Prozent.

Wahlabstinenz ist häufig die Konsequenz einer prekären Existenz. Sebastian Ch. Fückel, wissenschaftlicher Mitarbeiter am Institut für Soziologie der Universität Trier, diagnostiziert im Gefolge der Hartz-Gesetze einen allgemeinen „Rückzug der Arbeitsmarktteilnehmer vom politischen Prozess", welcher bei solchen in atypischen bzw. prekären Beschäftigungsverhältnissen („Outsidern") aber deutlich stärker ausgeprägt sei als bei gut entlohnten und sozial abgesicherten Beschäftigten („Insidern").[104] Transferleistungsbezieher/innen werden nicht bloß sozial ausgegrenzt, sondern auch politisch ins Abseits gedrängt. „Während Bessergestellte weiterhin mit hoher Wahrscheinlichkeit wählen, bleiben viele Arme zu Hause."[105]

Bei der offenbar seit geraumer Zeit zunehmenden „Politikverdrossenheit" sozial Benachteiligter handelt es sich um eine Folge der Repräsentationskrise,[106] die mit einer sich im Hinblick auf die Verteilung von materiellen Ressourcen, Finanzmitteln und begehrten Gütern manifestierenden Ungerechtigkeit zusammenhängt. Wenn der Sozialstaat durch eine neoliberale Reformpolitik zerstört wird, sinkt bei den Verlierer(inne)n das Vertrauen in die Institutionen des parlamentarisch-demokratischen Repräsentativsystems. Die daraus folgende Neigung, sich nicht mehr (regelmäßig) an Wahlen und Abstimmungen zu beteiligen, stärkt wiederum jene politischen Kräfte, die um eine Sicherung der Privilegien mächtiger Interessengruppen bemüht sind. So entsteht ein Teufelskreis sich wechselseitig verstärkender Wahl-

---

104 Siehe Sebastian Chr. Fückel, Weder an die Urne noch auf die Straße. Politische Beteiligung von Arbeitsmarktteilnehmern vor und nach den Hartz-Reformen, in: GWP 1/2014, S. 11

105 Armin Schäfer, Der Nichtwähler als Durchschnittsbürger: Ist die sinkende Wahlbeteiligung eine Gefahr für die Demokratie?, in: Evelyn Bytzek/Sigrid Roßteutscher (Hg.), Der unbekannte Wähler? – Mythen und Fakten über das Wahlverhalten der Deutschen, Frankfurt am Main/New York 2011, S. 139

106 Vgl. dazu: Detlef Horster, Die Krise der politischen Repräsentation. Hannah-Arendt-Lectures und Hannah-Arendt-Tage 2007, Weilerswist 2008. Dieser Begriff schiebt den Betroffenen im Unterschied zu den geläufigeren Termini „Politikverdrossenheit" und „Wahlmüdigkeit" die Schuld am Rückgang ihrer Partizipationsneigung nicht selbst zu.

abstinenz sozial Benachteiligter und einer deren Interessen vernachlässigenden oder konterkarierenden Regierungspraxis.

Die rot-grüne Reformpolitik, Gerhard Schröders Agenda 2010 und die Hartz-Gesetze haben den Armen nicht bloß zusätzliche materielle Probleme beschert und den auf ihnen lastenden Druck hinsichtlich verschärfter Kontrollmechanismen und Sanktionsdrohungen nach der Leitnorm „Fördern und Fordern" erhöht, sie vielmehr auch soziokulturell gedemütigt und politisch weitgehend entmündigt. Unter den Hartz-IV-Betroffenen dürfte sich der Eindruck mangelnder politischer Repräsentation seither noch verstärkt haben.[107] Dies gilt aber nicht bloß für das parlamentarische System und Wahlen, sondern in vergleichbarer Form auch für andere Formen der politischen Partizipation, etwa die Betätigung in Parteien.[108]

Demokratie ist mehr als ein Regelwerk, das es Staatsbürger(inne)n erlaubt, alle vier oder fünf Jahre ihre Stimme abzugeben. Demokratie bedeutet, dass alle Wohnbürger/innen eines Landes über dessen Entwicklung mitbestimmen (können), indem sie an den politischen Willensbildungs- und Entscheidungsprozessen teilnehmen. Hierzu müssen sie über die materiellen Mittel verfügen, um auch in weit entfernten Orten – z.B. der Bundeshauptstadt Berlin – stattfindende politische und Bildungsveranstaltungen sowie Aktionen, Kundgebungen und Demonstrationen zu besuchen. Wie soll dies jedoch ein Alg-II-Bezieher tun, dessen Regelbedarf-Anteil für Mobilität nicht einmal ausreicht, um sich innerhalb der eigenen Stadt fortzubewegen, also etwa eine Monatsfahrkarte für den öffentlichen Nahverkehr zu bezahlen?

Aufgrund der eindeutigen Dominanz ökonomischer Argumente zur Begründung sozialpolitischer Reformmaßnahmen wie der Hartz-Gesetze sind eigenständige republikanische, humanistische und karitative Motive offenbar ins Hintertreffen geraten.[109] Um eine Legitimation für die neoliberale Transformation des Sozialstaates bemüht, feierten die politischen, Wirtschafts- und Verwaltungseliten sie als langersehnte „Befreiung" bevormundeter Bürger/innen, was Martin Kutscha als „ideologische Verkehrung" bezeichnet, die perfekter und wohl auch perfider kaum sein könnte: „Die Freiheit aller, unter Brücken zu schlafen, wird wiederentdeckt. Dass soziale

107 Vgl. Markus Linden/Winfried Thaa, Einleitung: Eine Krise der Repräsentation von Fremden und Armen?, in: dies. (Hg.), Die politische Repräsentation von Fremden und Armen, Baden-Baden 2009, S. 11

108 Vgl. dazu: Heiko Biehl, Nur noch Sprachrohr von Gewinnern? – Repräsentation sozial schwacher Bevölkerungsgruppen durch politische Parteien, in: Markus Linden/Winfried Thaa (Hg.), Ungleichheit und politische Repräsentation, Baden-Baden 2014, S. 110 ff.

109 Vgl. Markus Linden/Winfried Thaa, Einleitung: Eine Krise der Repräsentation von Fremden und Armen?, a.a.O., S. 11

Sicherheit jedoch die Grundlage für die Wahrnehmung auch von Freiheitsrechten ist, gerät dabei gänzlich aus dem Blick."[110] In einer wohlfahrtsstaatlichen Demokratie ist Freiheit aber zuallererst die Möglichkeit der Finanzschwächsten, über ihr Leben eigenständig zu bestimmen, statt wie im Hartz-IV-System unabhängig von der eigenen beruflichen Qualifikation und familiären Situation *jeden* Arbeitsplatz annehmen zu müssen.

Die soziale Exklusion von (Langzeit-)Erwerbslosen und Armen hindert diese Personen an der Partizipation und schwächt die politische Repräsentation. Colin Crouch spricht von einer „Postdemokratie", weil zwar immer noch regelmäßig Parlamentswahlen stattfinden, Wahlkämpfe aber zu bloßen Spektakeln verkommen sind, miteinander konkurrierende PR-Profis die öffentlichen Debatten bestimmen und mittels aufwändiger Propagandakampagnen steuern.[111] Oft wird ignoriert, dass mit dem nach neoliberalen Rezepten erfolgten Sozialstaats- auch ein Demokratieabbau verbunden ist. Breitet sich die Armut in einem reichen Land aus, wird ein Großteil der Bevölkerung ausgegrenzt, die Menschenwürde massenhaft verletzt und den Betroffenen „strukturelle Gewalt" (Johan Galtung) angetan.

Chantal Mouffe macht nicht zuletzt die Volksparteien, besonders die sich der neoliberalen Hegemonie mehr und mehr anpassende Sozialdemokratie, für die Entfremdung unterprivilegierter Bevölkerungsgruppen von politischen Willensbildungs- und Entscheidungsprozessen verantwortlich: „Indem sie es versäumten, zu erkennen, dass Politik ihrem Wesen nach parteiisch sein muss und dass demokratische Politik agonistische Debatten zwischen widerstreitenden Projekten und die Wahlmöglichkeit zwischen realen Alternativen braucht, hat die Politik des ‚dritten Weges' zu der ‚Entpolitisierung' beigetragen, die im Zentrum unseres ‚postdemokratischen' Zustands steht."[112] Die belgische Politikwissenschaftlerin hat den Begriff „Postdemokratie" in Anführungszeichen gesetzt, ist er doch unpräzise und wenig aussagekräftig, wiewohl sich die damit verbundene Analyse des Gegenwartsstaates als zutreffend erweist.

Petra Böhnke spricht von einem „Repräsentationsdefizit benachteiligter Lebenslagen", weil Personen, die sich in einer prekären Situation befinden, oft auf die Abgabe ihrer Stimme bei Wahlen verzichten.[113] Während relativ kurze Phasen der Armut im Lebensverlauf eines Menschen seine Partizipati-

---

110 Martin Kutscha, Erinnerung an den Sozialstaat, in: Blätter für deutsche und internationale Politik 3/2006, S. 359

111 Siehe Colin Crouch, Postdemokratie, Frankfurt am Main 2008

112 Chantal Mouffe, „Postdemokratie" und die zunehmende Entpolitisierung, in: APuZ 1-2/2011, S. 4

113 Petra Böhnke, Am Rande der Gesellschaft – Risiken sozialer Ausgrenzung, Opladen 2006, S. 157

onsbereitschaft und -fähigkeit kaum tangieren, treten bei längerer Dauer solcher Perioden spürbare Veränderungen im Partizipationsverhalten auf.[114] Besonders demotivierend wirkt die Angst vor einem sozialen Absturz bzw. einem drastischen Statusverlust, wie sie manche Angehörige der Mittelschicht ergreift, die durch Reformen wie Hartz IV zwischen Oben und Unten zerrieben zu werden droht.

Der Trierer Politikwissenschaftler Winfried Thaa interpretiert die zunehmende Wahlabstinenz und die verbreitete Enttäuschung vieler Bürger/innen über die sog. Volksparteien als Resultat des Versagens der Eliten im Hinblick auf die Formulierung demokratisch entscheidbarer Handlungsalternativen.[115] Vor allem die SPD habe es unter ihrem Bundeskanzler Gerhard Schröder versäumt, die vom Niedergang bedrohte Klientel der klassischen Industriearbeiterschaft durch Modifikation der überkommenen Konfliktlinien politisch zu integrieren, und stattdessen die Anpassung der Gesellschaft an vermeintliche ökonomische Sachzwänge postuliert. Für Thaas prononcierte These bieten die Hartz-Gesetze vermutlich das schlagendste Beispiel. Den vielen direkt Betroffenen drängt sich das ungute Gefühl auf, von der Gesellschaft, in der sie leben, nicht gebraucht und verachtet zu werden.

Arme sind – wenn man so will – Fremde im eigenen Land. Wie den meisten Zuwanderern bleibt Hartz-IV-Betroffenen eine politische Repräsentation, die den Namen verdient, in aller Regel verwehrt. Auch fehlt es ihnen aufgrund des Ressourcenmangels an wirksamen Partizipationsmöglichkeiten. Zwar gewährt man den Armen heute – anders als im Wilhelminischen Kaiserreich, wo sie noch das preußische Dreiklassenwahlrecht benachteiligte und der Bezug staatlicher Fürsorgeleistungen mit dem Wahlrechtsentzug verbunden war –, die vollen Staatsbürgerrechte, enthält ihnen aber die für deren Wahrnehmung erforderlichen finanziellen Mittel vor.

---

114 Vgl. dies., Ungleiche Verteilung politischer und zivilgesellschaftlicher Partizipation, in: APuZ 1-2/2011, S. 24

115 Winfried Thaa, Die Krise politischer Repräsentation – eine Folge der Auflösung gesellschaftlicher Großgruppen und sozio-kultureller Milieus?, a.a.O., S. 145

Kapitel 8
Hartz IV und seine „Nutznießer" im Zerrspiegel der Massenmedien

Ohne mediale Diskurse über die „Trägheit" der Erwerbslosen, den vermeintlich massenhaften Missbrauch von Sozialtransfers und die angebliche Unfähigkeit der staatlichen Arbeitsverwaltung, diesen Problemen zu begegnen, wären die rot-grünen Reformmaßnahmen weder gegen massiven Widerstand innerhalb der Regierungsparteien selbst noch gegen erhebliche Skepsis und mentale Barrieren innerhalb der Gesellschaft durchzusetzen gewesen. Seinerzeit bestimmten Autoren wie der Historiker Paul Nolte und der *Stern*-Journalist Walter Wüllenweber die Debatten und prägten die öffentliche Meinung durch Artikel und Buchpublikationen, in denen sich die Kritik am überkommenen Sozialstaat mit der Verleumdung von ihm traditionell besonders abhängiger Bevölkerungsgruppen sowie dem Ruf nach einem härteren Durchgreifen gegenüber „Arbeitsscheuen" und „Faulenzern" verband. Trotzdem blieb vor allem Hartz IV umstritten, wie sein wechselhaftes Echo in der Medienöffentlichkeit belegt, das hier ebenfalls thematisiert werden soll.

8.1 Das wechselhafte Medienimage der Arbeitsmarktreform

Gerhard Schröder eilte während seiner Amtszeit der von ihm selbst mit geschaffene Ruf des „Medien-Kanzlers" voraus, welcher die prominentesten Journalisten des Landes wie kein anderer Politiker für sich und seine Zwecke zu instrumentalisieren verstand: „Zum Regieren brauche ich BILD, BamS und Glotze" hat er als Leitmotiv seines Handelns formuliert und teilweise in die Tat umgesetzt. Dabei war Schröder zuletzt ein häufig von den Massenmedien eher getrieben wirkender Politiker, der seine Entscheidungen keineswegs autonom traf, sich durch publizistische Kampagnen, populistische Stimmungen und die Meinungsmacht des Boulevards vielmehr stark beeinflussen ließ. Wenn man so will, besteht ein Spannungsfeld, in dem mächtige Politiker über ihnen zugängliche oder gewogene Medien für geplante Maßnahmen breite Akzeptanz zu schaffen versuchen und einflussreiche Journalist(inn)en die Entscheidungsträger durch entsprechende Berichterstattung zu bestimmten Reformen drängen.

Lange bevor die Hartz-Kommission ans Werk ging, wurde der Boden für die Arbeitsmarktreformen mittels entsprechender Propagandakampagnen über bestimmte Leitmedien bereitet. Am 6. April 2001 sprang die *Bild*-Leser/innen auf der Titelseite des Boulevardblatts das mit den Worten „Kanzler droht Drückebergern" erläuterte Schröder-Zitat „Es gibt kein Recht auf Faulheit" an. In dem auf der nächsten Seite abgedruckten Interview konkretisierte Gerhard Schröder seine Forderung, dass nicht auf Solidarität hoffen dürfe, wer arbeiten könne, aber nicht wolle: „Wer arbeitsfähig ist, aber einen zumutbaren Job ablehnt, dem kann die Unterstützung gekürzt werden. Das ist richtig so. Ich glaube allerdings, dass die Arbeitsämter die entsprechenden Möglichkeiten noch konsequenter nutzen können."[1] Nach diesem unverhohlenen Aufruf zu mehr Härte im Umgang mit „Faulpelzen" unter den erwerbsfähigen Transferleistungsbezieher(inne)n wurden diese im medialen Mainstream erst recht zu Sündenböcken für gesellschaftliche Fehlentwicklungen, ökonomische Krisenerscheinungen und politische Pannen gemacht, wie der Journalist Matthias Kaufmann in seiner profunden Studie über das Bild der Erwerbslosen in der Debatte um die Hartz-Reformen belegt hat.[2]

Schröders mediales Image unterlag heftigen Schwankungen: Mal galt er als „Genosse der Bosse", mal wurde er gemahnt, im Rahmen der Neuordnung des Arbeitsmarktes einen größeren „Reformeifer" an den Tag zu legen. Am 18. November 2002 erschien beispielsweise der *Spiegel*, das traditionelle Leitmedium politischer Eliten hierzulande, mit einem Titelbild, das den damaligen SPD-Vorsitzenden als Träger einer roten Fahne im Blaumann vor Fabrikschloten unter der Überschrift „Genosse Schröder. Von der Neuen Mitte zum Kanzler der Gewerkschaften" zeigt. Es dokumentiert, wie massiv der öffentliche Druck auf die rot-grüne Regierung war, nach der soeben bestandenen Bundestagswahl weiterhin und mit höherem Tempo eine Reformpolitik neoliberaler Prägung zu machen.[3]

Der arbeitsmarkt-, gesundheits- und sozialpolitische Rollback, den die rot-grüne Koalition seit Schröders „Agenda"-Rede gemeinsam mit der

---

1 Kai Diekmann/Rolf Kleine, „Redet den Aufschwung nicht kaputt!" – Bundeskanzler Schröder über Konjunkturkrise und Arbeitslosigkeit, in: Bild v. 6.4.2001

2 Vgl. Matthias Kaufmann, Kein Recht auf Faulheit. Das Bild von Erwerbslosen in der Debatte um die Hartz-Reformen, Wiesbaden 2013

3 Vgl. Michael Jäger, Unreiner Wein. Regierung unter Druck: Die neoliberale Presse schreibt den Gewerkschaften Macht zu – davon haben sie nichts, in: Freitag v. 29.11.2002. Dort ist das *Spiegel*-Cover im Faksimile abgedruckt.

schwarz-gelben Bundesratsmehrheit bewerkstelligte, war nur möglich, weil sich die neoliberale Hegemonie, wie sie in der Ökonomie als für Wirtschaft und Beschäftigung „zuständiger" Fachwissenschaft schon lange existierte, zu jener Zeit auch in den Massenmedien immer stärker bemerkbar machte.[4] Die öffentliche Meinung wurde massiv im Sinne eines den Sozialstaat, den Staatsinterventionismus und die Wohlfahrt als Hauptstörfaktoren für den „Standort D" abqualifizierenden Marktradikalismus beeinflusst. Dies gilt nicht etwa nur für die privatwirtschaftlich organisierten Medien, sondern auch für den öffentlich-rechtlichen Rundfunk, dessen Programmauftrag eine solche Indoktrination seiner Rezipient(inn)en eigentlich ausschloss. Der Kölner Journalist Walter van Rossum hat am Beispiel der ARD-Talkrunde „Sabine Christiansen" gezeigt, wie „das Palaver des Juste-milieu" während der Diskussion über die Hartz-Gesetze mit seiner Kernbotschaft, dass „wir" uns den Wohlfahrtsstaat nicht mehr leisten könnten und ihn deshalb umfassend reformieren müssten, „die Wünsche der Chefetage" ans gemeine Volk durchreichte.[5]

„Hartz IV hat als Kernbestandteil einer umfassenden Sozialreform die Öffentlichkeit bewegt wie in der deutschen Nachkriegsgeschichte nur wenige Themen zuvor."[6] Die mediale Berichterstattung über die Reformmaßnahmen war jedoch keineswegs einheitlich und geradlinig, sondern durchlief seit 2002 drei Stadien: Bis zum Inkrafttreten von Hartz IV am 1. Januar 2005 dauerte die Phase der übertriebenen Erwartungen und der Anfangseuphorie von Journalist(inn)en. Ihr folgte eine Phase der Ernüchterung, der Enttäuschung und der Endzeitstimmung, die beim Überschreiten der symbolträchtigen Schwelle von 5 Mio. Arbeitslosen kurz nach dem Jahreswechsel 2004/05 begann. Als die Erwerbslosigkeit 2006/07 dank günstiger konjunktureller Einflüsse sank und Deutschland zunächst besser als die meisten EU-Mitgliedstaaten durch die globale Finanz-, Weltwirtschafts- und Währungskrise 2008 ff. kam, erfolgte der Übergang zu einer Phase der neuerlichen Überheblichkeit, der Fehlinterpretationen des Aufschwungs und der wiedererweckten Illusionen hinsichtlich der Wirksamkeit von Hartz IV.

Kurz nach der Jahrtausendwende hat die Mehrzahl einflussreicher Journalist(inn)en in Deutschland die Regierung in dem Versuch bestärkt und unterstützt, sich vom Sozial(staats)modell der alten Bundesrepublik zu verab-

4 Vgl. dazu: Ulrich Schneider, Mehr Mensch! – Gegen die Ökonomisierung des Sozialen, Frankfurt am Main 2014, S. 54 ff.

5 Siehe Walter van Rossum, Meine Sonntage mit „Sabine Christiansen". Wie das Palaver uns regiert, 3. Aufl. Köln 2004, S. 12 f.

6 Tim Griebel/Patrik Stör, Recherche im Internet zu Hartz-IV-Reformen, in: GWP 4/2008, S. 564

schieden, und möglichst radikalen bzw. „schmerzhaften" Reformen das Wort geredet. Massenmedien waren Katalysatoren, wenn nicht Motoren der Agenda 2010 und der Hartz-Gesetze, weil sie ein dafür unerlässliches „Reformklima" erzeugt haben, das den institutionellen Wandel vorbereitete und den etablierten Parteien half, diesen trotz Widerstrebens großer Teile der Bevölkerung zu verwirklichen. Anschließend machte sich häufig wieder zuerst in den Medien eine sozialpolitische Katerstimmung breit, für die der Meinungsumschwung bei Hartz IV stand: Journalist(inn)en gehörten zu den Hauptprotagonist(inn)en dieser Arbeitsmarktreform, kurz nach deren Inkrafttreten hingegen bereits zu ihren schärfsten Kritiker(inne)n, weil sie Chaos hervorbrachte und unerwartet hohe Kosten verursachte, statt die Arbeitslosigkeit – wie von Peter Hartz und seinen Auftraggebern vorausgesagt – rasch zu verringern.

Mit welchem Enthusiasmus die Massenmedien seinerzeit die Einsetzung der Hartz-Kommission gefeiert, wie blind die meisten Kommentatoren den Lösungsvorschlägen des zum „Messias der Arbeitsmarktpolitik" hochstilisierten Kommissionsvorsitzenden vertraut und wie unkritisch sie die bombastische Präsentation des Abschlussberichts im August 2002 gewürdigt haben, lässt sich heute kaum noch nachvollziehen. Als die Zahl der offiziell registrierten Arbeitslosen im Januar/Februar 2005 zum ersten Mal in der Nachkriegsgeschichte die 5-Mio.-Marke überschritt, reagierte die deutsche (Medien-)Öffentlichkeit pikiert bis empört. Schlagartig war das zentrale Reformwerk der rot-grünen Koalition, dem so große Hoffnungen gegolten hatten, in den Augen vieler Journalist(inn)en diskreditiert. Zeitungen und Zeitschriften, die Peter Hartz und seinen Vorschlägen bislang ohne Murren gefolgt waren, verdammten das nach dem VW-Manager benannte Reformwerk nun umso energischer. Nicht selten wurde in diesem Zusammenhang jedoch unter Berufung auf neoliberale Ökonomen bloß nach einer höheren Dosierung der falschen Medizin, d.h. mehr, radikaleren und „schmerzhafteren" Reformen des Arbeitsmarktes wie des Sozialstaates gerufen.[7]

Presseorgane, die sich – wie *Spiegel*, *Stern* und *Zeit* – vorher als publizistische Einpeitscher für die Hartz-Gesetzgebung betätigt hatten, gingen kurz nach der von Pannen begleiteten Hartz-IV-Implementation überdeutlich auf Distanz zu dem Reformwerk. Nunmehr beklagten sie genauso einmütig das vermeintliche Scheitern der Arbeitsmarktreformen. Ulrike Meyer-Timpe schrieb am 3. März 2005 in der *Zeit*, die rot-grünen Reformmaßnahmen hät-

---

7 Vgl. z.B. Kolja Rudzio, Fünf Millionen Gründe. Die Zahl der Arbeitslosen steigt, und das ist nicht allein ein statistischer Effekt. Die Debatte um die nächste Reform ist in vollem Gang, in: Die Zeit v. 3.2.2005

ten total gefloppt und ihre Instrumente wie Ich-AGs und Minijobs verdrängten bestehende Normalarbeitsplätze.[8] Am 30. Juni 2005 betonten ihre Redaktionskolleg(inn)en Elibath Niejahr und Kolja Rudzio, die Arbeitsverwaltung gleiche einem halbfertigen Haus, durch das der Wind pfeife, weil Hartz IV anders wirke, als Befürworter und Kritiker gedacht hätten: „Die Regierung hat die Reform überstürzt, sich kräftig verrechnet und ihr Vorhaben miserabel kommuniziert."[9] Als ob Informationsdefizite des Publikums, Fehlkalkulationen der Reformer und handwerklicher Pfusch das Desaster erklären könnten!

Ausgerechnet am Tag nach der für die Bundespolitik folgenschweren Landtagswahl in Nordrhein-Westfalen am 22. Mai 2005 erschien das größte deutsche Nachrichtenmagazin unter der Überschrift „Die total verrückte Reform. Milliarden-Grab Hartz IV". In der *Spiegel*-Titelgeschichte hieß es, die Fusion von Arbeitslosen- und Sozialhilfe drohe zum „schlimmsten Regierungsunfall seit dem Missmanagement der deutschen Einheit" zu werden, weil eine „Orgie von Verschwendung, Ineffizienz und Bürokratie" das ganze Unternehmen lähme: „Milliardenschwerer Murks, Abzockerei in Millionenhöhe und eine Wirkung am Arbeitsmarkt, die gegen null tendiert – das ist die Realität."[10] Auch der *Stern* zog eine Negativbilanz, als er am 30. Juni 2005 unter dem Titel „Der Traum vom Jobwunder" mit resignierendem Unterton feststellte: „Hartz IV und die Menschen – das passt eben längst nicht immer zusammen. Hartz IV und die Arbeitsvermittler auch nicht, die Betreuung ist oft weiterhin schlecht. Einen Boom gibt es nur bei den Ein-Euro-Jobs."[11]

Am Ende des Jahres 2005 gab es fast 1 Mio. erwerbstätige Leistungsbezieher/innen, sog. Zuverdiener/innen, die geringfügig, in Teil- oder in Vollzeit tätig waren. Während des gesamten Jahres wurden mehr als 2 Mio. verschiedene Personen als Erwerbsaufstocker/innen gezählt. In diesem „Kombilohn"-Modell, bei dem die Jobcenter häufig genug Unternehmen subventionierten, die besonders niedrige Löhne zahlten und ihre Beschäftigten mehr

---

8 Vgl. Ulrike Meyer-Timpe, Von einem Flop zum nächsten. Ich-AGs und Minijobs verdrängen reguläre Arbeitsplätze: Die Hartz-Reformen sollten Beschäftigung schaffen – doch sie haben die Lage auf dem Arbeitsmarkt verschärft, in: Die Zeit 10/2005

9 Elisabeth Niejahr/Kolja Rudzio, Die große Reform? Ein großer Irrtum!, Hartz IV sollte Arbeitslosen helfen und Geld sparen. Sechs Monate nach dem Start herrscht noch das Chaos, in: Die Zeit 27/2005

10 Michael Sauga u.a., Der Hartz-Horror, in: Der Spiegel 21/2005, S. 25

11 Markus Grill, Der Traum vom Jobwunder. Die Reformen am Arbeitsmarkt, benannt nach VW-Vorstand Peter Hartz, sollten zwei Millionen neue Jobs bringen. Sie waren das Herzstück der rot-grünen Politik. Was haben Ich-AG, Job-Floater und der Umbau der Arbeitsverwaltung gebracht? Eine Bilanz von Hartz I bis IV, in: Stern 27/2005, S. 106

oder weniger offen zum Amt schickten, damit deren Einkommen „aufgestockt" wurde, sahen neoliberale Ökonomen ein ausbaufähiges Konzept. Alexander Spermann, Forschungsbereichsleiter „Arbeitsmärkte, Personalmanagement und Soziale Sicherung" am Zentrum für Europäische Wirtschaftsforschung (ZEW) in Mannheim, schlug in einem „Mehr Druck, mehr Anreiz. Wie ein erfolgreiches Kombilohn-Modell aussehen könnte" überschriebenen Beitrag für die *Zeit* (v. 19.1.2006) vor, zeitlich befristete, aber großzügig bemessene Hinzuverdienste für Empfänger/innen von Arbeitslosengeld II so mit dessen degressiver Ausgestaltung zu kombinieren, dass sich die Arbeitsaufnahme lohne: „Das Arbeitslosengeld II – nicht das Sozialgeld für Kinder – muss dabei schrittweise und mit Fingerspitzengefühl je nach Bedarfslage und verfassungskonform auf ein physisches Existenzminimum (!?) abgeschmolzen werden." Hans-Werner Sinn, das von ihm geleitete ifo Institut für Wirtschaftsforschung an der Universität München und der Sachverständigenrat zur Begutachtung der gesamtwirtschaftlichen Entwicklung unter dem Vorsitz Bert Rürups empfahlen eine allgemeine bzw. an die Ablehnung eines 1-Euro-Jobs gebundene Kürzung des Arbeitslosengeldes II um 30 Prozent auf einen Regelsatz von 240 Euro bei gleichzeitiger Erhöhung der Zuverdienstgrenzen.[12] Dass solche „Experten" als Honorar für einen Vortrag mehr Geld kassierten als ein Langzeiterwerbsloser an finanzieller Unterstützung im ganzen Jahr, störte sie dabei genauso wenig wie die Journalisten, deren Berichterstattung über massenhaften Leistungsmissbrauch die ideologische Begleitmusik dazu lieferte.

Allmählich nahm der Niedriglohnsektor hierzulande eine ähnliche Größenordnung wie in den USA an, was nicht bloß den Arbeitsmarkt, vielmehr auch die sozialpolitische Kultur der Bundesrepublik grundlegend verändert hat. Der Journalist Markus Breitscheidel verdingte sich anderthalb Jahre lang für einen Hungerlohn, um anschließend darüber per Film und in Buchform zu berichten. Breitscheidel sprach – nach dem „Selbstversuch" aus einer Betroffenenperspektive argumentierend – von Hartz IV als „Fahrstuhl direkt in die Armut statt in einen neuen, existenzsichernden Job" und bemerkte ergänzend, dass weder die Eigeninitiative der Betroffenen gefördert noch die Unabhängigkeit von Transferleistungen und damit eine spürbare Entlastung des Sozialhaushalts erreicht werde: „Hartz IV, Leih- und Zeitarbeit, so wie ich sie kennengelernt habe, verschärfen eher die Probleme auf dem Arbeits-

12 Vgl. Hans-Werner Sinn u. a., Aktivierende Sozialhilfe 2006: Das Kombilohn-Modell des ifo Instituts, in: ifo Schnelldienst 2/2006, S. 3 ff.; Sachverständigenrat zur Begutachtung der gesamtwirtschaftlichen Entwicklung, Arbeitslosengeld II reformieren. Ein zielgerichtetes Kombilohnmodell, Wiesbaden, September 2006

markt und in der Gesellschaft insgesamt, statt sie zu lindern oder gar zu lösen."[13]

Zwar schien Hartz IV, das nicht bloß als wirtschaftsliberal bzw. marktradikal verpönte Medien zunächst euphorisch begrüßt und vehement gegen die Kritik der Montagsdemonstrant(inn)en verteidigt hatten, gescheitert zu sein, als die Massenerwerbslosigkeit auch ein Jahr später nur unwesentlich gesunken war. Der seinerzeit zuständige Minister Franz Müntefering wurde im Mai 2006, als die Anzahl der SGB-II-Bedarfsgemeinschaften wie der Grundsicherungsbezieher/innen einen Rekordwert erreichte und die „Optimierung" des Hartz-IV-Gesetzespaketes auf der parlamentarischen Tagesordnung stand, von Journalist(inn)en mit dem an eine Maxime des Apostels Paulus angelehnten Satz zitiert, nur wer arbeite, solle auch essen. Müntefering dementierte das hierdurch verballhornte Bibel-Zitat „Wenn jemand nicht arbeiten *will*, so soll er auch nicht essen" (2 Thess 3,10) mit der Begründung, in einer Fraktionssitzung bloß angemerkt zu haben, dass *andere* so redeten: „Ich sehe es so, dass jeder verpflichtet ist, an seiner Stelle in der Gesellschaft seinen Beitrag zu leisten. Das gilt auch für Arbeitslose. Und ich lasse mir nicht sagen, dass derjenige, der so denkt und dies ehrlich ausspricht, weniger moralisch ist."[14] Sozialdemokraten seien nicht diejenigen, die über alles (gemeint: den Missbrauch von Sozialleistungen) den Mantel der Verträglichkeit breiteten: „Das Geld, das wir ausgeben, wird von anderen Leuten bezahlt. Das vergesse ich nie."[15]

Der frischgebackene SPD-Vorsitzende Kurt Beck sagte kurz darauf der Tageszeitung *Die Welt*, man habe im Gesetzgebungsprozess eine Reihe neuer Missbrauchsmöglichkeiten übersehen: „Auch ich habe mir nicht vorstellen können, daß Schüler in die Einliegerwohnung der eigenen Eltern einziehen, sich als Bedarfsgemeinschaft anmelden und nach dem Abitur Leistungen einstreichen."[16] Unter Hinweis auf die Wahl von Managern, deren Unternehmen trotz hoher Gewinne keine Steuern mehr zahlen, zu „Männern des Jahres" erklärte Beck, solche falschen Vorbilder verdienten keine Nachahmung: „Wer gut verdient und keine Steuern zahlt, muß nicht auch noch Bafög für

---

13 Markus Breitscheidel, Arm durch Arbeit. Ein Undercover-Bericht, Mit einem Vorwort von Günter Wallraff, Berlin 2008, S. 208 f.

14 „Wir ducken uns nicht weg". Interview mit Vizekanzler Franz Müntefering, in: Die Zeit v. 24.5.2006

15 Ebd.

16 „Man muß nicht alles rausholen". SPD-Chef Kurt Beck fordert mehr Anstand von Beziehern staatlicher Hilfen, kritisiert falsche Vorbilder und verteidigt die Mehreinnahmen des Staates, in: Die Welt v. 8.6.2006

die Kinder beantragen."[17] Problematisch an dieser Formulierung war, dass schon die Geltendmachung eines berechtigten Anspruchs auf staatliche Transferleistungen (hier: ein Stipendium für das Studium des eigenen Nachwuchses) zu einer Frage der Moral erklärt und in den Ruch des Leistungsmissbrauchs gebracht wurde.

Allgemein hieß es nun, Hartz IV sei viel zu kostspielig und das Arbeitslosengeld II zu generös bemessen, ja geradezu eine Wohltat für Erwerbslose, Niedriglohnbezieher/innen und wenig verdienende Selbstständige, die sich früher beim Sozialamt nie gemeldet hätten, nun aber die niedrigere Hemmschwelle nutzten, um wenigstens ohne Eigenbeitrag krankenversichert zu sein. Wollte man prominenten Journalist(inn)en glauben, müssten in den damals über 4 Mio. Bedarfsgemeinschaften geradezu paradiesische Zustände geherrscht haben. Vielfach wurde so getan, als könne man mit Arbeitslosengeld II in Saus und Braus leben, während sich Arbeit kaum noch lohne. Unter der Überschrift „Der Kommunismus siegt" lästerte Hans-Ulrich Jörges, stellvertretender *Stern*-Chefredakteur, in dem am 24. Mai 2006 erschienenen Heft seines Magazins, vor allem ein „ausgewuchertes System der Zusatzleistungen" trage dazu bei, dass die Kosten für Hartz IV den Bundeshaushalt „wie eine Tsunami-Welle" überspülten: „Der scheinbar brutalste Abbau staatlicher Stütze in der deutschen Sozialgeschichte entpuppte sich als ihr komfortabelster Ausbau. Statt Arbeit unter allen Umständen zu erzwingen, eröffnete Hartz den Weg zu einem gesellschaftlichen Grundeinkommen, das Arbeit verhöhnt und Nichtstun belohnt."[18]

Am nächsten Sonntag, dem 28. Mai 2006, war Jörges zu Gast bei Sabine Christiansen, die in ihrer Talkshow das Thema „Arm durch Arbeit, reich durch Hartz IV?" debattieren ließ. Stefan von Borstel geißelte die Arbeitsmarktreform in dem Leitartikel „Falsche Hartz-IV-Umsetzung" für die *Welt* vom 31. Mai 2006 als „typisches Produkt der deutschen Konsensdemokratie" und behauptete: „Für weite Teile der Bevölkerung bietet sich Hartz IV als attraktives Lebensmodell an." Wer das Arbeitslosengeld II hingegen durch einen Niedriglohnjob aufstocke, müsse einen Großteil seines Verdienstes abliefern. „Nicht Leistungsempfänger sind verarmt, sondern Steuerzahler",

17 Ebd.

18 Hans-Ulrich Jörges, Der Kommunismus siegt. Hartz IV ist das glatte Gegenteil dessen geworden, was es sein sollte: Ausbau statt Abbau des Sozialstaats. Arbeit wird verhöhnt, Nichtstun belohnt, in: Stern 22/2006, S. 56. Eine geschäftstüchtige Fernsehjournalistin suchte Jörges' absurde These durch Interviews mit Alg-II-Beziehern enthaltende Filme zu untermauern, tingelte damit jahrelang durch die Talkshows der Republik und machte schließlich ein Buch (Rita Knobel-Ulrich, Reich durch Hartz IV. Wie Abzocker und Profiteure den Staat plündern, München 2013) daraus.

titelte die FAZ am 31. Mai 2006 in Anspielung auf einen angeblich darüber spottenden, aber namentlich nicht genannten Spitzenbeamten der Bundesagentur für Arbeit. Klaus Schweinsberg, seinerzeit *Capital*-Chefredakteur, verglich Transferleistungsbezieher/innen am 25. Oktober 2006 in einem Kommentar seines Wirtschaftsmagazins zum Thema „Das Kapital der Unterschicht" allen Ernstes mit „millionenschweren Privatiers", kassierten sie doch wie diese Geld, ohne dafür arbeiten zu müssen: „Bei Lichte besehen stellen die Hartz-IV-Empfänger die größte Gruppe der Kapitalisten in Deutschland. Das zeigt ein Blick auf eine Familie mit zwei Kindern, die von Arbeitslosengeld II lebt und damit pro Jahr durchschnittlich 21.600 Euro bezieht. Wer dieses Einkommen (vor Steuern) auf dem Finanzmarkt erzielen möchte, braucht mindestens 540.000 Euro Kapital, wenn man eine realistische Rendite von vier Prozent zugrunde legt."

Höchstens in linksliberalen Publikationsorganen fand Beachtung, dass Forscher/innen am Wirtschafts- und Sozialwissenschaftlichen Institut (WSI) der gewerkschaftsnahen Hans-Böckler-Stiftung den massenhaften Sozialmissbrauch als Mythos entlarvt hatten und für den Kostenanstieg im Hartz-IV-System andere Gründe wie die Zunahme der Bedarfsgemeinschaften und die wachsende Anzahl von Langzeiterwerbslosen verantwortlich machten.[19] Nur ganz selten fand die Sicht der entschiedenen Kritiker/innen des Reformpaketes so unverblümt Eingang in die Medien wie im Zusammenhang mit der dadurch steigenden Kinderarmut. Beispielsweise machte der *Kölner Stadt-Anzeiger* am 28. Juli 2006 mit der Schlagzeile „Zahl der armen Kinder hat sich verdoppelt. Eine Folge der Hartz-IV-Gesetze" auf. In dem genannten Artikel wurde Bezug auf eine Stellungnahme des Kinderschutzbundes genommen, die neuere Zahlen der Bundesagentur für Arbeit zugrunde legte. Harald Biskup, Verfasser des Artikels, relativierte in seinem Kommentar „Alarmierendes Ergebnis" die dort getroffene Aussage zwar mit dem Satz: „Gemessen an den Favelas von Rio oder den Slums von Bombay leben die zweieinhalb Millionen Kinder, die in Deutschland als arm gelten, im Schlaraffenland." Zugleich wies er aber darauf hin, dass es sich „unsere immer noch reiche Gesellschaft" nicht leisten könne, junge Menschen sozial zu benachteiligen und kulturell auszugrenzen.

Fünf Jahre nach der Vorlage des Kommissionsberichts und drei Jahre nach dem Inkrafttreten von Hartz IV fiel die Würdigung des Gesetzespaketes in der Öffentlichkeit durchwachsen aus. Die meisten Bürger/innen hatten sich an das Reformwerk gewöhnt, die direkt Betroffenen haben sich aber nie

19 Vgl. Der Missbrauch ist ein Mythos. Thesen vom Wirtschafts- und Sozialwissenschaftlichen Institut zur aktuellen Diskussion über die Hartz-IV-Reform, in: FR v. 28.7.2006

damit ausgesöhnt. Kritisch äußerte der DGB, das Verarmungsrisiko der Erwerbslosen habe sich deutlich erhöht, weil die Regelsätze nicht armutsfest seien.[20] Selbst manche jener Kommentatoren, die eine insgesamt positive Bilanz der Sozialreform zogen, erklärten die Höhe des Arbeitslosengeldes II für unzureichend. So schrieb Kolja Rudzio unter dem Titel „Was bringt Hartz IV?" in der *Zeit* (v. 13.12.2007), der Regelsatz werde dann zum Problem, wenn unvorhergesehene Ausgaben wie für eine Reparatur der Waschmaschine anfielen. Während es bei der Sozialhilfe die Möglichkeit für Sonderbeihilfen gegeben habe, sei diese mit Hartz IV praktisch entfallen. Dagegen vertrat Sven Astheimer unter der Überschrift „Armut trotz Gesetz" in der FAZ (v. 29.1.2009) die Auffassung, Hartz IV sei „kein staatlich verordnetes Armutsprogramm", was schließlich auch die Begleitforschung durch das Institut für Arbeitsmarkt- und Berufsforschung der Bundesagentur für Arbeit ergeben habe, und betonte, „dass die Maschen dieses sozialen Netzes nicht zu weit geknüpft wurden. Es trägt mehr Menschen als je zuvor."

Umstritten blieb auch die Beschäftigungswirkung der Reform. Als die Zahl der offiziell registrierten Arbeitslosen wegen der florierenden Weltkonjunktur im Oktober 2008 auf knapp unter 3 Mio. sank, reklamierte die CDU/CSU/SPD-Koalition den Rückgang für sich und erklärte die Schaffung von mehr Jobs zum Erfolg ihrer Umsetzung und „Korrekturen" der rot-grünen Reformpolitik. Die *Frankfurter Allgemeine Sonntagszeitung* veröffentlichte am 24. August 2008 unter dem Titel „Das Wunder am deutschen Arbeitsmarkt. Noch nie seit dem Krieg fanden so viele Menschen einen neuen Job. Hartz IV wirkt" einen Beitrag von Carsten Germis, der behauptete, im Konjunkturaufschwung der zwei Jahre zuvor sei die Arbeitslosigkeit in der Bundesrepublik stärker zurückgegangen als je zuvor nach 1945, weil die „ungeliebten Hartz-Gesetze" genau jene Wirkung gezeigt hätten, die ihnen zugedacht war: Vor allem für qualifizierte Arbeiter und Angestellte aus der Mittelschicht sei es durch die Reformen „ungemütlicher" geworden. Daraus erkläre sich die „neue Dynamik" des Arbeitsmarktes: „Es ist für viele Menschen nicht mehr so attraktiv, vom Arbeitslosengeld zu leben. Wenn nach einem Jahr der Absturz auf Hartz-IV-Niveau droht, suchen sich viele doch einen neuen Job – und nehmen ihn auch dann an, wenn sie sich eigentlich für bessere Aufgaben qualifiziert fühlen und weniger verdienen als früher." Klaus Zimmermann, damals DIW-Präsident und einer der führenden neoliberalen Ökonomen, wurde mit den Worten zitiert, die „Akzeptanzlöhne" der Erwerbslosen hätten sich durch Hartz IV „deutlich nach unten bewegt". Des-

20 Vgl. Fünf Jahre Hartz. Eine Bilanz des DGB vom 15. August 2007 (Wortlaut), in: Blätter für deutsche und internationale Politik 10/2007, S. 1271 f.

halb könnten Betriebe vakante Stellen inzwischen leichter besetzen und hätten sogar zusätzliche Arbeitsplätze für Geringqualifizierte geschaffen. Im Unterschied zur Mittelschicht hätten die meisten Sozialhilfebezieher vom Arbeitslosengeld II finanziell profitiert, schrieb Germis weiter. Bei den Langzeitarbeitslosen mit geringer Qualifikation sei der Erfolg der Hartz-Reformen deshalb nicht ganz so stark: „Weil sich reguläre Arbeit für sie immer noch nicht lohnt, verharren sie im Arbeitslosengeld II. Doch die Ausweitung des Niedriglohnsektors zeigt, dass sich auch hier etwas tut."

„Hartz" klingt einfach hart, harsch, kalt und brutal, was mit zum Negativimage der staatlichen Reformpolitik beigetragen haben mag. Aufgrund der niederschmetternden Erfahrungen, wdie immer mehr persönlich Betroffene oder Verwandte, Freunde und Bekannte mit Hartz IV als einem äußerst rigiden Aktivierungsregime machten, und des abrupten sozialen Absturzes seines Namensgebers vom renommierten Manager eines Weltkonzerns zum verurteilten Straftäter erlitt der umgangssprachliche Terminus „Hartz IV" einen unheilbaren Imageschaden und verwandelte sich gegenüber den Betroffenen wie gegenüber den Repräsentant(inn)en der etablierten Parteien, die ihrer Arbeitsmarktreform ein Kürzel aus der Technokratensprache übergestülpt hatten, in ein Schimpfwort. Ursula von der Leyen, seinerzeit Arbeits- und Sozialministerin in der CDU/CSU/FDP-Koalition, suchte daher nach einer neutralen Ersatzbezeichnung, was sie in einem Interview, das *Stern*-Redakteure mit ihr führten, folgendermaßen begründete: „Der Begriff ist objektiv negativ besetzt. Alle verbinden damit: abhängen oder abgehängt. Das Gegenteil müsste das Signal sein: Wir haben ein gemeinsames Problem, und du bekommst deine Chance."[21] Statt einer Sprachpolitik, die nur Imagepflege betreibt, aber soziale Probleme vernebelt, und einer Umbenennungskampagne, der kein Erfolg beschieden sein konnte, wäre allerdings eine Kurskorrektur der politisch Verantwortlichen nötig gewesen.

8.2 Darstellung der Hartz-IV-Betroffenen als „Drückeberger", „Faulenzer" und „Sozialschmarotzer"

Sowohl die Arbeit der Hartz-Kommission wie auch die anschließende Tätigkeit des Parlaments, das die Arbeitsmarktreformen in Gesetzesform gießen

21 „Tempo, Tempo, Tempo! Heute meldest du dich arbeitslos, und morgen hast du etwas zu tun!" Hartz IV war gestern, jetzt kommt Ursula von der Leyen. Im *Stern*-Gespräch erklärt die Sozialministerin, wie sie Arbeitslosen helfen will – mit besseren Angeboten, Mitgefühl und Strenge, in: Stern v. 25.2.2010, S. 33

musste, wurde von einer Medienberichterstattung flankiert, die für den rot-grünen Reformkurs warb und die Bevölkerung für das vermeintlich zu lösende Problem sensibilisierte, indem sie Langzeiterwerbslose als „Drückeberger", „Faulenzer" und „Sozialschmarotzer" darstellte. Besonders in der Boulevardpresse wurden Personen, die sie als solche entlarvt zu haben glaubte, mit einprägsamen Spitznahmen wie „Florida-Rolf" oder „Viagra-Kalle" belegt, manchmal regelrecht vorgeführt und gleichzeitig zu „guten Bekannten" der Leser/innen gemacht. So berichtete *Bild* im Sommer 2003 nicht weniger als 19-mal über Rolf F., einen 64-jährigen Deutschen, der als suizidgefährdeter Ex-Banker in Miami (Florida) von Sozialhilfe lebte. Am 16. August 2003 lautete der *Bild*-Aufmacher: „Sind die völlig bescheuert? – Sozialamt zahlt Wohnung am Strand in Florida!" Auch seriöse Printmedien wie der *Weser-Kurier* zogen anschließend nach: „Schluss mit Sozialhilfe unter Palmen" überschrieb die größte Bremer Lokalzeitung am 3. September 2003 eine dpa-Meldung.

Am 17. Oktober 2005 machte *Bild* unter Berufung auf den erwähnten „Report" des Hauses von Wirtschafts- und Arbeitsminister Wolfgang Clement über Fälle des Leistungsmissbrauchs mit der reißerischen Überschrift „Die üblen Tricks der Hartz-IV-Schmarotzer! ... und wir müssen zahlen" auf. In dem dazugehörigen Artikel des Boulevardblatts hieß es: „Bei Hartz IV wird gnadenlos abgezockt." Unter den fünf „schlimmsten Fällen", die *Bild* aufführte, waren „eine Hartz-IV-Empfängerin aus Tunesien", die „schon längst wieder in ihrer Heimat" lebe, sowie „ein Libanese", der als „bei seinen Landsleuten bekannter Sänger" nicht nur „gegen Honorar ständig bei Festen und Hochzeiten" auftrete, sondern auch „ein BMW-Cabriolet" fahre und „sogar einen Manager" habe. Damit erweckte man nicht bloß den Eindruck, als seien Migrant(inn)en überrepräsentiert, sondern tat auch so, als handle es sich bei den vorgeführten „Abzockern" nicht um zum Teil kuriose Ausnahmen, sondern nur um die Spitze des Eisbergs.

Genau eine Woche später zog das größte Nachrichtenmagazin der Bundesrepublik mit einer Titelgeschichte „Das Spiel mit den Armen. Wie der Sozialstaat zur Selbstbedienung einlädt" nach. Darin distanzierte sich die *Spiegel*-Redaktion zwar explizit von den „knalligen Berichten" der Boulevardpresse, führte das „Finanzdebakel" der mit dem Namen Peter Hartz verbundenen Arbeitsmarktreformen aber ebenfalls auf die massenhafte, wenn auch nicht immer missbräuchliche Inanspruchnahme von Transferleistungen zurück. Die beliebte Fernsehmoderatorin Sabine Christiansen stieß in dasselbe Horn, als sie ihrer Talkshow am Sonntag, dem 30. Oktober 2005, den Titel „‚Melkkuh' Sozialstaat – sind wir ein Volk von Abzockern?" gab und selbst die sich ihrer Meinung nach nicht nur unter Erwerbslosen ausbreitende „Mitnahmementalität" geißelte.

Am 7. November 2005 ergänzte der *Spiegel* unter der Überschrift „Missbrauch bei Türken?" und Berufung auf die Bundesagentur für Arbeit, vermutlich beziehe eine „große Zahl türkischer Arbeitsloser", die nennenswertes Vermögen im Heimatland hätten, ohne es anzugeben, rechtswidrig Arbeitslosengeld II. Auch in der Doku-Soap „Gnadenlos gerecht – Sozialfahnder ermitteln" des Privatsenders Sat.1 wurden Migranten als „Hartz-IV-Betrüger" entlarvt, die auf Verwandte zugelassene Nobelkarossen führen, (heimlich) erfolgreiche Unternehmen leiteten und ausländische Immobilien besäßen. Wenig verwunderte daher, dass *Bild* zum Auftakt der am 20. August 2008 mit hoher Einschaltquote gestarteten Sendereihe „Türkische Familie baut Luxus-Villa mit Hartz IV" titelte.[22]

An die Stelle der traditionsreichen Sozialreportage, welche Partei für die Armen und gegen Ämterwillkür ergriff, waren inzwischen eine systematische Missbrauchssuche und eine öffentliche Betroffenenschelte getreten. Kamerateams der Privatsender filmten die Bedarfsprüfer/innen der Behörden bei ihrer Arbeit, um sensationslüstern möglichst hemmungslose „Sozialbetrüger" aufzuspüren, und natürlich wollte der Boulevard nicht dahinter zurückstehen. Am 13. März 2006 machte *Bild* mit der Schlagzeile „Luxus-Leben auf Mallorca, aber Arbeitslosengeld in Deutschland. Erwischt! Frechste Sozial-Abzockerin" auf. Auf Seite 16 wurde Karin K. („Malloca-Karin") in der Überschrift für „noch schlimmer" erklärt als Florida-Rolf, weil sie, wie es in dem Artikel hieß, als Alg-II-Bezieherin in viereinhalb Jahren 40.756 Euro kassiert habe, obwohl sie zwei Eigentumswohnungen in Spanien vermiete und dort auch als Maklerin arbeite. Statt auch im Hauptprogramm noch Hintergrundberichte zu bringen, die das Fernsehpublikum früher über strukturelle Zusammenhänge aufgeklärt hatten, konzentrierten sich fast alle Sender auf Talkshows, wo Diskussionsthemen wie „Hungern muss hier keiner – Ein Land redet sich arm", das am 25. Mai 2008 bei „Anne Will" (Sabine Christiansens Nachfolgerin als Moderatorin der ARD-Talkshow am Sonntagabend) erörtert wurde, hohe Einschaltquoten verzeichneten.

Wenn die Langzeiterwerbslosen nur ein Haufen skrupelloser Betrüger/innen oder Faulpelze wären, die in einer „sozialen Hängematte" lägen, hätte jener Wohlfahrtsstaat, der ihnen auf Kosten fleißiger Arbeitnehmer/innen ein solches „Leben im Luxus" finanziert, seine Existenzberechtigung verloren. Dagegen wird die vermutlich viel höhere Dunkelziffer jener Fälle, in denen eigentlich Anspruchsberechtigte kein Arbeitslosengeld II bzw. keine Sozialhilfe erhalten, weil sie aus Unkenntnis über Zuständigkeiten und Rechts-

---

22 Vgl. Klaus Raab, Gnadenlos billig. Die Sat.1-Dokusoap „Gnadenlos gerecht – Sozialfahnder ermitteln" erregt mehr Aufmerksamkeit als verdient, in: taz v. 22.8.2008

normen, Furcht vor dem Unterhaltsrückgriff auf Verwandte, Stolz oder falscher Scham (z. B. Angst vor einer Bloßstellung im Freundeskreis) keinen Antrag stellen, in den Medien so gut wie nie behandelt.

Das von manchen Journalist(inn)en immer wieder kampagnenartig aufgegriffene Thema „Sozialkriminalität“ hat vor allem in Beschäftigungskrisen politisch Hochkonjunktur. Politiker aller etablierten Parteien machen sich die Wirkung dadurch verbreiteter Klischees zunutze, wenn sie Erwerbslose als „Drückeberger“ oder „Sozialschmarotzer“ bezeichnen und damit – nicht selten übrigens vor Wahlen – „Faulheitsdebatten“ entfachen.[23] Martin Staiger vertritt die These, dass in den Massenmedien gezielt Wut auf „Hartz-IV-Abzocker“ geschürt wird, weshalb zahlreiche Rezipient(inn)en kaum noch zwischen den relativ wenigen Betrügern und der übergroßen Mehrheit ehrlicher Alg-II-Bezieher/innen unterschieden: „Inzwischen kann man bereits in Internetforen beobachten, wie Geringverdiener, von denen viele nur eine Betriebsschließung oder einen Bandscheibenvorfall von Hartz IV entfernt sind, auf Hartz-IV-Empfänger losgehen, als ob es sich diese alle auf Kosten der arbeitenden Bevölkerung in der angeblich ach so bequem gepolsterten sozialen Hängematte bequem gemacht hätten.“[24]

Die unrechtmäßige Inanspruchnahme sozialer Leistungen wird selten toleriert, hart sanktioniert und in der (Medien-)Öffentlichkeit häufig dramatisiert. Als sich die Anzahl der Sanktionen – wohlgemerkt: nicht der Sanktionierten – pro Jahr auf 1 Mio. zubewegte, schlug *Bild* am 11. April 2012 in seinem Aufmacher „Hartz-IV-Sauerei! Noch nie wurden so viele Drückeberger erwischt. 912.000 Stütze-Beziehern wird Geld gestrichen“ medialen Alarm. Man erkennt gut, wie hier der Leser manipuliert wird, denn das Boulevardblatt setzte die Zahl der Sanktionen einfach mit der Zahl davon betroffener Personen gleich, obwohl sich die Sanktionen in Wirklichkeit bei manchen Alg-II-Bezieher(inne)n kumulieren, beispielsweise deshalb, weil diese aus purer Verzweiflung keinen Brief vom Jobcenter mehr öffnen, infolgedessen wiederholt Termine bei ihrem Fallmanager verpassen und dafür mehrfach sanktioniert werden. *Bild* verschwieg hingegen, dass im Berichtsjahr 2011 mehr als 10.000 Leistungsbedürftige mit einer Totalsanktion belegt wurden, also auf Lebensmittelgutscheine ihres Jobcenters angewiesen waren, die extra zu beantragen und keine Pflichtleistung sind.[25] Auf Seite 2 derselben

---

23 Vgl. dazu: Frank Oschmiansky/Silke Kull/Günther Schmid, Faule Arbeitslose? – Politische Konjunkturen einer Debatte, Berlin 2001

24 Martin Staiger, „Hartz-IV-Hetze“, in: Blätter für deutsche und internationale Politik 10/2008, S. 19

25 Vgl. Fabian Lambeck, Arbeitslose auf Nulldiät. Mehr als 10.000 Menschen wurde 2011 der Hartz-IV-Satz komplett gestrichen, in: ND v. 16.11.2012

Bild-Ausgabe, wo fünf Fälle geschildert wurden, titelte das Boulevardblatt in beinahe ebenso großen Lettern: „Hartz IV: Noch nie wurde so viel geschummelt und getrickst!" Statt die Frage aufzuwerfen, warum das Sanktionsregime der Jobcenter trotz einer sinkenden Zahl von Leistungsberechtigten immer rigider wurde, bemerkte Dirk Hoeren, Verfasser des namentlich gezeichneten Artikels und ein ausgewiesener Scharfmacher, in seinem „Stoppt die Drückeberger!" überschriebenen Kommentar dazu nur, Hartz IV sei als „Sprungbrett in eine neue Existenz" konzipiert: „Wer darunter eine soziale Hängematte vom abgebrochenen Schulabschluss bis zur Rente versteht, darf keine Solidarität erwarten. Und erst recht kein Geld!"

Als einer der Gründe, weshalb der Sozialstaat zumindest in seiner bisherigen Form nicht mehr finanzierbar sei, wird häufig angeführt, dass er zu generös, also in seiner Leistungsgewährung viel zu freigiebig sei, was ihn zunehmend überfordere und letzten Endes das Gegenteil des ursprünglich Intendierten bewirke. Arbeitslosigkeit und Armut könnten nicht mehr wirksam bekämpft werden, weil es sich für die davon Betroffenen kaum noch „lohne", eine Erwerbstätigkeit aufzunehmen. Denn die Höhe der Entgeltersatzleistungen bewege sich auf demselben Niveau wie das maximal erreichbare Arbeitsentgelt. Insofern „erzeuge" der Wohlfahrtsstaat seinerseits Erwerbslosigkeit, statt sie zu verringern oder sozial abzufedern, und sei damit Teil des Problems und nicht mehr Teil seiner Lösung. Ronald Gebauer, Hanna Petschauer und Georg Vobruba haben allerdings empirisch nachgewiesen, dass keine „Armutsfalle" im Spannungsfeld zwischen der Sozialhilfe bzw. Hartz IV und dem Arbeitsmarkt existiert.[26]

Der am 6. April 2013 verstorbene SPD-Bundestagsabgeordnete Ottmar Schreiner hat ein schlagendes Argument gegen die vermeintlich nur zu „faulen" Arbeitslosen angeführt: „Die Tatsache, dass einige Millionen Erwerbstätige arbeiten, obwohl sie damit nur ein Einkommen unterhalb oder nur wenig oberhalb des staatlich garantierten Existenzminimums erreichen, steht in heftigem Widerspruch zu der weit verbreiteten Auffassung, die Arbeitslosengeld-II-Leistungen seien so üppig, dass von ihnen keinerlei Anreiz zur Aufnahme einer Arbeit ausgehe."[27] Noch immer übersteigt die Zahl der registrierten Arbeitslosen diejenige der offenen Stellen um ein Mehrfaches, was darauf verweist, dass sich Massenerwerbslosigkeit schon rechnerisch nicht

---

26 Vgl. Ronald Gebauer/Hanna Petschauer/Georg Vobruba, Wer sitzt in der Armutsfalle? – Selbstbehauptung zwischen Sozialhilfe und Arbeitsmarkt, 2. Aufl. Berlin 2003; Ronald Gebauer, Arbeit gegen Armut. Grundlagen, historische Genese und empirische Überprüfung des Armutsfallentheorems, Wiesbaden 2007

27 Ottmar Schreiner, Die Gerechtigkeitslücke. Wie die Politik die Gesellschaft spaltet, Berlin 2008, S. 46

durch größere Arbeitswilligkeit der Hartz-IV-Empfänger/innen beseitigen lässt. Zudem sind viele (Langzeit-)Erwerbslose aufgrund ihrer gesundheitlichen Beeinträchtigungen und psychosozialen Probleme überhaupt nicht in der Lage, einer Arbeit nachzugehen, die unter den heutigen Konkurrenzbedingungen erhebliche Leistungsanforderungen an sie stellt. Schließlich rationalisieren viele Dauererwerbslose ihre Unfähigkeit, den gestiegenen Erwartungen der Personalchefs gerecht zu werden, indem sie so tun, als *wollten* sie mittlerweile gar nicht mehr arbeiten. Hier dürfte neben der aus ihrer Sicht hervorragenden Bezahlung durch TV-Teams, persönlicher Eitelkeit und purer Dummheit ein weiterer Grund dafür liegen, dass sich immer wieder Alg-II-Bezieher finden, die in Fernsehkameras hineingrinsend behaupten, wer malochen gehe, sei angesichts der Tatsache schön blöd, dass man von Arbeitslosengeld II wunderbar leben könne.

Die den öffentlichen Armutsdiskurs seit Langem durchziehende Unterscheidung zwischen „würdigen" und „unwürdigen" oder sogar „nur scheinbar" Armen hat sich durch Hartz IV stärker ausgeprägt, was angesichts der permanenten Stimmungsmache in den Massenmedien nicht verwundert. Maßgeblich dazu beigetragen hat die Berichterstattung über Leistungsmissbrauch beim Arbeitslosengeld II, den es zweifellos gibt, weil alle – folglich auch *soziale* – Rechte, die man Menschen einräumt, zum Teil missbräuchlich, d.h. von Unbefugten in Anspruch genommen werden, aber eben nicht massenhaft, wie gemeinhin suggeriert wird.

Zuletzt gerieten bulgarische und rumänische „Armutsmigranten" häufiger ins Visier der Massenmedien, die damit gleichermaßen rassistische bzw. antiziganistische Ressentiments, bei einem Teil der Deutschen tief verwurzelte Überfremdungsängste und das Klischee des „Sozialschmarotzers" bedienten. Als die CSU im Vorfeld der bayerischen Kommunal- und der Europawahl 2014 mit ihrer Kampagne „Wer betrügt, der fliegt" bundesweit Stimmung gegen südosteuropäische EU-Bürger/innen machte, die angeblich in „unsere Sozialsysteme" einwanderten, verstärkten Schlagzeilen wie „Osteuropäer sitzen auf gepackten Koffern" oder „Europas Ärmste auf dem Weg nach Deutschland" die Furcht vor unkontrollierbaren Migrationsbewegungen und Wohlstandsverlusten für die Einheimischen. Viele hunderttausend Bulgaren und Rumänen, suggerierten manche Presseberichte, seien auf dem Sprung, um die seit dem 1. Januar 2014 für sie uneingeschränkt geltende EU-Arbeitnehmerfreizügigkeit auszunutzen und staatliche Transferleistungen abzugreifen. Dass die Bundesrepublik den allermeisten Zuwanderer(inne)n durch eine 2007 auf Drängen des Freistaates Bayern nachträglich ins SGB II eingefügte, europarechtlich umstrittene Bestimmung jeglichen Leistungsanspruch vorenthielt, wurde hingegen verschwiegen.

Bei den bulgarischen und rumänischen Hartz-IV-Empfänger(inne)n, deren Zahl auch ein Vierteljahr nach dem o.g. Stichtag erheblich hinter vergleichbaren Gruppen zurückblieb,[28] handelt es sich fast durchgängig um Aufstocker/innen, also Menschen, die von ihrer Arbeit nicht leben können. Über den Skandal, dass Bulgar(inn)en und Rumän(inn)en als Leih- bzw. Werkvertragsarbeiter/innen etwa in Schlachthöfen unter sklavenähnlichen Bedingungen und zu Hungerlöhnen tätig waren, sprach aber kaum jemand. Dabei boomte die Ausbeutung dieser Zuwanderer/innen durch Unternehmen der Fleischindustrie – der Entwicklung vom Rheinischen zum schweinischen Kapitalismus entsprechend – genauso wie durch skrupellose Immobilienhaie, die ihnen primitive Behausungen zu Wuchermieten überließen.

Nimmt man Daten und Fakten zur Kenntnis, erweist sich die Rede vom „Sozialtourismus" der Südosteuropäer/innen als unzutreffend. Herbert Brücker, Andreas Hauptmann und Ehsan Vallizadeh haben in einer Studie des Instituts für Arbeitsmarkt- und Berufsforschung gezeigt, dass die bulgarischen und rumänischen Neuzuwanderer/innen zwar im Durchschnitt geringer qualifiziert sind als andere, die Arbeitslosenquoten und die Anteile der Bezieher/innen von Transferleistungen unter ihnen aber deutlich geringer als bei anderen Migrantengruppen ausfallen, weshalb Deutschland insgesamt von dieser Zuwanderung profitiere.[29] Nur in Städten wie Berlin, Duisburg und Dortmund, wo die Erwerbslosigkeit überdurchschnittlich hoch ist, sind auch zugewanderte Bulgar(inn)en und Rumän(inn)en davon sehr stark betroffen. In den Boomtowns des Südwestens der Bundesrepublik und des Rhein-Main-Gebietes hingegen ist auch die entsprechende Quote der osteuropäischen Migrant(inn)en niedrig,[30] was dafür spricht, dass diese genauso wie erwerbslose Deutsche nach einer Stelle suchen, aber nur dann Erfolg haben, wenn in der betreffenden Region genügend Arbeitsplätze zur Verfügung stehen.

8.3 Die neue Unterschicht, das „abgehängte Prekariat" und die „Kultur der Armut"

Hartz IV verdankt sich das Unwort von der „neuen Unterschicht", die sich im Transferleistungsbezug eingerichtet habe, dem Staat ohne Not „auf der

28 Vgl. Zuwanderung aus Osteuropa nimmt deutlich zu. Mehr Beschäftigte und Hartz-IV-Empfänger, in: FAZ v. 10.7.2014

29 Vgl. Herbert Brücker/Andreas Hauptmann/Ehsan Vallizadeh, Zuwanderer aus Bulgarien und Rumänien: Arbeitsmigration oder Armutsmigration?, IAB-Kurzbericht 16/2013, S. 1

30 Vgl. ebd., S. 6

Tasche" liege und von diesem „aktiviert" werden müsse, wenn sie überhaupt jemals in eine normale (bürgerliche) Existenz zurückfinden solle. Nicht zufällig wurde der nicht etwa sozialstrukturell-analytisch begründete, sondern diffamierend gemeinte Begriff „neue Unterschicht" während des Hartz-IV-Gesetzgebungsverfahrens kreiert und am Vorabend des Inkrafttretens dieser Arbeitsmarktreform durch Medien salonfähig gemacht.

Paul Nolte erklärte in einem Gastbeitrag für die *Zeit* (v. 17.12.2003) unter dem zynischen Titel „Das große Fressen", das Hauptproblem der Unterschichtangehörigen sei gar nicht die Armut, sondern der massenhafte Konsum von Fast Food und Fernsehen (RTL und Sat.1). Glaubt man dem Berliner Historiker, waren nicht etwa Arbeitsplatzverluste und Sozialleistungskürzungen die Problemursache, sondern der Verlust kultureller Werte und Normen, welcher im Rahmen einer „fürsorgliche(n) Vernachlässigung" erfolgt sei: „Einer vergleichsweise hohen materiellen Fürsorge der Unterschicht steht eine Vernachlässigung in sozialer und kultureller Hinsicht gegenüber."

Karl August Chassé, seinerzeit Professor für Sozialarbeit/-pädagogik an der Ernst-Abbe-Fachhochschule Jena, kritisierte die neoliberale Umdeutung der Unterprivilegierung in ein Problem der individuellen Lebensführung, stellte einen Zusammenhang mit dem verstärkten Distinktionsbedürfnis eines Teils der vom sozialen Abstieg bedrohten Mittelschicht her und betonte zugleich die Relevanz dieses Deutungsmusters bei der Implementation von Hartz IV.[31] Noltes Artikel eröffnete die „deutsche Unterschichtendebatte", in deren Verlauf Chassé zufolge nicht bloß repressive Eingriffe des „aktivierenden Staates" mit dem Ziel einer Veränderung von Mentalität und Verhaltensweisen legitimiert, sondern auch die vom sozialen Abstieg bedrohten Gesellschaftsschichten motiviert wurden, sich im Rahmen einer Rekulturalisierung und Remoralisierung von Ungleichheit stärker nach unten abzugrenzen.

In dasselbe Horn wie Nolte stieß die damalige Bundesfamilienministerin Renate Schmidt (SPD), als sie den Alg-II-Empfänger(inne)n kurz nach Inkrafttreten von Hartz IV in einem Gastbeitrag für *Bild am Sonntag* (v. 27.2.2005) unter dem Titel „Armut hängt nicht nur vom Geld ab" wohlfeile Ratschläge gab, wie sie ihre Kinder mit Eintopf statt mit Fast Food billiger und gesünder ernähren könnten. Entscheidender als die Frage, ob eine Familie über viel Geld verfüge, sei die Frage, ob sie es verstehe, gut mit Geld umzugehen. Kochkurse für Arbeitslosengeld II, Sozialgeld oder Sozialhilfe beziehende Frauen erschienen geradezu als Patentrezept im Kampf gegen die Armut von deren Kindern. Auch in anderen Zeitungen spielte die Ernäh-

---

31 Vgl. Karl August Chassé, Unterschichten in Deutschland. Materialien zu einer kritischen Debatte, Wiesbaden 2010, S. 12 ff.

rungsproblematik eine Schlüsselrolle. So fragte Claudia Lehnen im *Kölner Stadt-Anzeiger* (v. 17.8.2007) in einem „Dann gibt es arme Ritter" überschriebenen Artikel, wie gesund eine Mutter, die mit Hartz IV auskommen muss, ihre Kinder ernähren kann.

Berlins damaliger Finanzsenator Thilo Sarrazin erregte im Februar 2008 mit der Zusammenstellung eines Drei-Tage-Speiseplans für alleinlebende Alg-II-Bezieher/innen mediales Aufsehen. Was seine zahlreichen Kritiker/innen als „Hartz-IV-Menü" verspotteten, enthielt neben Bratwurst mit Sauerkraut und Kartoffelbrei auch Gemüsesuppe mit Fleischeinlage und Spaghetti Bolognese. Statt der veranschlagten 4,25 Euro pro Tag hätten laut Berechnungen von Sarrazins Behördenmitarbeiter(inne)n schon 3,76 Euro pro Tag gereicht, damit sich Transferleistungsempfänger/innen auf der Grundlage seiner Ratschläge gesund, wertstoffhaltig und abwechslungsreich ernähren konnten.[32]

Für erheblichen Medienrummel und wütenden Protest nicht bloß aus dem Kreis von Hartz-IV-Betroffenen sorgten mit Friedrich Thießen und Christian Fischer auch zwei weitere Ökonomen, die im Rahmen eines Forschungsprojekts an der TU Chemnitz errechnet hatten, dass die Regelsätze der Grundsicherung für Arbeitsuchende „eher zu hoch" seien.[33] Dieser „wissenschaftliche" Befund passte hervorragend in eine *Bild*-Serie zum Thema „Sozial-Abzocker", weshalb Deutschlands auflagenstärkstes Boulevardblatt am 6. September 2008 „Professor behauptet: 132 Euro Hartz IV im Monat reichen!" titelte. Martin Staiger sprach in diesem Zusammenhang von „Hartz-IV-Hetze" und kritisierte den Ausgangspunkt jener Wirtschaftswissenschaftler, die modelltheoretisch-abstrakt denkend völlig an der sozialen Realität vorbei argumentierten: „Sie gehen von einem Menschen aus, der danach strebt, seine Existenz unter ausschließlich ökonomischen Gesichtspunkten aufrechtzuerhalten, profaner ausgedrückt: so billig wie möglich einzukaufen."[34] Außerdem konnte Staiger den beiden Forschern methodische Fehler und mangelnde SGB-II-Kenntnisse nachweisen: Thießen und Fischer

32 Vgl. Henning Onken, Hartz-IV-Menü: Sarrazin: So sollten Arbeitslose einkaufen, in: Der Tagesspiegel v. 11.2.2008; Thilo Sarrazin, Deutschland schafft sich ab. Wie wir unser Land aufs Spiel setzen, München 2010, S. 116 ff. (Dass Sarrazin den Verfasser dieser Zeilen auf S. 85 seines Bestsellers als „führenden Ideologen der deutschen Armutsdiskussion" bezeichnet, empfindet dieser übrigens als besondere Auszeichnung.)

33 Siehe Friedrich Thießen und Christian Fischer, Die Höhe der Sozialen Mindestsicherung. Eine Neuberechnung „bottom up", in: Zeitschrift für Wirtschaftspolitik 2/2008, S. 145; ergänzend: 132 Euro müssen zum Leben reichen. Zwei Wirtschaftsforscher halten Hartz-IV-Satz für zu hoch – heftige Kritik, in: Die Welt v. 6.9.2008

34 Martin Staiger, „Hartz-IV-Hetze", a.a.O., S. 17

hatten offenbar in der irrigen Annahme, neben den Miet- und Heizkosten würden auch die Kosten für den Strom und die Warmwasserbereitung der Bedarfsgemeinschaft vom Jobcenter übernommen, in ihren Modellrechnungen unberücksichtigt gelassen, dass Letztere aus dem Hartz-IV-Regelsatz bestritten werden mussten.[35]

Hatte der oben erwähnte Artikel von Paul Nolte im Dezember 2003 die erste Phase der Unterschichtendebatte eingeleitet, so begann die zweite Phase laut Karl August Chassé im Juli 2006, als die Zwischenergebnisse einer Studie „Gesellschaft im Reformprozess" veröffentlicht wurden, die TNS Infratest Sozialforschung Berlin im Auftrag der Friedrich-Ebert-Stiftung durchgeführt hatte. Darin kam der Terminus „abgehängtes Prekariat" vor, ohne dass die Schichtstruktur der Bundesrepublik genauer untersucht wurde.[36] Den bislang größten Medienhype um das Thema „Armut" in der deutschen Nachkriegsgeschichte gab es drei Monate später, als der damalige SPD-Vorsitzende Kurt Beck in einem Interview, das die *Frankfurter Allgemeine Sonntagszeitung* am 8. Oktober 2006 veröffentlichte, eher beiläufig den Begriff „Unterschichtenproblem" fallen ließ, wie es manche nennen würden, und den Betroffenen vorwarf, „kein Interesse mehr am Aufstieg durch Bildung" zu haben. Dies war geradezu perfide, wenn man bedenkt, dass der Hartz-IV-Regelsatz für erwerbsfähige Hilfebedürftige exakt 0,00 Euro pro Monat für Bildungsausgaben enthielt und sie deshalb gar nicht in die Lage versetzt wurden, sich zu bilden.

Am 12. Dezember 2006 rief Henrico Frank, ein bärtiger Erwerbsloser mit schulterlangen strähnigen Haaren und Nasenpiercing, dem damaligen SPD-Vorsitzenden und rheinland-pfälzischen Ministerpräsidenten bei einem Wahlkampftermin auf dem Wiesbadener Weihnachtsmarkt nach Darstellung von *Bild* (v. 14.12.2006) den Satz „Sie sind für Hartz IV verantwortlich – und ich habe keinen Job!" bzw. nach Darstellung der *Frankfurter Rundschau* (v. 12.12.2007) die Worte „Ihre Partei ist verantwortlich für Hartz IV, und deshalb gibt es Millionen Arbeitslose!" zu. Beck soll darauf sichtlich erregt geantwortet haben: „So wie Sie aussehen, haben Sie im Leben noch nicht viel gearbeitet. Waschen und rasieren Sie sich mal, dann haben Sie in drei Wochen einen Job!" Noch an Ort und Stelle versprach er dem von ihm Gescholtenen, sich unter der Bedingung persönlich um eine Stelle für ihn zu kümmern, dass dieser „gepflegt" in der nahegelegenen Mainzer Staatskanzlei vorspreche.

35 Vgl. ebd., S. 18

36 Siehe Friedrich-Ebert-Stiftung/TNS Infratest Sozialforschung (Rita Müller-Hilmer), Gesellschaft im Reformprozess, Juli 2006 (http://www.fes.de/inhalt/Dokumente/061017_Gesellschaft_im_Reformprozess_komplett.pdf; 31.7.2007)

Genau eine Woche später firmierte Frank auf der *Bild*-Titelseite als „Deutschlands frechster Arbeitsloser", der keine Zeit für den SPD-Chef und dessen acht Stellenangebote sämtlich abgelehnt, aber vier Handys und eine Pressesprecherin habe. Detailliert führte *Bild* (v. 19.12.2006) in einem Infokasten zwar jedes einzelne Jobangebot (einschließlich des Namens der jeweiligen Firma) auf, verschwieg jedoch, dass der gelernte Maurer aufgrund seiner lädierten Schulter und eines Bandscheibenvorfalls weder im Straßenbau oder im Lager noch als Müllwerker oder Spüler arbeiten konnte. So stand ein Angehöriger jener „Unterschicht", von der Beck gesprochen hatte, ohne sich diesen Begriff zu eigen zu machen, am medialen Pranger und bekam für *Bild*-Leser/innen zugleich ein Gesicht. Der von N. Blome, R. Öztürk und M. Wichmann verfasste Artikel war „Politiker empört über Deutschlands frechsten Arbeitslosen: ‚Kürzt ihm endlich die Stütze!'" überschrieben. Am nächsten Tag machte *Bild* unter der Überschrift „Jeden Monat kassiert dieser Faulenzer 345 Euro! Warum kriegt so einer Stütze?" erneut mit einem riesigen Porträtfoto und weiteren Beschuldigungen gegenüber Henrico Frank auf. In Übergröße abgebildet war ein Button, der die Lederjacke des Punkers zierte und auf dem „Arbeit ist Scheiße!" stand. Für den Boulevard war Frank damit zur Projektionsfläche aller Ressentiments geworden, die man Armen hierzulande entgegenbringt und über den Medienbetrieb transportiert bzw. multipliziert. In einem Kasten auf der Seite 2 wurde jetzt auch enthüllt, dass Frank der Linkspartei angehörte, und scheinbar besorgt gefragt: „Kommt Henrico jetzt auch noch in den Bundestag?" Frank wurde zwar wochenlang angefeindet und verfehmt, profitierte später jedoch in gewisser Weise von seiner Medienprominenz, als ihn der Musiksender iMusic TV im Februar 2007 als Punk-Experten einstellte.[37]

Stark überrepräsentiert sind in den Medien solche Erwerbslose wie Arno Dübel oder Ralph Boes, die ihren Alg-II-Bezug vermarkten bzw. öffentliche Selbstdarstellung betreiben. Dübel wurde im Aufmacher der *Bild* (v. 30.1. 2010) ebenfalls – nicht gerade originell – als „Deutschlands frechster Arbeitsloser" tituliert, der seit mehreren Jahrzehnten vom Staat lebe, durch TV-Talkshows tingele und einen Manager habe. Auf S. 10 befand sich ein Foto, unter dem in großen Lettern das (angebliche) Zitat „Ich werde so schnell müde, wenn ich arbeite" stand. Während des „Agenda"-Jahres folgten weitere 36 *Bild*-Beiträge, die sich mit Arno Dübel befassten, wobei das Boule-

37 Vgl. Karin Ceballos Betancur, Job mit Nasenring. Ein Frankfurter Musik-Sender will Henrico Frank als Punkexperten einstellen, in: FR v. 18.1.2007; Stephan Loichinger, Rasiert, gewaschen, aufgestiegen. Vor einem Jahr wurde Henrico Frank von SPD-Chef Kurt Beck als Faulpelz beschimpft – er hat den darauf folgenden Trubel als Chance genutzt, in: FR v. 12.12.2007

vardblatt z. B. „Hartz IV soll die Schwachen schützen – auch vor den Faulen!", „Deutschlands frechster Arbeitsloser muss jetzt arbeiten", „Wie krank ist Deutschlands frechster Arbeitsloser wirklich?", „Druck kann auch Hilfe sein", „Arno Dübel sogar zu faul zum Singen", „Schluss mit Stütze nach 36 Jahren", „Arno Dübel fliegt aus seiner Wohnung" und „Ohne Führerschein! Jetzt fährt Arno Dübel auch noch Auto" titelte. Christian Baron und Britta Steinwachs haben die Kommentare von *Bild*-Leser(inne)n im Netz dazu untersucht und festgestellt, dass eine negative, bis zu blankem Hass reichende Haltung gegenüber dem Langzeiterwerbslosen dominierte: „Dabei spielt es keine Rolle, welche Attribute und Episoden, von denen Bild berichtete, nun tatsächlich auf Arno Dübel zutreffen; ja, es ist im soziologischen Sinne noch nicht einmal wirklich interessant, ob er vielleicht sogar ein reines Kunstprodukt ist, das in Zusammenarbeit mit Deutschlands größtem Boulevardblatt konstruiert wurde."[38]

Am 8. Februar 2010 erschien der *Focus* mit einem unappetitlich wirkenden, verdorbenen Apfel auf der Titelseite. Darunter stand: „Das ist faul an Hartz IV. Warum sich Arbeiten oft nicht mehr lohnt, auch Fleißige ganz schnell abstürzen, das Gesetz so lasch angewendet wird". Der dazugehörige Artikel hieß „Die Hartz-Falle" und begann mit einem Blick auf Arno Dübel, der als „Deutschlands glücklichster Arbeitsloser" durch die Talkshows im Fernsehen ziehe, während die Arbeitsmarktreform einer Ruine gleiche. Weiter wurde festgestellt: „Hartz IV hat ein miserables Image. Da nützt es wenig, dass die Bezieher wie in der Geschäftswelt ‚Kunden' genannt werden. Die Leistungen nach dem Sozialgesetzbuch II, wie es offiziell heißt, gelten als Endstation der Bedrängten und Verlierer, aber auch der Faulpelze und Betrüger."[39]

Unter der Überschrift „Hungern gegen Hartz IV" berichtete die *Zeit* (v. 6.12.2012) über Ralph Boes und seine Aktionen gegen das Hartz-IV-System, welches er für verfassungswidrig hält, weil es die Menschenwürde verletze: „Wer Hartz IV bekomme, könne seine Persönlichkeit nicht frei entfalten, seinen Beruf nicht frei wählen, sich nicht frei in Deutschland bewegen – all diese Rechte sind im Grundgesetz verbürgt. Stattdessen werde man zur Arbeit gezwungen, unangemeldet in der Wohnung aufgesucht, die Familie werde in Sippenhaft genommen – all dies verbietet das Grundgesetz."[40] Mehrfach wird

---

38 Christian Baron/Britta Steinwachs, Faul, frech, dreist. Die Diskriminierung von Erwerbslosigkeit durch BILD-Leser*innen, Münster 2012, S. 101

39 M. van Ackeren u. a., Die Hartz IV-Falle, in: Focus 6/2010, S. 44

40 Anne Kunze, Hungern gegen Hartz IV. Ralph Boes hält das System für verfassungswidrig. Er provoziert das Jobcenter so lange, bis es ihm das Geld kürzt, in: Die Zeit 50/2012

in dem Artikel das Wort „Querulant“ bzw. „Querulanz“ verwendet und das berechtigte Anliegen von Boes auf diese Weise desavouiert. Nach einem als provokativ empfundenen Auftritt in der ARD-Talkshow „Sandra Maischberger“ am Vorabend, bei dem Boes die Schuhe ausgezogen und es sich auf dem Sofa bequem gemacht hatte, titelte *Bild.de* (v. 5.12.2012) „Schneidersitz-Eklat: Hartz-IV-Schnösel benimmt sich bei Maischberger daneben“ und sprach von der „One-Man-Show eines Langzeitarbeitslosen“, dessen Schicksal jedoch ganz sicher nicht repräsentativ für das von Millionen Menschen sei, die Arbeitslosengeld II bezögen und alles für einen Job tun würden. Dass es durchaus möglich war, seriös über Boes, sein Plädoyer für ein bedingungsloses Grundeinkommen und seine Protestaktivitäten (vom „Sanktionshungern“ über Flashmobs im Jobcenter bis zum Hungerstreik der Mitglieder seiner Gruppe „Wir sind Boes“) zu berichten, ohne seine drastischen Aktionsformen zu billigen, zeigte Steffi Unslebers ebenfalls „Hungern gegen Hartz IV“ überschriebener Artikel in der *taz* (v. 8./9.6.2013).

Die „normalen“ Alg-II-Bezieher/innen von nebenan stehen mit ihren Ängsten, (Geld-)Sorgen und Nöten hingegen vergleichsweise selten im Fokus der Medienberichterstattung. Exemplarisch angeführt seien Überschriften wie „Tausende Empfänger von Hartz IV sitzen im Dunkeln“ (taz v. 5.8.2010) oder „‚Traurig dasitzen macht alles noch schlimmer‘. Hartz-IV-Empfängern, die sich nichts dazu verdienen können, fällt im teuren München der Alltag besonders schwer“ (SZ v. 18./19.12.2010). Bisweilen wird den typischen Klischees über Arbeitslosengeld-II-Bezieher/innen durch eine positive Medienberichterstattung entgegengewirkt. So informierte die *Süddeutsche Zeitung* am 27. Juli 2010 unter der Überschrift „Problemschüler mit Begabung“ über ein Modellprojekt von Bundesagentur für Arbeit und Deutscher Telekom, welches zeige, dass junge Hartz-IV-Empfänger/innen motivierter seien, als man ihnen oft unterstelle. Manchmal ergreifen Boulevardzeitungen auch offen Partei für Alg-II-Bezieher/innen, etwa wenn eine alleinerziehende Mutter, deren Miethöhe den lokalen Richtwert knapp übersteigt, ein im Behördendeutsch verfasstes Schreiben des zuständigen Jobcenters mit der Aufforderung erhält, entweder (durch Untervermietung, Verhandlungen mit dem Vermieter o.Ä.) die Kosten zu senken oder sich eine preiswertere Wohnung zu suchen.[41]

Politiker/innen der etablierten Parteien, neoliberale Publizisten und Wirtschaftslobbyisten pflegen gemeinsam den Mythos, wonach hierzulande „jeder seines Glückes Schmied“ ist. So behauptete Hans-Olaf Henkel, ehemaliger BDI-Präsident und am 25. Mai 2014 als einer von sieben AfD-Kandi-

41 Vgl. Wegen 2 Euro Miete! Jobcenter knallhart: Mutter droht Auszug. Die Bonnerin ist krank, arbeitslos, hat eine Tochter und ist verzweifelt, in: Express (Köln) v. 30.8.2014

dat(inn)en ins Europaparlament gewählt, allen Ernstes: „Jeder kann Unternehmer werden, und ebenso kann jeder Unternehmer, wenn er schlecht wirtschaftet, im Handumdrehen zum Hartz-IV-Empfänger werden."[42] Henkel führte gegen Kurt Beck ins Feld, das Wort „Unterschicht" lenke nur von der Wirklichkeit ab: „Die vermeintliche Ausbeuterklasse ist längst zur ausgebeuteten Klasse geworden. Denn viele von denen, die sich nicht mehr nach oben orientieren, richten sich bequem im Unten ein, weil es ihnen vom Bürgertum finanziert wird."[43] Als ein Beispiel dafür erschien Henkel die Tatsache, dass sich Alg-II-Bezieher, die als Erntehelfer verpflichtet werden sollten, lieber krankschreiben ließen, als Spargel zu stechen. Je mehr die SPD den Staat aus wahltaktischen Gründen zum „sorgenden Vormund" der Unterschicht mache, umso abhängiger werde diese von seinen Wohltaten: „Die Unterschicht wächst nicht etwa, weil der Staat zu wenig alimentiert, sondern umgekehrt: Weil die Mittel so reichlich fließen, weil Wohnung und Heizkosten, neuer Laminatfußboden und Kühlschrank aus dem staatlichen Wunderhorn kommen, wächst die Unterschicht."[44]

Statt eines Paradigmen- bzw. Politikwechsels löste die Debatte über „neue Unterschichten", „abgehängtes Prekariat" und Armut ideologisch motivierte Abwehrreflexe aus: In den Medien wurde der einzelne Alg-II-Bezieher für seine finanzielle Misere verantwortlich gemacht und/oder der Sozialstaat zum Sündenbock erklärt. Wenn die Armut kein gesamtgesellschaftliches, sondern ein von den Betroffenen selbst verschuldetes Problem wäre, könnte man diesen zumuten, sich nach der Münchhausen-Methode „am eigenen Schopf" aus dem sozialen Morast herauszuziehen. Dabei wurde schlichtweg verkannt, dass die Bekämpfung der Armut großzügiger Angebote der Arbeitsmarkt-, Beschäftigungs- und Sozialpolitik bedarf, die es seit den Hartz-Gesetzen immer weniger gibt.

Hartz-IV-Betroffene wurden in den Massenmedien bisweilen regelrecht verhöhnt. Prominente, Topjournalist(inn)en und „Experten", die als Spitzenverdiener/innen in einem ganz anderen Sozialmilieu als Alg-II-Empfänger/innen leben, scheuten sich nicht, deren missliche Situation durch unsinnige Vergleiche schönzureden. So behauptete Walter Wüllenweber im *Stern* (v. 19.10.2006) unter dem ironisch gemeinten Titel „Spiel nicht mit den Schmuddelkindern!", Geld hätten die Armen in Deutschland genug: „Hartz-IV-Empfänger verfügen über denselben materiellen Lebensstandard wie

42 Hans-Olaf Henkel, Der Kampf um die Mitte. Mein Bekenntnis zum Bürgertum, München 2007, S. 174

43 Ebd., S. 246

44 Ebd., S. 247

Facharbeiter in den 1970er Jahren." Der frühere Bundeskanzler Helmut Schmidt, während dessen Amtszeit der „Um-" bzw. Abbau des Sozialstaates begann, forderte am 10. Dezember desselben Jahres im Berliner *Tagesspiegel am Sonntag*, das Jammern über Armut in Deutschland müsse endlich aufhören. Wer heute von Alg II (damals 345 Euro plus Unterkunfts- und Heizkosten im Falle eines „angemessenen" Wohnens) lebe, habe meist einen höheren Lebensstandard als in seiner Jugend ein Facharbeiter mit Frau und Kindern. Als ein Beispiel für die Dramatisierung des Problems nannte Schmidt eine 18-jährige Alleinerziehende, der die Sozialfürsorge eine Wohnung und ein Fernsehgerät finanziere: „Dieses Mädchen gilt als arm und abgehängt, doch in Wirklichkeit geht es ihr unendlich viel besser, als es uns in ihrem Alter gegangen ist." Abgesehen davon, dass es die „Sozialfürsorge" seit Helmut Schmidt Jugend nicht mehr gibt, ist Armut immer noch vor dem momentanen gesellschaftlichen Entwicklungsstand zu sehen, und dieser ist heute eben sehr viel höher als damals, weshalb ein solcher Vergleich hinkt.

Gleichwohl begegnet den Medienrezipient(inn)en diese Argumentationsfigur, mit der Armut und soziale Ausgrenzung von Grundsicherungsbezieher(inne)n ideologisch entsorgt werden, bis heute immer wieder. Unter dem Titel „Die Mär vom armen Kind" veröffentlichte etwa der *Spiegel* (v. 27.9.2010) einen Artikel von Alexander Neubacher, in dem es hieß: „Die Lebensverhältnisse eines heutigen Hartz-IV-Empfängers sind (…) nicht schlechter als der Standard eines normalen Arbeitnehmerhaushalts in den sechziger Jahren." Nur wenn sich die wissenschaftlich-technischen, die ökonomischen und die soziokulturellen Bedingungen seitdem nicht stark verändert hätten, könnte man die Versorgungslage, die materielle Situation und den Wohlstand einer Familie noch mit derselben Elle messen wie ein halbes Jahrhundert zuvor.

Ein weiteres Beispiel für die Verharmlosung der Armut durch Gegenüberstellung unterschiedlicher Lebensbedingungen bot Wolfgang Schäuble in einem Interview, das die *Zeit* (v. 17.7.2008) veröffentlichte. Gefragt nach der Bedeutung des Themas „soziale Gerechtigkeit", antwortete der damalige Bundesinnenminister, durch härteren Wettbewerb würden die Unterschiede hierzulande größer, wohingegen die globalen Unterschiede abnähmen: „Natürlich ist die Spanne zwischen denen, die bei uns nicht ruhig schlafen können, weil sie für ihr ererbtes Millionenvermögen Steuern zahlen müssen, und denen, die mit Hartz IV auskommen sollen, gewaltig. Aber wenn wir uns anschauen, wie die Lebenschancen für Chinesen, für Inder oder für Südamerikaner sind, relativiert sich das." Hier irrte Schäuble allerdings gewaltig, denn das Privatvermögen der beiden reichsten Deutschen, Karl und Theo Albrecht (inzwischen verstorbene Gründer der Aldi-Ketten Nord und Süd), war seinerzeit ungefähr 100 Millionen Mal so hoch wie das monatliche Transfereinkommen von Alg-II-Bezieher(inne)n, die laut SGB II auch nur ein geringes

„Schonvermögen" besitzen dürfen und als Langzeiterwerbslose häufig gar keins haben. Dagegen fallen die Einkommens- bzw. Vermögensunterschiede zwischen einem Durchschnittsverdiener in Deutschland und Bewohner(inne)n der sog. Dritten Welt sehr viel geringer aus.

In einer Kolumne „Geld fürs Nichtstun" der *Wirtschaftswoche* (v. 18.12. 2006) behauptete Hans-Werner Sinn, Präsident des ifo Instituts für Wirtschaftsforschung an der Universität München, die Geldleistungen des Sozialstaates an die Armen seien in den vergangenen Jahrzehnten viel schneller als die Durchschnittslöhne gestiegen. Hartz-IV-Empfänger/innen könnten nicht durchgängig als arm betrachtet werden und „wirkliche" Armut habe überhaupt wenig mit Geldmangel zu tun: „Der wahre Grund für die Probleme der deutschen Unterschicht ist statt beim Geld bei den fehlenden Arbeitsplätzen und der damit verbundenen sozialen Ausgrenzung zu suchen." Stellen fehlten Sinn zufolge wegen der „extrem hohe(n) Lohnansprüche", die ein überteuertes Sozialsystem produziere: „Das deutsche Armutsproblem ist nicht entstanden, weil der Staat zu knauserig war, sondern weil er im Gegenteil zu viel Geld für Nichtstun ausgegeben hat."

Bevor das Bundesverfassungsgericht am 9. Februar 2010 sein Urteil zu den Hartz-IV-Regelsätzen verkündete, wurde offenbar durch eine politische und Medienkampagne versucht, Druck auf die Karlsruher Richter/innen auszuüben. Ursula von der Leyen machte den Anfang, als sie die Jobcenter in einem Interview, das *Bild* am 11. Januar 2010 unter dem Titel „Faule Arbeitslose härter anpacken!" veröffentlichte, zu einer konsequenteren Sanktionspraxis aufrief und sagte: „Wer Geld von der Gemeinschaft bekommt, muss auch was dafür tun."[45] Der damalige hessische CDU-Vorsitzende und Ministerpräsident Roland Koch verlangte in einem Interview, das die *Wirtschaftswoche* (v. 18.1.2010) veröffentlichte, eine Arbeitspflicht für Transferleistungsempfänger/innen: „Wir müssen jedem Hartz-IV-Empfänger abverlangen, dass er als Gegenleistung für die staatliche Unterstützung einer Beschäftigung nachgeht, auch niederwertige (sic!) Arbeit, im Zweifel in einer öffentlichen Beschäftigung. Dass er eben nicht bloß zu Hause sitzt."[46]

In einem Gastbeitrag für die FAZ (v. 22.1.2010) unter dem Titel „Das Solidarprinzip ernst nehmen" wiederholte Koch sein Plädoyer: „Wenn Millionen von Bürgern, die jeden Tag hart arbeiten, sehen, dass sie ohne jede eigene

---

45 S. Jungholt/P. Ronzheimer, BILD-Interview mit Arbeitsministerin Ursula von der Leyen: Faule Arbeitslose härter anpacken!, in: Bild v. 11.1.2010

46 Arbeitspflicht! – Hessens Ministerpräsident Roland Koch über neue Regeln für Hartz-IV-Empfänger, Subventionskürzungen und die nächste Steuerreform, in: Wirtschaftswoche 3/2010, S. 25

Anstrengung folgenlos annähernd das gleiche Einkommen erhalten könnten wie diejenigen, die sich nicht anstrengen und das System ausnutzen, dann ist das nichts anderes als die Perversion des Sozialstaatsgedankens." Koch vermied es zwar, eine Absenkung des Hartz-IV-Regelsatzes ins Gespräch zu bringen, forderte aber ebenfalls mehr Härte des Staates im Umgang mit Langzeiterwerbslosen und erklärte Maßnahmen zur Abschreckung potenzieller Nutznießer eines Missbrauchs von Transferleistungen für unerlässlich. Artikel über die mangelnde Arbeitsbereitschaft von Transferleistungsbezieher(inne)n häuften sich in der Folgezeit. So machte *Bild* am selben Tag mit der Frage „Macht Hartz IV faul?" auf. Der Untertitel „Für immer mehr Menschen lohnt es sich nicht mehr zu arbeiten" bildete das Leitmotiv vieler Presseartikel. Zwar versuchte die *taz* (v. 26.1.2010) mit dem Aufmacher „Die Legende vom faulen Arbeitslosen" gegenzusteuern, allerdings überwogen einmal mehr Klischees, Vorurteile und Ressentiments gegenüber Hartz-IV-Bezieher(inne)n.

Guido Westerwelle gerierte sich in seinem „Hartz IV und die Frage, wer das alles zahlt: Vergesst die Mitte nicht!" überschriebenen Gastbeitrag in der *Welt* (v. 11.2.2010) zum Karlsruher Regelsatz-Urteil als politisches Sprachrohr der Mittelschicht, die in den letzten zehn Jahren von zwei Dritteln auf bloß noch gut die Hälfte der Gesellschaft geschrumpft sei: „Damit bröckelt die Brücke zwischen Arm und Reich. Eine Gesellschaft ohne Mitte fliegt auseinander, und der Politik fliegt sie um die Ohren." Hart arbeitende Bürger bekämen weniger Geld, als wenn sie die Grundsicherung für Arbeitsuchende in Anspruch nähmen: „Was sagt eigentlich die Kellnerin mit zwei Kindern zu Forderungen, jetzt rasch mehr für Hartz IV auszugeben? Wer kellnert, verheiratet ist und zwei Kinder hat, bekommt im Schnitt 109 Euro weniger im Monat, als wenn er oder sie Hartz IV bezöge."

Mit solchen Zahlen, die falsch waren, weil niemand, der arbeitet, unter Ausschöpfung seiner Leistungsansprüche gegenüber dem Staat weniger als ein Grundsicherungsempfänger in derselben Familienkonstellation erhält, machten der damalige FDP-Vorsitzende und in seinem Gefolge zahlreiche Journalist(inn)en auf Stammtischniveau politisch Stimmung gegen den Wohlfahrtsstaat. Ganz einfach „vergessen" wurden bei solchen Milchmädchenrechnungen meist staatliche Leistungen wie das Wohngeld und der Kinderzuschlag, die Geringverdiener/innen, aber eben nicht Alg-II-Bezieher/innen erhalten (können), und/oder das Kindergeld, welches Grundsicherungsempfänger/innen zwar wie alle übrigen Bürger/innen mit Nachwuchs im entsprechenden Alter erhalten, aber im Unterschied zu diesen eben nicht behalten können, weil das Jobcenter es auf die Transferleistung anrechnet, d.h. sofort wieder davon abzieht.[47] Allerdings beantragen viele Geringverdiener/innen weder das ihnen zustehende Wohngeld noch den Kinderzuschlag, wie ihnen auch die Information fehlt, dass sie als Erwerbstätige „aufstockend" Grundsicherungsleistungen in Anspruch nehmen könnten und zusammen mit ihrem Lohn bzw. Gehalt, das nur teilweise auf das Arbeitslosengeld II angerechnet wird, mit Sicherheit ein höheres Einkommen hätten als Langzeiterwerbslose, also nicht erwerbstätige Alg-II-Bezieher/innen. Dafür sorgen nämlich die Hinzuverdienstregelungen, der Grundfreibetrag für Erwerbseinkommen und die bruttolohngestaffelten Freibetragssätze bei Hartz IV.

Gerd Bosbach und Jens Jürgen Korff weisen auf die „mutmaßliche Verwechslung von Ursache und Wirkung" hin, der Westerwelle in seiner „Wirtshausrechnung" aufsaß, als er glauben machen wollte, das Niveau des Arbeitslosengeldes II sei rascher gestiegen als das Niveau der Löhne und habe deren Untergrenze daher eingeholt: „Der Anteil der Beschäftigten, der zu Niedriglöhnen arbeiten muss, ist in den 1990er- und 2000er-Jahren deutlich gestiegen, und das Niveau der Niedriglöhne ist in Deutschland in den letzten Jahren gesunken, sodass die unteren Lohngruppen teilweise unter das fast stagnierende Hartz-IV-Niveau geraten sind."[48] Offenbar gebe es vor allem bei deutschen Unternehmern den Drang, die Löhne möglichst auf oder unter das Hartz-IV-Niveau zu drücken. Daraus leiten Bosbach und Korff die Notwendigkeit von „menschenwürdigen Mindestlöhnen" ab, denn sie fürchten wohl zu Recht, dass die unteren Lohngruppen bei Nutzung der von Westerwelle augenscheinlich präferierten, vom Bundesverfassungsgericht allerdings weitgehend versperrten Möglichkeit, das Hartz-IV-Niveau abzusenken, diesem Weg in den Keller der Armut bald folgen würden.

Die von Westerwelle losgetretene Kampagne war auf Polarisierung angelegt, hetzte Niedriglöhner/innen gegen Erwerbslose auf und suchte die breite Mehrheit der Steuerzahler/innen hinter sich zu versammeln: „Westerwelle knüpfte an die ‚Unterschicht-Debatte' an, diffamierte Arbeitslose und stellte diese nicht nur als faul dar, sondern mehr oder weniger offen als wertlose Schmarotzer."[49] Zugleich schürte Westerwelle den für Berichte der Boulevardmedien über die „faulen Armen" typischen Sozialneid nach unten.

Armut, so scheint es, hat im Zusammenhang der Arbeitsmarktreformen einen tiefgreifenden Funktionswandel erfahren: Die jahrhundertealte Furcht

---

47 Vgl. Ulrich Schneider, Armes Deutschland. Neue Perspektiven für einen anderen Wohlstand, München 2010, S. 202

48 Gerd Bosbach/Jens Jürgen Korff, Lügen mit Zahlen. Wie wir mit Statistiken manipuliert werden, 3. Aufl. München 2013, S. 209

49 Annelie Buntenbach, Hartz IV: Es geht um mehr als nur 5 €, in: WSI-Mitteilungen 12/2010, S. 650

aller besitzenden vor den „gefährlichen Klassen" ist umgeschlagen in deren bloße Verachtung und mediale Verleumdung. Wenn nicht mehr die Revolution bzw. Rebellion der „unteren Stände" droht, die nach deren Ruhigstellung verlangt, steht fast nur noch zur Debatte, wie man die „neue Unterschicht" (re)aktivieren und ihre „Beschäftigungsfähigkeit" sicherstellen kann. Alg-II-Bezug wiederum erscheint weniger als Problem für die Betroffenen selbst als für den „Standort D", der durch ihre rasche Eingliederung in den Arbeitsmarkt noch konkurrenzfähiger gemacht werden soll.

8.4 (Kinder-)Armut als Modethema im Mediendiskurs

„Armut", lange ein Tabuthema, das fast nur in der Vorweihnachtszeit auf die Agenda gesetzt wurde, ist durch Hartz IV fast zu einem Topthema deutscher Massenmedien geworden, das seither zahllose Talkshows beschäftigt hat. Dies dürfte nicht zuletzt der Tatsache geschuldet sein, dass Armut und soziale Ausgrenzung nunmehr vor allem Kinder trafen, die darunter manchmal ihr ganzes Leben lang leiden. Denn im Unterschied zu den Erwachsenen haben Kinder noch keine geeigneten Bewältigungsstrategien entwickelt und sind nicht in der Lage, ihre persönliche Situation im gesellschaftlichen Kontext zu reflektieren. Außerdem kann man sie weder für ihre missliche Lage verantwortlich machen noch ihnen Leistungsmissbrauch vorwerfen. Da sie geradezu den Prototyp der „würdigen Armen" bilden, wird auch (noch) kein „aktivierender Sozialstaat" bemüht, um ihnen durch „Fördern und Fordern" mehr Eigenverantwortung abzutrotzen.

Hartz IV erhöhte nicht bloß die Geldknappheit in zahlreichen Familien der Bundesrepublik, sondern zog auch einen Boom der Medienberichterstattung darüber nach sich. Während sich audiovisuelle Medien überwiegend auf situative Erfahrungs- und Stimmungsberichte konzentrierten, die rein deskriptiv zu vermitteln suchten, was Armut hierzulande bedeutet und welche Auswirkungen sie im Alltag von Hartz IV betroffener Familien hat, zeichneten viele Printmedien ein umfassenderes Bild. Vor allem die Lokalzeitungen, aber auch überregionale Tageszeitungen und wöchentlich erscheinende Nachrichtenmagazine veröffentlichen seit dem Inkrafttreten von Hartz IV immer häufiger Artikel über sozial benachteiligte Familien und das Leid ihres Nachwuchses.[50] Viele der einfühlsamsten Beiträge über die Armut

50 Vgl. z. B. Julia Friedrichs/Eva Müller/Boris Baumholt, Wir und Hartz IV. Wie die Arbeitsmarktreform seit ihrer Einführung vor fünf Jahren das Leben von drei Familien verändert hat, in: Zeit-Magazin 40/2010, S. 14 ff.

von Müttern und ihren Kindern haben übrigens Journalist*innen* verfasst,[51] die das Schicksal der Kleinen nicht kaltließ. Nur selten erschienen Beiträge aus der Betroffenenperspektive. So schilderte Undine Zimmer im *Zeit-Magazin* (v. 6.10.2011) unter dem Titel „Meine Hartz-IV-Familie" mit bewegenden Worten, wie ihre Eltern sie trotz eines jahrzehntelangen Sozialhilfebezugs verantwortungs- und liebevoll erzogen haben, wobei sie gründlich mit verbreiteten Ressentiments aufräumte: „Hartz-IVler sind nicht in der Position, ihre Geschichten erzählen zu können, sie haben keine Lobby, und so bleibt der Begriff ‚Hartz IV' in Deutschland mit ein, zwei Klischeebildern assoziiert, die der Politik dabei helfen, diese Menschen weiter zu entrechten, und der Mittelklasse dabei, sich emotional von Leuten zu distanzieren, die ihnen vielleicht näher sind, als sie glauben."[52]

Den öffentlichen Diskurs über Kinderarmut durchziehen zwei Grundmuster, die jedoch selten „in Reinkultur" vorkommen: Entweder wird am Einzelfall demonstriert, welche konkreten Auswirkungen die Armut beispielsweise auf Mehrkinderfamilien in „sozialen Brennpunkten" hat, wodurch man mehr oder weniger erfolgreich Mitleid für die Betroffenen bei den Leser(inne)n weckt.[53] Sich moralisch über die erschreckende Not und das wachsende Elend in einem reichen Land zu empören, hilft jedoch wenig, da (Kinder-)Armut konstitutiver Bestandteil des bestehenden Wirtschafts- bzw. Gesellschaftssystems ist und die Bundesregierung nichts dagegen tut, sie durch ihre Arbeitsmarktreformen und andere Maßnahmen sogar noch vermehrt. Oder die Medienmacher/innen ziehen (offizielle) Statistiken heran, um damit zu belegen, wie problematisch eine hohe Armutsquote unter Kindern für Deutschland bzw. für seinen „Wirtschaftsstandort" ist und welche Nachteile das für die heimische Industrie hat.[54] Doch was taugt der sicherlich gut gemeinte Appell an die nationale Verantwortungsgemeinschaft, wenn die überproportional von Armut betroffenen Halbwüchsigen eben (noch) keine „Leistungsträger/innen" der Volkswirtschaft, sondern als „teure Kostgän-

---

51 Vgl. z. B. Cathrin Kahlweit, „Ich will Hartz IV werden". Armut als Lebensform, in: SZ v. 7.12.2006; Katharina Sperber, Kinder sind mit Hartz IV besonders arm dran, in: FR v. 17.8.2007; Susanne Messmer, Annas Träume. Arbeit finden, klar. Aber was die alleinerziehende Hartz-IV-Empfängerin Anna vor allem vermisst, ist Würde, in: taz v. 31.8.2011

52 Undine Zimmer, Meine Hartz-IV-Familie, in: Zeit-Magazin 41/2011, S. 14

53 Vgl. z. B. Marlene Halser, Für Schuhe muss Familie Zadeh sparen. Bisher gesteht der Gesetzgeber Familien, die Hartz IV beziehen, pro Kind 211 Euro im Monat zu. Wie lebt es sich damit?, in: taz v. 7./8.2.2009

54 Vgl. z. B. Ulrike Meyer-Timpe, Verlierer von Geburt. In Deutschland leben rund drei Millionen Kinder in Armut. Ihre Zahl wächst beständig. Das kommt die Volkswirtschaft teuer zu stehen, in: Die Zeit v. 9.8.2007; dies., Deutschlands arme Kinder. Wie viel Prozent der unter 15-Jährigen in den Großstädten von Hartz IV leben, in: Die Zeit v. 12.2.2009

ger/innen“ eines „überbordenden Wohlfahrtsstaates“ diskriminierte Unterschichtangehörige sind?

Als das Bundessozialgericht den Kinderregelsatz nach Hartz IV am 27. Januar 2009 für verfassungswidrig hielt und die Angelegenheit dem höchsten deutschen Gericht in Karlsruhe zur Entscheidung vorlegte, war die Presse des Lobes voll.[55] Dabei hatten die Kasseler Richter gar nicht geurteilt, dass der Satz zu niedrig, sondern nur, dass die Form seiner Ermittlung zu beanstanden sei, weil der Gleichheitsgrundsatz so wenig beachtet werde wie die Menschenwürde und das Sozialstaatsgebot des *Grundgesetzes*. Zudem zog sich die Bundesregierung mit dem Hinweis aus der Affäre, dass sie im Rahmen des damals bereits auf dem Gesetzgebungsweg befindlichen „Konjunkturpaketes II“ eine dritte Alterskategorie für Kinder beim Sozialgeld eingeführt und den Regelsatz für die 6- bis 13-Jährigen von 60 auf 70 Prozent des Eckregelsatzes (eines alleinstehenden bzw. alleinerziehenden Erwachsenen) angehoben habe. Verschwiegen wurde, dass den jüngeren sowie den älteren Kindern und den Jugendlichen dadurch nicht geholfen, aber auch, dass die genannte Maßnahme auf zweieinhalb Jahre befristet war.

Erregte zunächst das jämmerliche Schicksal der Kinder die Gemüter, wandte sich die Aufmerksamkeit mit erheblicher Verspätung auch den Jugendlichen zu. Laut einer Studie des DGB, über welche die Tagespresse im Februar 2009 berichtete,[56] gab es neben der immer noch hohen Jugend*arbeitslosigkeit* auch vermehrt Jugend*armut*, was nicht überrascht: Wer einen Ausbildungsplatz hatte oder ein Praktikum machte, wurde oft so schlecht bezahlt, dass er unter die Armutsgrenze rutschte. In der Medienöffentlichkeit grassiert immer noch die absurde Idee, der Arbeitslosengeld-II-Bezug sei ein bevorzugtes „Ausbildungsziel“ junger Menschen. Beispielsweise ließ *Bild* am 14. August 2006 unter dem Titel „Immer mehr Kinder wollen statt eines Berufes die Unterstützung des Staates: Wenn ich groß bin, werd‘ ich auch Hartz IV … wie Mama und Papa“ eine 15-jährige Sabrina zu Wort kommen: „Ich weiß, dass es nicht einfach ist, eine Arbeit zu finden. Ich würde gerne Geld verdienen, wenn ich groß bin. Aber wenn ich später keinen Job kriege,

---

55 Vgl. z. B. Richter ernten Beifall. Bundesregierung: Hartz-IV-Sätze für Kinder bereits verbessert, in: Ruhr Nachrichten (Dortmund) v. 28.1.2009; „211 Euro pro Kind sind zu wenig“. Die Hartz-IV-Vorschriften für Kinder sind laut Bundessozialgericht verfassungswidrig. Obwohl die SPD genau diesen Regelsatz erfunden hat, begrüßt ihr Sozialexperte Karl Lauterbach das Urteil, in: taz v. 29.1.2009

56 Vgl. z. B. Thomas Öchsner, Jung und schon arm. Trotz gesunkener Arbeitslosigkeit sind knapp eine Million Jugendliche auf Hartz IV angewiesen, in: SZ v. 12.2.2009; Die Teenager verarmen. Fast eine Million Jugendliche zwischen 15 und 24 Jahren leben von Hartz IV. Der DGB warnt vor Verarmungsrisiko, in: taz v. 13.2.2009

kann ich mir auch gut vorstellen, nur von Hartz IV zu leben. Da hat man ja auch alles und es geht einem gut." Aus diesem (authentischen?) Zitat spricht aber weniger eine schlechte Arbeitsmoral als purer Realitätssinn, verbunden mit einer großen Anpassungsbereitschaft und der Fähigkeit junger Menschen, sich über ihre miesen Berufsperspektiven durch Schönfärberei des tristen Lebens als Transferleistungsempfänger/innen hinwegzutrösten.

Mit noch größerer Verzögerung schlug sich auch die „(Re-)Seniorisierung" der Armut, von welcher seit geraumer Zeit die Rede ist,[57] im öffentlichen und Mediendiskurs nieder. Altersarmut wurde jedoch so gut wie nie mit den Arbeitsmarkt-, sondern fast ausschließlich mit den beiden Rentenreformen seit der Jahrtausendwende, die man Walter Riester und Bert Rürup zu schreibt, sowie mit dem demografischen Wandel als quasi natürlicher Erklärung für politökonomische Entwicklungsprozesse in Verbindung gebracht.

57 Vgl. hierzu: Christoph Butterwegge/Gerd Bosbach/Matthias W. Birkwald (Hg.), Armut im Alter. Probleme und Perspektiven der sozialen Sicherung, Frankfurt am Main/New York 2012

Abkürzungsverzeichnis

a.a.O.	am angegebenen Ort
ABM	Arbeitsbeschaffungsmaßnahme(n)
Abs.	Absatz
ADGB	Allgemeiner Deutscher Gewerkschaftsbund
AfA	Arbeitsgemeinschaft für Arbeitnehmerfragen in der SPD
AfD	Alternative für Deutschland
AFG	Arbeitsförderungsgesetz
AFRG	Arbeitsförderungs-Reformgesetz
AG	Aktiengesellschaft
Alg	Arbeitslosengeld
Alh	Arbeitslosenhilfe
APuZ	Aus Politik und Zeitgeschichte. Beilage zur Wochenzeitung *Das Parlament*
ARD	Arbeitsgemeinschaft der Rundfunkanstalten Deutschlands
Art.	Artikel
ASG	Arbeit und soziale Gerechtigkeit – die Wahlalternative
ASMK	Konferenz der Ministerinnen und Minister, Senatorinnen und Senatoren für Arbeit und Soziales
Attac	Association pour la taxation des transactions financières et pour l'action citoyenne – Vereinigung zur Besteuerung von Finanztransaktionen im Interesse der Bürger/innen
Aufl.	Auflage
AV	Arbeitslosenversicherung
AVAVG	Gesetz über Arbeitsvermittlung und Arbeitslosenversicherung
AWD	Allgemeiner Wirtschaftsdienst
AWO	Arbeiterwohlfahrt
Az.	Aktenzeichen
BA	Bundesanstalt/-agentur für Arbeit
BAFöG	Bundesausbildungsförderungsgesetz
BAG	Bundesarbeitsgemeinschaft
BamS	Bild am Sonntag
BAT	Bundesangestelltentarifvertrag
BDA	Bundesvereinigung der Deutschen Arbeitgeberverbände
BDI	Bundesverband der Deutschen Industrie
BFD	Bundesfreiwilligendienst
BIAJ	Bremer Institut für Arbeitsmarktforschung und Jugendberufshilfe
BiK	Beschäftigungsförderung in Kommunen
BIP	Bruttoinlandsprodukt
BK	Bundeskanzleramt
BMW	Bayerische Motoren Werke
BSHG	Bundessozialhilfegesetz
BT-Drs.	Bundestags-Drucksache
BVerfG	Bundesverfassungsgericht
BVP	Bayerische Volkspartei
bzw.	beziehungsweise

CD	Compact Disc
CDA	Christlich Demokratische Arbeitnehmerschaft
CDU	Christlich Demokratische Union Deutschlands
CSU	Christlich-Soziale Union in Bayern
DAF	Deutsche Arbeitsfront
DB	Deutsche Bahn
DDR	Deutsche Demokratische Republik
ders.	derselbe
DGB	Deutscher Gewerkschaftsbund
d.h.	das heißt
dies.	dieselbe(n)
DIHT	Deutscher Industrie- und Handelskammertag
DIW	Deutsches Institut für Wirtschaftsforschung
DM	Deutsche Mark
DNVP	Deutschnationale Volkspartei
DPWV	Deutscher Paritätischer Wohlfahrtsverband
DVP	Deutsche Volkspartei
ebd.	ebenda
EDV	elektronische Datenverarbeitung
EG	Europäische Gemeinschaft(en)
EGRBEG	Gesetz zur Ermittlung von Regelbedarfen und zur Änderung des Zweiten und Zwölften Buches Sozialgesetzbuch
etc.	et cetera (und so weiter)
EU	Europäische Union
e.V.	eingetragener Verein
EVS	Einkommens- und Verbrauchsstichprobe des Statistischen Bundesamtes
FAD	Freiwilliger Arbeitsdienst
FAZ	Frankfurter Allgemeine Zeitung
FDP	Freie Demokratische Partei
FH	Fachhochschule
Fn.	Fußnote
FR	Frankfurter Rundschau
GG	Grundgesetz
ggf.	gegebenenfalls
GH	Gesamthochschule
GKV	Gesetzliche Krankenversicherung
GMF	Gruppenbezogene Menschenfeindlichkeit
GO	Geschäftsordnung
GrSiWEntG	Gesetz zur Weiterentwicklung der Organisation der Grundsicherung für Arbeitsuchende
GRV	Gesetzliche Rentenversicherung
GWP	Gesellschaft – Wirtschaft – Politik
HBL	Hilfe in besonderen Lebenslagen
Hervorh.	Hervorhebung(en)
Hg.	Herausgeber/in
HLU	Hilfe zum Lebensunterhalt

HWWI	Hamburgisches WeltWirtschaftsInstitut
IAB	Institut für Arbeitsmarkt- und Berufsforschung der Bundesagentur für Arbeit
i.d.R.	in der Regel
i.e.S.	im engeren Sinne
IG	Industriegewerkschaft
IG BAU	Industriegewerkschaft Bauen – Agrar – Umwelt
IKG	Institut für interdisziplinäre Konflikt- und Gewaltforschung der Universität Bielefeld
IMK	Institut für Makroökonomie und Konjunkturforschung
info also	Informationen zum Arbeitslosenrecht und Sozialhilferecht
INSM	Initiative Neue Soziale Marktwirtschaft
IT	Informationstechnologie(n)
JUMP	Jugend mit Perspektive
KdU	Kosten der Unterkunft und Heizung
KPD	Kommunistische Partei Deutschlands
KSchG	Kündigungsschutzgesetz
KSt-A	Kölner Stadt-Anzeiger
KWI	Kommunalwissenschaftliches Institut
KZfSS	Kölner Zeitschrift für Soziologie und Sozialpsychologie
m.E.	meines Erachtens
Mill.	Million(en)
Mio.	Million(en)
MoZArtT	Modellvorhaben zur Verbesserung der Zusammenarbeit von Arbeitsämtern und Trägern der Sozialhilfe
MPIfG	Max-Planck-Institut für Gesellschaftsforschung
Mrd.	Milliarde(n)
MSPD	Mehrheitssozialdemokratische Partei Deutschlands
ND	Neues Deutschland
NDV	Nachrichtendienst des Deutschen Vereins für öffentliche und private Fürsorge
NG/FH	(Die) Neue Gesellschaft/Frankfurter Hefte
NGG	Gewerkschaft Nahrung – Genuss – Gaststätten
No.	Numero
NP	Neue Praxis. Zeitschrift für Sozialarbeit, Sozialpädagogik und Sozialpolitik
NPD	Nationaldemokratische Partei Deutschlands
Nr.	Nummer
NS	Nationalsozialismus
NSA	National Security Agency (US-Auslandsgeheimdienst)
NSB	Neue Soziale Bewegungen
NSDAP	Nationalsozialistische Deutsche Arbeiterpartei
OECD	Organization for Economic Cooperation and Development – Organisation für ökonomische Zusammenarbeit und Entwicklung
o.g.	oben genannt(e/r)
o.J.	ohne Jahr
o.O.	ohne Ort

o.O.u.J.	ohne Ort und Jahr
PAP	Persönliche(r) Ansprechpartner/in
PDS	Partei des Demokratischen Sozialismus
PH	Pädagogische Hochschule
PPP	Public Private Partnership (Öffentlich-private Partnerschaft)
PR	Public Relations
PSA	Personal-Service-Agenture(n)
PVS	Politische Vierteljahresschrift
RAD	Reichsarbeitsdienst
RCDS	Ring Christlich-Demokratischer Studenten
RM	Reichsmark
RMI	Revenue Minimum d'Insertion (in Frankreich garantiertes Mindesteinkommen)
RV	Rentenversicherung
S.	Seite(n)
SGB	Sozialgesetzbuch
SGI	Saar-Gemeinschaftsinitiative
sog.	so genannte(r)
SPD	Sozialdemokratische Partei Deutschlands
SZ	Süddeutsche Zeitung
taz	die tageszeitung
US/USA	United States (of America) – Vereinigte Staaten (von Amerika)
USD	US-Dollar
USPD	Unabhängige Sozialdemokratische Partei Deutschlands
usw.	und so weiter
ver.di	Vereinte Dienstleistungsgewerkschaft
vH	vom Hundert
VO	Verordnung
vs.	versus
VW	Volkswagen (AG)
WamS	Welt am Sonntag
WASG	Wahlalternative Arbeit und soziale Gerechtigkeit
WAZ	Westdeutsche Allgemeine Zeitung
WSI	Wirtschafts- und Sozialwissenschaftliches Institut in der Hans-Böckler-Stiftung des DGB
WTO	World Trade Organization – Welthandelsorganisation
WZB	Wissenschaftszentrum Berlin für Sozialforschung
ZAG	Zentrum für Arbeit und Grundsicherung
z. B.	zum Beispiel
ZDH	Zentralverband des Deutschen Handwerks
ZFSH SGB	Zeitschrift für die sozialrechtliche Praxis

Literaturauswahl

Hintergründe und Rahmenbedingungen der Arbeitsmarktreformen

Adomeit, Klaus: Die Agenda 2010 und das Arbeitsrecht. Eine Reform im Kampf gegen Widerstände, München 2004

Appelt, Erna/Weiss, Alexandra (Hg.): Globalisierung und der Angriff auf die europäischen Wohlfahrtsstaaten, 2. Aufl. Hamburg 2006

Atzmüller, Roland: Aktivierung der Arbeit im Workfare-Staat. Arbeitsmarktpolitik und Ausbildung nach dem Fordismus, Münster 2014

Baek, In Rib: Restrukturierung der Sozialen Sicherungssysteme in den Postfordistischen Gesellschaftsformationen. Eine vergleichende Analyse von Großbritannien, Schweden und Deutschland, Wiesbaden 2010

Beier, Angelika (u. a., Hg.): Investieren, sanieren, reformieren? – Die Wirtschafts- und Sozialpolitik der schwarz-roten Koalition, Marburg 2006

Berner, Frank: Der hybride Sozialstaat. Die Neuordnung von öffentlich und privat in der sozialen Sicherung, Frankfurt am Main/New York 2008

Bieback, Karl-Jürgen/Fuchsloch, Christine/Kohte, Wolfhard (Hg.): Arbeitsmarktpolitik und Sozialrecht. Zu Ehren von Alexander Gagel, München 2011

Blank, Florian: Soziale Rechte 1998-2005. Die Wohlfahrtsstaatsreformen der rot-grünen Bundesregierung, Wiesbaden 2011

Bothfeld, Silke/Sesselmeier, Werner/Bogedan, Claudia (Hg.): Arbeitsmarktpolitik in der sozialen Marktwirtschaft. Vom Arbeitsförderungsgesetz zum Sozialgesetzbuch II und III, 2. Aufl. Wiesbaden 2012

Brütt, Christian: Workfare als Mindestsicherung. Von der Sozialhilfe zu Hartz IV. Deutsche Sozialpolitik 1962 bis 2005, Bielefeld 2011

Bukow, Sebastian/Seemann, Wenke (Hg.): Die Große Koalition. Regierung – Politik – Parteien 2005-2009, Wiesbaden 2010

Butterwegge, Christoph: Krise und Zukunft des Sozialstaates, 5. Aufl. Wiesbaden 2014

Christen, Christian/Michel, Tobias/Rätz, Werner: Sozialstaat. Wie die Sicherungssysteme funktionieren und wer von den „Reformen“ profitiert, Hamburg 2003

Dindeldey, Irene: Der aktivierende Wohlfahrtsstaat. Governance der Arbeitsmarktpolitik in Dänemark, Großbritannien und Deutschland, Frankfurt am Main/New York 2011

Egle, Christoph/Zohlnhöfer, Reimut (Hg.): Die zweite Große Koalition. Eine Bilanz der Regierung Merkel 2005-2009, Wiesbaden 2010

Egle, Christoph/Zohlnhöfer, Reimut (Hg.): Ende des rot-grünen Projektes. Eine Bilanz der Regierung Schröder 2002-2005, Wiesbaden 2007

Eichenhofer, Eberhard: Recht des aktivierenden Wohlfahrtsstaates, Baden-Baden 2013

Eicker-Wolf, Kai (u. a., Hg.): „Deutschland auf den Weg gebracht“. Rot-grüne Wirtschafts- und Sozialpolitik zwischen Anspruch und Wirklichkeit, Marburg 2002

Eicker-Wolf, Kai (u. a., Hg.): In gemeinsamer Verantwortung. Die Wirtschafts- und Sozialpolitik der Großen Koalition 2005-2009, Marburg 2009

Fritsch, Denise: Politikzyklus am Beispiel der Gesetze zur Reform des Arbeitsmarktes. Eine politikfeldanalytische Ursachenbetrachtung des Kurswechsels in der Arbeitsmarktpolitik der Regierung Schröder, Norderstedt 2008

Gerntke, Axel (u. a., Hg.): Hart(z) am Rande der Seriosität? – Die Hartz-Kommission als neues Modell der Politikberatung und -gestaltung?, Münster/Hamburg/London 2002

Hassel, Anke/Schiller, Christof: Der Fall Hartz IV. Wie es zur Agenda 2010 kam und wie es weitergeht, Frankfurt am Main/New York 2010

Hegelich, Simon/Knollmann, David/Kuhlmann, Johanna: Agenda 2010. Strategien – Entscheidungen – Konsequenzen, Wiesbaden 2011

Jochem, Sven: Reformpolitik im Wohlfahrtsstaat. Deutschland im internationalen Vergleich, Berlin 2009

Kaden, Ute/Herrmann, Wolfgang: DDR kontra Agenda 2010. Streitschrift für Alternativen zur Wirtschafts- und Sozialpolitik, Berlin 2004

Kaufmann, Matthias: Kein Recht auf Faulheit. Das Bild von Erwerbslosen in der Debatte um die Hartz-Reformen, Wiesbaden 2013

Kolbe, Christian/Reis, Claus: Vom Case Management zum „Fallmanagement". Zur Praxis des Case Managements in der Sozialhilfe und der kommunalen Beschäftigungsförderung am Vorabend von Hartz IV, Frankfurt am Main 2005

Meyer, Hendrik: Was kann der Staat? – Eine Analyse der rot-grünen Reformen in der Sozialpolitik, Bielefeld 2013

Ritter, Gerhard A.: Der Preis der deutschen Einheit. Die Wiedervereinigung und die Krise des Sozialen, 2. Aufl. München 2007

Schneider, Ulrich: Armes Deutschland. Neue Perspektiven für einen anderen Wohlstand, Frankfurt am Main 2010

Schreiner, Ottmar: Die Gerechtigkeitslücke. Wie die Politik die Gesellschaft spaltet, Berlin 2008

Siegel, Nico A.: Baustelle Sozialpolitik. Konsolidierung und Rückbau im internationalen Vergleich, Frankfurt am Main/New York 2002

Sturm, Roland/Pehle, Heinrich (Hg.): Wege aus der Krise? – Die Agenda der zweiten Großen Koalition, Opladen/Farmington Hills 2006

Weimar, Anne-Marie: Die Arbeit und die Entscheidungsprozesse der Hartz-Kommission, Wiesbaden 2004

Wolf, Thomas: Der aktivierende Sozialstaat zwischen Freiheit und Zwang. Der begrenzte Spielraum moderner Sozialpolitik, Paderborn 2011

Folgen der Hartz-Gesetze für die Betroffenen und die Gesellschaft

Agenturschluss (Hg.): Schwarzbuch Hartz IV. Sozialer Angriff und Widerstand – eine Zwischenbilanz, Berlin/Hamburg 2006

Bauer, Rudolph/Platta, Holdger (Hg.): Kaltes Land. Gegen die Verrohung der Bundesrepublik – für eine humane Demokratie, Hamburg 2012

Baumeister, Hella/Gransee, Ulrich/Zimmermann, Klaus-Dieter (Hg.): Die Hartz-„Reformen". Die Folgen von Hartz I-IV für ArbeitnehmerInnen, Hamburg 2005

Bareis, Ellen/Mertens, Mechthild/Reis, Claus: Frauen und Hartz IV. Die organisatorische Umsetzung des SGB II, Frankfurt am Main 2007

Becker, Irene/Hauser, Richard: Verteilungseffekte der Hartz-IV-Reform. Ergebnisse von Simulationsanalysen, Berlin 2006

Breitscheidel, Markus: Arm durch Arbeit. Ein Undercover-Bericht, Mit einem Vorwort von Günter Wallraff, Berlin 2008

Butterwegge, Christoph: Armut in einem reichen Land. Wie das Problem verharmlost und verdrängt wird, 3. Aufl. Frankfurt am Main/New York 2012

Butterwegge, Christoph/Bosbach, Gerd/Birkwald, Matthias W. (Hg.): Armut im Alter. Probleme und Perspektiven der sozialen Sicherung, Frankfurt am Main/New York 2012

Dörre, Klaus (u. a.): Bewährungsproben für die Unterschicht? – Soziale Folgen aktivierender Arbeitsmarktpolitik, Frankfurt am Main/New York 2013

Fertig, Michael (u. a.): Die Hartz-Gesetze zur Arbeitsmarktpolitik. Ein umfassendes Evaluationskonzept, Berlin 2004

Gerhardt, Klaus-Uwe: Hartz plus. Lohnsubventionen und Mindesteinkommen im Niedriglohnsektor, Wiesbaden 2006

Gern, Wolfgang/Segbers, Franz (Hg.): Als Kunde bezeichnet, als Bettler behandelt. Erfahrungen aus der Hartz-IV-Welt, Hamburg 2009

Gillen, Gabriele: Hartz IV. Eine Abrechnung, 3. Aufl. Reinbek bei Hamburg 2005

Glocke, Nicole: Wir Kinder von Hartz IV. Drei Reportagen über Familien aus prekären Verhältnissen, Halle an der Saale 2012

Hannemann, Inge: Negative psychische Auswirkungen durch Hartz IV, Norderstedt 2012

Hielscher, Volker/Ochs, Peter: Arbeitslose als Kunden? – Beratungsgespräche in der Arbeitsvermittlung zwischen Druck und Dialog, Berlin 2009

Hillemann, Vera: Die Hartz-Reformen und die Systemtheorie, Hamburg 2009

Jann, Werner/Schmid, Günther (Hg.), Eins zu Eins? – Eine Zwischenbilanz der Hartz-Reformen am Arbeitsmarkt, Berlin 2004

Jung, Simon: Die Hartz-Reformen und die Armutsentwicklung in Deutschland. Ursachen und armutsbeeinflussende Folgen (von) Deutschlands umfangreichster Sozialreform, Hamburg 2013

Kantel, H.-Dieter: Grundsicherungsarbeit. Armuts- und Arbeitsmarktpolitik nach Hartz IV, Wiesbaden 2008

Keller, Berndt/Seifert, Hartmut: Atypische Beschäftigung zwischen Prekarität und Normalität. Entwicklung, Strukturen und Bestimmungsgründe im Überblick, Berlin 2013

Kindler, Holger/Regelmann, Ada-Charlotte/Tullney, Marco (Hg.): Die Folgen der Agenda 2010. Alte und neue Zwänge des Sozialstaats, Hamburg 2004

Kirsch, Johannes (u.a.): Der Abschied von der Dienstleistung aus einer Hand. Die getrennte Wahrnehmung der Aufgaben nach dem Sozialgesetzbuch II, Berlin 2010

Klute, Jürgen/Kotlenga, Sandra (Hg.): Sozial- und Arbeitsmarktpolitik nach Hartz. Fünf Jahre Hartzreformen: Bestandsaufnahme – Analysen – Perspektiven, Göttingen 2008

Koch, Susanne/Kupka, Peter/Steinke, Joß: Aktivierung, Erwerbstätigkeit und Teilhabe. Vier Jahre Grundsicherung für Arbeitslose, Bielefeld 2009

Lahusen, Christian/Baumgarten, Britta: Das Ende des sozialen Friedens? – Politik und Protest in Zeiten der Hartz-Reformen, Frankfurt am Main/New York 2010

Lange, Björn: Hartz IV und der Tag gehört dir. Über das Schicksal Langzeitarbeitsloser, den Zerfall unseres Sozialsystems und das Milliardengrab ARGEn/Jobcenter, 2. Aufl. Norderstedt 2011

Lenhart, Karin: Soziale Bürgerrechte unter Druck. Die Auswirkungen von Hartz IV auf Frauen, Wiesbaden 2009

Ludwig-Mayerhofer, Wolfgang/Behrend, Olaf/Sondermann, Ariadne: Auf der Suche nach der verlorenen Arbeit. Arbeitslose und Arbeitsvermittler im neuen Arbeitsmarktregime, Konstanz 2009

Mahler, Thomas: In der Schlange. Mein Jahr auf Hartz IV, München 2012

Müller, Tobias: Was haben die Hartz-Reformen bewirkt?, Zu Ausmaß, Ursachen und Folgen der Arbeitslosigkeit in Deutschland, Berlin 2009

Nowak, Peter: Zahltag. Zwang und Widerstand: Erwerbslose in Hartz IV, Münster 2009

Reckinger, Gilles: Perspektive Prekariat. Wege benachteiligter Jugendlicher in den transformierten Arbeitsmarkt, Konstanz 2010

Rudolph, Clarissa/Niekant, Renate (Hg.): Hartz IV. Zwischenbilanz und Perspektiven, Berlin 2007

Schmidt, Matthias: Gesundheit bei jungen Hartz-IV-Empfängern. Studie zur Veränderbarkeit von erlebter Gesundheit und gesundheitsriskantem Verhalten in Abhängigkeit vom Erwerbsstatus, Berlin 2011

Schütz, Holger: Reform der Arbeitsvermittlung. Uniformierungsdruck in der Bundesagentur für Arbeit, Opladen/Farmington Hills 2008

Schütz, Holger/Mosley, Hugh (Hg.): Arbeitsagenturen auf dem Prüfstand. Leistungsvergleich und Reformpraxis der Arbeitsvermittlung, Berlin 2005

Schwarzkopf, Manuela: Doppelt gefordert, wenig gefördert. Alleinerziehende Frauen in der Grundsicherung für Arbeitsuchende, Berlin 2009

Steck, Brigitte/Kossens, Michael: Hartz IV – Reform 2011. Regelsatzsystem, Bildungspaket, Leistungen für Unterkunft und Heizung, 3. Aufl. München 2011

Stelzer-Orthofer, Christine/Weidenholzer, Josef (Hg.): Aktivierung und Mindestsicherung. Nationale und europäische Strategien gegen Armut und Arbeitslosigkeit, o.O. 2011

Straube, Gregor (Hg.): 1-Euro-Jobs. Kritische Perspektiven, Berlin 2009

Wallraff, Günter/Bsirske, Frank/Möllenberg, Franz-Josef (Hg.): Leben ohne Mindestlohn. Arm wegen Arbeit: Niedriglöhner, Leiharbeiter und „Aufstocker" erzählen, Hamburg 2011

Wiersbin, Norbert: Das Hartz-Desaster. Auf dem Weg in den Unrechtsstaat, o.O. 2013

Yollu-Tok, Aysel: Die fehlende Akzeptanz von Hartz IV. Eine Realanalyse individuellen Verhaltens jenseits des Homo-oeconomicus-Modells, Baden-Baden 2010